Lehr- und Handbücher der Finanzierung und Finanzmärkte

Herausgegeben von
o. Universitätsprofessor Dr. Otto Loistl

Bisher erschienene Werke:

Frühwirth, Handbuch der Renditeberechnung
Loistl, Kapitalmarkttheorie, 3. Auflage
Loistl · Betz, Chaostheorie, 3. Auflage
Loistl, Computergestütztes Wertpapiermanagement, 5. Auflage

Abteilung
DVFA Kapitalmarktexpertenwissen

Dusemond · Kessler, Rechnungslegung *kompakt* –
Einzel- und Konzernabschluß – HGB · IAS · US-GAAP
Lehrbuch mit Fallstudien zur Bilanzpolitik
Fischer · Performanceanalyse in der Praxis –
Performancemaße, Attributionsanalyse,
DVFA-Performance Presentation Standards

Performance-analyse in der Praxis

Performancemaße, Attributionsanalyse, DVFA-Performance Presentation Standards

Von

Bernd Fischer, Ph. D.

R. Oldenbourg Verlag München Wien

Die Deutsche Bibliothek - CIP-Einheitsaufnahme

Fischer, Bernd:
Performanceanalyse in der Praxis : Performancemaße,
Attributionsanalyse, DVFA-Performance presentation, Standards / von
Bernd Fischer. – 1. Aufl.. – München ; Wien : Oldenbourg, 2000
(Lehr- und Handbücher der Finanzierung und Finanzmärkte)
ISBN 3-486-25448-0

Rosenheimer Straße 145, D-81671 München
Telefon: (089) 45051-0, Internet: http://www.oldenbourg.de

Gedruckt auf säure- und chlorfreiem Papier
Gesamtherstellung: Druckhaus „Thomas Müntzer“ GmbH, Bad Langensalza

ISBN 3-486-25448-0

Dem Andenken meines lieben Bruders

Prof. Dr. Thomas R. Fischer

26.02.1956 – 12.05.1999

Geleitwort

„I've never met a portfolio manager who has not been in the top quartile!" Dieser häufig zitierte lakonische Ausspruch eines institutionellen Anlegers bringt in kompakter Form die Beweggründe für die Formulierung von *Performance Presentation Standards* (PPS) zum Ausdruck: Eine selektive Darstellung des Anlageerfolgs durch die Vermögensverwalter macht es den Anlegern unmöglich, Mandate auf Basis objektiver Kriterien zu vergeben. Mit den DVFA-PPS steht den europäischen Kapitalmärkten jedoch seit September 1998 ein Regelwerk zur Verfügung, welches die Vergleichbarkeit der Performance insbesondere im wichtigen Spezialfondsbereich gewährleistet.

Dr. Fischer hat mit der vorliegenden Arbeit einen umfassenden Überblick über die Richtlinien und Empfehlungen dieser Standards gegeben und dabei auch die internationalen PPS gebührend berücksichtigt. Mittels einer Vielzahl praxisnaher Beispiele werden die Inhalte der Standards sowie eine Reihe verwandter Themengebiete wie etwa der wichtige Bereich der Attributionsanalyse des Anlageerfolgs in sehr anschaulicher und – abgesehen von einzelnen Abschnitten, die sich vornehmlich an Vorgeschrittene wenden – auch für einen Leser, der den Einstieg in die Materie sucht, in leicht verständlicher Weise dargestellt.

Als international tätiger Asset Manager, der im Bereich der Performance Presentation Standards die Marktführerschaft anstrebt, begrüßt es die Dresdner Bank AG, daß mit dieser Arbeit ein Lehrbuch zur Verfügung steht, welches es unseren Kunden, aber auch Studenten, die sich für den Bereich der Performanceanalyse interessieren, sowie den „Verifyern", die sich mit der Überprüfung der Einhaltung der Standards auseinandersetzen, ermöglicht, sich eingehend mit dem wichtigen Bereich der Performanceanalyse auseinanderzusetzen.

Joachim Mädler,

Executive Officer, Dresdner Asset Management

„Ich habe Boris Jelzin gebeten, mir kurz die Lage in Rußland zu erläutern. ‚Gut', sagte er. Dann habe ich ihn nach der längeren Version gefragt. ‚Nicht gut', entgegnete er."

John Major
Britischer Ex-Premier

Vorwort

Durch die wachsende Bedeutung risikoreicher Anlageformen wie etwa Aktien oder Unternehmensanleihen sowohl für institutionelle als auch für private Anleger hat das Interesse an der Performancemessung zur Beurteilung der Leistung eines Vermögensverwalters stark zugenommen. Dazu hat die Diskussion über neue Ansätze zur Gestaltung der Altersvorsorgesysteme und die Einführung des Euro, die zur Folge hatte, daß Investoren in der Euro-Zone seit dem 01.01.1999 ohne zusätzliche Währungsrisiken sehr viel umfassendere Anlagemöglichkeiten haben, beigetragen. Dieses Interesse wird besonders eindrucksvoll durch die in den letzten Jahren sprunghaft angestiegene Zahl an „Performance-Hit-Listen" in Fachzeitschriften und anderen Medien dokumentiert. Auf das Thema „Performance" wurde die breitere Öffentlichkeit auch durch die Veröffentlichung der Performance Presentation Standards der Deutschen Vereinigung für Finanzanalyse und Asset Management (DVFA-PPS) im September 1998 aufmerksam gemacht. Diese Standards stellen ein von den Vermögensverwaltern freiwillig zu beachtendes Regelwerk dar, das zur Vergleichbarkeit der publizierten bzw. im Rahmen von Einzelpräsentationen dargestellten Performanceergebnisse beitragen soll. Innerhalb kürzester Zeit haben die Standards eine breite Akzeptanz unter den in Deutschland tätigen Vermögensverwaltern erfahren.[1] Zum Zeitpunkt der Drucklegung hatten sich zwar erst die Fondsgesellschaften der Dresdner Bank Investmentgruppe, DIT, dbi und DCI, offiziell „in compliance" mit den DVFA-PPS erklärt und sich dies auch durch einen unabhängigen Sachverständigen bestätigen lassen. Eine Reihe weiterer Fondsgesellschaften waren zu diesem Zeitpunkt mit der Umsetzung der DVFA-PPS bereits weit fortgeschritten oder hatten die Umsetzung der Standards angekündigt.

Die DVFA-PPS decken ein breites Spektrum unterschiedlicher Aspekte der Berechnung und Darstellung von Performanceergebnissen ab. Laut den DVFA-PPS besteht das Ziel der mit der Erstellung der Standards anbetrauten DVFA-Kommission darin, einen angemessenen Rahmen für eine faire und vergleichbare Darstellung von Performanceergebnissen „bei vollständiger Offenlegung der entscheidungsrelevanten Informationen" zu definieren. Vor dem Hintergrund dieses umfassenden Anspruchs der Standards ist die sachgerechte Berechnung und Präsentation von Rendite- und Risikoparametern nur eine wenn auch eine wichtige Anforderung der DVFA-PPS. Um der Forderung einer „angemessenen" Darstellung unter „Offenlegung der entscheidungsrelevanten Informationen" gerecht zu werden, bedarf es allerdings bei komplexen Portfolios einer detaillierten Analyse,[2] die über den in den Standards explizit geforderten Ausweis von Rendite- und Risikoparametern hinausgeht.

---

1 Vgl. [Bendheim/Fischer 99, Fischer 98, Plum 99, Wittrock/Fischer/Lilla 99, Zamagna 99].

2 Oftmals ergibt erst eine „längere Version" eine adäquate Darstellung der Managementleistung (siehe Eingangszitat).

Das vorliegende Buch „Performanceanalyse in der Praxis“ hat zum Ziel, die unterschiedlichen Teilbereiche der Performanceanalyse, wie etwa die Bewertung von Wertpapieren, die Ermittlung von Rendite- und Performancewerten usw., zu beschreiben und die Zusammenhänge zwischen ihnen aufzuzeigen. Die DVFA-PPS bilden dabei den gemeinsamen Referenzpunkt für die behandelten Bereiche. Es wurde versucht, die praxisrelevanten Themen auf anschauliche Weise darzustellen, ohne dabei jedoch die Präzision zu opfern, die bei der praktischen Umsetzung erforderlich ist. Bei der Gestaltung einzelner Abschnitte waren die Erfahrungen aus den seit 1997 abgehaltenen DVFA-Seminaren über Performance Presentation Standards sowie die Seminare für Mitarbeiter und Kunden der Dresdner Bank AG und ihrer Tochtergesellschaften von unschätzbarer Bedeutung. Die Arbeit versucht somit – ebenso wie die DVFA-PPS – als Bindeglied zwischen der wissenschaftlichen Forschung und der Praxis zu fungieren, indem sie u.a. grundlegende Fragen über die Voraussetzungen, die für eine sachgemäße Ermittlung von Rendite- und Risikoparametern gegeben sein müssen, behandelt. Das Buch richtet sich in erster Linie an Mitarbeiter von Vermögensverwaltungsgesellschaften, die einen umfassenden Überblick über grundlegende Fragen der Messung und der Darstellung von Performanceergebnissen unter Berücksichtigung der in der Praxis gegebenen Möglichkeiten erhalten möchten. Verschiedene Abschnitte, wie etwa Abschnitt 2.6.7 und Abschnitt 4.3, wenden sich jedoch primär an solche Mitarbeiter, die in den Bereichen der Performancemessung oder -analyse tätig sind. Ferner sollte das Buch für Mitarbeiter von Vermögensverwaltungsgesellschaften, Wirtschaftsprüfer, Consultants etc. von Interesse sein, die mit der Umsetzung der DVFA-PPS bzw. der Verifizierung der Einhaltung der Standards betraut sind. Darüber hinaus ist mit diesem Werk die Hoffnung verbunden, daß es auch in Forschung und Lehre auf großes Interesse stoßen wird, da in ihm die in der Praxis auftretenden Probleme bei der Umsetzung theoretischer Ansätze erörtert werden.

In Kapitel 1 werden zunächst die unterschiedlichen Komponenten des Gesamtprozesses der Vermögensverwaltung beschrieben. Dabei werden insbesondere diejenigen Bereiche, die sich mit Fragen der Ermittlung und Darstellung von Performanceergebnissen beschäftigen, sowie ihre Beziehung zu den anderen Bereichen herausgestellt. Kapitel 2 beschäftigt sich mit wichtigen Renditemaßen. Der Schwerpunkt liegt hier auf der Erörterung der zeitgewichteten Rendite und ihrer Beziehung zum internen Zinssatz, da dieses Maß von den DVFA-PPS zur Messung der Leistung eines Portfoliomanagers vorgeschrieben wird. In Abschnitt 2.6 werden die bekanntesten Näherungsverfahren zur Berechnung der zeitgewichteten Rendite dargestellt. Die Erörterung der Rangfolge unter den verschiedenen Näherungsverfahren in Abschnitt 2.6.7 basiert auf den Untersuchungen in [Fischer/Telöken 99]. Dieser Abschnitt kann bei der ersten Lektüre des Buches übersprungen werden.

Kapitel 3 enthält eine Darstellung wichtiger Benchmarks und ihrer Berechnungsgrundlagen, die für die weiteren Kapitel von grundlegender Bedeutung sind. In Kapitel 4 werden eine Reihe von in der Praxis benutzten Attributionsmethoden dargestellt. Neben einer Erörterung der Standardverfahren von Brinson et al., Karnosky und Singer sowie Ankrim und Hensel über eine Periode erfolgt in Abschnitt 4.3 eine Beschreibung von Attributionsmethoden über mehrere Perioden. Dieser Abschnitt kann ebenfalls bei der ersten Lektüre des Buches übersprungen werden.

Kapitel 5 beschäftigt sich mit dem von der Deutschen Vereinigung für Finanzanalyse und Asset Management aufgestellten Regelwerk über Performance Presentation Standards (DVFA-PPS). Bei der Erörterung der in ihm aufgeführten Richtlinien und Empfehlungen werden insbesondere die Aspekte der praktischen Umsetzung der Standards in einer Gesellschaft und die Verifizierung der Einhaltung der Standards durch einen unabhängigen Wirtschaftsprüfer berücksichtigt. Wichtige Unterschiede zu anderen Performance Presentation

Standards wie den amerikanischen AIMR-PPS™ und den Global Investment Performance Standards (GIPS℠) werden in diesem Zusammenhang aufgezeigt.

Die Ausführungen über die DVFA-PPS werden in Kapitel 6 durch eine Erörterung wichtiger Risiko- und Performancemaße ergänzt, bei der insbesondere die Anforderungen der DVFA-PPS an die Bewertungsquellen etc. berücksichtigt werden.

Aufgrund des breiten Spektrums unterschiedlicher praktischer und theoretischer Aspekte, die bei einer umfassenden Darstellung der Performanceanalyse in der Praxis zu berücksichtigen sind, waren die Diskussionen, die ich mit einer Reihe von Kollegen und Freunden führen konnte, eine wesentliche Voraussetzung für die Fertigstellung dieses Projekts. In diesem Zusammenhang möchte ich Herrn Prof. Dr. Otto Loistl und Frau Ulrike Diehl für die gute Zusammenarbeit bei den DVFA-Seminaren und die Unterstützung bei diesem Buchprojekt bedanken. Für das sehr sorgfältige Korrekturlesen der Endfassung des Manuskripts bin ich Frau Dorkas Anette Kistler zu Dank verpflichtet. Den Herren Ralf Bendheim, Joachim Mädler und Wolfgang Pütz danke ich für die Zusammenarbeit bzw. die Unterstützung bei der Mitarbeit in der DVFA-Kommission für Performance Presentation Standards.

Für wichtige Diskussionen verschiedener praktischer Aspekte bei der Anwendung der Kapitalmarkttheorie und anderer Sachfragen bin ich den Herren Dr. Henrik Büscher, Dr. Detlev Kleis und Dr. Hans Aures (allesamt Mitarbeiter der Abteilung „Portfolio Research" der Dresdner Bank Investmentgruppe) sehr verbunden. Ferner möchte ich mich bei Frau Dr. Diethild Natusch sowie den Herren Achim Hauer, Dr. Bernd Hübinger, Dr. Ingo Natusch und Matthias Turra für das Korrekturlesen einzelner Kapitel und wichtige Anregungen bedanken. Danken möchte ich auch Herrn Dr. Klaus Telöken für viele interessante Diskussionen und Anregungen, die für die Gestaltung verschiedener Teile dieses Buches von großer Bedeutung waren.

Frau Annke von Tiling und Herrn Dr. Carsten Wittrock bin ich für zahlreiche wichtige Diskussionen und für das Korrekturlesen verschiedener Teile des Buches zu großem Dank verpflichtet.

Mein ganz besonders herzlicher Dank gilt meiner Freundin Christa, die mir bei der Durchführung dieses Projekts nicht nur unterstützend zur Seite stand, sondern auch das gesamte Manuskript intensiv gelesen und dabei eine Vielzahl wichtiger Anregungen gegeben hat.

Abschließend noch eine Anmerkung zu der Widmung dieses Buches. Die Arbeit an dem Manuskript verlief parallel zu der kontinuierlichen Verschlechterung des Gesundheitszustands meines Bruders Thomas, die schließlich – unfaßbar für alle, die ihm nahe standen – zu seinem viel zu frühen Tod geführt hat. Vor seinem Tod haben wir sehr häufig Fragen der Kapitalmarktforschung intensiv miteinander diskutiert. Unsere Pläne für gemeinsame Publikationen im Bereich der Performanceanalyse konnten leider nicht mehr realisiert werden. Dieses im Schatten dieser schweren Zeit entstandene Buch soll daher seinem Andenken gewidmet sein.

INHALTSVERZEICHNIS

1 Einordnung der Performanceanalyse in den Produktionsprozeß der Vermögensverwaltung

1.1 Anwendungsgebiete der Performanceanalyse

Die verschiedenen Formen der Vermögensverwaltung bilden ein Angebot an Investitionsformen, das in seiner Gesamtheit von Einzelnen kaum noch zu überblicken ist. Das Spektrum erstreckt sich von Direktanlagen in einzelnen Wertpapieren oder Objekten (etwa in Aktien, Renten, Genuß- oder Optionsscheinen, Immobilien) über Produkte, die einzelne Wertpapiere oder Objekte kombinieren (Investmentfonds, Produkte im Versicherungsbereich) bis hin zu komplizierten abgeleiteten Instrumenten (Derivaten), die einzelne Aspekte der zugrunde liegenden Wertpapiere oder andere ökonomische Größen, wie etwa Devisenkurse, abbilden.

Die im Rahmen dieser Darstellung beschriebenen Formen der Performancerechnung und -analyse sowie der Darstellung der Ergebnisse sind prinzipiell auf sämtliche Formen von Investments anwendbar. Voraussetzung im Einzelfall ist jedoch, daß die benötigten Informationen vorliegen und daß gegebenenfalls ein adäquater Vergleichsmaßstab („Benchmark") vorhanden ist, mit dem die Managementleistung des Portfoliomanagers verglichen werden kann.

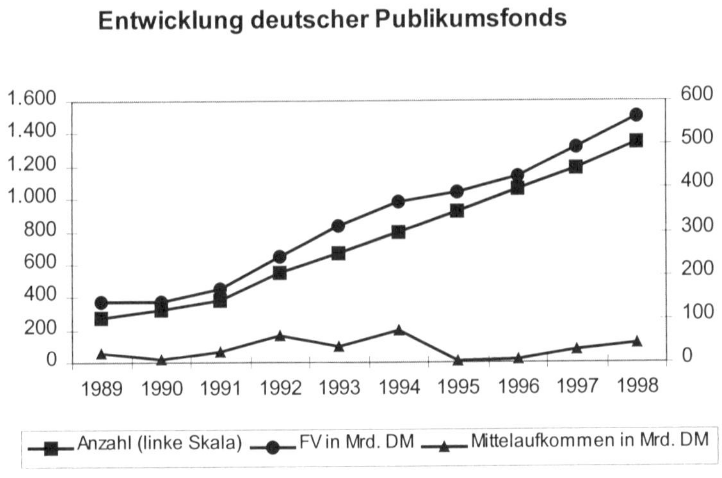

Abbildung 1.1: Entwicklung der Anzahl und des Gesamtvolumens (FV) deutscher Publikumsfonds im Zeitablauf (Quelle: [BVI 99]).

Ein wichtiger Bereich der Vermögensverwaltung, der im Rahmen dieser Abhandlung repräsentativ herausgegriffen werden soll, ist der Bereich der Investmentfonds.[1] Auch in diesem Segment, für sich betrachtet, bietet sich bereits eine unübersichtliche Palette unterschiedlicher Produktformen und Produkte. Das Spektrum reicht von Aktien- und Rentenfonds über Geld-

[1] Einen umfangreichen Überblick über die Investmentfondsbranche in Deutschland gibt die Studie von Coopers&Lybrand [C&L 95]. Allerdings enthält sie nicht die neuesten Entwicklungen in der Investmentbranche. Eine aktualisierte Neuauflage ist jedoch geplant.

marktfonds bis hin zu Immobilien- und Derivatefonds. Diese einzelnen Kategorien liegen wiederum in einer Vielzahl unterschiedlicher Ausprägungen (Hedgefonds, Indexfonds, etc.) vor. Das Gesamtbild wird zusätzlich durch die Tatsache verkompliziert, daß die rechtlichen Bestimmungen für die Zulassung von Investmentfonds für den Vertrieb von Kapitalmarkt zu Kapitalmarkt variieren. Eine explizite Berücksichtigung aller Anlageformen und deren Ausprägungen in den verschiedenen Kapitalmärkten würde den Rahmen dieses Buches bei weitem sprengen. Die Darstellung der Performancemessung und -analyse sowie die Präsentation der Ergebnisse orientieren sich daher an für den deutschen Kapitalmarkt besonders wichtigen Bereichen der Publikums- und der Spezialfonds, die dem Gesetz über Kapitalanlagegesellschaften (KAGG) unterliegen. Wie die Abbildungen 1.1 und 1.2 verdeutlichen, zeichnen sich diese Bereiche sowohl durch sehr hohe Gesamtvolumina als auch durch sehr hohe Wachstumsraten aus.

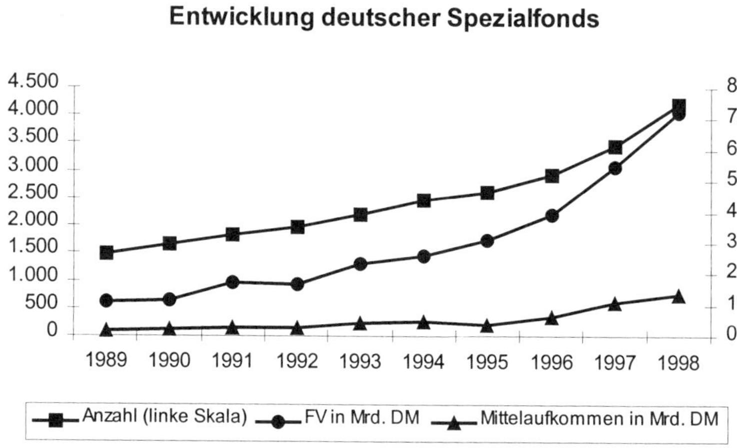

Abbildung 1.2: Entwicklung der Anzahl und des Gesamtvolumens (FV) der Spezialfonds im Zeitablauf (Quelle: [BVI 99]).

Bei der Darstellung der Teilbereiche der Performanceanalyse und -messung in den folgenden Kapiteln dienen die DVFA-PPS als Bezugspunkt. Die grundlegende Frage, die in diesen Standards behandelt wird, betrifft den Austausch von Informationen zwischen Vermögensverwaltern und (potentiellen) Kunden. Die DVFA-PPS stellen einen Rahmen für eine faire und umfassende Darstellung der Leistungsfähigkeit eines Vermögensverwalters „unter vollständiger Offenlegung der entscheidungsrelevanten Informationen" [DVFA 00, Abschnitt A] dar.

Auf eine strikte Trennung von externer und interner Performancemessung, wie sie häufig in der Fachliteratur[2] erfolgt, wird im Rahmen der vorliegenden Darstellung verzichtet, da bei einer Darstellung der Leistungsfähigkeit eines Vermögensverwalters im Sinne der DVFA-PPS häufig Elemente der externen und der internen Performancemessung kombiniert werden müssen.

---

[2] Vgl. [Wittrock 98].

1.2 Prozeßkomponenten der Vermögensverwaltung

Entsprechend der wachsenden Zahl unterschiedlicher Produkte, dem starken Anstieg der verwalteten Volumina und dem Umfang der zu berücksichtigenden gesetzlichen Vorschriften gestaltet sich der Produktionsprozeß in der Vermögensverwaltung („Asset Management") immer umfangreicher. Unter dem „Produktionsprozeß" wird bei dieser Sichtweise – in Übereinstimmung mit den DVFA-PPS (vgl. Abschnitt 6.6) – die Gesamtheit aller Funktionen verstanden, die zum Erreichen der Anlageziele der Kunden beitragen. Darunter fallen nicht nur die „klassischen" Bereiche des eigentlichen Portfoliomanagements oder der Kundenberatung, sondern auch Bereiche, die sich eher mit der Geschäftsabwicklung („Back Office") befassen, wie etwa das Controlling oder die Portfolioanalyse.

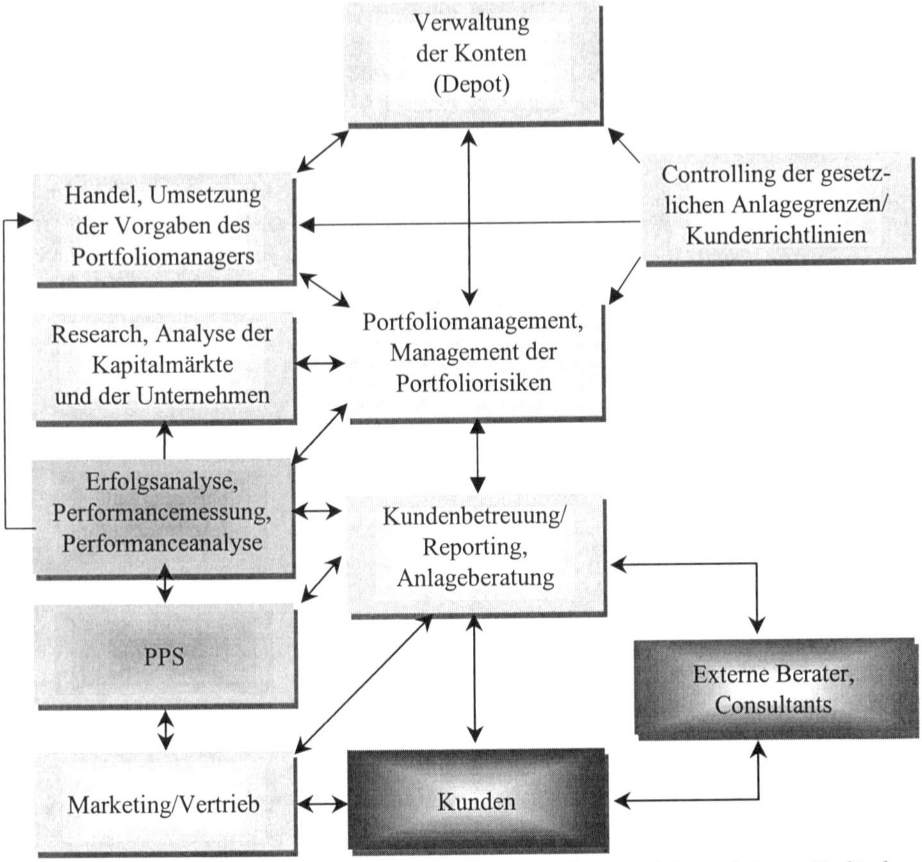

Abbildung 1.3: Prozeßkomponenten der Vermögensverwaltung und die wichtigsten Verbindungen untereinander. Die dunklen Felder symbolisieren die Zielgruppen (Kunden, Consultants). Die Bereiche, die in den nachfolgenden Kapiteln behandelt werden (PPS, Performancemessung und -analyse), sind ebenfalls optisch hervorgehoben.

In Abbildung 1.3 wird versucht, die wichtigsten Komponenten zusammenzustellen und Verbindungen zwischen ihnen aufzuzeigen.[3] Dabei hängt es selbstverständlich von der Größe des Vermögensverwalters (betreute Volumina, Anzahl der Portfolios und Mitarbeiter) ab, ob alle aufgezeigten Bereiche als separate Komponenten interpretiert werden oder ob Komponenten bei der konkreten Realisierung innerhalb einer Gesellschaft (personell) zusammengefaßt werden. Ferner besteht die Möglichkeit, daß einzelne Komponenten wegfallen, wie z.B. die Komponente *PPS*, deren Beachtung auf freiwilliger Basis erfolgt. Nicht alle Komponenten müssen zum Aufgabenbereich einer organisatorischen Einheit gehören. Bereiche wie *die Depotverwaltung* oder *Marketing/Vertrieb* können oder müssen von kooperierenden Gesellschaften wahrgenommen werden. Dies gilt auch – sofern zulässig – für das *Portfoliomanagement*. Die (partielle) Auslagerung des Portfoliomanagements in Form von „Advisory-Mandaten" oder „Currency-Overlay-Mandaten" sind wichtige Ausprägungen dieser Vorgehensweise.[4]

Die (gedankliche) Aufspaltung des Gesamtprozesses in einzelne Teilkomponenten erscheint insbesondere deshalb sinnvoll zu sein, weil durch sie die Analyse des Gesamtrisikos – interpretiert als Gesamtheit der Ereignisse, die das Erreichen der Anlageziele gefährden können – erleichtert wird. Ohne der Darstellung in Kapitel 6 vorgreifen zu wollen, soll an dieser Stelle bereits erwähnt werden, daß die Darstellung möglicher Risiken ein wichtiger Bestandteil einer Präsentation von Performanceergebnissen ist.

Die zentralen Komponenten der Vermögensverwaltung sind die Bereiche der *Kundenbetreuung/Reporting, Anlageberatung* und des *Portfoliomanagements*. Im ersten Bereich wird herausgearbeitet, welche Investitionsform am besten geeignet ist, die individuellen Anlage- bzw. Risikopräferenzen des Investors widerzuspiegeln. Bei diesem Prozeß beziehen Kunden häufig *externe Berater* (sogenannte *Investment Consultants*) mit ein. Daher ist es für Vermögensverwalter wichtig, nicht nur die Kunden, sondern auch die Consultants über die Produkte und die erzielten Anlageergebnisse umfassend zu informieren.

Im Bereich des *Portfoliomanagements* werden die Anlageentscheidungen bei der Umsetzung des (mit den Kunden vereinbarten) Anlagekonzepts getroffen. Die Verwaltung eines Portfolios kann auf unterschiedlichen Methoden („Investment Styles") basieren. Da auf diese in den folgenden Kapiteln Bezug genommen wird, werden verschiedene dieser Ansätze kurz skizziert. Dabei wird zwischen fundamental ökonomischen und quantitativen Anlagestilen differenziert.[5]

Wichtige fundamental ökonomische Anlagestile sind beispielsweise der „Value-Investmentstil" und der „Growth-Investmentstil". Im Rahmen eines „Value-Investmentstils" investieren Portfoliomanager vornehmlich in Unternehmen, deren Unternehmenswert nicht adäquat durch den Börsenkurs dargestellt wird (unterbewertete Unternehmen). „Value-Aktien" werden anhand bestimmter Kriterien („Value-Kriterien"), wie z.B. das Verhältnis des Aktienkurses zum Buchwert pro Aktie („Price-to-Book") oder die Dividendenrendite, herausgefiltert. Verfolgt ein Portfoliomanager ein „Growth-Konzept", dann investiert er primär in Unternehmen, für die er ein überdurchschnittliches Wachstum der Gewinne prognostiziert. Er unterstellt dabei,

---

[3] Eine vergleichbare Darstellung findet sich in [Rehkugler 98].

[4] Aufgrund der Bestimmungen des KAGG (s. etwa §10 Abs. 1 KAGG) wird im Fall von Kapitalanlagegesellschaften die Möglichkeit der Ausgliederung wesentlicher Bestandteile des Fondsmanagements jedoch stark eingeschränkt.

[5] Für eine ausführlichere Diskussion von Investmentstilen siehe [Bruns/Meyer-Bullerdieck 96, S. 86-97].

daß das überdurchschnittliche Gewinnwachstum an überdurchschnittlich steigende Aktienkurse gekoppelt ist. Neben diesen aktiven Ansätzen gibt es auch die passiven fundamental ökonomischen Investmentstile. Ausgangspunkt für solche Ansätze ist in der Regel die Annahme, daß aufgrund der Effizienz der Kapitalmärkte keine dauerhafte positive risikoadjustierte Differenzrendite gegenüber einer Benchmark[6] erzielt werden kann. Als Beispiel für einen passiven Stil kann die Konstruktion sogenannter Betafonds angesehen werden. Das Ziel solcher Fonds besteht darin, ein diversifiziertes Portfolio mit einem Beta größer als 1 (vgl. Abschnitt 6.3.2) zu realisieren, dessen Entwicklung alleine von der Entwicklung der Benchmark abhängt. Die Schätzungen der zugrunde liegenden Betawerte können dabei auf fundamental ökonomischen Daten basieren (vgl. [Steiner/Bruns 98, S. 264f.]).

Als weiteres Beispiel für einen passiven fundamental ökonomischen Ansatz können „Buy and Hold-Strategien" angeführt werden (vgl. [Farrell 97, S. 292f.). Eine solche Strategie besteht darin, einen Anfangsbestand an Wertpapieren unter Vermeidung von nachfolgenden Käufen oder Verkäufen über einen längeren Zeitraum zu halten.

Neben Investmentstilen, die primär auf der Analyse von Unternehmensbilanzen und der makroökonomischen Rahmenbedingungen beruhen, ist der Bereich des quantitativen Portfoliomanagements von großer Bedeutung. Innerhalb dieses Bereichs wird ebenfalls zwischen einem „passiven" und einem „aktiven" Anlagestil unterschieden.

Von einem „passiven quantitativen Managementstil" spricht man in der Regel dann, wenn das Anlageziel darin besteht, die Wertentwicklung einer vorgegebenen Benchmark mit dem Portfolio zu replizieren. Eine Form, dies zu erreichen, besteht darin, mittels des Portfolios die Benchmarkstruktur möglichst genau nachzubilden („Full Replication"). Alternativ dazu kann die Nachahmung der Benchmarkstruktur in einer unvollständigen Form durchgeführt werden („Sampling"). Das sich dabei ergebende „Tracking Portfolio" wird jedoch in einer Weise gestaltet, daß es die Wertentwicklung der Benchmark trotz der Abweichungen zu deren Struktur weitestgehend nachvollzieht. Letztgenannte Form des passiven Managements wird häufig dann angewandt, wenn die vorgegebene Benchmark über eine hohe Anzahl von einzelnen Titeln verfügt, wie etwa „Composite-Indizes" (vgl. Kapitel 3). Der Begriff „passiv" ist in diesem Zusammenhang nicht im Sinne einer „Buy and Hold-Strategie" zu interpretieren, da „Index-Replication" oder „Index Tracking" kontinuierliches Agieren (etwa bei der Reinvestition von Dividenden- oder Zinszahlungen oder bei Veränderungen der Zusammensetzung der Benchmark) erfordert. Aufgrund der Notwendigkeit einer kontinuierlichen Anpassung der Portfoliostruktur kann es gegebenenfalls wegen der mit Umschichtungen verbundenen Kosten für den Investor günstiger sein, die Benchmark nur näherungsweise (in Form eines „Tracking Portfolios") zu replizieren. Eine andere wichtige Form des passiven quantitativen Portfoliomanagements betrifft den Bereich der „Wertsicherungsstrategien" („Portfolio Insurance") [Loistl 90, S. 349f.]. Ziel einer solchen Strategie ist es, einen bestimmten Teil des Kapitaleinsatzes (über einen bestimmten Zeitraum) abzusichern, d.h. es soll erreicht werden, daß selbst bei widrigen Marktbedingungen nur ein partieller Verlust des eingesetzten Kapitals erfolgen kann. Diese Form des Portfoliomanagements richtet sich in erster Linie an risikoaverse Investoren.

---

[6] Eine Benchmark wird in der Regel aus einem Börsenindex (z.B. DAX oder REX) oder einer Kombination von Börsenindizes gebildet (vgl. Kapitel 3).

Das Ziel eines „aktiven quantitativen Portfoliomanagement-Ansatzes" besteht darin, auf Basis festgelegter Regeln (Algorithmen), die auf Ineffizienzen der Märkte basieren, eine bessere Performance als die einer vorgegebenen Benchmark zu erzielen.

Im Gegensatz zum quantitativen Managementstil basiert ein fundamental ökonomischer Managementstil[7] auf systematischen Untersuchungen der makroökonomischen Rahmenbedingungen und der Analyse von Unternehmen, in die investiert werden soll. Diesen Bereich bezeichnet man im allgemeinen als *Research*. Die Research-Aufgaben können vom Portfoliomanagement selbst und/oder von einer separaten Abteilung innerhalb der gleichen Gesellschaft und/oder von einer anderen Gesellschaft wahrgenommen werden.

Im Bereich des *Handels* werden die strategischen Entscheidungen des *Portfoliomanagements* in Form von Käufen und Verkäufen umgesetzt. Die dabei erzielte Effizienz (z.B. Gewährleistung marktgerechter Preise und Handelskonditionen) sowie Timing-Entscheidungen haben wichtigen Einfluß auf das Erreichen des Anlageziels.

Vor allem bei Vermögensverwaltern, die eine große Anzahl an Portfolios (mit entsprechenden Volumina) und/oder sehr komplexe Produkte verwalten, wird der Vorgang des Portfoliomanagements durch kontrollierende Funktionen (*Controlling*) begleitet. Zum einen muß sichergestellt werden, daß die vom Kunden vorgegebenen sowie – bei Kapitalanlagegesellschaften – die gesetzlichen Anlagerichtlinien[8] eingehalten werden.

Andere wichtige Bereiche, deren Bedeutung in den letzten Jahren stark zugenommen hat, sind die Bereiche der *Performancemessung* sowie der *Erfolgs-* und der *Performanceanalyse*. Dies sind die Bereiche, mit denen sich dieses Buch vornehmlich auseinandersetzen wird. Abbildung 1.3 verdeutlicht deren zentrale Bedeutung im Gesamtzusammenhang der Vermögensverwaltung sowie die vielfältigen Wechselwirkungen mit den anderen Funktionen. Diese Bereiche stehen in direkter Beziehung zu den Funktionen des *Portfoliomanagements* und dem *Management der Portfoliorisiken* sowie zum Bereich *Handel*. Ein Doppelpfeil deutet an, daß zwischen den derart verbundenen Bereichen ein wechselseitiger Informationsaustausch stattfindet. Die Bereiche der *Performance-* und *Erfolgsanalyse* bewerten die Leistungen des Portfoliomanagements, des Handels und der anderen Bereiche; die erstellten Analysen werden umgekehrt vom Portfoliomanagement etc. bei der Gestaltung zukünftiger Investmentprozesse oder zur Korrektur von Fehlentwicklungen herangezogen. Während mit dem Begriff *Performanceanalyse* der Bereich bezeichnet wird, dessen Aufgabe primär darin besteht, die Komponenten, die zur Portfolioperformance beitragen, in quantitativer Form darzustellen, werden im Bereich *Erfolgsanalyse* allgemeine Faktoren wie etwa die Effizienz bei der Umsetzung von Transaktionen im Handel und bei anderen Prozessen untersucht.

Die Analyse der Investmentprozesse erfolgt auf Basis unterschiedlicher Zeitskalen: Während die Beurteilung eines allgemeinen Investmentprozesses in der Regel einen langfristigen Betrachtungszeitraum voraussetzt, ist für die Bereinigung von sich kurzfristig ergebenden Risiken hinsichtlich des Erreichens von Anlagezielen oftmals schnelles Handeln erforderlich. Dies stellt hohe Anforderungen an den Bereich *Portfolioanalyse*, da die Analysemethoden eng an

---

7 Wie etwa die zuvor beschriebenen „Value"- und „Growth"-Investmentstile.

8 Vgl. den Anhang zu Kapitel 5.

die einzelnen Investmentprozesse angepaßt sein müssen. In Kapitel 4 werden verschiedene Formen von Beitragsanalysen für ausgewählte Investmentprozesse eingehend behandelt.

Der enge Zusammenhang zwischen *Portfolioanalyse* und *-management* unterstreicht noch einmal, daß die Trennung der einzelnen Bereiche, wie sie in Abbildung 1.3 vorgenommen wurde, eine Abstraktion darstellt, da die einzelnen Funktionen in der Praxis im strikten Sinne nicht zu trennen sind.

Eine andere wichtige Aufgabe der Bereiche *Performancemessung* und *-analyse* besteht in der Kooperation mit den Bereichen *Kundenbetreuung/Reporting* und *Anlageberatung*, die zum Ziel hat, die Managementleistung gegenüber den Kunden und *externen Beratern* (*Consultants*) zu dokumentieren. In diesem Zusammenhang ist auch die Beziehung zwischen der *Performancemessung* und *-analyse* und dem Bereich *Performance Presentation Standards* (PPS) zu sehen, dessen Aufgabe darin besteht, eine angemessene Darstellung von Performanceergebnissen gegenüber (potentiellen) Kunden zu gewährleisten. Dies erfordert auch die Einbeziehung des Bereichs *Marketing/Vertrieb*.

2 Renditemaße

2.1 Basisformel der Renditeberechnung

Alle in diesem Kapitel erörterten Renditemaße basieren auf einer grundlegenden Formel („Basisformel“) zur Berechnung der Wertveränderung einer Investition. Als *Basisformel der Renditeberechnung* wird im folgenden die Formel aufgefaßt, mit der die Rendite einer Investition ohne nachfolgende Mittelab- oder Mittelzuflüsse, also genau *einer* Investition, berechnet wird. Wenn I_0 den Wert der Anfangsinvestition bezeichnet und I_1 den Wert dieser Investition zu einem nachfolgenden Zeitpunkt, dann wird mit

$$R = \frac{I_1 - I_0}{I_0} = \frac{I_1}{I_0} - 1 \tag{2.1}$$

die Rendite[1] dieser Investition bezeichnet.

$$R = \frac{I_1 - I_0}{I_0} * 100\% = \left(\frac{I_1}{I_0} - 1 \right) * 100\% \tag{2.2}$$

gibt die prozentuale Wertänderung der Anfangsinvestition an. Auch diese Größe wird im folgenden Rendite genannt. Für die formale Darstellung von Renditeberechnungen erweist sich die Darstellung in Formel (2.1) als vorteilhafter.

Beispiel 2.1 (Anwendung der Basisformel):

Datum	*Inventarwert [in Mio. DM]*
t_0	*100*
t_1	*120*

Tabelle 2.1: Wertentwicklung einer Investition ohne nachfolgende Mittelbewegungen.

Die einfache Entwicklung obiger Kontostaffel wird in Abbildung 2.1 veranschaulicht.

[1] Anstatt der Bezeichnung Rendite wird in der Praxis häufig auch der Begriff Performance verwendet [DVFA 00]. In der wissenschaftlichen Fachliteratur (vgl. etwa [Wittrock 95]) wird dieser Begriff in der Regel jedoch nur für risikoadjustierte Renditewerte benutzt. (Siehe dazu Abschnitt 6.4.)

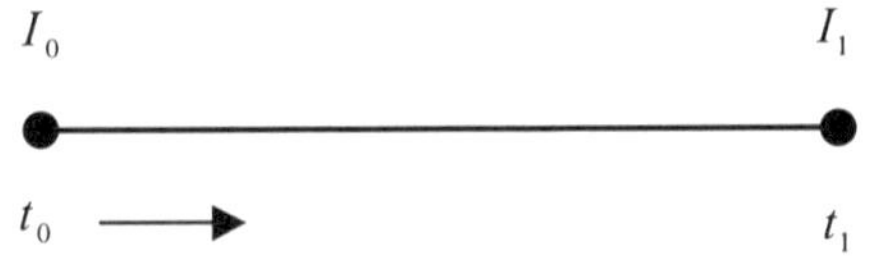

Abbildung 2.1: Wertentwicklung einer Investition ohne weitere Mittelbewegungen.

Gemäß Formel (2.1) (bzw. Formel (2.2)) errechnet sich die Rendite R zu

$$R = \frac{120 - 100}{100} = 0{,}2 \cong 20\%. \tag{2.3}$$

Das Beispiel verdeutlicht, wie die Ausdrücke $\frac{I_1 - I_0}{I_0}$ und $\frac{I_1 - I_0}{I_0} * 100\%$ miteinander identifiziert werden. Der Dezimalzahl $\frac{I_1 - I_0}{I_0} = 0{,}10$ entspricht der prozentuale Wert von 10%. Im folgenden wird diese Identifizierung, wie in Gleichung (2.3), in der Form $0{,}10 \cong 10\%$ vorgenommen.

Sind im Zeitintervall von t_0 bis t_1 exogene Mittelbewegungen[2] (Einbringungen und/oder Entnahmen) erfolgt, dann läßt sich obige Vorgehensweise nur auf die Teilintervalle, die zwischen zwei Mittelbewegungen liegen, anwenden. Bei Portfolios, die viele Mittelbewegungen zu verzeichnen haben (z.B. Investmentfonds) wäre eine solche Vorgehensweise aufwendig. Als Resultat erhielte man eine lange Liste mit Renditewerten, die aufgrund ihrer Unübersichtlichkeit sowohl für den Portfoliomanager als auch für den Investor wenig hilfreich wäre. Bei komplexeren Kontostaffeln werden daher andere Renditemaße zur Messung der Wertentwicklung herangezogen.

Ein Investor ist in der Regel an folgenden Renditewerten interessiert:

1. Durchschnittszins für seine Investments über eine (mehrere) bestimmte Periode(n),
2. Renditewert, der von den erfolgten Mittelbewegungen abstrahiert und (daher) mit der Rendite einer Benchmark (z.B. des DAX) vergleichbar ist.

Hat der Vermögensverwalter keinen oder nur einen geringfügigen Einfluß auf die Auswahl der Anlagesegmente eines Portfolios und die Zeitpunkte der exogenen Mittelbewegungen, dann ist der erste Renditewert für ihn von untergeordneter Bedeutung (vgl. Abschnitt 2.5). Unter diesen Voraussetzungen ist es sinnvoll, seine Leistung anhand einer Benchmark, die einen geeigneten Maßstab für das Portfolio darstellt (vgl. Kapitel 3), zu beurteilen (vgl. hierzu die Erörterung in Abschnitt 5.1).

---

2 Solche exogenen Mittelbewegungen können sowohl aktive Eingriffe (ein Investor dotiert den Fonds oder zieht Mittel ab; ein Portfoliomanager erhöht die Position innerhalb eines Anlagesegments) als auch passive Abflüsse wie Dividenden- oder Zinszahlungen darstellen.

2.2 Geometrische Verknüpfung und Skalierung von Renditewerten

Renditewerte über angrenzende Perioden, die von Mittelbewegungen abstrahieren, werden in multiplikativer Form miteinander verknüpft.

Beispiel 2.2 (Verknüpfung von Renditewerten):

Die Aktie der Bayer AG hat im ersten Quartal 1998 eine Rendite von $R_1 = 25{,}89\%$ und im zweiten Quartal eine Rendite von $R_2 = 10{,}40\%$ erzielt. Ausgehend von diesen Werten errechnet sich die Rendite R über den gesamten Zeitraum (erstes Halbjahr 1998) gemäß

$$1 + R = (1 + R_1) * (1 + R_2) = 1{,}2589 * 1{,}1040 = 1{,}3898.$$

Somit gilt $R \cong 38{,}98\%$.

Häufig werden Renditewerte auf annualisierter Basis dargestellt, d.h. für Renditewerte, die sich auf einen längeren Zeitraum beziehen, wird ein durchschnittlicher jährlicher Renditewert R_{ann} angegeben. Gemäß obigen Ausführungen über die Verknüpfung von Renditewerten gilt

$$1 + R = (1 + R_{ann})^n,$$

wobei n die Anzahl der Jahre ist, über die der Renditewert R berechnet wurde. Ausgehend von einem gegebenen Renditewert R erhält man somit die durchschnittliche annualisierte Rendite gemäß

$$1 + R_{ann} = (1 + R)^{\frac{1}{n}} = \sqrt[n]{1 + R}. \tag{2.4}$$

Beispiel 2.3 (Annualisierte Rendite des DAX):

Die Rendite des DAX betrug im Zeitraum vom 01.01.1993 bis zum 31.12.1998 223,77%. Es gilt:

$$1 + R_{ann} = \sqrt[6]{3{,}2377} \approx 1{,}2163.$$

Die durchschnittliche Rendite des DAX betrug somit im Betrachtungszeitraum $R_{ann} \cong 21{,}63\%$.

Einen wichtigen Spezialfall stellt die Beziehung zwischen der Rendite auf Tagesbasis und der annualisierten Rendite dar.

Wird mit R der Renditewert bezeichnet, der sich auf den Zeitraum eines Jahres bezieht (z.B. ein annualisierter Renditewert), dann wird der zugehörige tägliche Renditewert Q durch folgende Gleichung definiert.

$$1+Q=(1+R)^{\frac{1}{360}}=\sqrt[360]{1+R}. \tag{2.5}$$

Definitionsgemäß besteht ein Jahr somit aus 360 Tagen.[3]

2.3 Interner Zinssatz

Der interne Zinssatz ist der in Abschnitt 2.1 angesprochene konstante Durchschnittszins. Bevor die allgemeine Formel zur Berechnung dieses Renditewertes angegeben wird, soll zunächst die Kernidee mittels einiger Beispiele dargestellt werden.

Beispiel 2.4 (Berechnung des internen Zinssatzes bei einer Einbringung):

Datum	*Mittelbewegung*	*Inventarwert*
01.01.1998		*100*
30.06.1998	*100*	*?*
31.12.1998		*250*

Tabelle 2.2: Kontostaffel mit einer Einbringung in der Mitte des Zeitintervalls.

Die Anwendung von Formel (2.1) ergibt für die Kontostaffel in Tabelle 2.2 kein sinnvolles Ergebnis. Da der Inventarwert zum 30.06.1998 nicht vorliegt (das Portfolio wurde an diesem Tag nicht bewertet), ist die Formel auch nicht auf die Teilintervalle anwendbar. Eine sinnvolle Fragestellung lautet jedoch: Mit welchem täglichen Durchschnittszinssatz Q hätten die beiden Einbringungen von jeweils 100 verzinst werden müssen, um einen Endwert von 250 zu erhalten? Dieser Zinssatz ergibt sich als Lösung der Gleichung[4]

$$100*(1+Q)^{360}+100*(1+Q)^{180}=250.$$

Die Substitution

---

[3] Diese Konvention wird in der Praxis häufig getroffen. Entsprechend wird oftmals angenommen, daß Monate aus 30 Tagen bestehen.

[4] Diese Vorgehensweise entspricht der Verzinsung von Einzahlungen auf einem Sparbuch, nur daß dort der Zinssatz vorgegeben und der Endinventarwert berechnet wird. Bei einem Zinssatz von 3% p.a. errechnet sich z.B. der tägliche Zinssatz zu $Q=\left(1+\frac{3}{100}\right)^{1/360}*100\%\cong 0{,}008211\%$. Somit würde der Inventarwert nach einem Jahr $100*1{,}00008211^{360}+100*1{,}00008211^{180}=204{,}49$ betragen.

$$x := (1+Q)^{180} \tag{2.6}$$

und Division durch 100 führen auf die Gleichung

$$x^2 + x = 2{,}5\,. \tag{2.7}$$

Die Lösungen dieser quadratischen Gleichung erhält man mittels der *quadratischen Formel:*[5] $x = \sqrt{2{,}75} - 0{,}5 \cong 1{,}1583124$. Der auf ein halbes Jahr bezogene interne Zinssatz beträgt somit 15,83%. Der tägliche Zinssatz ergibt sich durch Auflösen von Gleichung (2.6) nach Q:

$$Q \cong 1{,}1583124^{\frac{1}{180}} - 1 = 0{,}0008168 \cong 0{,}08168\,\%.$$

Dies führt zu einem annualisierten Zinssatz von $R_{ann} = (1+Q)^{360} - 1 = 0{,}3417 \cong 34{,}17\,\%$. Dieser Wert wird auch als *Money-weighted Rate of Return* für obige Kontostaffel bezeichnet.

Beispiel 2.5 (Berechnung des internen Zinssatzes bei einer Entnahme):

Ähnlich verfährt man mit Entnahmen.

Datum	Mittelbewegung	Inventarwert
01.01.1998		*100*
31.03.1998	*-50*	*?*
31.12.1998		*40*

Tabelle 2.3: Kontostaffel mit einer Entnahme am Ende des ersten Quartals des Zeitintervalls.

Die Kontostaffel in Tabelle 2.3 führt auf die Gleichung

$$100 * (1+Q)^{360} - 50 * (1+Q)^{90} = 40\,. \tag{2.8}$$

Die Substitution $x = (1+Q)^{90}$ und Division durch 100 führen auf die Gleichung $x^4 - 0{,}5 * x = 0{,}4$. Obwohl die Vorgehensweise vollkommen analog zum vorhergehenden Beispiel ist, ergibt sich in diesem Fall ein Problem, das sich (abgesehen von wenigen Spezialfällen) stets bei der Ermittlung des internen Zinssatzes stellt. Die sich ergebenden Gleichungen sind nur noch mittels eines Iterationsverfahrens lösbar. Für den interessierten Leser wird in Anhang B ein Verfahren skizziert, mit dem sich die Lösungen solcher Gleichungen ermitteln lassen. Im vorliegenden Fall wird lediglich das Ergebnis angegeben. Als Lösung von

[5] Die quadratische Gleichung $a * x^2 + b * x + c = 0$ hat die Lösungen $x_{1,2} = -\frac{b}{2a} \pm \sqrt{\frac{b^2}{4a} - \frac{c}{a}}$.

Gleichung (2.8) erhält man $Q \cong -0{,}033944\%$. Dies führt zu einem annualisierten Zinssatz von $R_{ann} \cong -11{,}50\%$.

Beispiel 2.6 (Interner Zinssatz bei einer Einbringung und einer Entnahme):

Ein Investor hat am 01.01.1995 eine Investmentgesellschaft mit der Verwaltung eines Fonds beauftragt, der ausschließlich in japanischen Aktien investiert sein soll und über ein Anfangsvolumen in Höhe von 100 Mio. DM verfügt. Zunächst entwickelt sich der Fonds recht erfreulich, so daß der Investor am 01.01.1996 weitere 100 Mio. DM in diesen Fonds investiert. Das „Timing" dieser Investition war jedoch nicht sehr glücklich, da der japanische Aktienmarkt im Verlauf des Jahres 1996 stark gefallen ist. Aus Verärgerung über die unglückliche Marktentwicklung fließen daher am 01.01.1997 50 Mio. DM aus dem Fonds ab. Dieses („prozyklische") Verhalten resultierte in folgender Kontostaffel:

Datum	*Mittelbewegung [Mio. DM]*	*Inventarwert [Mio. DM]*
01.01.1995		*100,0*
31.12.1995		*110,5*
01.01.1996	*100*	*210,5*
31.12.1996		*180,3*
01.01.1997	*-50*	*130,3*
30.06.1997		*145,1*

Tabelle 2.4: Kontostaffel mit einer Einbringung und einer Entnahme.

Der tägliche Durchschnittszinssatz ergibt sich als Lösung der Gleichung

$$100 * (1+Q)^{900} + 100 * (1+Q)^{540} - 50 * (1+Q)^{180} = 145{,}1. \tag{2.9}$$

Die Substitution $x = (1+Q)^{180}$ und Division durch 100 führen auf die Gleichung

$$x^5 + x^3 - \frac{1}{2}x - 1{,}451 = 0.$$

Wie bereits erwähnt, wird in Anhang B zu diesem Kapitel ein Verfahren beschrieben, mit dem sich die Lösung dieser Gleichung ermitteln läßt. Hier wird lediglich das Ergebnis der Iterationsrechnung angegeben: $x \approx 0{,}99339139$. Daraus ergibt sich ein interner Zinssatz von ca. –3,26% über die gesamte Periode.

Obige Beispiele lassen sich leicht zur allgemeinen Berechnungsformel für den internen Zinssatz verallgemeinern. Wie in Abschnitt 1.1 sei I_0 der Wert der Anfangsinvestition und I_1 der Endwert. Es wird ein Zahlungsstrom von folgender allgemeiner Form betrachtet:

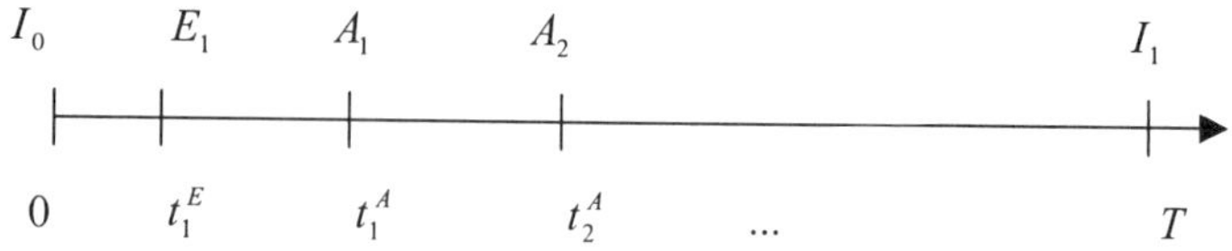

Abbildung 2.2: Zahlungsstrom einer Kontostaffel mit Einbringungen E_i zu Zeitpunkten t_i^E und Entnahmen A_i zu Zeitpunkten t_i^A. I_0 ist der Anfangsinventarwert und I_1 der Endinventarwert.

Hier bezeichnet E_i die i-te Einbringung (zum Zeitpunkt t_i^E) und A_i die i-te Entnahme (zum Zeitpunkt t_i^A). Die Zeitpunkte für die Einzahlungen/Entnahmen liegen innerhalb eines Zeitintervalls 0 bis T (vgl. Abbildung 2.2). Mit Q wird wieder der tägliche Durchschnittszinssatz bezeichnet. Dann gilt

$$I_0 * (1+Q)^T + E_1 * (1+Q)^{T-t_1^E} + E_2 * (1+Q)^{T-t_2^E} + \ldots + A_1 * (1+Q)^{T-t_1^A} + A_2 * (1+Q)^{T-t_2^A} + \cdots = I_1 .$$

In etwas kompakterer Form ergibt dies die

Bestimmungsgleichung für den internen Zinssatz (Money-weighted Rate of Return)

$$I_0 * (1+Q)^T + \sum_{i=1}^{N^E} E_i * (1+Q)^{T-t_i^E} + \sum_{i=1}^{N^A} A_i * (1+Q)^{T-t_i^A} = I_1, \qquad (2.10)$$

wobei N^E die Anzahl der erfolgten Einbringungen und N^A die Anzahl der Entnahmen bezeichnen. Die A_i nehmen negative Werte an. Q ist der interne Zinssatz pro Zeiteinheit $1/T$. Der interne Zinssatz R^{iz} für das gesamte Zeitintervall von 0 bis T ist wie folgt definiert:

$$1 + R^{iz} := (1+Q)^T .$$

Schreibt man obige Gleichung in der Form

$$I_0 - \frac{I_1}{(1+Q)^T} + \sum_{i=1}^{N^E} \frac{E_i}{(1+Q)^{t_i^E}} + \sum_{i=1}^{N^A} \frac{A_i}{(1+Q)^{t_i^A}} = 0 ,$$

so erkennt man, daß Q jener Zinssatz ist, der den Barwert des durch die Mittelbewegungen festgelegten Zahlungsstroms zu Null werden läßt.

Der Zinssatz Q ergibt sich als iterative Lösung obiger Gleichung. In der Praxis greift man daher auf Computerprogramme zurück, die auf iterativen Verfahren[6] wie dem Newtonschen Verfahren basieren (vgl. Anhang B zu diesem Kapitel).

---

[6] In [Stucki 88, Abschnitt 1.3.2] werden auch alternative Verfahren dargestellt.

2.4 Zeitgewichtete Rendite

2.4.1 Allgemeine Darstellung der zeitgewichteten Rendite

Während der interne Zinssatz einen hinsichtlich der erfolgten exogenen Mittelbewegungen gemittelten Renditewert ergibt, wird mittels der Berechnung der zeitgewichteten Rendite (*Time-weighted Rate of Return*) versucht, von diesen Zahlungsströmen zu abstrahieren (vgl. [Wittrock 95, S. 18f]). Die zugrunde liegende Idee dabei ist, die Wertentwicklung einer Anfangsinvestition entsprechend der Wertentwicklung des Portfolios innerhalb der durch die exogenen Mittelbewegungen ausgezeichneten Teilintervalle nachzuvollziehen. Der spezifische Wert dieser Anfangsinvestition ist dabei unerheblich. Nachfolgend ein Beispiel zur Illustration.

Beispiel 2.7 (Berechnung der zeitgewichteten Rendite):

Es wird nochmals die Kontostaffel aus Beispiel 2.6 betrachtet:

Datum	*Mittelbewegung [Mio. DM]*	*Inventarwert [Mio. DM]*
01.01.1995		*100,0*
31.12.1995		*110,5*
01.01.1996	*100*	*210,5*
31.12.1996		*180,3*
01.01.1997	*-50*	*130,3*
30.06.1997		*145,1*

Tabelle 2.5: Kontostaffel mit einer Einbringung und einer Entnahme.

Anstatt jedoch eine durchschnittliche Rendite für die Zahlungsströme zu berechnen, wird die Entwicklung einer Investition von 100 DM, die zu Beginn des Betrachtungszeitraums (also am 01.01.1995) in das Portfolio eingebracht wurde und bis zum Ende (also bis zum 30.06.1997) im Portfolio verblieben ist, verfolgt. Das Zeitintervall wird entsprechend der Mittelbewegungen in drei Perioden aufgespalten (vgl. Abbildung 2.3).

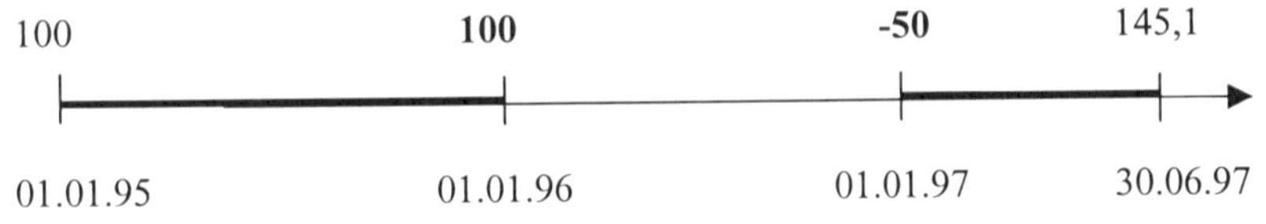

Abbildung 2.3: Untergliederung in Teilintervalle gemäß der Mittelbewegungen für die Kontostaffel in Tabelle 2.5.

Im Zeitraum vom 01.01.1995 bis zum 31.12.1995 wuchsen die 100,00 DM zu 110,50 DM an. Die Wertveränderung betrug somit 10,50%. Im darauffolgenden Intervall (01.01.1996 bis

31.12.1996) wurden aus 210,50 DM 180,30 DM. Damit berechnet sich die Rendite für diesen Zeitraum zu

$$R = \frac{180{,}30 - 210{,}50}{210{,}50} = 0{,}1435 \cong -14{,}35\%.$$

Aus den 110,50 DM wären also am Ende dieser Periode gemäß

$$110{,}50 * \left(1 + \frac{-14{,}35}{100}\right) = 94{,}65$$

94,65 DM geworden. In der dritten Periode erhält man in analoger Weise eine mit der Basisformel ermittelte Rendite von

$$R = \frac{145{,}10 - 130{,}30}{130{,}30} = 0{,}1136 \cong 11{,}36\%.$$

Die 94,64 DM hätten sich also gemäß

$$94{,}64 * \left(1 + \frac{11{,}36}{100}\right) = 105{,}40$$

zu 105,40 DM verzinst. Über die gesamte Periode wuchsen die 100,00 DM zu 105,39 DM an. Die zeitgewichtete Rendite betrug somit 5,39%.

Um dies in systematischer Form darzustellen, wird der Wert der Anfangsinvestition zum Zeitpunkt t mit I_t bezeichnet. Es gilt:

$$I_{30.06.97} = I_{31.12.96} * \left(1 + \frac{11{,}36}{100}\right) = I_{31.12.95} * \left(1 + \frac{-14{,}35}{100}\right) * \left(1 + \frac{11{,}36}{100}\right).$$

Somit erhält man

$$\begin{aligned} I_{30.06.97} &= I_{01.01.95} * \left(1 + \frac{10{,}50}{100}\right) * \left(1 + \frac{-14{,}35}{100}\right) * \left(1 + \frac{11{,}36}{100}\right) \\ &= 100 * \left(1 + \frac{10{,}50}{100}\right) * \left(1 + \frac{-14{,}35}{100}\right) * \left(1 + \frac{11{,}36}{100}\right). \end{aligned}$$

Die verschiedenen Schritte, die zur Berechnung der zeitgewichteten Rendite notwendig waren, werden der Übersichtlichkeit halber in tabellarischer Form zusammengefaßt:

	Periode 1	*Periode 2*	*Periode 3*
Anfangs-/Endinventarwert	100,0 110,5	210,5 180,3	130,3 145,1
Periodenrendite in %	$100*\frac{110{,}5-100}{100}=10{,}50$	$100*\frac{180{,}3-210{,}5}{210{,}5}=-14{,}35$	$100*\frac{145{,}1-130{,}3}{130{,}3}=11{,}36$
Wert der Anfangsinvestition am Periodenende	$100*\left(1+\frac{10{,}50}{100}\right)=110{,}50$	$110{,}50*\left(1+\frac{-14{,}35}{100}\right)=94{,}64$	$94{,}64*\left(1+\frac{11{,}36}{100}\right)=105{,}39$
Kumulierte Rendite in %	10,50	-3,36	5,39

Tabelle 2.6: Berechnung der zeitgewichteten Rendite für die Kontostaffel aus Beispiel 2.7.

Schließlich wird die erzielte Rendite R noch mittels der Basisformel berechnet:

$$R=\frac{I_{30.06.97}-I_{01.01.95}}{I_{01.01.95}}$$

$$=\frac{100*\left(1+\frac{10{,}50}{100}\right)*\left(1+\frac{-14{,}35}{100}\right)*\left(1+\frac{11{,}36}{100}\right)-100}{100}$$

$$=\left(1+\frac{10{,}50}{100}\right)*\left(1+\frac{-14{,}35}{100}\right)*\left(1+\frac{11{,}36}{100}\right)-1.$$

In symmetrischer Form ergibt dies:

$$1+R=\left(1+\frac{10{,}50}{100}\right)*\left(1+\frac{-14{,}35}{100}\right)*\left(1+\frac{11{,}36}{100}\right).$$

Die abgeleitete Formel läßt sich leicht verallgemeinern: Der Zeitraum, über den die Rendite berechnet werden soll, wird entsprechend der exogenen Mittelbewegungen unterteilt, so daß in die einzelnen Subintervalle keine exogenen Mittelbewegungen mehr fallen. Bei n Mittelbewegungen ergeben sich n+1 solcher Subintervalle. Für die einzelnen Subintervalle werden dann in elementarer Weise (mit der Basisformel) die n+1 Renditewerte R_1, R_2, ... ermittelt. Schließlich werden diese Renditewerte entsprechend Formel (2.11) in multiplikativer Form verknüpft. Dies bezeichnet man auch als *geometrische Verknüpfung:*

Zeitgewichtete Rendite (Time-weighted Rate of Return)

$$1+R^{tw}:=(1+R_1)*(1+R_2)*\ldots*(1+R_{n+1})=\prod_{i=1}^{n+1}(1+R_i). \qquad (2.11)$$

Der Wert der zeitgewichteten Rendite der Kontostaffel aus Beispiel 2.7 lag mit 5,39% deutlich über dem Wert des internen Zinssatzes von -3,26%, der in Abschnitt 2.3 errechnet wurde. Auf diese Diskrepanz wird noch in Abschnitt 2.5, in welchem die Unterschiede zwischen der zeitgewichteten Rendite und dem internen Zinssatz eingehend untersucht werden, näher eingegangen. Bereits an dieser Stelle sei angemerkt, daß die Ermittlung der zeitgewichteten Rendite die Kenntnis der Inventarwerte zu den Zeitpunkten, an denen Mittelbewegungen erfolgen, erfordert. Dies ist bei der Berechnung des internen Zinssatzes nicht der Fall.

2.4.2 Renditeberechnung bei Investmentfonds

Der Kerngedanke bei der Berechnung der zeitgewichteten Rendite ist die Untersuchung der Wertentwicklung einer Anfangsinvestition über den jeweiligen Untersuchungszeitraum. Diese Vorgehensweise korrespondiert mit der BVI-Methode für die Renditeberechnung für Investmentfonds. Die Renditeberechnung mittels der Anteilwerte ist der Gegenstand nachfolgender Betrachtungen. Stellvertretend für andere Fondsgruppen werden Publikumsfonds ausgewählt.

Bei Publikumsfonds kommt es in der Regel täglich zu Mittelbewegungen. Diese werden zum jeweils gültigen Anteilwert abgewickelt. Da der Anteilwert eines Investmentfonds im allgemeinen einmal täglich ermittelt wird (vgl. den Anhang zu Kapitel 5), wird im folgenden von der Annahme ausgegangen, daß die Periode, innerhalb derer keine Mittelbewegungen erfolgen, einen Tag beträgt. Die Berechnung der zeitgewichteten Rendite erfolgt mittels Formel (2.10). Die R_i sind dabei die täglichen Renditewerte. Zur Berechnung der R_i werden die täglichen Inventarwerte (ausgedrückt durch die Anteilwerte I_i) benutzt.

2.4.2.1 Renditeberechnung bei thesaurierenden Investmentfonds

Bei *thesaurierenden Fonds* erfolgen keine Ausschüttungen. Die Erträge (Zinsen, Dividenden, Mieten, etc.) werden im Fonds belassen. Bei diesen Fonds ist die Ermittlung der Rendite besonders einfach.

Bezeichnet N_i die Anzahl[7] der ausgegebenen Anteile zwischen zwei Zeitpunkten der Anteilwert-Ermittlung, dann gilt

$$R_i = \frac{N_i * I_{i+1} - N_i * I_i}{N_i * I_i} = \frac{I_{i+1} - I_i}{I_i} = \frac{I_{i+1}}{I_i} - 1$$

für die täglichen Renditewerte. Für eine Periode von N Tagen erhält man somit gemäß Formel (2.11)

$$1 + R^{tw} = \prod_{i=1}^{N} (1 + R_i) = \prod_{i=1}^{N} \left(1 + \frac{I_{i+1}}{I_i} - 1\right) = \prod_{i=1}^{N} \frac{I_{i+1}}{I_i}. \tag{2.12}$$

Schreibt man den letzten Term aus, so erkennt man, daß

$$1 + R^{tw} = \frac{I_{n+1}}{I_n} * \frac{I_n}{I_{n-1}} * \ldots * \frac{I_3}{I_2} * \frac{I_2}{I_1} = \frac{I_{n+1}}{I_1},$$

7 Die Anzahl der ausgegebenen Anteile bleibt innerhalb der Perioden unverändert.

und folglich

$$R^{tw} = \frac{I_{n+1}}{I_1} - 1 = \frac{I_{n+1} - I_1}{I_1}.$$

Bei thesaurierenden Fonds läßt sich also die zeitgewichtete Rendite mittels der Basisformel direkt über die Anteilwerte ermitteln. Bei nicht thesaurierenden Fonds müssen zusätzlich zu den Anteilwerten die Ausschüttungen berücksichtigt werden. Die sich daraus ergebenden Modifikationen werden im nachfolgenden Abschnitt erläutert.

2.4.2.2 Behandlung von Ausschüttungen

Die meisten Investmentfonds schütten einmal im Jahr ihre „ordentlichen Erträge" (Zinsen, Dividenden, Mieten,...) aus.[8] Die Problematik der Berücksichtigung von Ausschüttungen soll in diesem Abschnitt beispielhaft anhand eines konkreten Falles abgeleitet werden. Der DIT-Fonds für Vermögensbildung hatte folgende Entwicklung des Anteilwerts zu verzeichnen:

Datum	*Anteilwert [DM]*
31.12.1998	*171,23*
⋮	⋮
12.02.1999	*167,89*
15.02.1999	*158,60*
⋮	⋮
31.07.1999	*169,88*

Tabelle 2.7: Entwicklung des Anteilwerts des DIT-Fonds für Vermögensbildung im Zeitraum vom 31.12.1998 bis 31.07.1999.

Am 15.02.1999 wurden pro Anteil 4,61 DM ausgeschüttet. Die Rendite des Fonds über das 1. Quartal 1999 kann natürlich nicht einfach wie bei thesaurierenden Fonds gemäß der Basisformel

$$R = \frac{169{,}88 - 171{,}23}{171{,}23} = -0{,}0079 \cong -0{,}79\%$$

berechnet werden, da bei dieser Vorgehensweise die innerhalb des Betrachtungszeitraums erfolgte Ausschüttung unberücksichtigt bliebe. Es gibt nun mehrere Möglichkeiten obige Rechnung „zu korrigieren".

[8] Verschiedene Fonds berücksichtigen bei der Ausschüttung auch „außerordentliche Erträge", wie z.B. realisierte Kursgewinne aus der Veräußerung von Wertpapieren oder Grundstücken. Dies wird im Einzelfall durch die jeweiligen Vertragsbedingungen festgelegt (vgl. [Bank-Verlag 95]).

2.4.2.3 Additive Bereinigung

Bei der additiven Bereinigung der Anteilwertzeitreihe wird der Betrag der Ausschüttung zu denjenigen Anteilwerten hinzu addiert, die seit dem Tag der Ausschüttung ermittelt worden sind. Dies führt zur *additiv bereinigten Zeitreihe:*

Datum	*Anteilwert*[9] *[DM]*
31.12.1998	*171,23*
⋮	⋮
12.02.1999	*167,89*
15.02.1999	*163,21=158,60+4,61*
⋮	⋮
31.07.1999	*174,49=169,88+4,61*

Tabelle 2.8: Entwicklung des additiv bereinigten Anteilwerts des DIT-Fonds für Vermögensbildung im Zeitraum vom 31.12.1998 bis 31.07.1999.

Die vorgenommene Bereinigung ermöglicht es, zur Berechnung der Rendite die Basisformel heranzuziehen:

$$R = \frac{174{,}49 - 171{,}23}{171{,}23} = 0{,}019 \cong 1{,}90\%$$

Wird die Rendite über einen Zeitraum, in dem mehrere Ausschüttungen erfolgt sind, ermittelt, dann muß die Zeitreihe natürlich in analoger Weise zuvor um alle Ausschüttungen bereinigt werden.

Die Vorgehensweise geht von der Annahme aus, daß die Ausschüttungen nicht in den Fonds reinvestiert werden und somit nicht mehr der ab dem Zeitpunkt der Ausschüttung erzielten Wertentwicklung unterliegen.

2.4.2.4 Multiplikative Bereinigung (BVI-Methode)

Diese Methode geht von der Annahme aus, daß die Ausschüttungen *vollständig* wieder in den Fonds eingebracht werden und somit der nachfolgenden Wertentwicklung des Fonds unterliegen. Gemäß dieser Methode würden die ab dem Tag der Ausschüttung ermittelten Anteilwerte mit dem Faktor

$$1 + \frac{4{,}61}{158{,}60} = \frac{163{,}21}{158{,}60} \approx 1{,}029$$

multipliziert werden. Die multiplikativ bereinigte Zeitreihe hätte also die in Tabelle 2.9 angegebene Form:

[9] Am Tage einer Ausschüttung stellt der Anteilwert eines Investmentfonds den Preis *nach* vollzogener Ausschüttung dar.

Datum	*Anteilwert [DM]*
31.12.1998	*171,23*
⋮	⋮
12.02.1999	*167,89*
15.02.1999	*163,20=158,60*1,029*
⋮	⋮
31.07.1999	*174,81=169,88*1,029*

Tabelle 2.9: Entwicklung des multiplikativ (vorwärts) bereinigten Anteilwerts des DIT-Fonds für Vermögensbildung im Zeitraum vom 31.12.1998 bis 31.07.1999.

Gemäß der BVI-Methode berechnet sich die Rendite[10] zu

$$R = \frac{174{,}81 - 171{,}23}{171{,}23} = 0{,}0209 \cong 2{,}09\%$$

und liegt somit um 0,19 Prozentpunkte (= 2,09% - 1,90%) über dem Wert, der sich gemäß der additiven Methode ergeben hat. Dies ist plausibel, da sich der ausgeschüttete Anteil bei Wiederanlage entsprechend der (erfreulichen) Wertentwicklung des Fonds verzinst hätte.

Alternativ zur obigen „Vorwärtsbereinigung" hätte die ursprüngliche Zeitreihe auch „rückwärts" bereinigt werden können. Im obigen Beispiel hätte man dann die der Ausschüttung vorausgegangenen Anteilwerte mit dem Inversen des „Vorwärtsfaktors" multipliziert:

$$\left(1 + \frac{4{,}61}{158{,}60}\right)^{-1} = \frac{158{,}60}{163{,}21} \approx 0{,}9717.$$

Datum	*Anteilwert [DM]*
31.12.1998	*166,38=171,23*0,9717*
⋮	⋮
12.02.1999	*163,14=167,89*0,9717*
15.02.1999	*158,60*
⋮	⋮
31.07.1999	*169,88*

Tabelle 2.10: Entwicklung des multiplikativ rückwärts bereinigten Anteilwerts des DIT-Fonds für Vermögensbildung im Zeitraum vom 31.12.1998 bis 31.07.1999.

[10] Zur Ermittlung eines Renditewerts über eine bestimmte Periode genügt es natürlich, nur den Anteilwert am Ende der Periode zu multiplizieren. Die Multiplikation der gesamten Zeitreihe ist jedoch für die Darstellung der Wertentwicklung im Zeitablauf erforderlich.

Zur Berechnung der Rendite mittels der BVI-Methode spielt es keine Rolle, ob die Anteilwertzeitreihe multiplikativ rückwärts oder multiplikativ vorwärts bereinigt wird. Zum Beispiel errechnet sich mit obiger rückwärts bereinigter Zeitreihe die Quartals-Rendite zu

$$R = \frac{169{,}88 - 166{,}38}{166{,}38} = 0{,}0209 \cong 2{,}09\%\,,$$

in Übereinstimmung mit dem zuvor ermittelten Wert.

Analog zur additiven Methode muß auch bei der BVI-Methode für jede Ausschüttung ein Bereinigungsfaktor gebildet werden: Soll beispielsweise die Rendite eines Investmentfonds über n Kalenderjahre berechnet werden, dann muß im Falle der Vorwärtsbereinigung der Anteilwert am Ende der Periode mit n Bereinigungsfaktoren multipliziert werden, bevor die Basisformel angewandt werden kann.

BVI-Methode

Die Rendite R eines Investmentfonds über eine Periode, in der n Ausschüttungen $A_1, \cdots, A_n$ erfolgt sind, berechnet sich gemäß der Formel[11]

$$R = \frac{I_{n+1} * \prod_{i=1}^{n}\left(1 + \frac{A_i}{I_i}\right) - I_0}{I_0}\,, \tag{2.13}$$

mit

I_0:	Anteilwert des Fonds zu Beginn der Periode
$I_1, \cdots, I_n$:	Anteilwerte des Fonds an den Tagen der Ausschüttungen
I_{n+1}:	Anteilwert des Fonds am Ende der Periode.

Der Grund dafür, daß der auf Basis dieser Methode ermittelte Renditewert unabhängig von der Bereinigungsform ist, ist auch formal sehr leicht einzusehen. Dazu wird obiger Ausdruck für die Rendite wie folgt umgeformt:

$$R = \frac{I_{n+1} * \prod_{i=1}^{n}\left(1 + \frac{A_i}{I_i}\right) - I_0}{I_0} = \frac{I_{n+1} - I_0 * \prod_{i=1}^{n}\left(1 + \frac{A_i}{I_i}\right)^{-1}}{I_0 * \prod_{i=1}^{n}\left(1 + \frac{A_i}{I_i}\right)^{-1}}.$$

Der Term auf der rechten Seite dieser Gleichung ist der Ausdruck, den man bei der „Rückwärtsbereinigung“ erhalten würde.[12]

[11] Bei dieser Definition wird implizit von der Vorwärtsbereinigung ausgegangen.

[12] Bei der additiven Bereinigung besteht keine symmetrische Beziehung zwischen der Vorwärts- und Rückwärtsbereinigung. Bei dieser Vorgehensweise führt nur die Vorwärtsbereinigung zu sinnvollen Ergebnissen.

Der mittels der BVI-Methode berechnete Renditewert ist identisch mit der zeitgewichteten Rendite. Diese Aussage wird in Anhang C zu diesem Kapitel näher begründet. An dieser Stelle soll zunächst Formel (2.13) anhand eines Beispiels erläutert werden.

Beispiel 2.8 (Bereinigung eines Investmentfonds über mehrere Perioden):

Datum	*Ausschüttung*	*Anteilwert*	*Bereinigungsfaktor*	*Kumulierter Bereinigungsfaktor*
31.01.1988		*53,23*		
15.02.1988	*2,84*	*53,15*	*1,053*	*1,053*
15.02.1989	*2,76*	*68,89*	*1,040*	*1,096*
15.02.1990	*3,04*	*96,54*	*1,031*	*1,130*
15.02.1991	*3,62*	*86,80*	*1,042*	*1,177*
17.02.1992	*4,35*	*92,49*	*1,047*	*1,233*
15.02.1993	*4,37*	*82,23*	*1,053*	*1,298*
15.02.1994	*3,36*	*102,30*	*1,033*	*1,341*
15.02.1995	*2,96*	*100,68*	*1,029*	*1,380*
15.02.1996	*3,09*	*106,07*	*1,029*	*1,420*
17.02.1997	*3,30*	*134,64*	*1,025*	*1,455*
16.02.1998	*3,64*	*165,58*	*1,022*	*1,487*
15.02.1999	*4,61*	*158,60*	*1,029*	*1,530*
31.07.1999		*169,88*		

Tabelle 2.11: Anteilwerte, Ausschüttungen (jeweils in DM) und Bereinigungsfaktoren für den DIT-Fonds für Vermögensbildung im Zeitraum vom 31.01.1988 bis zum 31.07.1999.

Tabelle 2.11 enthält die Ausschüttungen des DIT-Fonds für Vermögensbildung im Zeitraum vom 31.01.1988 bis zum 31.07.1999. Sie enthält ferner die an den Tagen der Ausschüttungen ausgewiesenen Anteilwerte sowie die daraus abgeleiteten Bereinigungsfaktoren. Der kumulierte Bereinigungsfaktor ergibt sich als Produkt der bis zum jeweiligen Zeitpunkt angefallenen Bereinigungsfaktoren; für den kumulierten Bereinigungsfaktor zum 15.02.1990 gilt beispielsweise: 1,130 = 1,053 * 1,040 * 1,031.

Gemäß der BVI-Methode gilt

$$R=\frac{169{,}88*\left(1+\frac{2{,}84}{53{,}15}\right)*\left(1+\frac{2{,}76}{68{,}89}\right)*\left(1+\frac{3{,}04}{96{,}54}\right)*\ldots*\left(1+\frac{4{,}61}{158{,}60}\right)-53{,}23}{53{,}23}$$

$$=\frac{169{,}88*1{,}053*1{,}096*1{,}130*\cdots*1{,}029-53{,}23}{53{,}23}$$

$$=\frac{169{,}88*1{,}53-53{,}23}{53{,}23}$$

$$=\frac{259{,}99-53{,}23}{53{,}23}$$

$$=3{,}885.$$

Somit errechnet sich die Rendite dieses Fonds in der Periode vom 31.01.1988 bis zum 31.07.1999 zu ca. 389%.[13]

Mittels des DIT-Fonds für Vermögensbildung wird in Abbildung 2.4 die Vorgehensweise bei der multiplikativen Vorwärtsbereinigung graphisch dargestellt.

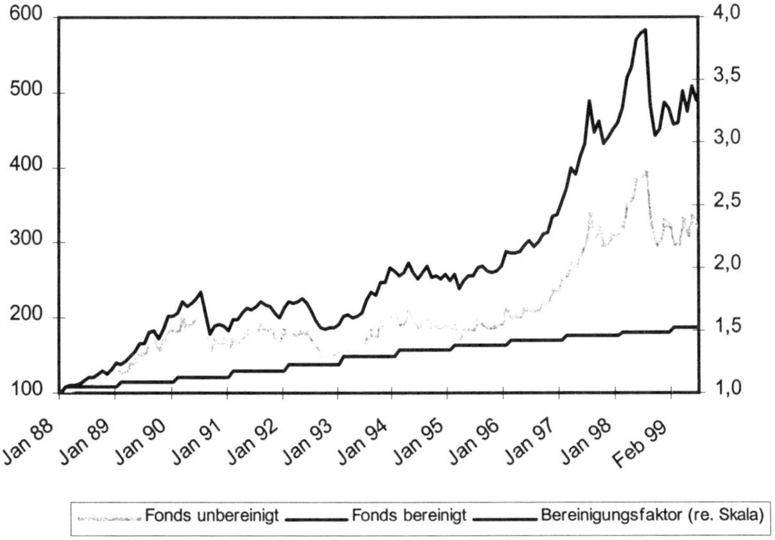

Abbildung 2.4: Die Graphik stellt die Anteilwerte des DIT-Fonds für Vermögensbildung (hellgraue Linie), die bereinigte Zeitreihe (schwarze Linie) und die Zeitreihe der Bereinigungsfaktoren (rechte Skala) dar. Die Bereinigungsfaktoren (vgl. Tabelle 2.11) wurden gemäß Formel (2.13) gebildet. Die bereinigte Reihe erhält man aus der Multiplikation der unbereinigten Reihe mit der Zeitreihe der Bereinigungsfaktoren.

[13] Da die Anteilwerte nur bis zur zweiten Dezimalstelle nach dem Komma angegeben sind, ergibt sich bei der Berechnung eine geringfügige Abweichung gegenüber der tatsächlichen Rendite des Fonds über diesen Zeitraum.

Abschließend noch einige Bemerkungen.

Bei der Interpretation der BVI-Methode (oder äquivalent dazu: der zeitgewichteten Rendite) stößt man auf ein grundlegendes Problem, das im Kapitel über die Performance Presentation Standards (Kapitel 5) noch einmal aufgegriffen wird. Viele Investoren müssen nämlich einen Teil der Ausschüttung in Form von Körperschaftsteuer, Solidaritätsbeitrag oder Zinsabschlagsteuer an den Fiskus abtreten. Daher ist die Annahme über die Wiederanlage der *gesamten* Ausschüttung als eine theoretische Annahme zu betrachten, die zwar die Renditeberechnung vereinheitlicht, die aber in vielen Fällen nicht die „Anlagerealität" widerspiegelt (vgl. hierzu Abschnitt 5.1). Aus diesem Grunde werden in der Praxis der institutionellen Vermögensverwaltung auch alternative Berechnungsverfahren zur Ermittlung der Rendite verwendet, mittels derer versucht wird, diesen Umstand zu berücksichtigen. So werden beispielsweise gelegentlich bei der Berechnung von Bereinigungsfaktoren nur die Anteile der Ausschüttungen berücksichtigt, die nicht als Steuer abgeführt werden müssen.

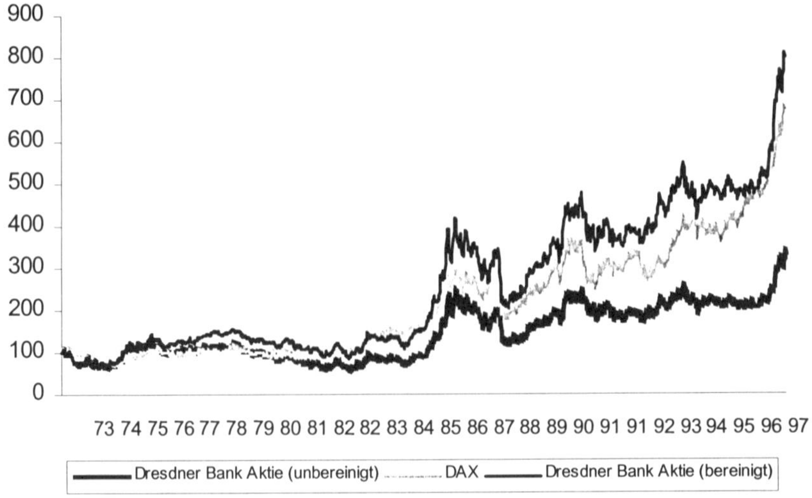

Abbildung 2.5: Wertentwicklung der Dresdner-Bank-Aktie gegenüber dem DAX (mittlerer Graph). Die hellgraue Linie stellt den Aktienkurs ohne Bereinigung von Dividenden und Bezugsrechten dar, die schwarze Linie den Aktienkurs nach der Bereinigung.

Bei der Berechnung der Rendite einer Aktie geht man analog zur Berechnungsweise bei Investmentfonds vor. Die Dividendenzahlungen nehmen hierbei den Platz der Ausschüttungen ein. Ferner müssen bei der Bereinigung auch Bezugsrechte und „Corporate Actions" wie etwa Aktiensplits berücksichtigt werden. In der Regel geht man von der Wiederanlage der Dividenden etc. aus.[14] Dabei unterläuft selbst Experten gelegentlich ein Fehler. Die renommierte Börsen-Zeitung hat am 6. Juni 1997 eine Graphik veröffentlicht, die die Kursentwicklung des DAX und der Dresdner-Bank-Aktie im Zeitraum von 1973 bis 1997 miteinander vergleicht. Da bei der Aktie die Dividendenzahlungen und die Bezugsrechte unberücksichtigt blieben,

[14] Vgl. dazu die Vorgehensweise bei der Berechnung des DAX (Abschnitt 3.2.2).

fiel der Vergleich mit dem Performanceindex DAX (vgl. Kapitel 3) für die Aktie nicht sehr günstig aus. Am 14. Juni 1997 konnten sich die Leser der Börsen-Zeitung anhand einer korrigierten Graphik davon überzeugen, daß bei dieser Aktie die Dividendenzahlungen durchaus ins Gewicht fallen. Anstelle des Renditewertes von 332,8% ergab sich unter Berücksichtigung der Dividenden und Bezugsrechte eine Wertsteigerung von 819,9%! (Vgl. Abbildung 2.5.)

Die wichtigsten Merkmale der zeitgewichteten Rendite und des internen Zinssatzes werden in Tabelle 2.12 zusammengefaßt.

	Zeitgewichtete Rendite, BVI-Methode (Time-weighted Rate of Return)	**Interner Zinssatz (Money-weighted Rate of Return)**
Kernidee	Bestimmung der Wertentwicklung *einer* Anfangsinvestition	Bestimmung der durchschnittlichen Rendite von Investitionen mit variabler Verweildauer im Depot
Voraussetzungen	Kenntnisse der Inventarwerte zu den Zeitpunkten exogener Mittelbewegungen sowie zu Beginn und am Ende des Betrachtungszeitraums erforderlich Kenntnis der Beträge der exogenen Mittelbewegungen erforderlich Kenntnis der Zeitpunkte exogener Mittelbewegungen *nicht* erforderlich	Kenntnis der Inventarwerte zu Beginn und am Ende des Betrachtungszeitraums erforderlich Kenntnisse der Beträge und der Zeitpunkte der exogenen Mittelbewegungen erforderlich Kenntnis der Inventarwerte zu den Zeitpunkten exogener Mittelbewegungen *nicht* erforderlich
Behandlung von Mittelbewegungen	Von den exogenen Mittelbewegungen wird abstrahiert	Die exogenen Mittelbewegungen gehen in entscheidender Form in die Bestimmungsgleichung ein
Berechnung	Multiplikative (geometrische) Verknüpfung der Renditewerte der Perioden zwischen zwei Mittelbewegungen	Ermittlung der Nullstelle eines Polynoms mittels eines iterativen Verfahrens (Newtonsches Verfahren)
Bestimmungsgleichung	$1+R^{tw} := (1+R_1)*(1+R_2)*\ldots*(1+R_{n+1}) = \prod_{i=1}^{n+1}(1+R_i)$	$I_0*(1+Q)^T + \sum_{i=1}^{N^E} E_i*(1+Q)^{T-t_i^E} + \sum_{i=1}^{N^A} A_i*(1+Q)^{T-t_i^A} = I_1$ $1+R^{iz} := (1+Q)^T$

Tabelle 2.12: Übersicht der Eigenschaften und Bestimmungsgleichungen der zeitgewichteten Rendite und des internen Zinssatzes. Die Voraussetzungen, die die Berechnung der jeweiligen Renditewerte erfordern, sind ebenfalls aufgeführt.

2.5 Vergleich zwischen der zeitgewichteten Rendite und dem internen Zinssatz

In den Abschnitten 2.3 und 2.4 wurde mittels Beispiel 2.6 und Beispiel 2.7 dargestellt, daß die Werte für die zeitgewichtete Rendite und den internen Zinssatz für *einen* Zahlungsstrom erheblich divergieren können. In diesem Abschnitt wird erläutert, wie derartige Divergenzen zu interpretieren sind.

Die zeitgewichtete Rendite und der interne Zinssatz sind identisch, wenn keine exogenen Mittelbewegungen erfolgt sind. Im Fall von exogenen Mittelbewegungen lassen sich mittels der Relation zwischen den Werten der zeitgewichteten Rendite und des internen Zinssatzes Rückschlüsse auf das Timing der Mittelbewegungen anstellen. Zur Darstellung der prinzipiellen Aussage genügt es, Kontostaffeln mit nur einer exogenen Mittelbewegung zu betrachten. Im folgenden werden zunächst einige konkrete Beispiele angeführt, um die Kernpunkte zu illustrieren. Alle Beispiele enthalten Kontostaffeln, für welche die zeitgewichtete Rendite und der interne Zinssatz miteinander verglichen werden.

Beispiel 2.9 (Zeitgewichtete Rendite und interner Zinssatz bei einer Einbringung):

a)

Datum	*Mittelbewegung*	*Inventarwert*
01.01.1998		*100*
30.06.1998	*100*	***170***
31.12.1998		*250*

Tabelle 2.13: Kontostaffel mit einer Einbringung, bei der in der ersten Teilperiode eine höhere Rendite erzielt wurde. Der Inventarwert ist der Wert unmittelbar vor der Mittelbewegung.

Der interne Zinssatz für obige Kontostaffel wurde bereits in Beispiel 2.4 berechnet: $R^{iz} \cong 34{,}17\%$. Dieser Renditewert ist unabhängig von dem zum 30.06.1998 vorliegenden Inventarwert. Die zeitgewichtete Rendite ergibt sich durch Verknüpfung der Renditewerte der einzelnen Perioden:

$$R^{tw} = \frac{170}{100} * \frac{250}{170+100} - 1 = 0{,}5741 \cong 57{,}41\%.$$

Die zeitgewichtete Rendite ist somit deutlich höher als der interne Zinssatz.

Tabelle 2.14 stellt die Renditewerte und die Anfangsinventarwerte für die Perioden vor und nach der exogenen Mittelbewegung gegenüber. Innerhalb der einzelnen Perioden werden die Renditewerte mittels der Basisformel berechnet.

Periode	*Rendite*	*Anfangsinventarwert*	*Endinventarwert*	*Mittelbewegung zu Beginn der Periode*
01.01-30.06	*70,0%*	*100*	*170*	
01.07-31.12	*-7,4%*	*270*	*250*	*+100*

Tabelle 2.14: Vergleich der Rendite- und Inventarwerte für die Kontostaffel Tabelle 2.13.

Es ist offensichtlich, daß der Zeitpunkt der Einbringung unglücklich gewählt wurde. Der Inventarwert wurde zu Beginn einer Phase fallender Kurse aufgestockt: Unvorteilhaftes Timing!

b) Bei der Kontostaffel in Tabelle 2.15 war der Markt[15] in der ersten Jahreshälfte weniger *bullish* als in der zweiten.

Datum	*Mittelbewegung*	*Inventarwert*
01.01.1998		*100*
30.06.1998	*100*	***110***
31.12.1998		*250*

Tabelle 2.15: Kontostaffel mit einer Einbringung, bei der in der zweiten Teilperiode eine höhere Rendite erzielt wurde.

Die zeitgewichtete Rendite errechnet sich zu

$$R^{tw} = \frac{110}{100} * \frac{250}{110+100} - 1 = 0{,}3095 \cong 30{,}95\%.$$

und liegt somit unterhalb des internen Zinssatzes, der 34,17% beträgt.

Die Gegenüberstellung der Renditewerte über die beiden Perioden und der jeweiligen Anfangsinventarwerte ergibt in diesem Fall:

Periode	*Rendite*	*Anfangsinventarwert*	*Endinventarwert*	*Mittelbewegung zu Beginn der Periode*
01.01-30.06	*10,0%*	*100*	*110*	
01.07-31.12	*-19,1%*	*210*	*250*	*+100*

Tabelle 2.16: Vergleich der Rendite- und Inventarwerte für die Kontostaffel in Tabelle 2.15.

Der Inventarwert wurde zu Beginn der zweiten Periode aufgestockt, die durch eine überdurchschnittliche Rendite (im Vergleich zu der in der ersten Periode erzielten) gekennzeichnet war. In diesem Fall liegt also ein vorteilhaftes Timing der Mitteleinbringung vor.

15 Hier wird unterstellt, daß die Wertentwicklung im wesentlichen durch die Entwicklung eines „Marktes" (Benchmark) geprägt wird.

Beispiel 2.10 (Zeitgewichtete Rendite und interner Zinssatz bei einer Entnahme):

Beispiel 2.9 wird hier auf den Fall einer Entnahme übertragen.

a)

Datum	*Mittelbewegung*	*Inventarwert*
01.01.1998		*100*
30.06.1998	*-50*	***110***
31.12.1998		*90*

Tabelle 2.17: Kontostaffel mit einer Entnahme, bei der in der zweiten Teilperiode eine höhere Rendite erzielt wurde.

Für die Kontostaffel in Tabelle 2.17 ergibt sich folgender Wert für die zeitgewichtete Rendite:

$$R^{tw} = \frac{110}{100} * \frac{90}{110-50} - 1 = 1{,}65 \cong 165\%.$$

Er liegt oberhalb des internen Zinssatzes, welcher 51,55% beträgt (vgl. Übung 2.1).

Periode	*Rendite*	*Anfangsinventarwert*	*Endinventarwert*	*Mittelbewegung zu Beginn der Periode*
01.01-30.06	*10,0%*	*100*	*110*	
01.07-31.12	*50,0%*	*60*	*90*	*-50*

Tabelle 2.18: Vergleich der Rendite- und Inventarwerte für die Kontostaffel in Tabelle 2.17.

Der Vergleich der Periodenrenditewerte mit den jeweiligen Anfangsinventarwerten (Tabelle 2.18) macht deutlich, daß die Entnahme zu einem ungünstigen Zeitpunkt erfolgte!

b) Wie in Beispiel 2.9 wird der Bewertungswert zum 30.06.1998 variiert:

Datum	*Mittelbewegung*	*Inventarwert*
01.01.1998		*100*
30.06.1998	*-50*	***150***
31.12.1998		*90*

Tabelle 2.19: Kontostaffel mit einer Entnahme bei einer höheren Rendite in der ersten Teilperiode.

In diesem Fall ergibt sich folgender Wert für die zeitgewichtete Rendite:

$$R^{tw} = \frac{150}{100} * \frac{90}{100} - 1 = 0{,}35 \cong 35\%.$$

Somit liegt der Wert des internen Zinssatzes in diesem Fall oberhalb der zeitgewichteten Rendite. Unter dem Gesichtspunkt des Timings war die Entnahme eine vorteilhafte Entscheidung. Dies wird durch die Gegenüberstellung der Periodenrenditewerte und der Anfangsinventarwerte in Tabelle 2.20 verdeutlicht:

Periode	*Rendite*	*Anfangsinventarwert*	*Endinventarwert*	*Mittelbewegung zu Beginn der Periode*
01.01-30.06	*50,0%*	*100*	*150*	
01.07-31.12	*-10,0%*	*100*	*90*	*-50*

Tabelle 2.20: Vergleich der Rendite- und Inventarwerte für die Kontostaffel in Tabelle 2.19.

Der Inventarwert wurde rechtzeitig vor der Phase fallender Kurse erniedrigt.

Die Beispiele legen die Schlußfolgerung nahe, daß sich die Güte des relativen Timings von Mittelbewegungen in der Relation zwischen der zeitgewichteten Rendite und dem internen Zinssatz widerspiegelt:

Zeitgewichtete Rendite > Interner Zinssatz:	*Unvorteilhaftes Timing der Mittelbewegung*
Zeitgewichtete Rendite < Interner Zinssatz:	*Vorteilhaftes Timing der Mittelbewegung*

Dieser Zusammenhang wird im folgenden näher beleuchtet. Dazu werden obige Beispiele verallgemeinert, indem der Inventarwert X zum 30.06.1998 variabel gehalten wird. Die anderen Werte werden konstant gewählt. Zunächst wird der Fall einer Einbringung betrachtet:

Datum	*Mittelbewegung*	*Inventarwert*
01.01.1998		*100*
30.06.1998	*100*	*X*
31.12.1998		*250*

Tabelle 2.21: Kontostaffel mit einer Einbringung und einem Bewertungswert X in variabler Höhe.

Für die zeitgewichtete Rendite erhält man

$$1 + R^{tw} = \frac{X}{100} * \frac{250}{X + 100} = \frac{2,5 * X}{100 + X}$$

und somit folgenden funktionalen Zusammenhang:

$$R^{tw} = \frac{1,5 * X - 100}{X + 100}.$$

Der Wert des internen Zinssatzes (34,17%) wurde bereits in Beispiel 2.4 berechnet. Es sei an dieser Stelle nochmals darauf hingewiesen, daß der interne Zinssatz unabhängig vom Inventarwert zum 30.06.1998 ist. Abbildung 2.6 verdeutlicht die Abhängigkeit der zeitgewichteten Rendite vom Bewertungsergebnis *X*.

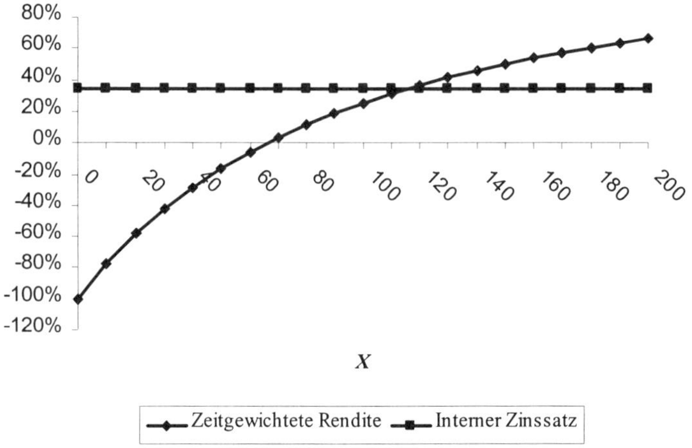

Abbildung 2.6: Zeitgewichtete Rendite in Abhängigkeit vom variablen Bewertungswert X im Vergleich zum internen Zinssatz für die Kontostaffel in Tabelle 2.21.

Die zeitgewichtete Rendite steigt mit zunehmendem Wert von *X*, da in diesem Fall die Rendite über die erste Periode $X/100$ zunimmt und gegenüber dem abnehmenden Beitrag über die zweite Periode von $\frac{250}{X+100}$ dominierend ist.

Für welchen Bewertungswert X_{MW} ergibt sich die Gleichheit zwischen der zeitgewichteten Rendite und dem internen Zinssatz? Für diesen Wert gilt

$$\frac{1{,}5 * X_{MW} - 100}{X_{MW} + 100} = 0{,}3417 \text{, und somit}$$

$$X_{MW} = \frac{134{,}17}{1{,}1583} = 100 * \frac{1{,}3417}{1{,}1583} = 100 * 1{,}1583 = 115{,}83.$$

Dem internen Zinssatz über die volle Periode (1 Jahr) in Höhe von 34,17% entspricht ein Wert von 15,83% für eine halbjährliche Periode ($1{,}1583^2 = 1{,}3417$). Die ermittelte zeitgewichtete Rendite für den Zahlungsstrom ist also genau dann mit dem internen Zinssatz identisch, wenn die Bewertung des Depots zum Zeitpunkt vor der Mittelbewegung genau den Wert ergibt, der sich unter Verzinsung mittels des internen Zinssatzes ergeben würde. Für den interessierten Leser wird in Anhang A zu diesem Kapitel ein Beweis für diese Aussage skizziert. Aus obiger Graphik lassen sich folgende Relationen ableiten:

$X > X_{MW}$	$\Rightarrow$	Zeitgewichtete Rendite > Interner Zinssatz
$X < X_{MW}$	$\Rightarrow$	Zeitgewichtete Rendite < Interner Zinssatz

Durch die Fixierung des Bewertungswertes X wird festgelegt, welche Wertentwicklung in der jeweiligen Periode realisiert wurde. Bei einem fixierten Anfangs- und Endinventarwert gilt: Je höher der Bewertungswert X, desto höher ist die Rendite in der ersten Periode und desto niedriger ist die Rendite in der zweiten Periode.[16]

Wenn $X > X_{MW}$ gilt, dann war die Entscheidung, in der ersten Periode ein hohes und in der zweiten ein niedriges Investitionsvolumen zu wählen, hinsichtlich der erzielten Durchschnittsrendite unvorteilhaft im Vergleich zu einer Investition ohne nachfolgende Mittelbewegungen.

Im Falle von $X < X_{MW}$ wäre es günstiger gewesen, zu Beginn der zweiten Periode ein hohes Volumen zu wählen, da in dieser Phase die Kurse stärker gestiegen sind als in der ersten.

Analoge Schlußfolgerungen ergeben sich im Falle einer Entnahme. Um dies aufzuzeigen werden die Kontostaffeln in Beispiel 2.10 wie folgt verallgemeinert:

Datum	*Mittelbewegung*	*Inventarwert*
01.01.1998		*100*
30.06.1998	*-50*	*X*
31.12.1998		*90*

Tabelle 2.22: Kontostaffel mit einer Entnahme und einem Bewertungswert X in variabler Höhe.

Als Wert für die zeitgewichtete Rendite erhält man

$$1 + R^{tw} = \frac{X}{100} * \frac{90}{X - 50} = \frac{0{,}9 * X}{X - 50}, \text{ und somit}$$

$$R^{tw} = \frac{50 - 0{,}1 * X}{X - 50}.$$

In diesem Fall ergibt sich folgender Verlauf für die zeitgewichtete Rendite in Abhängigkeit vom Bewertungswert X:

[16] Allgemein gilt folgende (einleuchtende) Aussage: Wenn in allen (durch die Mittelbewegungen definierten) zeitlichen Teilintervallen die Wertentwicklung des Depots so verläuft, wie sie bei einer Verzinsung mit dem internen Zinssatz verlaufen würde, dann stimmen die zeitgewichtete und der interne Zinssatz (wenn dieser eindeutig definiert ist) überein. Für Kontostaffeln ohne Mittelbewegungen ist dies natürlich eine triviale Aussage. Die Umkehrung der Aussage gilt nicht.

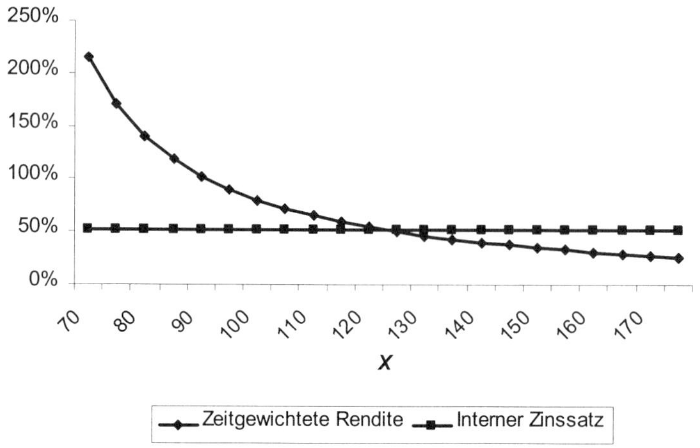

Abbildung 2.7: Zeitgewichtete Rendite in Abhängigkeit vom variablen Bewertungswert X im Vergleich zum internen Zinssatz für die Kontostaffel in Tabelle 2.22.

Die Annahme der Gleichheit zwischen der zeitgewichteten Rendite und dem internen Zinssatz, welcher gemäß Beispiel 2.9 51,55% beträgt, führt zu

$$\frac{50-0{,}1 * X_{MW}}{X_{MW}-50}=0{,}5155.$$

Als Lösung dieser Gleichung erhält man $X_{MW}=123{,}11$. Wie im Falle der Einbringung ergibt sich die Gleichheit also genau für jenen Bewertungswert, der sich bei der Verzinsung mittels des internen Zinssatzes ergeben hätte, denn es gilt: $1{,}2311^2=1{,}5155$.[17]

Abbildung 2.7 entnimmt man, daß die zeitgewichtete Rendite unterhalb des internen Zinssatzes liegt, wenn die Bewertung einen Wert X unterhalb von X_{MW} ergibt. In diesem Fall hätte der Investor die Mittel vor einem überdurchschnittlichen Wachstumsschub entnommen; das Timing dieser Entscheidung wäre also unvorteilhaft gewesen. Im umgekehrten Fall ($X > X_{MW}$) erfolgte die Mittelentnahme vor der schwächeren Wachstumsphase. Die für den Fall einer einzigen Mittelbewegung erfolgte Deutung läßt sich verallgemeinern:

Übertrifft die zeitgewichtete Rendite den internen Zinssatz, dann kommt darin eine (im Vergleich zu einer Investition ohne nachfolgende Mittelbewegung) unvorteilhafte Variierung des Investitionsvolumens („unvorteilhaftes Timing") zum Ausdruck. Umgekehrt liegt ein vorteilhaftes Timing vor, wenn der interne Zinssatz die zeitgewichtete Rendite übertrifft.

In der Praxis besteht häufig Anlaß für einen Vergleich zwischen einem zeitgewichteten Renditewert und einem internen Zinssatz. Beispielsweise verfolgen viele institutionelle Investoren ein bestimmtes Ziel hinsichtlich der Durchschnittsverzinsung ihrer Investitionen. Zugleich

[17] Die Entnahme erfolgte in der Mitte des Jahres, und 23,11% ist die halbjährliche Zinsrate.

beurteilen sie jedoch auch die Leistung eines Vermögensverwalters mittels der zeitgewichteten Rendite relativ zu einer Benchmark (vgl. hierzu auch Abschnitt 5.1).

In Beispiel 2.6 und Beispiel 2.7 wurde ein Fall beschrieben, der auch gelegentlich in der Praxis auftritt: Ein Depot erzielt eine negative Durchschnittsverzinsung (der Investor erleidet also einen Verlust!), die zeitgewichtete Rendite ist jedoch positiv. In diesem Fall sind die Mittelbewegungen zu vergleichsweise ungünstigen Zeitpunkten erfolgt. Eine Investition ohne nachfolgende Entnahmen und Einbringungen hätte einen höheren internen Zinssatz erzielt. Dieser hätte mit dem Wert der zeitgewichteten Rendite übereingestimmt.

An dieser Stelle muß betont werden, daß in diesem Abschnitt nur vom Timing der aktiven Veränderung des Investitionsvolumens *relativ* zu einer Investition ohne nachfolgende Mittelbewegungen gesprochen wird. Bei einem Bewertungswert zum 30.06.1998 von 130 (anstelle von 170) in Beispiel 2.9 (vgl. Tabelle 2.23) hätte der interne Zinssatz (34,17%) zwar unterhalb der zeitgewichteten Rendite von 41,3% gelegen.

Datum	*Mittelbewegung*	*Inventarwert*
01.01.1998		*100*
30.06.1998	*100*	*X=130*
31.12.1998		*250*

Tabelle 2.23: Kontostaffel, bei der in beiden Teilperioden eine positive Rendite erzielt wird.

Offensichtlich hätte die Investition jedoch einen (wenn auch im Vergleich zur erzielten Durchschnittsrendite unterdurchschnittlichen) Mehrertrag von 20 Geldeinheiten erbracht. In dem Fall, daß die zusätzlichen Mittel erst zum 30.06.1998 zur Verfügung gestanden hätten, könnte also nicht wirklich von einem unvorteilhaften Timing gesprochen werden.[18]

2.6 Näherungsverfahren bei der Berechnung der zeitgewichteten Rendite

Wie bereits in Abschnitt 2.4 ausgeführt wurde (vgl. Tabelle 2.12), setzt die Berechnung der zeitgewichteten Rendite eines Depots (Portfolio, Portfoliosegment, etc.) die Bewertung zu allen Zeitpunkten, an denen exogene Mittelbewegungen erfolgen, voraus. In der Praxis ist diese Voraussetzung jedoch häufig nicht erfüllt. Viele Portfolios werden in einem spezifischen Rhythmus – etwa auf monatlicher Basis – bewertet.[19]

Diese Problematik stellt sich insbesondere bei Performanceanalysesystemen [Pieper 98]. Selbst wenn die Bewertungsdaten für jeden Tag, an dem exogene Mittelbewegungen erfolgt

---

[18] Für theoretische und empirische Untersuchungen zur Messung von Timing-Aktivitäten bei Investmentfonds siehe [Wittrock 95] sowie [Steiner/Wittrock 94]. Für eine Zerlegung der von einem Portfolio erzielten Rendite, bei der auch eine Timing-Komponente ausgewiesen wird, siehe [Fama 72].

[19] Untersuchungen von PricewaterhouseCoopers ([PWC 98, PWC 99]) zeigen, daß 1998 nur 17% aller amerikanischen Vermögensverwalter und 29% aller europäischen Vermögensverwalter Portfolios oder Fonds täglich bewertet haben. Die überwiegende Mehrzahl der Vermögensverwalter (70% bzw. 71%) führte monatliche Bewertungen durch.

sind, vorlägen, würde der Aufwand für das Speichern und das Weiterleiten der Daten den Rahmen der vorhandenen Speicherkapazität vieler Analysesysteme überschreiten. Performanceanalysesysteme operieren daher in der Regel auf Basis von Monatsbeständen und den innerhalb der jeweiligen Perioden erfolgten Transaktionen, jedoch ohne „Kenntnis" der Marktwerte zu den Zeitpunkten der Transaktionen. Unter diesen Voraussetzungen ist man bei der Berechnung der zeitgewichteten Rendite auf Näherungsverfahren angewiesen.

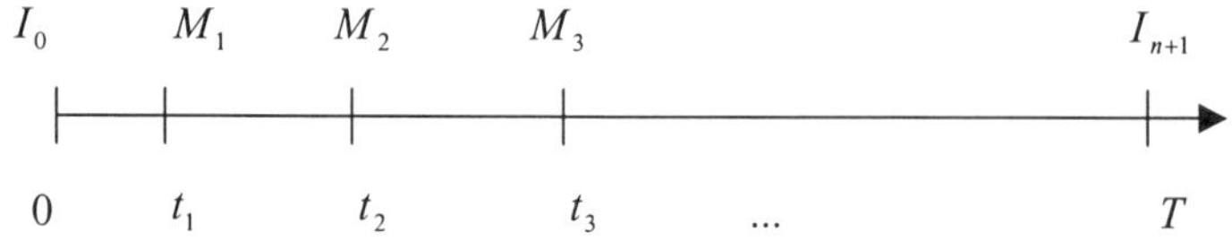

Abbildung 2.8: Zahlungsstrom einer Kontostaffel mit Mittelbewegungen (Einbringungen oder Entnahmen) M_i zu Zeitpunkten t_i.

In diesem Abschnitt werden verschiedene Verfahren zur Näherung der zeitgewichteten Rendite und des internen Zinssatzes beschrieben. Es werden allgemeine Kontostaffeln betrachtet, bei denen innerhalb eines Zeitintervalls von 0 bis T n exogene Mittelbewegungen M_i zu den Zeitpunkten t_i erfolgen (vgl. Tabelle 2.24). Bei einem negativen Wert stellt M_i eine Entnahme dar, ansonsten eine Einbringung. Mit der Einführung dieser Bezeichnung werden somit die in Abschnitt 2.3 verwendeten Bezeichnungen A_i und E_i für Entnahmen und Einbringungen zusammengefaßt.

Zeitachse	*Mittelbewegung*	*Inventarwert*
0		I_0
t_1	M_1	I_1
t_2	M_2	I_2
$\vdots$	$\vdots$	$\vdots$
t_n	M_n	I_n
T		I_{n+1}

Tabelle 2.24: Kontostaffel mit n exogenen Mittelbewegungen M_i zu den Zeitpunkten t_i. Die I_i sind die Inventarwerte zu den Zeitpunkten t_i.

Die Berechnung der zeitgewichteten Rendite erfolgt dann wie folgt (vgl. Abschnitt 2.4): Der Zeitraum, über den die Rendite berechnet werden soll, wird entsprechend der Mittelbewegungen unterteilt, so daß innerhalb der einzelnen Subintervalle keine Mittelbewegungen mehr anfallen. Bei n Mittelbewegungen ergeben sich n+1 solcher Subintervalle (vgl. Abbildung 2.8). Für die einzelnen Subintervalle werden dann mittels der Basisformel die n+1 Renditewerte $R_1, R_2, \ldots$ ermittelt,

$$R_1 = \frac{I_1}{I_0} - 1 \qquad R_i = \frac{I_i}{I_{i-1} + M_{i-1}} - 1 \text{ für } i=1,\ldots,n+1,$$

und in multiplikativer Form miteinander verknüpft:

$$1 + R^{tw} = (1 + R_1) * (1 + R_2) * \ldots * (1 + R_{n+1}) = \prod_{i=1}^{n+1} (1 + R_i).$$

Die exakte Berechnung der zeitgewichteten Rendite erfordert somit die Kenntnis der Inventarwerte des Depots (auch *Marktwerte* genannt) zu allen Zeitpunkten, an denen exogene Mittelbewegungen erfolgt sind, sowie des Anfangs- und des Endinventarwerts. Diese Voraussetzung ist aber, wie bereits erwähnt, aufgrund des damit verbundenen datentechnischen Aufwands in der Praxis häufig nicht realisierbar. In vielen Fällen liegen die Bewertungsdaten eines Depots zu bestimmten Stichtagen T_i vor, die zwar oftmals einem bestimmten Bewertungsschema folgen (z.B. Monats- oder Quartalsrhythmus), die aber nicht mit den Zeitpunkten übereinstimmen müssen, an denen es zu exogenen Mittelbewegungen gekommen ist:

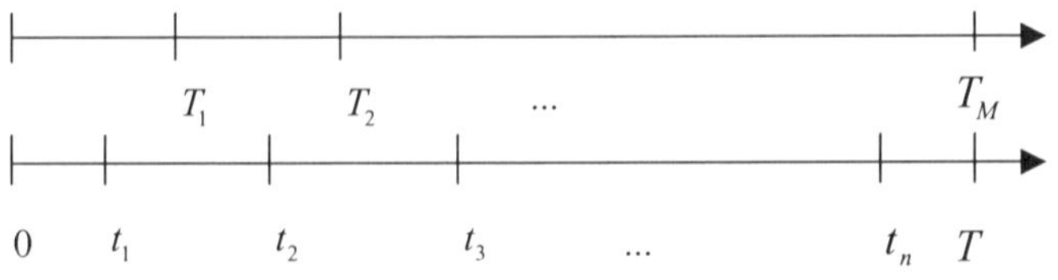

Abbildung 2.9: Bewertungszeitpunkte T_i (obere Zeitskala) vs. Zeitpunkte der exogenen Mittelbewegungen t_i (untere Skala).

Die zeitgewichtete Rendite über den gesamten Zeitraum von 0 bis T berechnet sich gemäß

$$1 + R^{tw} = \prod_{i=1}^{M} (1 + R_i^{tw}), \tag{2.14}$$

wobei R_i^{tw} die zeitgewichtete Rendite im Intervall von T_{i-1} bis T_i (mit $T_0 = 0$) bezeichnet. Da jedoch die Berechnung dieser Renditen gemäß Formel (2.14) die Bewertung des Kontos zu allen Zeitpunkten, an denen Mittelbewegungen erfolgt sind, erfordern würde, werden die Renditen R_i^{tw} in Formel (2.14) in der Praxis durch Näherungswerte R_i^N ersetzt:

$$1 + R^{tw} \approx \prod_{i=1}^{M} (1 + R_i^N). \tag{2.15}$$

Zur Berechnung der R_i^N (bzw. zur Ermittlung von R^{tw} gemäß Formel (2.15)) wird zumeist eine der folgenden fünf Methoden benutzt:

1. Berechnung des internen Zinssatzes
2. Dietz-Methode
3. Modifizierte Dietz-Methode
4. BAI-Methode
5. Newtonsche Näherung zweiten Grades an den internen Zinssatz.

Die nachfolgenden Betrachtungen beziehen sich auf eine der Teilperioden zwischen zwei Bewertungspunkten. Um die Notation nicht unnötig zu verkomplizieren, wird der Anfangszeitpunkt wieder mit 0 und der Endzeitpunkt mit T bezeichnet.

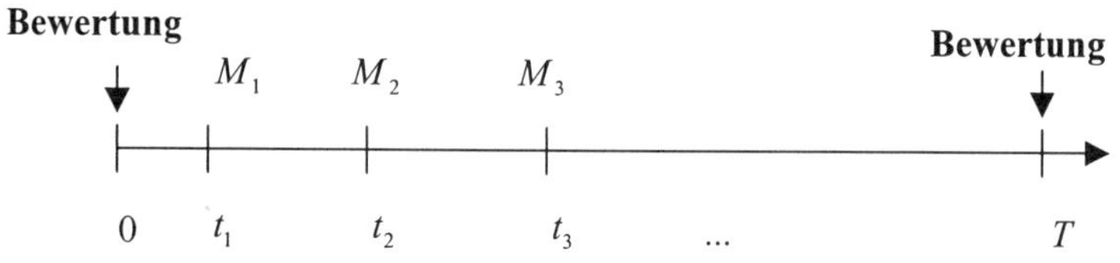

Abbildung 2.10: Exogene Mittelbewegungen M_i innerhalb einer Periode zwischen zwei Bewertungspunkten. Gegenüber dem allgemeinen Fall wird die Notation beibehalten.

2.6.1 Näherung der zeitgewichteten Rendite unter Verwendung des internen Zinssatzes

Eine Möglichkeit, die Werte der zeitgewichteten Renditen R_i^{tw} in Formel (2.14) zu approximieren, besteht in der Verwendung des internen Zinssatzes innerhalb der einzelnen Perioden. In den nachfolgenden Abschnitten wird beschrieben, inwiefern die anderen genannten Möglichkeiten als von dieser Verfahrensweise abgeleitete Methoden betrachtet werden können. Daher werden in diesem Abschnitt auch generelle Aspekte des internen Zinssatzes erörtert.

Der interne Zinssatz[20] Q für den Zahlungsstrom mit n Einbringungen in Tabelle 2.24 bezogen auf eine Zeiteinheit $1/T$ ergibt sich nach den Ausführungen in Abschnitt 2.3 als Lösung folgender Gleichung:

$$I_0 * (1+Q)^T + \sum_{i=1}^{n} M_i * (1+Q)^{T-t_i} = I_{n+1}. \tag{2.16}$$

Der interne Zinssatz R^{iz} über das gesamte Zeitintervall errechnet sich dann gemäß

$$1 + R^{iz} = (1+Q)^T.$$

Nach Substitution dieser Größe nimmt Gleichung (2.16) folgende Form an:

$$I_0 * (1+R^{iz}) + \sum_{i=1}^{n} M_i * (1+R^{iz})^{\frac{T-t_i}{T}} = I_{n+1}. \tag{2.17}$$

Division durch den Anfangsinventarwert I_0, der als verschieden von Null angenommen wird, ergibt

[20] Die Methode zur Berechnung des internen Zinssatzes wird in der angelsächsischen Literatur als modifizierte BAI-Methode (Bank Administration Institute) bezeichnet (vgl. z.B. [AIMR 97, Dietz/Kirschman 90]).

$$1*\left(1+R^{iz}\right)+\sum_{i=1}^{n}\frac{M_i}{I_0}*\left(1+R^{iz}\right)^{\frac{T-t_i}{T}}=\frac{I_{n+1}}{I_0}. \tag{2.18}$$

Diese Form der Bestimmungsgleichung für den internen Zinssatz spielt für die Untersuchung hinsichtlich der Güte der Näherung (vgl. Abschnitt 2.6.7.2) eine große Rolle, da anhand dieser Gleichung ersichtlich wird, daß man sich bei der Simulation beliebiger Kontostaffeln ohne Einschränkung der Allgemeinheit stets auf Kontostaffeln innerhalb des Zeitintervalls von 0 bis 1 beschränken kann. Zudem lassen sich die Inventarwerte und Mittelbewegungen zu Vielfachen des Anfangsinventarwerts I_0 skalieren. Die zeitliche Länge wird bei dieser Vorgehensweise indirekt durch die angenommene Volatilität und mittlere Rendite berücksichtigt.

Ein Aspekt, der in Abschnitt 2.1 nicht angesprochen wurde, war die Frage nach der Eindeutigkeit des impliziten Zinssatzes, also die Frage, ob Gleichung (2.16) für *alle* Zahlungsströme nur eine Lösung besitzt. Folgendes Beispiel zeigt, daß dies nicht der Fall ist.

Beispiel 2.11 (Kontostaffel ohne eindeutig definierten internen Zinssatz):

Datum	*Mittelbewegung*	*Inventarwert*
01.01.1999		*10*
01.04.1999	*8*	
01.06.1999	*-8*	
01.08.1999	*-1*	
01.10.1999	*+1*	
31.10.1999		*0,2*

Tabelle 2.25: Kontostaffel, für die Gleichung (2.26) mehrere Lösungen besitzt.

Ausgehend von Gleichung (2.26) führt obige Kontostaffel nach der Substitution von $x := (1+Q)^{30}$ zu der Gleichung

$$10*x^{10}+8*x^{7}-8*x^{5}-x^{3}+x=0{,}2.$$

Die Lösungen ergeben sich somit als Nullstellen der Gleichung $f(x)=0$ mit

$$f(x)=10*x^{10}+8*x^{7}-8*x^{5}-x^{3}+x-0{,}2.$$

Abbildung 2.11 verdeutlicht, daß diese Funktion auf der positiven x-Achse nicht nur eine, sondern drei Nullstellen besitzt.

Im allgemeinen ist der interne Zinssatz also nicht eindeutig bestimmt. Ob in diesen Fällen die Lösungen *überhaupt noch* als interne Zinssätze interpretiert werden können, ist in der Literatur eingehend und – wie es erscheint – ohne letztendliche Klärung diskutiert worden.[21] Für die Zwecke dieser Darstellung sind diese Fälle jedoch irrelevant. Der hier eingenommene Standpunkt ist der folgende: Mehrdeutige Lösungen existieren, und sofern man sich mit internen Zinssätzen beschäftigt, sollte man sich dessen bewußt sein. Bei Anlagen in hochriskante Wertpapiere (Optionen, Junkbonds, etc.) ist es unter extremen Umständen möglich, daß der interne Zinssatz nicht eindeutig bestimmt ist. In der Praxis des Portfoliomanagements tauchen solche Fälle jedoch in der Regel nicht auf. Obiges Beispiel verdeutlicht, wie es zu nicht eindeutigen Lösungen kommen kann: Die Wertentwicklung muß (zumindest über einzelne Perioden) extrem verlaufen. Das Depot des Beispiels erlitt einen Verlust von 98% (!!) seiner gesamten Nettoeinbringung.[22]

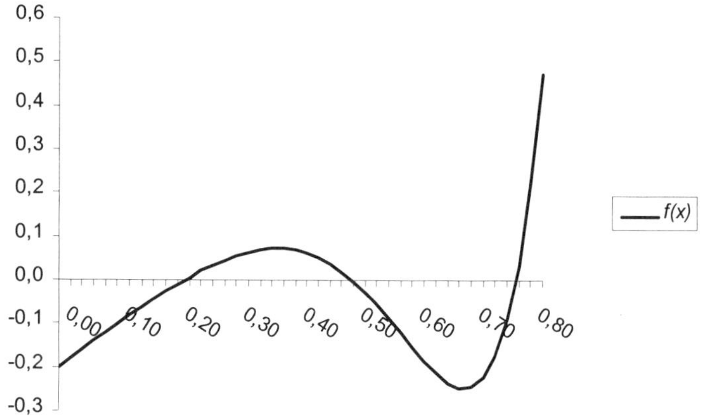

Abbildung 2.11: Graph der Funktion $f(x) = 10 * x^{10} + 8 * x^7 - 8 * x^5 - x^3 + x - 0{,}2$.

Die Frage, ob Gleichung (2.16) eine eindeutige Lösung besitzt, muß jeweils im Einzelfall geprüft werden, z.B. indem alle Lösungen mittels eines numerischen Verfahrens, wie etwa des Sturmschen Verfahrens [Scheid 79], bestimmt werden.

In diesem Text wird stets der *Normalfall* vorausgesetzt, welcher wie folgt definiert ist: Die Funktion, die sich aus Gleichung (2.16) ergibt, besitzt eine eindeutige Lösung, und die Funktion ist im Bereich der Nullstelle konvex, so daß sich die Lösung unter Anwendung des Newtonschen Verfahrens ermitteln läßt.

2.6.2 Modifizierte Dietz-Methode

Mit M^S wird im folgenden die Summe aller exogenen Mittelbewegungen,

$$M^S = \sum_{i=1}^{n} M_i \,,$$

und mit M^* die Summe aller linear-zeitgewichteten exogenen Mittelbewegungen,

---

[21] Siehe etwa [Stucki 88, Abschnitt 1.2, Rolfes 92, Abschnitt B]. In diesen Arbeiten findet sich auch eine umfangreiche Darstellung der Literatur zu diesem Thema.

[22] In solch einem Fall ist das Interesse am exakten Wert der Verzinsung wahrscheinlich eher gering!

$$M^* = \sum_{i=1}^{n} \frac{T - t_i}{T} * M_i ,$$

bezeichnet. Der bei der modifizierten Dietz-Methode zur Darstellung einer Periodenrendite R_i^N in Formel (2.15) benutzte Renditewert R^{md} ist laut [Eadie 73] der Wert, der sich bei der Annahme einer linearen Verzinsung (vgl. Abschnitt 2.6.2.1) ergibt:

$$R^{md} = \frac{I_{n+1} - I_0 - M^S}{I_0 + M^*} . \qquad (2.19)$$

Diese Größe muß entsprechend Formel (2.15) für jede Teilperiode ermittelt werden, wobei jeweils diejenigen Mittelbewegungen berücksichtigt werden, die innerhalb der Periode anfallen.

Beispiel 2.12 (Anwendung der modifizierten Dietz-Methode innerhalb einer Periode):

Datum	*Mittelbewegung*	*Inventarwert*
01.09.1999		*100*
15.09.1999	*+20*	
20.09.1999	*-10*	
30.09.1999		*120*

Tabelle 2.26: Kontostaffel mit einer Entnahme und einer Einbringung.

Für obige Kontostaffel gilt

$$M^* = 20 * \frac{30-15}{30} - 10 * \frac{30-20}{30} = 10 - 3{,}33 = 6{,}67 .$$

Somit erhält man

$$R^{md} = \frac{120 - 100 - 20 + 10}{100 + 6{,}67} = \frac{10}{106{,}67} = 0{,}0938 \cong 9{,}38\%.$$

Gleichung (2.19) ist in anschaulicher Weise interpretierbar: Der Zähler des Ausdrucks auf der rechten Seite $I_{n+1} - I_0 - M^S$ ist der innerhalb der Periode erzielte *Nettowertzuwachs*, während der Nenner $I_0 + M^*$ als das innerhalb der Periode eingesetzte *mittlere Kapital* interpretiert werden kann. Aufgrund dieser Anschaulichkeit erfreut sich die modifizierte Dietz-Methode hoher Beliebtheit in der Praxis [Pieper 98, AIMR 97, Spaulding 97]. Es sollte jedoch bedacht werden, daß diese Interpretation eher dem Begriff der Durchschnittsverzinsung verpflichtet ist, als dem Konzept der zeitgewichteten Rendite.

Wie im nachfolgenden Abschnitt gezeigt wird, kann der mittels der modifizierten Dietz-Methode innerhalb einer Periode ermittelte Wert auch als Näherungswert an den internen Zinssatz interpretiert werden. Über mehrere Perioden hinweg ist dies jedoch nicht möglich. Nachfolgendes Beispiel verdeutlicht die Verfahrensweise über zwei Perioden sowie die Fehler, die bei dieser Näherung entstehen.

Beispiel 2.13 (Anwendung der modifizierten Dietz-Methode über zwei Perioden):

Datum	*Mittelbewegung*	*Inventarwert*
01.09.1999		*100*
15.09.1999	*+20*	*X*
30.09.1999		*130*
20.10.1999	*-10*	*Y*
31.10.1999		*125*

Tabelle 2.27: Kontostaffel mit einer Entnahme und einer Einbringung über zwei Perioden.

Ausgehend von obiger Kontostaffel ergeben sich folgende Näherungswerte für die zeitgewichteten Renditen in den Monaten September und Oktober:

$$R_1^{md} = \frac{130-100-20}{100+20*\frac{15}{30}} = \frac{10}{110} = 0{,}0909 \cong 9{,}09\%,$$

$$R_2^{md} = \frac{125-130+10}{130-10*\frac{10}{31}} = 0{,}0394 \cong 3{,}94\%.$$

Die modifizierte Dietz-Methode liefert somit folgenden Näherungswert für die Rendite über die gesamte Periode:

$$R^{md} = (1+R_1^{md})*(1+R_2^{md})-1 = 1{,}0909*1{,}0394-1 = 0{,}1339 \cong 13{,}39\%.$$

Wie nah dieser Wert am tatsächlichen Wert der zeitgewichteten Rendite liegt, hängt allerdings von den zu den Zeitpunkten der Mittelbewegungen vorliegenden Inventarwerten X und Y ab. Zur Illustration der Größenordnung des Fehlers, der dabei auftreten kann, wird in nachfolgender Tabelle der additive Fehler $R^{tw} - R^{md}$ in Abhängigkeit von verschiedenen Ausprägungen von X und Y ausgewiesen (vgl. auch Abbildung 2.23). Die zeitgewichtete Rendite für die Kontostaffel in Tabelle 2.27 berechnet sich gemäß Formel (2.12) zu

$$R^{tw} = \frac{X}{100}*\frac{130}{X+20}*\frac{Y}{130}*\frac{125}{Y-10}-1 = 1{,}25*\frac{X}{X+20}*\frac{Y}{Y-10}.$$

X/Y	*115,0*	*117,5*	*120,0*	*122,5*	*125,0*	*127,5*	*130,0*	*132,5*	*135,0*
90,0	*-1,38%*	*-1,60%*	*-1,82%*	*-2,03%*	*-2,22%*	*-2,41%*	*-2,59%*	*-2,77%*	*-2,94%*
92,5	*-0,82%*	*-1,05%*	*-1,27%*	*-1,48%*	*-1,68%*	*-1,87%*	*-2,05%*	*-2,22%*	*-2,39%*
95,0	*-0,29%*	*-0,52%*	*-0,74%*	*-0,95%*	*-1,15%*	*-1,34%*	*-1,52%*	*-1,70%*	*-1,87%*
97,5	*0,21%*	*-0,02%*	*-0,24%*	*-0,45%*	*-0,65%*	*-0,84%*	*-1,02%*	*-1,20%*	*-1,37%*
100,0	*0,70%*	*0,47%*	*0,25%*	*0,04%*	*-0,17%*	*-0,36%*	*-0,54%*	*-0,72%*	*-0,89%*
102,5	*1,16%*	*0,93%*	*0,71%*	*0,50%*	*0,30%*	*0,10%*	*-0,08%*	*-0,26%*	*-0,43%*
105,0	*1,61%*	*1,38%*	*1,16%*	*0,94%*	*0,74%*	*0,55%*	*0,36%*	*0,18%*	*0,01%*
107,5	*2,04%*	*1,81%*	*1,58%*	*1,37%*	*1,17%*	*0,97%*	*0,78%*	*0,61%*	*0,43%*
110,0	*2,45%*	*2,22%*	*1,99%*	*1,78%*	*1,58%*	*1,38%*	*1,19%*	*1,01%*	*0,84%*

Tabelle 2.28: Fehler, der bei Anwendung der modifizierten Dietz-Methode entsteht.

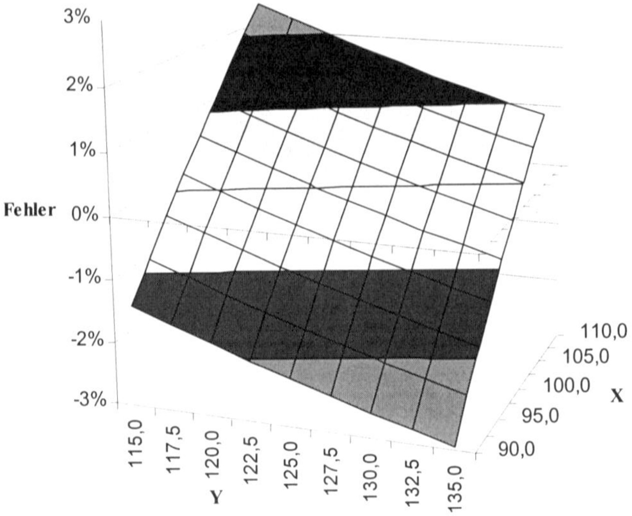

Abbildung 2.12: Veranschaulichung des Fehlers in Abhängigkeit von den möglichen Ausprägungen der Inventarwerte X und Y.

Es wird offensichtlich, daß der Fehler immer dann besonders hoch ausfällt, wenn die Entwicklung des Inventarwerts starken Schwankungen unterworfen ist. Neben der „Marktvolatilität" ist die Höhe der Mittelbewegung im Vergleich zum vorliegenden Inventarwert ein entscheidender Faktor für die Präzision der Näherung. Dies wird in Abschnitt 2.6.7 ausführlich erörtert.

2.6.2.1 Modifizierte Dietz-Methode als lineare Näherung an den internen Zinssatz

Ersetzt man in Gleichung (2.17) die exponentielle durch die lineare Verzinsung, dann geht sie in folgende Gleichung über:

$$I_0 * \left(1 + R^L\right) + \sum_{i=1}^{n} M_i * \left(1 + \frac{T - t_i}{T} * R^L\right) = I_{n+1}. \tag{2.20}$$

Der Deutlichkeit halber wurde die Variable R mit dem Index L versehen. Letztere Gleichung läßt sich nach R^L auflösen, und der Leser verifiziert unschwer, daß R^L und R^{md} identisch sind (vgl. Übung 2.2).

Der Renditewert, der bei der modifizierten Dietz-Methode innerhalb einzelner Perioden verwendet wird, läßt sich als Näherungswert zum internen Zinssatz interpretieren. Genauer gesagt: Der unter der Annahme einer linearen Verzinsung berechnete Renditewert ist der Wert, den man (ausgehend von der „Nullverzinsung“) nach dem ersten Iterationsschritt des Newtonschen Verfahrens erhält (vgl. Anhang B zu diesem Kapitel). Dieser Zusammenhang wird im folgenden kurz erläutert.

Ausgehend von Gleichung (2.17) und der Substitution $x := 1 + Q$ wird zunächst die Funktion $f(x)$ definiert:

$$f(x) = I_0 * x + \sum_{i=1}^{n} M_i * x^{\frac{T-t_i}{T}} - I_{n+1}.$$

Als Ausgangspunkt der Newtonschen Iteration wird der Wert gewählt, der der Nullverzinsung entspricht: $x = 1$. Die Ableitung der Funktion $f(x)$ errechnet sich zu

$$f'(x) = I_0 + \sum_{i=1}^{n} M_i \frac{T - t_i}{T} * x^{\frac{-t_i}{T}},$$

so daß der erste Iterationsschritt der Newtonschen Iteration (vgl. Anhang B zu diesem Kapitel) in Übereinstimmung mit Formel (2.19)

$$x_1 = 1 - \frac{f(1)}{f'(1)} = 1 + \frac{I_{n+1} - I_0 - \sum_{i=1}^{n} M_i}{I_0 + \sum_{i=1}^{n} \frac{T - t_i}{T} M_i}$$

ergibt. Abbildung 2.13 verdeutlicht die Beziehung zwischen dem internen Zinssatz und dem Näherungswert der modifizierten Dietz-Methode.

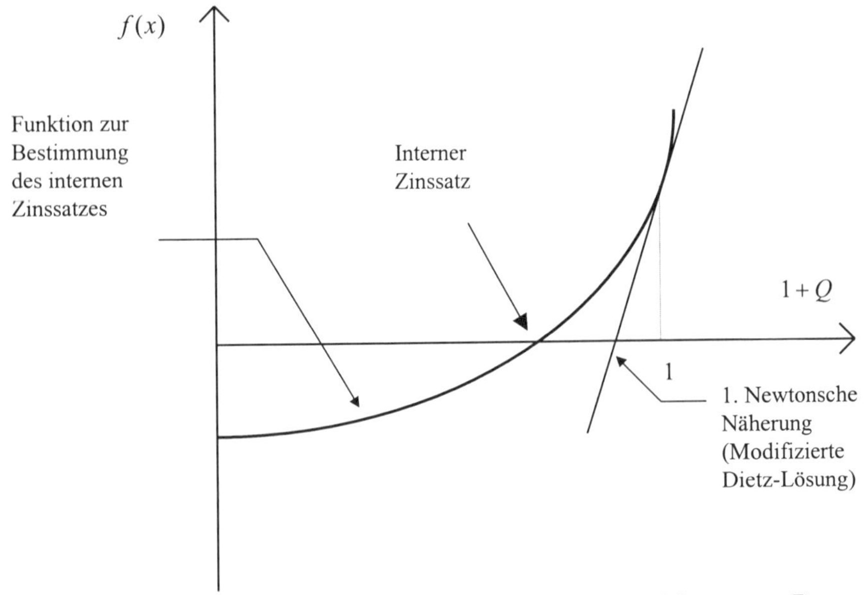

Abbildung 2.13: Veranschaulichung der modifizierten Dietz-Methode und des internen Zinssatzes.

2.6.2.2 Modifikation der modifizierten Dietz-Methode

In der Praxis wird bei Anwendung der modifizierten Dietz-Methode im Falle von speziellen Kontostaffeln häufig eine weitere Modifikation vorgenommen. Ist der Inventarwert zu Beginn des Betrachtungszeitraums gleich Null, dann nimmt die modifizierte Dietzsche Formel die Form

$$R^{md} = \frac{I_{n+1} - M^S}{M^*}$$

an. Liegen Einbringungen am Ende des Betrachtungszeitraums vor, dann kommt es zu Divergenzen, da die Einbringungen im Nenner zeitlich linear gewichtet werden. In diesem Fall wird M^* durch M ersetzt.

Beispiel 2.14 (Modifikation der modifizierten Dietz-Methode bei einer Einbringung):

Datum	*Mittelbewegung*	*Inventarwert*
01.09.1999		*0*
29.09.1999	*100*	
30.09.1999		*110*

Tabelle 2.29: Kontostaffel mit einer Einbringung.

Für die Kontostaffel in Tabelle 2.29 ergibt die modifizierte Dietz-Methode

$$R^{md} = \frac{110-0-100}{0+100*\frac{30-29}{30}} = \frac{10}{3{,}33} \cong 300{,}3\%.$$

Angesichts der Wertentwicklung des Depots scheint dieser Renditewert die wirkliche zeitgewichtete Rendite bei weitem zu überschätzen. Die Modifikation der modifizierten Dietz-Methode führt zu einem realistischeren Wert:

$$R^{md} = \frac{110-0-100}{0+100} = \frac{10}{100} \cong 10{,}0\%.$$

Analog erhält man im Fall eines Inventarwerts von Null am Ende des Betrachtungszeitraums eine Divergenz, falls der gesamte Anfangsinventarwert bereits zu Beginn der Periode entnommen wurde ($I_0 \approx -M^*$):

$$R^{md} = \frac{-I_0 - M^S}{I_0 + M^*}.$$

In diesem Fall wird die Formel häufig modifiziert, indem man $M^* \equiv 0$ setzt.

Weitere Modifikationen dieser Art sind möglich und werden in der Praxis auch umgesetzt. Beispielsweise führen viele Systeme die oben beschriebenen Modifikationen bereits dann aus, wenn der Anfangs- bzw. Endinventarwert im Vergleich zu den exogenen Mittelzuflüssen „klein" ist; die Korrekturen werden dann vorgenommen, falls beispielsweise $M^S > KI_0$ für eine vorgegebene Schranke K gilt. Analoge Modifikationen werden bei Verwendung der BAI-Methode oder der Methode, die auf dem internen Zinssatz beruht, erforderlich.

2.6.3 Dietz-Methode und BAI-Methode

Bei der Dietz-Methode werden alle Mittelbewegungen innerhalb einer Periode zwischen zwei Bewertungen in der Mitte der Periode plaziert und somit mit dem Faktor 0,5 gewichtet. Die Dietzsche Näherungsformel, die zur Berechnung der Rendite über eine einzelne Periode benutzt wird, nimmt damit folgende simple Gestalt an ([Dietz/Kirschman 90]):

$$R^d = \frac{I_{n+1} - I_0 - M^S}{I_0 + \frac{1}{2}M^S}.$$

Beispiel 2.15 (Anwendung der Dietz-Methode):

An dieser Stelle wird nochmals die Kontostaffel in Tabelle 2.26 betrachtet, für die bereits in Beispiel 2.12 mittels der modifizierten Dietz-Methode ein Näherungswert für die Rendite berechnet wurde. Unter Verwendung der Dietz-Methode erhält man:

$$R^d = \frac{120 - 100 - 20 + 10}{100 + 10 - 5} = \frac{10}{105} \cong 9{,}52\%.$$

Dieser Wert weicht geringfügig von dem mittels der modifizierten Dietz-Methode berechneten Wert in Höhe von 9,38% ab.

Der Renditewert, der sich mittels der BAI-Methode [Dietz/Kirschman 90] ergibt, ist die Lösung der Gleichung, die aus Gleichung (2.16) hervorgeht, wenn die Zeitpunkte aller exogenen Mittelbewegungen auf die Mitte des Zeitintervalls gelegt werden ($t_i = T/2$). Wird mit Q^{BAI} der Zinssatz bezeichnet, der sich mittels der BAI-Methode pro Zeiteinheit ergibt, dann gilt:

$$I_0 * \left(1 + Q^{BAI}\right)^T + \sum_{i=1}^{n} M_i * \left(1 + Q^{BAI}\right)^{T/2} = I_{n+1}. \tag{2.21}$$

Für den Renditewert R^{BAI} über die gesamte Periode gilt:

$$1 + R^{BAI} := \left(1 + Q^{BAI}\right)^T.$$

Ausgehend von Gleichung (2.21) erhält man folgende Gleichung für R^{BAI}:

$$I_0 * \left(1 + R^{BAI}\right) + \sum_{i=1}^{n} M_i * \left(1 + R^{BAI}\right)^{1/2} = I_{n+1}$$

Diese Gleichung ist zwar nach einer Variablensubstitution mittels der quadratischen Formel für Polynome 2. Grades explizit lösbar, bei dieser Vorgehensweise ergeben sich jedoch zwei Lösungen. In der Regel ist die Lösung, die am nächsten bei Null liegt, die relevante Lösung.

Zwischen der BAI-Methode und der Dietz-Methode besteht eine ähnliche Beziehung wie zwischen dem internen Zinssatz und der modifizierten Dietz-Methode: Die Dietz-Methode ist die lineare Näherung an die BAI-Methode. Die graphische Darstellung ist vollkommen analog zu der in Abbildung 2.13.

2.6.4 Newtonsche Näherung zweiten Grades

In Abschnitt 2.6.2.1 wurde dargelegt, daß die modifizierte Dietzsche Näherungsformel als erste Newtonsche Näherung an den internen Zinssatz interpretierbar ist. Es liegt daher nahe, der Frage nachzugehen, ob die Güte der Näherung (als Näherung an die zeitgewichtete Rendite!) zunimmt, wenn man bei der Newtonschen Approximation zum zweiten Iterationsschritt (der *Newtonschen Näherung zweiten Grades*) übergeht. Dieser Wert errechnet sich (vgl. Anhang B zu diesem Kapitel) zu

$$1+R^{2n} := x_1 - \frac{I_0 * x_1 + \sum_{i=1}^{n} M_i * x_1^{\frac{T-t_i}{T}} - I_{n+1}}{I_0 + \sum_{i=1}^{n} M_i * \frac{T-t_i}{T} * x_1^{-\frac{t_i}{T}}}, \text{ mit } x_1 = 1 + \frac{I_{n+1} - I_0 - \sum_{i=1}^{n} M_i}{I_0 + \sum_{i=1}^{n} \frac{T-t_i}{T} M_i}.$$

Der Wert der Newtonschen Näherung ist somit von der Form:

Wert der modifizierten Dietz-Methode plus Zusatzterm.

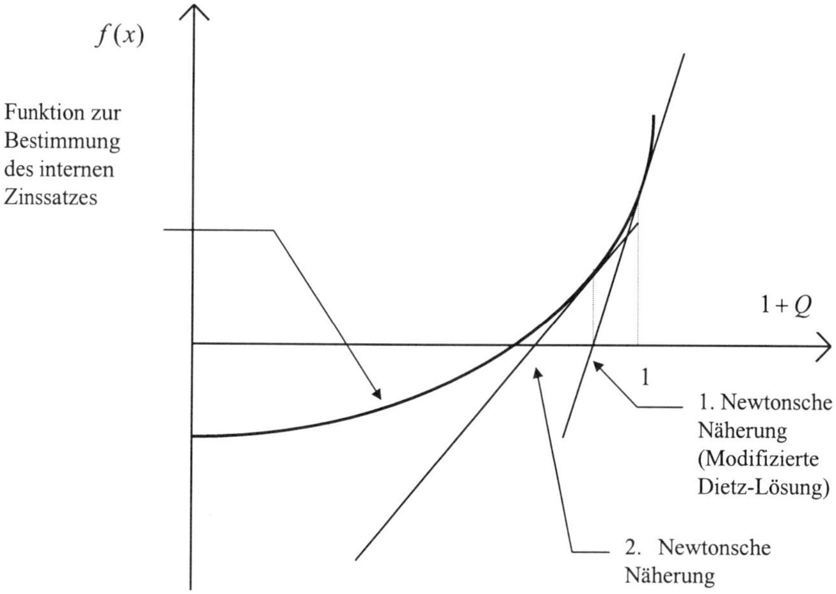

Abbildung 2.14: Veranschaulichung der modifizierten Dietz-Methode und der Newtonschen Näherung zweiten Grades.

Beispiel 2.16 (Anwendung der Newtonschen Näherung zweiten Grades):

Datum	*Mittelbewegung*	*Inventarwert*
01.09.1999		*100*
15.09.1999	*50*	
30.09.1999		*110*

Tabelle 2.30: Kontostaffel mit einer Einbringung.

Für die Kontostaffel in Tabelle 2.30 liefert die modifizierte Dietz-Methode:

$$R^{md} = \frac{110-100-50}{100+\frac{1}{2}*50} = -\frac{40}{125} \cong -32{,}00\%.$$

Dies ergibt einen Wert von $x_1 = 0{,}68$. Die zweite Newtonsche Näherung führt zu

$$1+R^{2n} := 068 - \frac{100*0{,}68+50*0{,}68^{0,5}-110}{100+50*0{,}5*0{,}68^{-0,5}} = 0{,}68+0{,}0059.$$

Somit folgt $R^{2n} \cong -31{,}41\%$.

Die mittels der modifizierten Dietz-Methode und der zweiten Newtonschen Näherung ermittelten Renditewerte weichen insbesondere bei starker „Wölbung“ (Konvexität) der Funktion, die den internen Zinssatz definiert (vgl. Abbildung 2.14), voneinander ab.

Die Rangfolge unter den verschiedenen Näherungsverfahren variiert von Fall zu Fall. Eine generelle Aussage kann nur auf Basis statistischer Verfahren getroffen werden (vgl. Abschnitt 2.6.7).

2.6.5 Fehler der Dietzschen Näherungsverfahren

In diesem Abschnitt werden zunächst die Abweichungen erörtert, die sich bei Anwendung der beschriebenen Näherungsverfahren gegenüber der zeitgewichteten Rendite bei einer einzigen exogenen Mittelbewegung ergeben. Folgende allgemeine Kontostaffel ist maßgebend für den gesamten Abschnitt:

Zeitachse	*exogene Mittelbewegung*	*Inventarwert*
0		I_0
t_1	M	I_1
T		I_2

Tabelle 2.31: Kontostaffel mit einer exogenen Mittelbewegung zum Zeitpunkt t_1.

Der exakte Wert für die zeitgewichtete Rendite R^{tw} errechnet sich gemäß

$$1+R^{tw} = \frac{I_1}{I_0} * \frac{I_2}{I_1+M}.$$

Für die Ausdrücke, die sich aus der Anwendung der Dietz-Methode und ihrer modifizierten Form ergeben, erhält man

$$1+R^{md} = 1+\frac{I_2-I_0-M}{I_0+\frac{T-t_1}{T}*M} \text{ bzw. } 1+R^{d} = 1+\frac{I_2-I_0-M}{I_0+\frac{1}{2}*M}.$$

Die Abweichung des Werts, der mittels der modifizierten Dietz-Methode bzw. der Dietz-Methode gegenüber dem exakten Wert der zeitgewichteten Rendite entsteht („Fehler"), wird in multiplikativer Form definiert (vgl. Übung 2.4):

$$F^{md} = \left| \frac{1+R^{md}}{1+R^{tw}} - 1 \right| \text{ bzw. } F^{d} = \left| \frac{1+R^{d}}{1+R^{tw}} - 1 \right| .$$

Für die anderen Näherungswerte wird der Fehler in analoger Weise definiert. Im Falle der in Tabelle 2.31 beschriebenen Kontostaffel mit einer Mittelbewegung folgt für F^{md} und F^{d}:

$$F^{md} = \left| \left(1+\frac{M}{I_1}\right) * \frac{1-\frac{t_1}{T}*\frac{M}{I_2}}{1+\left(1-\frac{t_1}{T}\right)*\frac{M}{I_0}} - 1 \right| \text{ bzw. } F^{md} = \left| \left(1+\frac{M}{I_1}\right) * \frac{1-\frac{1}{2}*\frac{M}{I_2}}{1+\frac{1}{2}*\frac{M}{I_0}} - 1 \right|$$

***

Beispiel 2.17 (Modifizierte Dietz-Methode vs. Dietz-Methode [Fischer/Telöken 99]):

Setzt man $M = 0{,}3 * I_0$, $I_0 = I_1$, $I_2 = 1{,}7 * I_0$ und $T = 1$, dann errechnen sich die Fehlerterme in Abhängigkeit vom Zeitpunkt t_1 der Mittelbewegung zu

$$F^{md} = -0{,}235 + 0{,}306 * (1 + 0{,}3 * (1 - t_1))^{-1} \text{ bzw. } F^{d} = 0{,}0307 .$$

Die zeitgewichtete Rendite errechnet sich zu $R^{tw} = 30{,}77\%$.

Es wird ersichtlich, daß die modifizierte Dietz-Methode nur in der Hälfte der Fälle einen genaueren Näherungswert ergibt (nämlich für den Fall $0 < t_1 < 0{,}5$). Allerdings ist der Schluß, daß der größeren Komplexität der modifizierten Dietz-Methode keine größere Präzision der Näherungswerte für die Renditen der Wertpapierkonten gegenübersteht, voreilig. Unter den getroffenen Annahmen über M, I_0, I_1 und I_2 wird in der Periode von 0 bis t_1 eine deutlich geringere Rendite als in der Periode von t_1 bis 1 erzielt. Da Aktien und Renten auf längere Sicht eine positive Rendite aufweisen, ist die Periode von t_1 bis 1 (die Periode mit hoher Rendite) mit hoher Wahrscheinlichkeit auch die längere Periode. Die getroffenen Annahmen führen somit zu einer impliziten Verteilung von t_1, die Zeitpunkte kleiner t_1 bevorzugt. Unter den obigen Annahmen und unter den Modellannahmen, die der Simulation in Abschnitt 2.6.7.2, Fall 1, zugrunde liegen, liegt der Zeitpunkt der Mittelbewegung mit einer Wahrscheinlichkeit von mehr als 63% in der ersten Hälfte des Intervalls (0,1). Mit der Darstellung der Fehler der Dietzschen Näherungsverfahren befaßt sich auch Übung 2.2.

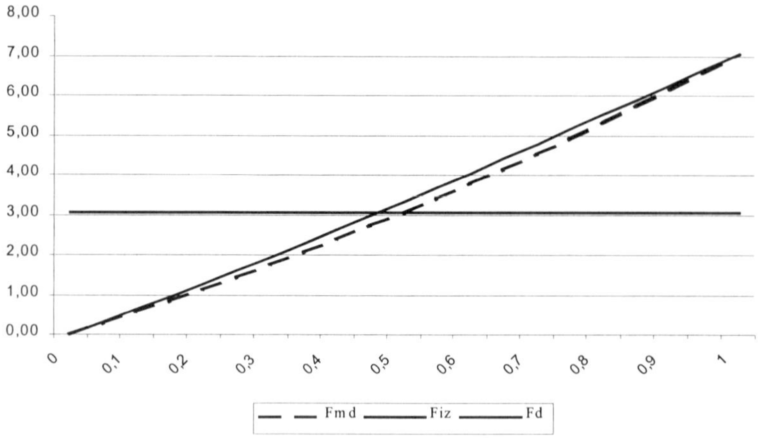

Abbildung 2.15: Fehler der modifizierten Dietz-Methode (F^{md}) der Dietz-Methode (F^{d}) und des internen Zinssatzes (F^{iz}) gegenüber der zeitgewichteten Rendite in Abhängigkeit vom Zeitpunkt, zu dem die Mittelbewegung erfolgte.

2.6.6 „10%-Regel" bei Mittelbewegungen

Eine in der Praxis weit verbreitete Methode[23] zur Approximation der zeitgewichteten Rendite basiert auf der „10%-Regel" bei Mittelbewegungen. Die Methode stipuliert, bei einer Mittelbewegung ein Konto immer dann zusätzlich zu bewerten, wenn die Summe der Absolutbeträge der Mittelbewegungen innerhalb einer Periode zwischen Standardbewertungstagen 10% des Inventarwerts überschreitet. Innerhalb der sich so ergebenden Perioden werden die Renditewerte mittels der modifizierten Dietz-Methode oder einem anderen der zu Beginn von Abschnitt 2.6 aufgeführten Verfahren berechnet. Durch die zusätzlichen Bewertungen wird die Präzision der eingesetzten Näherungsverfahren erhöht. Beispiel 2.18 verdeutlicht jedoch, daß sich auch bei der Anwendung der modifizierten Verfahren erhebliche Fehler ergeben können.

Beispiel 2.18 („10%-Regel"):

Zeitachse	*exogene Mittelbewegung*	*Inventarwert*
0		I_0
t_1	$M = 0{,}1 * I_0$	$I_1 = I_0$
T		$I_2 = 1{,}35 * I_0$

Tabelle 2.32: Kontostaffel, bei der die „10%-Regel" keine Anwendung findet, da der Betrag der Mitteleinbringung nicht 10% des Inventarwerts überschreitet.

[23] Laut einer Studie von PriceWaterhouseCoopers [PWC 98] wendeten 1998 54% aller amerikanischen Vermögensverwalter dieses Verfahren an. Siehe auch [PWC 99, Swiss PPS 96, Spaulding 97].

Für die Kontostaffel in Tabelle 2.32, bei der die „10%-Regel“ keine Anwendung findet, da der Betrag der Mitteleinbringung nicht 10% des Inventarwerts überschreitet, errechnen sich die zeitgewichtete Rendite und der Wert, den die modifizierte Dietz-Methode liefert, zu $R^{tw} \cong 22{,}73\%$ bzw. $R^{md} \cong 23{,}81\%$. Somit überschätzt die modifizierte Dietz-Methode die zeitgewichtete Rendite um fast einen Prozentpunkt.

2.6.7 Rangfolge der Näherungsverfahren

Die Frage nach der Güte der angesprochenen Näherungsverfahren wurde in [Fischer/Telöken 99] für Kontostaffeln, welche die in Abschnitt 2.6.2.2 beschriebenen Modifikationen nicht erfordern, eingehend untersucht. Im folgenden werden die dazu benutzte Methodik und die abgeleiteten Ergebnisse dargestellt.

2.6.7.1 Simulation der Kontostaffeln

Die Simulation in [Fischer/Telöken 99], bei der lognormalverteilte Renditen[24] zugrunde gelegt wurden, geht von folgenden grundlegenden Modellannahmen aus:

1) Ohne Beschränkung der Allgemeinheit (vgl. Abschnitt 2.6.1, Formel (2.18)) wird das betrachtete Zeitintervall zu [0,1] fixiert und der Inventarwert für $t = 0$ zu 1 gesetzt.
2) Die Einbringungszeitpunkte sind die Sprungzeitpunkte eines Poissonprozesses [Krengel 88, S. 222f.] mit Parameter $\lambda > 0$. (Der Parameter λ gibt die mittlere Anzahl an exogenen Mittelbewegungen im Zeitintervall von 0 bis 1 an.)
3) Die logarithmierte Rendite einer Kontostaffel zwischen den Zeitpunkten zweier Mittelbewegungen t_{i-1} und t_i ist normalverteilt mit Erwartungswert $(t_i - t_{i-1}) * \mu$ und Varianz $(t_i - t_{i-1}) * \sigma^2$, wobei mit μ die mittlere logarithmierte Rendite des Kontos auf einem Zeitintervall der Länge 1 bezeichnet wird und mit σ^2 die Varianz dieser Größe.[25] Die Rendite im Intervall von t_{i-1} bis t_i ist unabhängig von den zuvor in den Intervallen von t_{j-1} bis t_j (mit $0 < j < i$, $t_0 := 0$) erzielten Renditen.
4) Für jeden Zeitpunkt einer Mittelbewegung wird der Quotient von Mitteleinbringung zu vorliegendem Inventarwert durch eine Normalverteilung mit Erwartungswert $\mu_M = 0$ und Standardabweichung σ_M modelliert. Dieser Quotient ist unabhängig von den zuvor erfolgten Mittelbewegungen gemessen in Prozent des Inventarwerts.

Abbildung 2.16 veranschaulicht die Verteilungsdichte der exogenen Mittelbewegungen. σ_M wurde zu 15% festgelegt. Damit beträgt die Wahrscheinlichkeit, daß eine Entnahme erfolgt, die mehr als 15% vom zum jeweiligen Zeitpunkt vorliegenden Inventarwert umfaßt, ca. 15,9%. Diese Wahrscheinlichkeit wird durch die gesamte graue Fläche repräsentiert (vgl. Abschnitt 6.2.1).

---

[24] Die Annahme lognormalverteilter Renditen ist eine Standardannahme bei der Modellierung von Wertpapierkursen. So basiert beispielsweise die Black-Scholes-Optionspreistheorie [Black/Scholes 73] auf dieser Modellannahme. Siehe hierzu auch Abschnitt 6.2.4.3 und Übung 2.9.

[25] Bei der Darstellung der Simulationsergebnisse im nachfolgenden Abschnitt werden μ und σ stets auf Monatsbasis angegeben. Bei dieser Interpretation entspricht das Intervall von 0 bis 1 der Periode eines Monats.

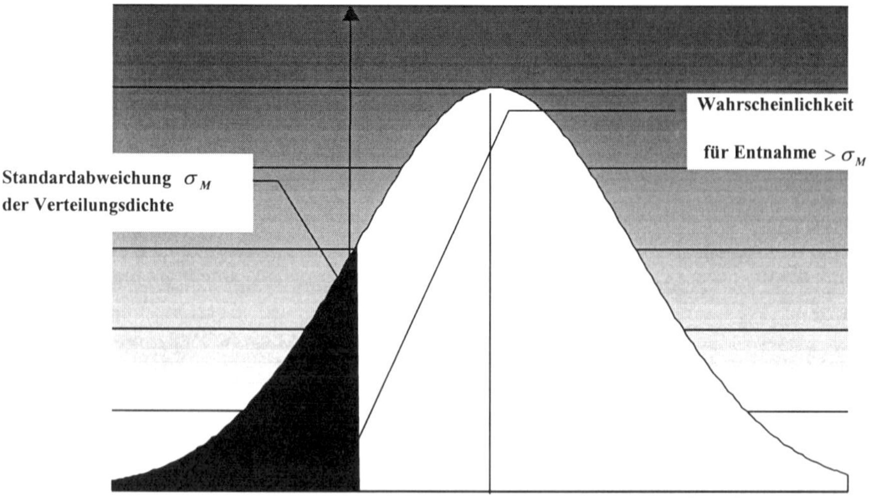

Abbildung 2.16: Dichte einer Normalverteilung mit einer Standardabweichung von 15% und einem Mittelwert von Null.

Nimmt man zusätzlich zu den Modellannahmen 1) bis 4) an, daß

a) die Zeitpunkte der exogenen Mittelbewegungen,

b) die Renditen der Kontostaffeln zwischen den Zeitpunkten von Mittelbewegungen, sowie

c) die Höhe der Mittelbewegung gemessen in Prozent des Inventarwerts

unabhängig voneinander sind, dann lassen sich die Kontostaffeln wie folgt simulieren. Zunächst wird der Zeitpunkt t_1 für die erste exogene Mittelbewegung bestimmt. Gemäß der Modellannahme 3) wird anschließend die Rendite R_1 für das Intervall von 0 bis t_1 simuliert und damit der Inventarwert I_1 zum Zeitpunkt t_1:

$$I_1 = I_0 * (1 + R_1).$$

Unter Verwendung des Inventarwerts I_1 wird dann nach Modellannahme 4) die Höhe der Einbringung M_1 im Zeitpunkt t_1 bestimmt. Das Procedere beginnt anschließend wieder von vorne mit der Bestimmung von t_2, R_2,

$$I_2 = (I_1 + M_1) * (1 + R_2)$$

und M_2 (vgl. Abbildung 2.17).

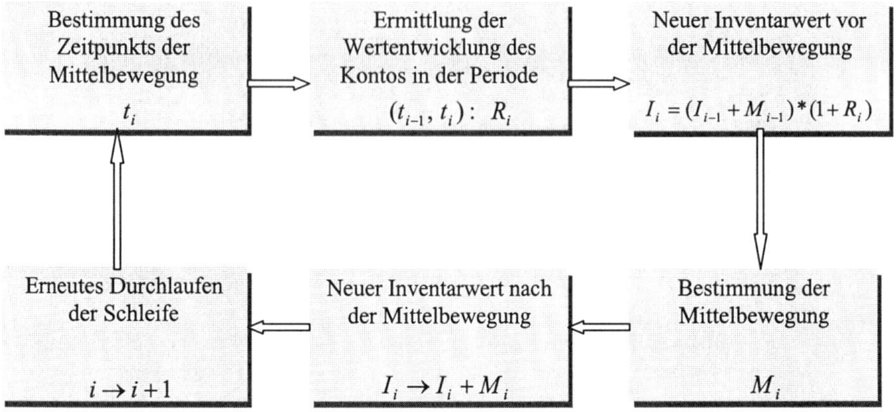

Abbildung 2.17: Schematische Darstellung der Simulation der Kontostaffeln nach [Fischer/Telöken 99]. Die Simulation beginnt bei t=0 und endet, sobald $t_{i+1} > 1$.

2.6.7.2 Ergebnisse der Simulation

Zur Beantwortung der Frage, welche Näherungsmethode die zeitgewichtete Rendite am besten approximiert, wurden in [Fischer/Telöken 99] eine Reihe unterschiedlicher Szenarien hinsichtlich der Mittelbewegungen und der Marktverläufe diskutiert. Bevor einzelne Szenarien in exemplarischer Weise besprochen werden, wird das Gesamtergebnis in tabellarischer Form zusammengefaßt:

Interner Zinssatz	Liefert von allen Methoden die genaueste Approximation innerhalb einzelner Perioden.
2. Newtonsche Näherung	Die 2. Newtonsche Näherung an den internen Zinssatz ist nur unwesentlich schlechter als die Näherung auf Basis des internen Zinssatzes. In allen untersuchten Szenarien sind die erzielten Näherungswerte fast identisch mit dem internen Zinssatz.
Modifizierte Dietz-Methode	Die Güte dieses Verfahrens liegt nur geringfügig unterhalb der Güte, die mit der Methode des internen Zinssatzes erzielt wird.
BAI-Methode	Die mit dieser Methode erzielten Näherungswerte sind deutlich schlechter als die mit den ersten drei Methoden erzielten Näherungswerte.
Dietz-Methode	Gegenüber der BAI-Methode ergeben sich nur geringfügige Unterschiede.

Tabelle 2.33: Relationen zwischen den einzelnen Näherungsverfahren hinsichtlich der Güte, gemessen durch den mittleren Fehler.

1. Fall (Volatiles Aktienportfolio; $\mu = 1\%$, $\sigma = 10\%$, $\mu_M = 0\%$, $\sigma_M = 20\%$)

Abbildung 2.18 enthält den Fehler, den die modifizierte und die einfache Dietz-Methode bei sehr volatilen Marktbedingungen ergeben. Die Parameter ($\mu = 1\%$, $\sigma = 10\%$) entsprechen den Bedingungen eines sehr volatilen Aktienportfolios.[26]

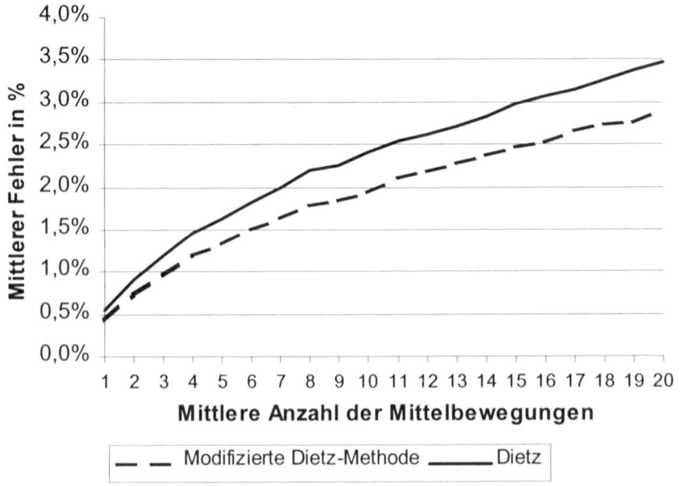

Abbildung 2.18: Mittlerer Fehler der modifizierten und der (einfachen) Dietz-Methode in Abhängigkeit von der mittleren Anzahl der Einbringungen bei einer Simulation mit $\mu = 1\%$ und $\sigma = 10\%$.

Als Parameter für die exogenen Mittelbewegungen wurden $\mu_M = 0$ und $\sigma = 20\%$ gewählt. Die Hälfte des jeweilig vorliegenden Inventarwerts wurde jedoch als Obergrenze für den Betrag exogener Mittelbewegungen festgelegt.

Es wird ersichtlich, daß sowohl die modifizierte als auch die einfache Dietz-Methode die zeitgewichtete Rendite unter diesen Bedingungen sehr schlecht approximieren. Diese Schlußfolgerung deckt sich mit den Erkenntnissen aus Beispiel 2.13.

Abbildung 2.19 verdeutlicht, daß die Güte der erzielten Näherung (statistisch gesehen) nicht wesentlich durch die Verwendung des internen Zinssatzes verbessert wird. Selbst bei einer sehr hohen Anzahl an exogenen Mittelbewegungen liegt der mittlere Fehler der modifizierten Dietz-Methode nur geringfügig oberhalb des mittleren Fehlers des internen Zinssatzes. Der Fehler, der sich mit der zweiten Newtonschen Näherung ergibt, ist selbst bei obigem extremen Szenario nahezu identisch mit dem Fehler des internen Zinssatzes. Daher wurde auf die Einbeziehung des Graphs dieser Fehlerfunktion in Abbildung 2.19 verzichtet. Die BAI-Methode weicht von der zeitgewichteten Rendite statistisch in einem ähnlichen Maße wie die Dietz-Methode ab.

---

[26] Zum Vergleich: Im Zeitraum vom 01.01.1988 bis 31.12.1997 erzielte der DAX eine mittlere monatliche Rendite von 1,21% bei einer Standardabweichung von 5,49%.

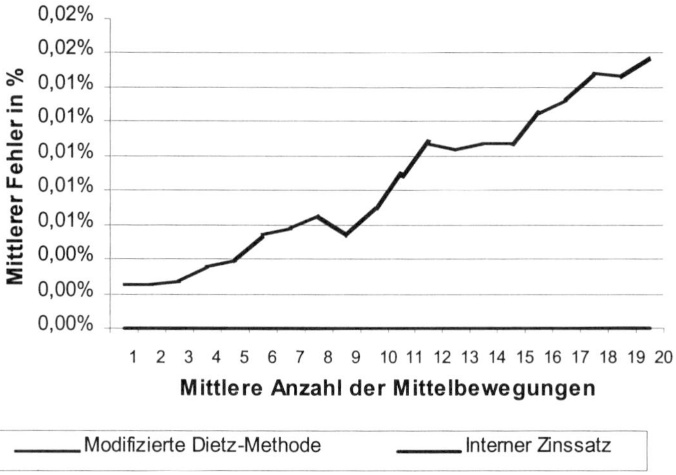

Abbildung 2.19: Mittlerer Fehler der modifizierten Dietz-Methode gegenüber dem internen Zinssatz bei einem volatilen Aktienportfolio (Parameter wie in Abbildung 2.18).

Obwohl sich in Einzelfällen zwischen den Näherungsverfahren signifikante Unterschiede ergeben können (vgl. Beispiel 2.16 und Beispiel 2.17), ist es erstaunlich, daß sich im statistischen Mittel nur vergleichsweise geringfügige Unterschiede ergeben.

2. Fall (Volatiles Rentenportfolio; $\mu = 0{,}7\%$, $\sigma = 2\%$, $\mu_M = 0\%$, $\sigma_M = 15\%$)

Hier wird der Fall eines Portfolios mit (im Vergleich zum ersten Fall) geringerer Volatilität betrachtet. Die Parameter ($\mu = 0{,}7\%$, $\sigma = 2\%$) entsprechen den Bedingungen eines volatilen Rentenportfolios.[27] In diesem Fall wurde unterstellt, daß die exogenen Mittelbewegungen im Mittel geringer ausfallen als im ersten Fall ($\sigma_M = 15\%$).

Abbildung 2.20 stellt den Fehler der einfachen und der modifizierten Dietz-Methode in Abhängigkeit von der mittleren Anzahl an exogenen Mittelbewegungen dar. Wie im ersten Fall wird ersichtlich, daß die Näherung mittels der modifizierten Dietz-Methode der einfachen Dietz-Methode klar überlegen ist. Bei einer geringen mittleren Anzahl an Mittelbewegungen liefern beide Methoden Resultate, die nur mit einem geringen Fehler behaftet sind. Die Näherung unter Verwendung des internen Zinssatzes resultiert bei dieser Parameterwahl in Fehlern, die nur minimal kleiner sind als die Fehler, die sich mit der modifizierten Dietz-Methode ergeben.

[27] Zum Vergleich: Im Zeitraum vom 01.01.1988 bis 31.12.1997 erzielte der *Datastream Government Bond Index Germany* (vgl. Abschnitt 3.3.1) eine mittlere monatliche Rendite von 0,59% bei einer Standardabweichung von 0,98%.

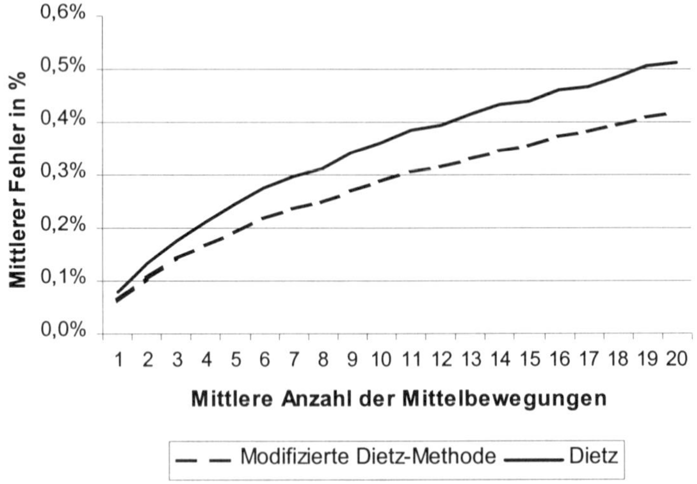

Abbildung 2.20: Mittlerer Fehler der modifizierten und der einfachen Dietz-Methode in Abhängigkeit von der mittleren Anzahl der Einbringungen bei einer Simulation mit $\mu = 0{,}7\%$ und $\sigma = 1\%$.

3. Fall (Aktienportfolio, geringe Volatilität; $\mu = 0{,}9\%$, $\sigma = 4\%$, $\mu_M = 0\%$, $\sigma_M = 15\%$)

Hier wird der Fall eines Portfolios, das hinsichtlich der Marktvolatilität zwischen den Portfolios aus den zuvor erörterten Fällen liegt, betrachtet. Die Parameter $\mu = 0{,}9\%$ und $\sigma = 4\%$ entsprechen einem Aktienportfolio mit einer (im Vergleich zum DAX) geringen Volatilität.

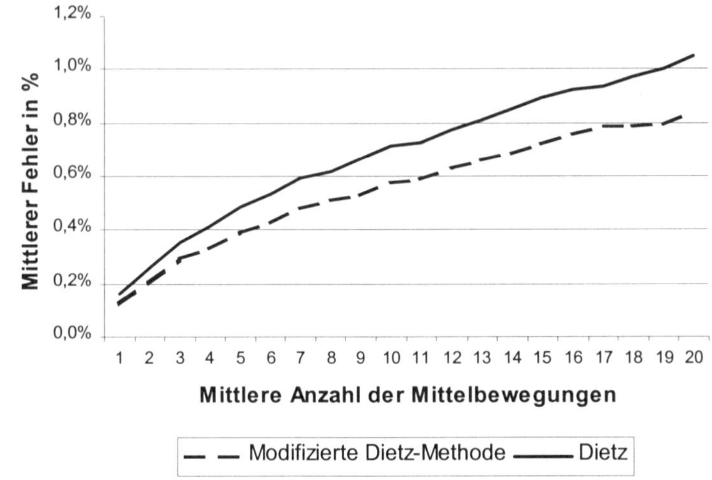

Abbildung 2.21: Mittlerer Fehler der modifizierten und der einfachen Dietz-Methode in Abhängigkeit von der mittleren Anzahl der Einbringungen bei einer Simulation mit $\mu = 0{,}9\%$ und $\sigma = 4{,}0\%$.

Abbildung 2.21 veranschaulicht, daß die modifizierte Dietz-Methode der Dietz-Methode klar überlegen ist. Es wird jedoch deutlich, daß bei den gewählten Parametern auch die modifizierte Dietz-Methode nur bei einer geringen mittleren Anzahl an exogenen Mittelbewegungen eine akzeptable Näherungsmethode darstellt. Die Näherung mittels des internen Zinssatzes liefert unter diesen Bedingungen nur unwesentlich genauere Ergebnisse als die modifizierte Dietz-Methode.

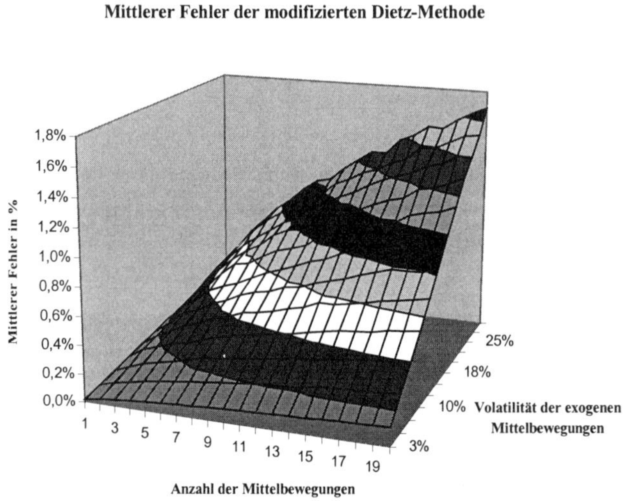

Abbildung 2.22: Fehler der modifizierten Dietz-Methode in Abhängigkeit von der Anzahl und der Volatilität der exogenen Mittelbewegungen.

Mittels dieses Falles wird auch die Abhängigkeit des Fehlers, der bei Verwendung der modifizierten Dietz-Methode entsteht, von der Anzahl der exogenen Mittelbewegungen *und* der Volatilität der exogenen Mittelbewegungen σ_M (Abbildung 2.22) bzw. der Marktvolatilität σ (Abbildung 2.23) dargestellt. Es wird deutlich, daß die Güte der modifizierten Dietz-Näherung bei gleichzeitiger Erhöhung der Anzahl und der Volatilität der Mittelbewegungen rapide abnimmt. Eine entsprechende Aussage gilt auch bei gleichzeitiger Erhöhung der Anzahl der Mittelbewegungen und der Marktvolatilität. Abbildung 2.22 und Abbildung 2.23 verdeutlichen, daß der Fehler bei Anwendung der modifizierten Dietz-Methode (abgesehen von der mittleren Rendite) von drei Größen abhängt: Anzahl der Mittelbewegungen, Volatilität der Mittelbewegungen und Marktvolatilität.[28] Die in Abschnitt 2.6.6 erörterte „10 %-Regel" bei Mittelbewegungen trägt dem nicht Rechnung, da dadurch der wichtige Parameter der Marktvolatilität vernachlässigt wird.

[28] Dies gilt natürlich auch für die anderen Näherungsverfahren.

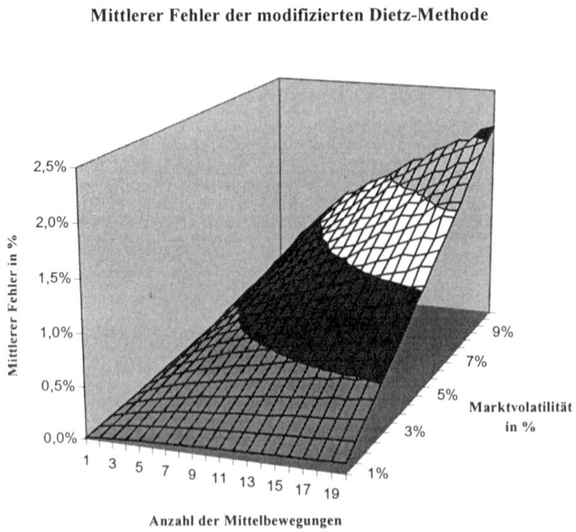

Abbildung 2.23: Fehler der modifizierten Dietz-Methode in Abhängigkeit von der Anzahl der Mittelbewegungen und der Marktvolatilität.

Anhang zu Kapitel 2

A Gleichheit zwischen der zeitgewichteten Rendite und dem internen Zinssatz

In diesem Anhang wird der Beweis der in Abschnitt 2.5 getroffenen Aussage hinsichtlich der Gleichheit zwischen der zeitgewichteten Rendite und dem internen Zinssatz skizziert:

Für die Kontostaffel aus Tabelle 2.34 mit nur einer exogenen Mittelbewegung M (M kann sowohl eine Einbringung als auch eine Entnahme darstellen) sind der interne Zinssatz und die zeitgewichtete Rendite genau dann identisch, wenn der Bewertungswert X zum Zeitpunkt t mit dem Inventarwert übereinstimmt, der (ausgehend vom Anfangsinventarwert I_0) mittels des internen Zinssatzes[29] erzielt wird:

$$X = I_0 * (1+Q)^t .$$

Q ist der interne Zinssatz pro Zeiteinheit $1/T$ (vgl. Abschnitt 2.3).

Zeitachse	*Mittelbewegung*	*Inventarwert*
0		I_0
t	*M*	*X*
T		I_1

Tabelle 2.34: Allgemeine Kontostaffel mit einer Mittelbewegung.

Gemäß Abschnitt 2.3 ist der interne Zinssatz wie folgt definiert:

$$I_0 * (1+Q)^T + M * (1+Q)^{T-t} = I_1 \qquad R^{iz} = (1+Q)^T .$$

Eine Umformung der ersten Gleichung ergibt:

$$(1+Q)^T * \left(I_0 * (1+Q)^t + M\right) = I_1 * (1+Q)^t . \tag{2.22}$$

Gilt nun $X = I_0 * (1+Q)^t$, dann nimmt Gleichung (2.22) folgende Form an:

$$(1+Q)^T * (X + M) = I_1 * \frac{X}{I_0},$$

und somit

[29] Es wird vorausgesetzt, daß der interne Zinssatz eindeutig definiert ist (vgl. Abschnitt 2.6).

$$(1+Q)^T = \frac{X}{I_0} * \frac{I_1}{X+M}.$$

Die rechte Seite dieser Gleichung ist identisch mit der zeitgewichteten Rendite, so daß $R^{iz} = R^{tw}$ folgt.

Setzt man nun umgekehrt voraus, daß der interne Zinssatz und die zeitgewichtete Rendite identisch sind,

$$(1+Q)^T = \frac{X}{I_0} * \frac{I_1}{X+M},$$

dann folgt daraus zunächst

$$\frac{I_1}{I_0} * X = (1+Q)^T * (X+M),$$

und somit

$$X = \frac{(1+Q)^T * M}{\frac{I_1}{I_0} - (1+Q)^T} = I_0 * (1+Q)^t * \frac{M * (1+Q)^{T-t}}{I_1 - I_0 * (1+Q)^T} = I_0 * (1+Q)^t.$$

Im letzten Schritt wurde die Bestimmungsgleichung von Q (2.22) benutzt, die sich in folgender Form schreiben läßt:

$$\frac{M * (1+Q)^{T-t}}{I_1 - I_0 * (1+Q)^T} = 1.$$

Damit ist die Aussage bewiesen.

B Zur Lösung der Polynomgleichungen, die bei der Ermittlung des Internen Zinssatzes auftreten

In Abschnitt 2.3 wurde bereits darauf hingewiesen, daß man bei der Auflösung der Gleichung für den internen Zinssatz (Gleichung 2.10) in der Regel auf iterative Verfahren angewiesen ist. Diese Problematik soll an dieser Stelle etwas ausführlicher erläutert werden. Die Kontostaffel aus Beispiel 2.4 hatte auf die Gleichung $x^2 + x - 2{,}5 = 0$ geführt, deren Lösungen mittels der *Quadratischen Formel* berechnet wurden (vgl. Abschnitt 2.3).

Die „Einfachheit“ der Gleichung aus Beispiel 2.4 ist darauf zurückzuführen, daß die einzige Mittelbewegung genau in die Mitte des Zeitintervalls fiel. Hingegen führte der Zahlungsstrom aus Beispiel 2.5, bei dem die einzige Mittelbewegung an das Ende des 3. Quartals fiel, auf die Gleichung

$$x^4 - \frac{1}{2}x - 0{,}4 = 0.$$

Diese Gleichung vierten Grades[30] ist zwar noch in geschlossener Form lösbar, der Aufwand für die Lösung ist aber schon beträchtlich. Mit dem Ausdruck *geschlossene Lösungsformel* werden Formeln bezeichnet, die eine ähnliche Gestalt wie obige Quadratische Formel besitzen: Die Nullstellen erhält man mittels einer klaren algebraischen Vorgehensweise in einer endlichen Anzahl von Schritten. Für die zu (2.15) analogen Polynomgleichungen dritten und vierten Grades existieren solche geschlossenen Lösungsformeln (siehe [Rottmann 60]). Da diese recht aufwendig und für den allgemeinen Fall wenig hilfreich sind, wird darauf verzichtet, sie an dieser Stelle anzugeben.[31] Die in der Praxis auftretenden Polynomgleichungen besitzen sehr häufig einen hohen Grad. Somit ist man bei der Lösung der dort auftretenden Gleichungen auf andere Verfahren angewiesen. In der Praxis bedient man sich computergestützter iterativer Verfahren. Ein solches ist das Newtonsche Verfahren.

Das Newtonsche Verfahren [Forster 83]

Das Newtonsche Verfahren ist ein Iterationsverfahren, mit dem Nullstellen einer großen Klasse mathematischer Funktionen bestimmt werden können. Auf die Gleichungen (Polynomgleichungen), die sich bei der Bestimmung des internen Zinssatzes ergeben, ist dieses Verfahren stets anwendbar. Folgende Schritte sind dabei auszuführen. Es werden allgemein die Gleichungen vom Typ $f(x) = 0$ betrachtet. (*f* sei zweimal differenzierbar.)

Zunächst werden zwei Punkte x_0 und x_1 ermittelt, für die $f(x_0) > 0$ bzw. $f(x_1) < 0$ gilt. Falls die Funktion f im Intervall von x_0 bis x_1 konkav oder konvex ist[32] (das ist genau dann der Fall, falls in diesem Intervall für die zweite Ableitung der Funktion f gilt: $f'' \geq 0$ oder $f'' \leq 0$), dann läßt sich die (eindeutige) Nullstelle in diesem Intervall durch folgende Iteration ermitteln: Zunächst wählt man einen Punkt x_2 aus dem Intervall von x_0 bis x_1 aus. Die Folge

$$x_3 = x_2 - \frac{f(x_2)}{f'(x_2)}, x_4 = x_3 - \frac{f(x_3)}{f(x_3)}, \dots, x_{n+1} = x_n - \frac{f(x_n)}{f'(x_n)} \tag{2.23}$$

konvergiert gegen die gesuchte Nullstelle.

---

30 Der *Grad* einer Polynomgleichung wird durch den höchsten Exponenten der Variablen bestimmt.

31 Die Mathematiker Gaulois und Abel konnten darüber hinaus zu Beginn des 19. Jahrhunderts zeigen, daß für Polynomgleichungen fünften oder höheren Grades solche Formeln *nicht existieren* [Bastida 84].

32 Das kann man bei Polynomen immer erreichen. Man muß nur die Punkte x_0 und x_1 hinreichend nah beieinander wählen.

Unter Verwendung dieses Verfahrens wird die Lösung von Gleichung (2.24) in Beispiel 2.6 ermittelt.

Beispiel 2.19 (Ermittlung des internen Zinssatzes):

Ausgangspunkt ist folgende Gleichung, die sich aus der Kontostaffel in Beispiel 2.6 ergibt:

$$x^5 + x^3 - \frac{1}{2}x - 1{,}451 = 0. \tag{2.24}$$

Die Funktion auf der linken Seite der Gleichung, die im folgenden mit $f(x)$ bezeichnet wird, wird in Abbildung 2.24 graphisch veranschaulicht.

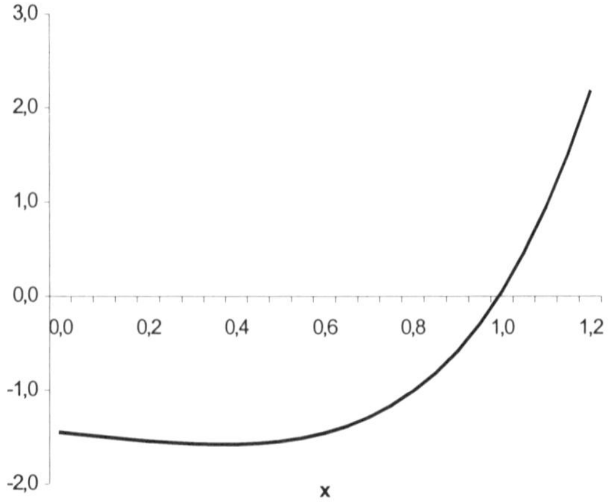

Abbildung 2.24: Graph der Funktion $f(x) = x^5 + x^3 - \frac{1}{2}x - 1{,}451$.

Die abgebildete Funktion ist „konvex", d.h. sie „krümmt sich weg von der x-Achse". Zur Lösung von Gleichung (2.24) genügt ein Excel-Spreadsheet! Eine einfache Rechnung ergibt:

$$f'(x) = 5x^4 + 3x^2 - \frac{1}{2}.$$

Durch Ausprobieren erhält man $f(1) = 0{,}049$ und $f(0{,}9) = -0{,}581$ und somit geeignete Startpunkte $x_0 = 0{,}9$ und $x_1 = 1{,}0$. Sei $x_2 = 0{,}95$. Dieser Wert wird in die erste Spalte des Spreadsheets (Tabelle 2.35) eingetragen. Anschließend werden die Funktionen f und f' an der Stelle von x_2 evaluiert (Eintrag in der zweiten und dritten Spalte). Schließlich wird x_3 gemäß Formel (2.24) ermittelt (Eintrag in der vierten Spalte). Dieser Wert (vielmehr die Formel) wird in die zweite Zeile der ersten Spalte kopiert. Durch „Herunterziehen" der Funktionswerte aus der ersten Spalte wird dann der Wert für x_4 ermittelt. Durch „Herunterziehen" aller vier Einträge kann man dann auf sehr einfache Weise beliebig weit in der Iteration voranschreiten.

	x	f(x)	f'(x)	x-f(x)/f'(x)
x_2	0,95000000	-0,29484406	6,14465625	0,99798382
x_3	0,99798382	0,03393138	7,44168905	0,99342418
x_4	0,99342418	0,00024039	7,31098117	0,99339130
x_5	0,99339130	-6,2632E-07	7,31004445	0,99339139
x_6	0,99339139	1,6764E-09	7,31004689	0,99339139
x_7	0,99339139	-4,4869E-12	7,31004689	0,99339139

Tabelle 2.35: Excel-Spreadsheet zur Lösung der Polynomgleichung $x^5 + x^3 - \frac{1}{2}x - 1{,}451 = 0.$

Das Newtonsche Verfahren zeichnet sich durch seine schnelle Konvergenz aus. Bereits der vierte Iterationsschritt ergibt den Wert der Nullstelle mit acht Stellen Genauigkeit! Es folgt

$$x \approx 0{,}99339139\,.$$

Dies ergibt einen Tageszinssatz von $Q = x^{\frac{1}{180}} - 1 = -0{,}0000368357 \cong -0{,}00368357\%$, woraus sich der Zinssatz für die Gesamtperiode, $(1+Q)^{900} - 1 = -0{,}0326 \cong -3{,}26\%$, und der annualisierte Zinssatz, $(1+Q)^{360} - 1 = -0{,}0137 \cong -1{,}317\%$, ableiten.

C Zeitgewichtete Rendite und die BVI-Methode

In Abschnitt 2.4 wurde die BVI-Methode zur Berechnung von Renditewerten beschrieben und behauptet, daß die gemäß dieser Methode berechneten Werte mit den zeitgewichteten Renditen übereinstimmen. Der Fall ohne Ausschüttungen wurde bereits in Abschnitt 2.4 behandelt. Nachfolgend wird noch gezeigt, daß diese Aussage auch allgemein gilt. Dazu wird der Renditewert, der sich gemäß der BVI-Methode ergibt, mit R^{bvi} und der zeitgewichtete Renditewert mit R^{tw} bezeichnet. Gemäß der Definition von R^{tw} (Gleichung (2.10)) gilt:

$$1 + R^{tw} = \left(1 + \frac{I_{n+1} - I_n}{I_n}\right) * \prod_{i=1}^{n}\left(1 + \frac{I_i + A_i - I_{i-1}}{I_{i-1}}\right) = \frac{I_{n+1}}{I_n} * \prod_{i=1}^{n}\frac{I_i + A_i}{I_{i-1}}. \tag{2.25}$$

Somit erhält man

$$
\begin{aligned}
1+R^{tw} &= \frac{I_{n+1}}{I_n} * \frac{I_n + A_n}{I_{n-1}} * \ldots * \frac{I_1 + A_1}{I_0} \\
&= \frac{I_{n+1}}{I_{n-1}} * \frac{I_n + A_n}{I_n} * \frac{I_{n-1} + A_{n-1}}{I_{n-2}} * \ldots * \frac{I_1 + A_1}{I_0} \\
&= \frac{I_{n+1} * \left(1 + \frac{A_n}{I_n}\right)}{I_{n-1}} * \frac{I_{n-1} + A_{n-1}}{I_{n-2}} * \ldots * \frac{I_1 + A_1}{I_0} \\
&= \frac{I_{n+1} * \left(1 + \frac{A_n}{I_n}\right)}{I_{n-2}} * \frac{I_{n-1} + A_{n-1}}{I_{n-1}} * \frac{I_{n-2} + A_{n-2}}{I_{n-2}} * \ldots * \frac{I_1 + A_1}{I_0} \\
&= \frac{I_{n+1} * \left(1 + \frac{A_n}{I_n}\right) * \left(1 + \frac{A_{n-1}}{I_{n-1}}\right)}{I_{n-2}} * \frac{I_{n-2} + A_{n-2}}{I_{n-3}} * \ldots * \frac{I_1 + A_1}{I_0} \\
&= \frac{I_{n+1} * \left(1 + \frac{A_n}{I_n}\right) * \left(1 + \frac{A_{n-1}}{I_{n-1}}\right) * \ldots * \left(1 + \frac{A_1}{I_1}\right)}{I_0} \\
&= 1 + \frac{I_{n+1} * \prod_{i=1}^{n} \left(1 + \frac{A_i}{I_i}\right) - I_0}{I_0} \\
&= 1 + R^{bvi}.
\end{aligned}
$$

An dieser Stelle soll noch einmal darauf hingewiesen werden, daß obige Herleitung in essentieller Weise von der Annahme abhängt, daß jede Ausschüttung wie eine Entnahme behandelt wird und die Anteilwerte entsprechend bereinigt werden („Wiederanlage der Ausschüttungen“).

Übungen zu Kapitel 2

Übung 2.1 (Interner Zinssatz in Beispiel 2.10 in Abschnitt 2.5):

Berechnen Sie den internen Zinssatz der Kontostaffel in Tabelle 2.17 und bestätigen Sie den Wert, der in Beispiel 2.10 angegeben wurde. Gehen Sie dabei von der Konvention aus, daß ein Jahr aus 360 und ein Monat aus 30 Tagen besteht.

Übung 2.2 (Lineare Verzinsung):

Zeigen Sie, ausgehend von Gleichung (2.20) in Abschnitt 2.6.2.1, daß die Rendite, die sich bei linearer Verzinsung aller Einbringungen und Entnahmen ergibt, identisch ist mit jener, die mittels der modifizierten Dietz-Methode (Gleichung (2.19)) innerhalb einzelner Perioden berechnet wird.

Übung 2.3 (BVI-Methode):

a) Der Anteilwert des Fonds X betrug am 16.02.1998 165,58 DM und am 31.07.1999 169,68 DM. Am 15.02.1999 erfolgte eine Ausschüttung in Höhe von 4,61 DM pro Anteilschein. Der Anteilwert wurde an diesem Tag zu 158,60 DM festgelegt. Welche Rendite hat dieser Fonds im Zeitraum vom 16.02.1998 bis zum 31.07.1999 erzielt?

b) Am 17.02.1997 betrug der Anteilwert des Fonds X 134,64 DM. Am 16.02.1998 erfolgte eine Ausschüttung von 3,84 DM pro Anteilschein. An diesem Tag wurde ein Anteilwert von 165,58 DM ausgewiesen. Welche Rendite hat der Fonds im Zeitraum vom 17.02. 1997 bis 31.07.1999 erzielt?

Übung 2.4 (Differenzrendite in multiplikativer Form (I)):

In der Praxis der Vermögensverwaltung wird die Differenzrendite D^a zwischen einem Portfolio und seiner Benchmark häufig in additiver Form ermittelt[33]:

$$D^a := R - R^{bm}, \tag{2.26}$$

R: Portfolio-Rendite

R^{bm}: Benchmark-Rendite

D^a: Additive Differenzrendite

Eine andere Form der Darstellung der Differenzrendite besteht in der multiplikativen Berechnung:

$$1 + D^m := \frac{1+R}{1+R^{bm}} \tag{2.27}$$

[33] Diese Konvention wurde im Rahmen dieser Darstellung übernommen.

D^m bezeichnet die multiplikative Differenzrendite.

In dieser (und der folgenden) Übungsaufgabe sollen die Vorteile dieser Darstellung herausgearbeitet werden. Dazu werden zunächst die Renditewerte betrachtet, die ein Portfoliomanager eines japanischen Aktienportfolios im Vergleich zu seiner Benchmark (TOPIX) in den Zeitabschnitten 1997 und 1998 erzielt hat:

Zeitabschnitt	R	R^{bm} *(TOPIX)*	D^a	D^m
1997	*-15,03%*	*-20,12%*	*5,09%*	X
1998	*-4,30%*	*-7,49%*	*3,19%*	Y
1997/1998	*-18,68%*	*-26,10%*	*7,42%*	Z

Tabelle 2.36: Renditewerte eines japanischen Aktienportfolios im Vergleich zu seiner Benchmark (TOPIX) (2. und 3. Spalte). Spalte 4 enthält die Werte der additiven Differenzrendite (D^a). Mit D^m wird die multiplikative Differenzrendite bezeichnet.

Tabelle 2.36 enthält die Werte der additiven Differenzrendite für jede der dargestellten Perioden. Es wird deutlich, daß aus den Werten der Differenzrendite für die einzelnen Zeitabschnitte nicht unmittelbar die Differenzrendite über die gesamte Periode ermittelt werden kann:

$$5{,}09\% + 3{,}19\% \neq 7{,}42\%.$$

Berechnen Sie die Werte der Differenzrendite in multiplikativer Form X, Y und Z und machen Sie sich klar, daß gilt

$$(1+X)*(1+Y) = 1+Z.$$

Leiten Sie daraus ab, daß sich die in multiplikativer Form ermittelten Differenzrenditewerte über einzelne Perioden zur Differenzrendite über die gesamte Periode verknüpfen lassen. Versuchen Sie, sich von der allgemeinen Gültigkeit dieser Aussage (über eine beliebige Anzahl von Teilperioden) zu überzeugen.

Übung 2.5 (Differenzrendite in multiplikativer Form (II)):

Der Jahresbonus von Portfoliomanagern wird häufig unter Berücksichtigung der gegenüber einer Benchmark erzielten Differenzrendite bestimmt. Tabelle 2.37 zeigt die Renditewerte zweier Portfolios im Zeitraum vom 01.01.1997 bis 31.12.1997, die in deutschen (A) respektive japanischen Aktien (B) investiert waren.

Portfolio	Portfolio-rendite	Benchmark-rendite	D^a	D^m
A (Aktien Deutschland)	49,61%	48,11%	1,50%	X
B (Aktien Japan)	-19,12%	-20,12%	1,00%	Y

Tabelle 2.37: Renditewerte eines deutschen (A) und eines japanischen Aktienportfolios (B) im Vergleich zu der jeweiligen Benchmark (DAX, TOPIX). Spalte 4 enthält die Werte der additiven Differenzrendite. Mit D^m wird die multiplikative Differenzrendite bezeichnet.

Berechnen Sie die Werte X und Y der multiplikativen Differenzrendite und zeigen Sie, daß Portfolio B eine höhere (multiplikative) Differenzrendite erzielt hat als Portfolio A : $Y > X$.

In welchem Ausmaß hat die generelle Marktentwicklung (unterschiedliches Renditeniveau in den Märkten) zur Differenzrendite beigetragen („Basiseffekte")? Welches Maß zur Bestimmung der Differenzrendite erscheint Ihnen geeigneter, um von Basiseffekten zu abstrahieren?

Welchem Portfoliomanager würden Sie, basierend auf Ihren Ergebnissen, eine höhere Bonuszahlung zuteilen?

Übung 2.6 (Bereinigung um Dividendenzahlungen bei Aktien):

Die Dresdner Bank AG hat am 18.05.1998 eine Bardividende von 1,55 DM ausgeschüttet. Ermitteln Sie anhand der Daten in Tabelle 2.38 die Rendite der Aktie im Zeitraum vom 31.10.1997 bis 31.12.1998 mittels der BVI-Methode. Berücksichtigen Sie dabei die Körperschaftsteuergutschrift. Gehen Sie von einem Steuersatz von 30% aus.

Datum	Bardividende [DM]	Aktienkurs (Schlußkurse) [DM]
31.10.1997		70,50
18.05.1998	1,55	100,00
31.12.1998		70,00

Tabelle 2.38: Aktienkurse der Dresdner Bank AG und die gezahlte Bardividende.

Übung 2.7 (Basiseffekt):

Mit dieser Übung wird der Einfluß der absoluten Wertentwicklung eines Portfolios (bzw. einer Benchmark) auf die Differenzrendite illustriert. Der zugrunde liegende Betrachtungszeitraum wird dazu in zwei Teilperioden unterteilt. Während es dem Portfoliomanager gelingt, in der ersten Periode eine Differenzrendite von +1% zu erzielen (+1% vs. 0%), ist die Rendite des Portfolios in der zweiten Periode identisch mit der Rendite der Benchmark. Für die absolute Entwicklung des Portfolios in der zweiten Periode werden vier Szenarien (A-D) betrachtet.

	Rendite	*Rendite 2. Periode*			
	1. Periode	*A*	*B*	*C*	*D*
Benchmark	*0%*	*-50%*	*0%*	*50%*	*100%*
Portfolio	*1%*	*-50%*	*0%*	*50%*	*100%*

Tabelle 2.39: Renditewerte eines Portfolios und seiner Benchmark über zwei Perioden. Für die zweite Periode werden vier Szenarien (A, B, C und D) entwickelt.

Berechnen Sie die additive und multiplikative Differenzrendite und ergänzen Sie nachfolgende Tabelle.

Szenario	*Benchmark*	*Portfolio*	D^a	D^m
A	*-50%*	*-49,5%*		
B	*0%*	*1,0%*		
C	*50%*	*51,5%*		
D	*100%*	*102%*		

Tabelle 2.40: Renditewerte des Portfolios über die gesamte Periode unter Berücksichtigung der Szenarien A, B, C und D aus Tabelle 2.39.

Welche Schlußfolgerungen ziehen Sie aus Ihren Berechnungen?

Übung 2.8 (Timing einer Investition):

Betrachten Sie die folgende Kontostaffel und entscheiden Sie, ob die Mitteleinbringung E zum 10.04.1998 zu einem günstigen oder ungünstigen Zeitpunkt erfolgte. Nähern Sie dazu den internen Zinssatz durch die modifizierte Dietz-Methode an. Die zeitgewichtete Rendite betrug 32%.

Datum	*Mittelbewegung*	*Inventarwert*
01.04.1998		*100*
10.04.1998	*E*	*120*
30.04.1998		*230*

Tabelle 2.41: Kontostaffel mit einer Einbringung.

Übung 2.9 (Logarithmierte Rendite):

Empirische Untersuchungen zur Kapitalmarkttheorie basieren in der Regel auf logarithmierten Renditen anstatt der diskreten Renditen. Wird mit R die (diskrete) Rendite bezeichnet, dann ist

$$r := \ln(1 + R)$$

die logarithmierte Rendite. Ein wichtiger Grund für die Verwendung logarithmierter Renditen besteht darin, daß die empirischen Verteilungen dieser Renditen in vielen Fällen eher der Annahme der Normalverteilung genügen als die der diskreten Renditen. In dieser Übung sollen weitere Eigenschaften hergeleitet werden, die für die Verwendung logarithmierter Renditen sprechen.

a) (Additivität logarithmierter Renditen)

Die Verknüpfung diskreter Renditen R_1 und R_2 zu einer Gesamtrendite erfolgt in multiplikativer (geometrischer) Form:

$$1 + R = (1 + R_1) * (1 + R_2)$$

Zeigen Sie, daß die logarithmierten Renditen $r_1 := \ln(1 + R_2)$ und $r_2 := \ln(1 + R_2)$ in additiver Form zur logarithmierten Rendite r über die gesamte Periode verknüpft werden: $r = r_1 + r_2$.

b) (Symmetrie der Kursveränderung)

Ein Kursanstieg von 1000 Euro auf 1200 Euro entspricht einer diskreten Rendite von 20,0%. Umgekehrt entspricht der Kursverlauf von 1200 Euro auf 1000 Euro einer Rendite von ca. -16,67%. Zeigen Sie, daß die Beträge der entsprechenden logarithmierten Renditen identisch sind.

c) (Graphische Darstellung der Wertentwicklung)

Jahr	*S&P 500*		*Portfolio*	
	Diskrete Rendite	*Logarithmierte Rendite*	*Diskrete Rendite*	*Logarithmierte Rendite*
1987	2,03%	2,01%	10,13%	9,65%
1988	12,40%	11,69%	16,47%	15,25%
1989	27,25%	24,10%	32,55%	28,18%
1990	-6,51%	-6,73%	-2,79%	-2,83%
1991	26,24%	23,30%	26,35%	23,39%
1992	4,46%	4,37%	4,30%	4,21%
1993	7,06%	6,82%	6,46%	6,26%
1994	-1,54%	-1,55%	-1,21%	-1,22%
1995	34,11%	29,35%	33,61%	28,98%
1996	20,26%	18,45%	20,96%	19,03%
1997	31,01%	27,01%	30,71%	26,78%
1998	26,67%	23,64%	26,46%	23,47%

Tabelle 2.42: Renditen des S&P 500 und eines amerikanischen Aktienportfolios.

Tabelle 2.42 enthält die diskreten und logarithmierten Renditen eines amerikanischen Aktienportfolios und seiner Benchmark, dem S&P 500, im Zeitraum vom 01.01.1997 bis 31.12.1998. Wie beurteilen Sie die Managementleistung über den Zeitablauf, wenn Sie ausschließlich die Entwicklung der Rendite zugrunde legen?

In Abbildung 2.25 und Abbildung 2.26 wird der graphische Verlauf der kumulierten diskreten bzw. logarithmierten Renditen des Portfolios und des S&P 500 dargestellt. Welche Graphik gibt Ihrer Meinung nach eine realistischere Darstellung der Managementleistung im Zeitablauf?

Fertigen Sie ein Diagramm an, in dem Sie die Renditedifferenzen der diskreten Renditen im Zeitablauf darstellen. Zu welcher der nachfolgenden Graphiken ergibt sich eine Affinität?

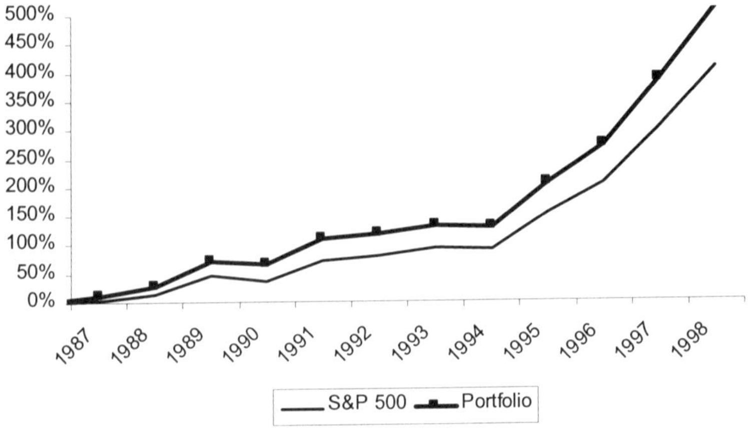

Abbildung 2.25: Kumulierte diskrete Rendite des Portfolios und des S&P 500 01.01.1997 bis 31.12.1998.

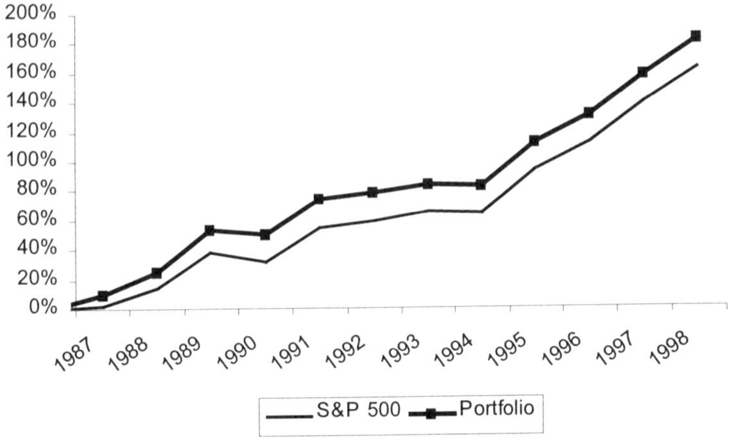

Abbildung 2.26: Kumulierte logarithmierte Rendite des Portfolios und des S&P 500 01.01.1997 bis 31.12.1998.

Übung 2.10 (Fehler der Modifizierten Dietz-Methode)

Stellen Sie den Fehler, der bei Verwendung der modifizierten Dietz-Methode entsteht (Abschnitt 2.6.5) in Abhängigkeit vom Zeitpunkt der Mittelbewegung für ausgewählte Parameter graphisch dar (vgl. Beispiel 2.17 in Abschnitt 2.6.5). Welche Fälle müssen dabei unterschieden werden?

3 Indizes und die Konstruktion von Benchmarks

3.1 Grundbegriffe

Bevor die wichtigen Bereiche der Attributionsanalyse und der Performance Presentation Standards eingehend behandelt werden, soll in diesem Kapitel der erforderliche Überblick über die in der Praxis des Portfoliomanagements und der Portfolioanalyse gebräuchlichen Vergleichsmaßstäbe (Benchmarks) gegeben werden. Das Benchmark-Konzept ist für die DVFA-PPS von grundlegender Bedeutung, da diese Standards vorschreiben, Renditewerte für Composites mit denen einer geeigneten Benchmark zu vergleichen [DVFA 00, 7.7.15]. Ferner erfordert die Erstellung einer Attributionsanalyse für ein Portfolio (vgl. Kapitel 4) in der Regel die Zuordnung einer geeigneten Benchmark.

Sowohl das Management als auch die Analyse eines Portfolios relativ zu einer vorgegebenen Benchmark erfordern eine genaue Kenntnis ihrer Struktur. Beispielsweise beinhaltet dies bei Aktien- oder Rentenindizes die Kenntnis der konstituierenden Wertpapiere und ihrer Gewichtung. In den nachfolgenden Abschnitten werden verschiedene derartige Benchmarks beschrieben, und es wird erörtert, inwiefern sie den Anforderungen, die vom Standpunkt des Portfoliomanagements und der Portfolioanalyse zu stellen sind, gerecht werden. Dabei werden nur die wichtigsten Segmente der Aktien- und Rentenindizes berücksichtigt. Eine vollständige und detaillierte Darstellung aller Indizes dieser Segmente würde den Rahmen dieser Abhandlung jedoch bei weitem sprengen, so daß nur einige besonders wichtige Indizes in detaillierter Form beschrieben und eine Anzahl weiterer Indizes in tabellarischer Form berücksichtigt werden können.

Wichtige Kriterien, die bei der Wahl einer Benchmark für ein Wertpapierportfolio berücksichtigt werden müssen, sind u.a.:

- Wie häufig wird der Indexstand veröffentlicht?
- Wie häufig wird die Zusammensetzung des Indexes veröffentlicht?
- Werden Subindizes berechnet, die die Entwicklung einzelner Branchen, Restlaufzeitklassen oder Ländersegmenten darstellen?
- Liegt eine ausreichende Historie für den Index vor?
- Sind die Konstituenten des Indexes hinreichend handelbar?
- Ist die Benchmarkstruktur in einem realen Portfolio replizierbar?
- Ist die Replikation des Indexes im Zeitablauf mit einem begrenzten Umfang an Umschichtungen realisierbar?

Die letzten beiden Punkte sind insbesondere bei Indexfonds von herausragender Bedeutung, da deren Zielsetzung darin besteht, die Indexperformance weitestgehend zu replizieren. Transaktionskosten, die bei häufig vorzunehmenden Anpassungen der Portfoliostruktur anfallen, können dieses Ziel gefährden.

Indizes dienen dazu, die Wertentwicklung bestimmter Wertpapiergruppen („Marktsegment") zu beschreiben. So stellt beispielsweise der DAX ein Abbild der Gruppe deutscher Wertpapiere mit sehr hoher Marktkapitalisierung dar. Die Berechnung der meisten Indizes erfolgt im wesentlichen durch die Bildung des (gewichteten) Durchschnitts der Kurse einer Gruppe von Wertpapieren, deren Gesamtheit als repräsentativ für ein Marktsegment angesehen wird.

Durch die Festlegung einer Benchmark für ein Portfolio wird das Marktsegment und somit in einem hohen Maße bereits die absolute Wertentwicklung des Portfolios vorbestimmt. Somit dient der Vergleich der Portfolio- mit der Benchmarkperformance ausschließlich der Beurteilung der Fähigkeit des Portfoliomanagers, die Portfoliostruktur im Rahmen einer vorgegebenen Bandbreite („Investmentrichtlinien") gegenüber der Benchmarkstruktur zu variieren (Messung der „Managementleistung"). Die Investmentrichtlinien lassen in vielen Fällen auch die Investition in benchmarkfremde Vermögensgegenstände zu. Hierbei ist grundsätzlich zu beachten, daß ein sinnvoller Vergleich zwischen der Portfolio- und Benchmarkperformance in der Regel nur dann möglich ist, wenn das Portfolio über ein vergleichbares Risikoniveau wie die Benchmark verfügt.[1]

Die strategische Anlageentscheidung, die Mittel in die durch die Benchmark repräsentierten Marktsegmente zu investieren, muß weitgehend unabhängig von der Managementleistung beurteilt werden.[2] Dies gilt auch für andere Aspekte der Vermögensverwaltung wie Kundenservice, Transparenz bei der Verwaltung des Portfolios, etc. (vgl. Kapitel 5).

Das Problem der Messung der Wertentwicklung eines bestimmten Marktsegments wird (in analoger Weise zur Renditemessung von Investmentfonds) durch den Umstand erschwert, daß es sich bei diesen Marktsegmenten in der Regel nicht um abgeschlossene Systeme handelt, da die Kurse der meisten Wertpapiere (z.B. Aktien, Renten) von Kupon- oder Dividendenzahlungen beeinflußt werden (vgl. Abbildung 3.1).

---

[1] Vgl. hierzu die Diskussion der Performancemaße in Kapitel 6.

[2] Um auch den Aspekt der absoluten Renditeentwicklung zu berücksichtigen, werden vor allem in den angelsächsischen Ländern häufig auch Rendite- und Performancewerte von Gruppen von Portfolios zum Vergleich herangezogen, die aus „vergleichbaren" Portfolios unterschiedlicher Gesellschaften gebildet werden (sogenannte „Peer Groups"). Zu den Anbietern solcher Daten zählen beispielsweise Thomson in den USA sowie WM und CAPS in Großbritannien. Es ist jedoch zu beobachten, daß der Einteilung in Gruppen häufig sehr allgemeine Kriterien zugrunde liegen. Dies kann dazu führen, daß eine Gruppe über ein sehr breites Spektrum an Portfolios mit unterschiedlichen Risikoniveaus verfügt. Ein sinnvoller Vergleich der Performanceergebnisse ist in diesen Fällen kaum möglich (vgl. die Darstellung der Performancemaße in Kapitel 6). Daher werden „Peer Group"-Vergleiche zum Teil kritisch beurteilt (vgl. [Spaulding 97, S. 141-142]).

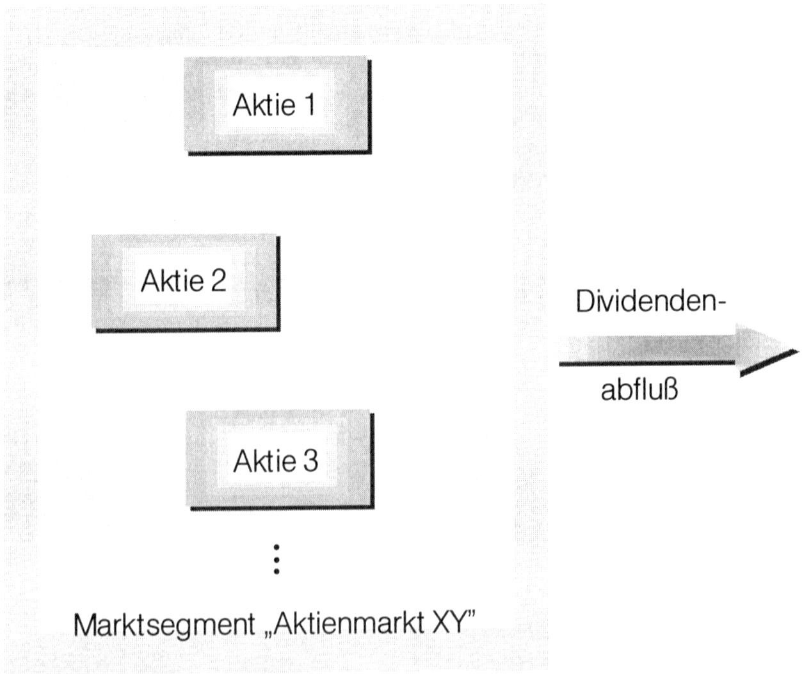

Abbildung 3.1: Eine Gruppe von Wertpapieren bildet kein abgeschlossenes System, wenn es zu Ausschüttungen kommen kann. Die Abbildung verdeutlicht dies am Beispiel eines Aktienmarktes.

Bei der Bildung von Indizes stellt sich somit die grundsätzliche Frage, ob (und in welcher Form) diese Ausschüttungen bei der Berechnung der Indizes berücksichtigt werden. Sieht man bei der Berechnung eines Indexes vollständig von der Berücksichtigung von Ausschüttungen ab, dann handelt es sich um einen *Kursindex*, werden Ausschüttungen berücksichtigt, spricht man von einem *Performanceindex* oder einem *Total Return Index* (vgl. Abbildung 3.2):

Total Return = Return durch Kursentwicklung + Return durch Erträge.

Beispiel 3.1 (Berücksichtigung von Ausschüttungen bei Indizes):

1) Beim **DAX 30** (oder kurz: „DAX") handelt es sich um einen Performanceindex. Dividenden- und Sonderzahlungen fließen somit bei der Berechnung des Indexes mit ein. Allerdings werden die Dividenden nicht in vollem Umfang berücksichtigt, sondern nur die Beträge der Barausschüttung (ohne Anrechnung der Körperschaftsteuer). Zusätzlich wird auch ein Kursindex für den DAX 30 veröffentlicht.

2) Von den **MSCI-Indizes** für globale Aktienmärkte[3] werden drei Varianten veröffentlicht. Zusätzlich zu den Kursindizes werden zwei Arten von Performanceindizes veröffentlicht, die durch die Namenszusätze „gross“ (brutto) und „net“ (netto) unterschieden werden. Bei den „Net-Indizes“ werden die Dividenden *nach* Abzug von Steuern, bei den „Gross-Indizes“ *vor* Abzug von Steuern berücksichtigt.

3) Der wichtige Index **REX**, der das Segment deutscher Bundesanleihen repräsentiert, wird wie der DAX 30 in unterschiedlichen Varianten berechnet. Neben dem Kursindex wird auch ein Performanceindex (**REXP**) veröffentlicht.

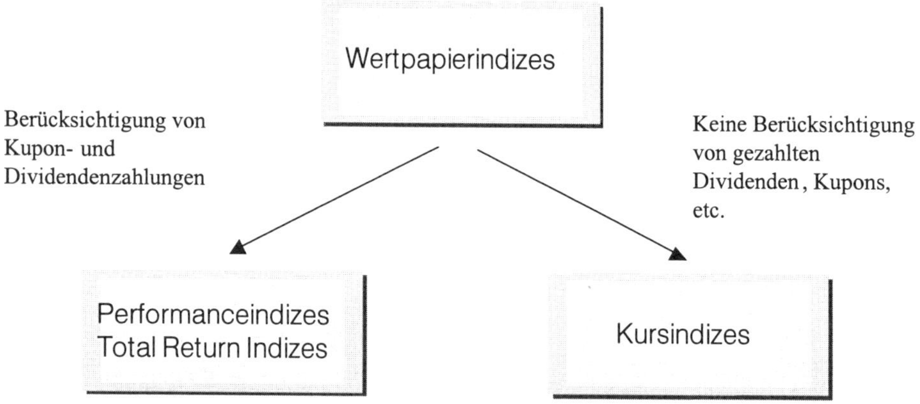

Abbildung 3.2: Grundarten der Wertpapierindizes.

3.2 Aktienindizes

3.2.1 Indizes vom Typ des Dow Jones Industrial Average

Bei den meisten Börsenindizes erfolgt die Gewichtung der Wertpapierkurse gemäß der Marktkapitalisierung. Wichtige Ausnahmen bilden der *Dow Jones Industrial Average* („Dow Jones“) und der *Nikkei 225*. Zur Berechnung dieser Indizes wird im wesentlichen einfach der Durchschnitt einer bestimmten Anzahl repräsentativer Aktien gebildet.

Beispiel 3.2 (Dow Jones Industrial Average):

Der *Dow Jones Industrial Average* ist wohl der bekannteste Wertpapierindex überhaupt. Er stammt aus einer Zeit,[4] in der aufwendige Berechnungen, wie die Bereinigung von Zeitreihen um Dividenden etc., nur sehr mühsam zu bewerkstelligen waren, da noch keine elektronischen Rechenhilfen zur Verfügung standen. Dies erklärt die einfache Berechnungsmethodik, die diesem Index zugrunde liegt. Der Dow Jones Industrial Average errechnet sich aus dem

[3] Nur für die „Developed Markets“ [MSCI 98a].

[4] Der Dow Jones Industrial Average wurde 1896 von Charles H. Dow entwickelt [Dow Jones 99b].

Durchschnitt der Kurse von 30 Industrieaktien (vgl. Tabelle 3.1). Bei Aktiensplits wird ein Multiplikator eingeführt, um Diskontinuitäten des Indexes zu vermeiden.[5] Um Dividenden etc. wird nicht bereinigt.

Dow Jones Berechnungsformel

Der Dow Jones Industrial Average DJ ist der Durchschnitt von 30 Aktienkursen K_i unter Berücksichtigung von Aktiensplits:

$$DJ = \frac{F}{30} * \sum_{i=1}^{30} K_i = \frac{1}{\left(30/F\right)} * \sum_{i=1}^{30} K_i, \tag{3.1}$$

wobei F das Produkt aller Bereinigungsfaktoren darstellt, die sich seit 1928 ergeben haben.

Allied Signal Inc.	*2,866*	*Eastman Kodak Co.*	*3,254*	*McDonald's Corp*	*1,947*
Aluminum Co. of America	*2,868*	*Exxon Corp.*	*3,496*	*Merck & Co.*	*3,756*
American Express Co.	*7,270*	*General Electric Co.*	*6,400*	*Minnesota Mining & Manufacturing Co.*	*4,488*
AT & T Corp.	*2,207*	*General Motors*	*3,316*	*Philip Morris Cos.*	*1,189*
Boeing Co.	*2,174*	*Goodyear Tire & Rubber Co.*	*1,950*	*Procter & Gamble Co.*	*4,951*
Caterpillar Inc.	*2,608*	*Hewlett-Packard Co.*	*3,496*	*Sears, Roebuck & Co.*	*1,330*
Chevron Corp.	*4,311*	*International Business Machines Corp.*	*4,644*	*Union Carbide Corp.*	*2,879*
Citigroup Inc.	*2,555*	*International Paper Co.*	*2,484*	*United Technologies Corp.*	*2,856*
Coca-Cola	*2,785*	*JP Morgan & Co.*	*6,178*	*Wal-Mart Stores Inc.*	*2,676*
DuPont Co.	*3,042*	*Johnson & Johnson*	*4,945*	*Walt Disney Co.*	*1,245*

Tabelle 3.1: Im Dow Jones Industrial Average vertretene Titel und ihre Gewichtungen in Prozent per 31.10.1999 [Dow Jones 99b].

Spaltet sich beispielsweise die j-te Aktie $(1 \leq j \leq 30)$ in einem Verhältnis von 1 zu 2, dann fällt der Kurs der Aktie im gleichen Verhältnis. Daraus ergibt sich der Bereinigungsfaktor

$$f = \frac{\frac{1}{30} * \sum_{i=1}^{30} K_i}{\frac{1}{30} * \left(\sum_{\substack{i=1 \\ i \neq j}}^{30} K_i + \frac{K_j}{2} \right)},$$

[5] Diese Bereinigung wird allerdings erst seit 1928 durchgeführt [Dow Jones 99b]. Bei einer Veränderung der Indexzusammenstellung wird ebenfalls ein Bereinigungsfaktor eingeführt.

wobei hier die Kurse der Aktien zum Zeitpunkt unmittelbar vor dem Split verwendet werden. Der Bereinigungsfaktor F in Formel (3.1) wird vom Zeitpunkt des Splits an zusätzlich mit dem Faktor f multipliziert. Da die Bereinigungsfaktoren stets größer als 1 sind, wächst der Wert von F somit kontinuierlich an. Anders ausgedrückt: Die Summe der 30 im Dow Jones Industrial Average enthaltenen Aktienkurse wird durch einen immer kleiner werdenden Wert dividiert.[6]

Ungeachtet seiner großen Popularität ist der Dow Jones Industrial Average für Zwecke des Portfoliomanagements jedoch ungeeignet. Im obigen Fall des Kapitalsplits der j-ten Aktie wird zwar durch die Erniedrigung des Divisors eine Diskontinuität des Indexverlaufs vermieden, ab dem Zeitpunkt des Splits geht die j-te Aktie jedoch nur noch mit ca. 50% ihres Gewichts, das sie unmittelbar vor dem Split hatte, in den Index ein, d.h.: Eine Veränderung des Kurswerts dieser Aktie hat nur noch etwa halb soviel Auswirkung auf den Indexstand wie vor dem Split. Somit würde sich beispielsweise eine geringfügige Untergewichtung dieser Aktie innerhalb eines Portfolios zum Zeitpunkt des Splits in eine deutliche Übergewichtung umwandeln. Dies würde nicht mehr der Einschätzung des Portfoliomanagers entsprechen. Eine Anpassung des Portfolios an die veränderte Gewichtung innerhalb der Benchmark hätte zusätzliche Transaktionskosten zur Folge und würde somit die Performance belasten.

3.2.2 Indizes, deren Gewichte sich aus der Marktkapitalisierung ableiten

Die überwiegende Mehrheit der in der Praxis des Portfoliomanagements benutzten Indizes sind kapitalgewichtete Indizes, d.h.: Die Kurse der zum Index gehörenden Aktien gehen entsprechend der Marktkapitalisierung in die Berechnungsformel ein.

Die grundlegende Idee bei der Bildung von kapitalgewichteten Indizes besteht darin, einen Markt oder ein Marktsegment durch einen repräsentativen Querschnitt der Wertpapiere abzubilden. Die Wertentwicklung des Indexes errechnet sich aus der durchschnittlichen Wertentwicklung des Portfolios, das aus den im Querschnitt enthaltenen Aktien gebildet wird, wobei sämtliche Titel mit ihrer Marktkapitalisierung[7] in dieses (fiktive) Portfolio eingehen. Durch diese Vorgehensweise wird erreicht, daß die Wertentwicklung des Indexes die „Anlagerealität“ des durchschnittlichen Investors geeignet widerspiegelt. Steigt etwa der Wert einer Aktie mit einer hohen Marktkapitalisierung, dann spiegelt sich dies auch in der Wertentwicklung des Indexes entsprechend wider. Andererseits wird der Anstieg dieser Aktie (gemäß der hohen Marktkapitalisierung) für eine große Anzahl von Investoren Bestandteil ihrer „Anlagerealität“ sein.

Steigt jedoch der Wert einer Aktie mit einer niedrigen Marktkapitalisierung, dann führt dies zu einem moderaten Anstieg des Indexes, entsprechend der Tatsache, daß vergleichsweise wenige Investoren von diesem Anstieg profitieren. Bei Indizes vom Typ des Dow Jones Industrial Average gehen die Wertzuwächse einzelner Aktien in annähernd gleichem Umfang in die Wertentwicklung des Indexes ein.

---

6 Der Bereinigungsfaktor F hatte per 01.11.1999 den Wert 146,8069 [Dow Jones 99b]. Somit wird die Summe der 30 Werte im Dow Jones Industrial Average bis zum nächsten Aktiensplit oder zur nächsten Änderung der Konstituenten durch 0,20435 dividiert.

7 Oftmals wird bei der Berechnung der Gewichtung nur ein Teil der Marktkapitalisierung (etwa der Teil, der sich nicht in Festbesitz befindet) berücksichtigt.

Im folgenden wird die prinzipielle Vorgehensweise bei der Berechnung marktkapitalisierter Indizes erläutert. Der Indexstand zum Zeitpunkt t ergibt sich aus

$$Index(t) = \sum_{i=1}^{N} K_i(t) * n_i \,, \tag{3.2}$$

wobei $K_i(t)$ den Kurs der i-ten Aktie zum Zeitpunkt t und n_i die Anzahl der Aktien dieser Art bezeichnet. Von der Berücksichtigung von Detailpunkten wie Veränderungen der Stückzahlen, die Berücksichtigung von Dividenden, Aktiensplits, etc. soll an dieser Stelle zunächst abgesehen werden, da dies den Blick auf das Wesentliche verstellen würde. Betrachtet man die Entwicklung des Indexes über ein Zeitintervall $(0,t)$, dann läßt sich mittels der Darstellung in Formel (3.3) ein wichtiger Aspekt der Berechnungsmethodik erläutern. Für den Wertzuwachs des Indexes über die Periode von 0 bis t ergibt sich folgende Darstellung:

$$\text{Rendite} = \frac{Index(t)}{Index(0)} - 1 = \sum_{i=1}^{N} \underbrace{\left(\frac{K_i(t)}{K_i(0)} - 1 \right)}_{\text{Rendite der } i\text{-ten Aktie}} * \underbrace{\left(K_i(0) * n_i \Big/ \sum_{j=1}^{N} K_j(0) * n_j \right)}_{\text{Relative Marktkapitalisierung der } i\text{-ten Aktie}} \tag{3.3}$$

Herleitung von Formel (3.3):

$$\frac{Index(t)}{Index(0)} - 1 = \frac{\sum_{i=1}^{N} K_i(t) * n_i}{\sum_{i=1}^{N} K_i(0) * n_i} - 1$$

$$= \frac{\sum_{i=1}^{N} \frac{K_i(t)}{K_i(0)} * K_i(0) * n_i}{\sum_{i=1}^{N} K_i(0) * n_i} - 1$$

$$= \sum_{i=1}^{N} \frac{K_i(t)}{K_i(0)} * \frac{K_i(0) * n_i}{\sum_{j=1}^{N} K_j(0) * n_j} - 1$$

$$= \sum_{i=1}^{N} \left(\frac{K_i(t)}{K_i(0)} - 1 \right) * \left(K_i(0) * n_i \Big/ \sum_{j=1}^{N} K_j(0) * n_j \right)$$

Renditeergebnisse einzelner Aktien tragen somit entsprechend ihrer (relativen) Marktkapitalisierung zur erzielten Rendite des Indexes bei. Anhand der DAX-Indizes wird die Umsetzung dieses Ansatzes in der Praxis erläutert.

Beispiel 3.3 (Aktienindizes der Deutschen Börse „DAX-Indizes") [DB 99a-c]):

Bei den Aktienindizes der Deutschen Börse handelt es sich grundsätzlich um Performanceindizes; im Gegensatz zur Vorgehensweise beim Dow Jones Industrial Average werden Dividenden und Boni bei der Berechnung der Indizes berücksichtigt. Der DAX[8] wird zu Börsenzeiten alle 15 Sekunden und die übrigen Indizes (SDAX, SMAX-All-Share, MDAX, DAX 100, CDAX, NEMAX und NEMAX-All-Share) minütlich ermittelt [DB 99a].

Der DAX ist ein Maßstab für die Entwicklung der Werte mit sehr hoher Marktkapitalisierung („Blue-Chips") und der MDAX für Werte mit mittlerer Marktkapitalisierung. Der CDAX umfaßt alle Werte des Amtlichen Handels sowie des Geregelten und des Neuen Marktes. Der DAX 100 enthält sowohl die Werte des DAX als auch die des MDAX (vgl. Abbildung 3.3).

Seit Oktober 1998 wird von der Deutschen Börse der „Neuer Markt Index" („NEMAX-All-Share") berechnet. Dieser Index umfaßt alle Werte des gleichnamigen Marktsegments. In diesem Segment sind Unternehmen mit hohen Wachstumsperspektiven vertreten, die eine Reihe von Zulassungsvoraussetzungen[9] erfüllen. Seit Juli 1999 wird zusätzlich ein Index berechnet („NEMAX 50" oder kurz: „NEMAX"), der die 50 liquidesten Werte des Neuen Marktes umfaßt.

Seit April 1999 werden von der Deutschen Börse zwei weitere Indizes angeboten, die Vergleichsmaßstäbe für das Marktsegment der Aktientitel mit im Vergleich zu den Werten des DAX 100 geringer Marktkapitalisierung darstellen: SMAX All-Share-Index und SDAX.

Der SMAX All-Share-Index umfaßt sämtliche Titel des neuen Börsensegments SMAX, das Werte enthält, die für den Amtlichen Handel oder den Geregelten Markt zugelassen sind und die eine Reihe von Qualitätsstandards erfüllen.[10] Werte des Neuen Markts oder des DAX 100 sind von diesem Segment ausgeschlossen. Der SDAX umfaßt die hundert größten Werte des SMAX-Segments.

---

8 Die DAX-Indizes liegen teilweise in unterschiedlicher Ausprägung vor. Neben dem fortlaufend auf Basis der XETRA-Kurse ermittelten DAX wird täglich ein DAX auf Basis der „Intraday-Auktionskurse" ermittelt.

9 Der Streubesitz muß zumindest 20% der Marktkapitalisierung umfassen; es dürfen keine Vorzugsaktien ausgegeben werden; die Emission muß zu mindestens 50% aus einer Kapitalerhöhung stammen usw. [DB 99c].

10 Der Free Float muß mindestens 20% der Marktkapitalisierung umfassen, Drei-, Sechs- und Neunmonatsberichte sind zu veröffentlichen; die Unternehmen müssen den Übernahmekodex anerkennen, der Anteilbesitz des Vorstands und des Aufsichtsrats ist einmal jährlich zu veröffentlichen, Unternehmen müssen einen „Designated Sponsor" (Finanzinstitut, Finanzdienstleistungsunternehmen) nachweisen, der die Handelbarkeit der Aktien fördert, usw. [DB 99b].

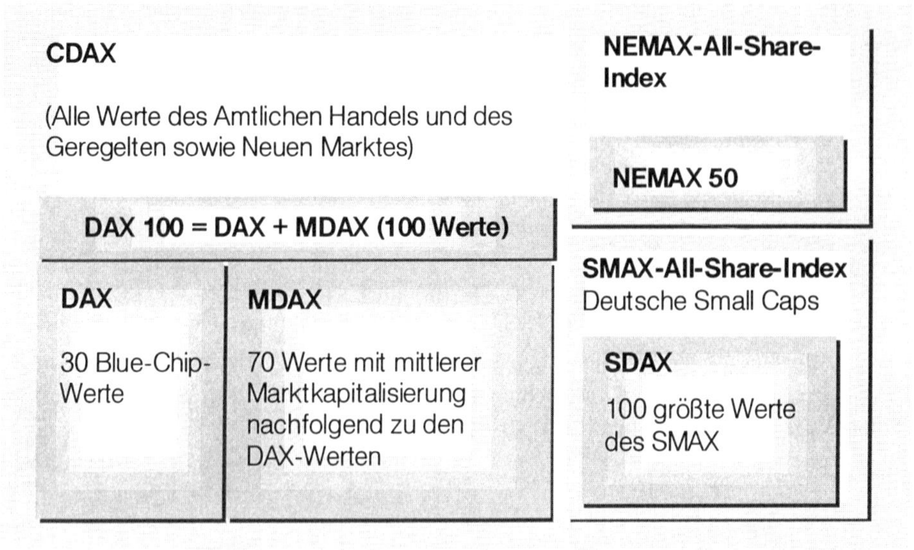

Abbildung 3.3: Universen der DAX-Indizes und ihre Beziehung untereinander.

Das „Fundament" für die Berechnungsformel der DAX-Indizes, die im folgenden erläutert wird, ist durch Formel (3.2) gegeben. Um zur endgültigen Formel zu gelangen, sind jedoch Ergänzungen erforderlich, die in einer Reihe von Zwischenschritten vorgenommen werden.

1) *Berücksichtigung der Variabilität der Anzahl der Aktien einer bestimmten Art* n_i*;*
2) *Bereinigung um kursrelevante Sondereinflüsse, die zu Kapitalveränderungen führen (sog. „Corporate Actions");*
3) *Normierung der Zeitreihe zu einem bestimmten Zeitpunkt.*

Die Anzahl der Aktien wird zu festgelegten Terminen (jeweils erster Freitag im Quartalsendmonat, dem Fälligkeitstag der Aktienindex-Futures der Eurex) im vierteljährlichen Rhythmus aktualisiert. Mit τ wird der Zeitpunkt des Änderungstermins für diesen Parameter benannt, der unmittelbar vor den Betrachtungszeitpunkt t fällt. Im Verlauf eines Jahres nimmt τ somit vier verschiedene Ausprägungen an. Mit dieser Modifikation geht Formel (3.2) zunächst über in

$$Index(t) = \sum_{i=1}^{N} K_i(t) * n_i(\tau), \qquad (3.4)$$

wobei $n_i(\tau)$ die Anzahl der Aktien vom i-ten Typ zum Änderungstermin τ darstellt. Die Summe in (3.4) erstreckt sich über die Aktiengesellschaften, die zum Zeitpunkt t jeweils im Index enthalten sind.

Innerhalb der einzelnen Quartale können sich jedoch kursrelevante Sondereinflüsse ergeben, um die der Index bereinigt werden muß. Die Deutsche Börse unterscheidet folgende Anlässe [DB 99a]:

1) *Dividenden und andere Ausschüttungen*
2) *Kapitalerhöhungen und Aktiensplits*
3) *Kapitalherabsetzungen*
4) *Nennwertumstellungen*
5) *Bezugsrechte und andere Aktiengattungen*
6) *Bezugsrechte auf festverzinsliche Instrumente*
7) *Bezugsrechte auf Instrumente mit Optionsrecht*

Für jedes solcher Ereignisse, das die i-te Aktie eines Indexes betrifft, wird ein Korrekturfaktor $c_i(t)$ definiert, mit dem der betreffende Summand für die nachfolgenden Zeitpunkte bis zur nächsten Adjustierung der Parameter $n_i(\tau)$ multipliziert wird. Als Beispiel wird der Korrekturfaktor, der sich im Fall einer Ausschüttung (Dividende, Bonus- oder Sonderzahlung) bei der i-ten Aktie ergibt, angegeben:

$$c_i(t) := \frac{K_i(t-1)}{K_i(t-1) - D_i(t)},$$

wobei $K_i(t-1)$ den Kurs der Aktie am Tag vor und $D_i(t)$ die Ausschüttung zum ex-Tag t darstellen. An dieser Stelle wird – ähnlich wie bei der BVI-Methode bei Investmentfonds (vgl. Abschnitt 2.4) – die Wiederanlage der Ausschüttung in dieselbe Aktie („Operation Blanche" [Loistl 90, S. 26f., 473f.]) unterstellt. Ergeben sich mehrere Ereignisse innerhalb eines Quartals, die eine Bereinigung erforderlich machen, dann wird das Produkt der verschiedenen Bereinigungsfaktoren ebenfalls mit $c_i(t)$ bezeichnet. Unter Berücksichtigung der Bereinigungsfaktoren wird die Indexformel (3.4) entsprechend ergänzt:

$$Index(t) = \sum_{i=1}^{N} K_i(t) * n_i(\tau) * c_i(t). \tag{3.5}$$

Sobald die Stückzahlen in den Quartalsendmonaten aktualisiert worden sind, werden sämtliche Korrekturfaktoren gleich Null gesetzt. Dies bedeutet, daß die Erträge aus Ausschüttungen und Kapitalveränderungen entsprechend der neuen Gewichte auf die Konstituenten des Indexes verteilt werden. Um bei der Verkettung der Indexwerte vor und nach der Adjustierung der Stückzahlen keine Diskontinuitäten entstehen zu lassen, wird die Einführung eines *Verkettungsfaktors* erforderlich. Formel (3.5) geht somit über in

$$Index(t) = V(t) * \sum_{i=1}^{N} K_i(t) * n_i(\tau) * c_i(t). \tag{3.6}$$

$V(t)$ bezeichnet den zum Zeitpunkt t gültigen Verkettungsfaktor. Der Verkettungsfaktor wird nur an wenigen Stichtagen modifiziert. Neben den Tagen, an denen die Stückzahlen aktualisiert werden, sind dies nur noch die Zeitpunkte, an denen die Indexzusammensetzung geändert wird.[11] Um Diskontinuitäten zu vermeiden, muß an Verkettungstagen, an denen die Stückzahlen aktualisiert werden, gelten:

[11] An diesen Tagen werden die Stückzahlen nicht aktualisiert.

Indexstand am Ende des Verkettungstages mit dem alten Vekettungsfaktor=
Indexstand am Ende des Verkettungstages mit dem neuen Verkettungsfaktor

Dies bedeutet:

$$V(t)*\sum_{i=1}^{N}K_i(t)*n_i(\tau)*c_i(t)=V(t+1)*\sum_{i=1}^{N}K_i(t)*n_i(\tau+1), \tag{3.7}$$

wobei die Kurse die Schlußkurse des Verkettungstages darstellen. Aus Gleichung (3.7) wird der neue Verkettungsfaktor $V(t+1)$, der ab Beginn des auf den Verkettungstag folgenden Tages Gültigkeit hat, ermittelt. Die Vorgehensweise zu den Zeitpunkten, an denen die Indexzusammensetzung verändert wird, ist analog.

Abschließend bleibt nur noch die Normierung der Indizes. Der DAX, der MDAX und der SDAX wurden so normiert, daß sie am 30.12.1987 den Wert 1000 erreichen. Dem DAX 100 wurde zu diesem Zeitpunkt der Wert 500 und dem CDAX sowie dem SMAX-All-Share der Wert 100 zugeordnet.[12] Für den NEMAX 50 und den NEMAX-All-Share wurde als Normierungstag der 30.12.1997 gewählt. Beiden Indizes wurde zu diesem Zeitpunkt die Basis 1000 zugewiesen. Somit folgt die endgültige Indexformel:

DAX- Indexformel [DB 99a]

(Indexformel nach *Laspeyres*[13])

Die DAX-Indizes berechnen sich gemäß folgender Formel:

$$Index(t)=V(t)*\frac{Basis}{\sum_{i=1}^{N}K_i(t_0)*n_i(\tau_0)}*\sum_{i=1}^{N}K_i(t)*n_i(\tau)*c_i(t), \tag{3.8}$$

mit

$K_i(t)$: Kurs der i-ten Aktie zum Zeitpunkt t

$n_i(t)$: Anzahl der i-ten Aktie zum Zeitpunkt t

$c_i(t)$: Korrekturfaktor der i-ten Aktie zum Zeitpunkt t

$V(t)$: Verkettungsfaktor zum Zeitpunkt t

τ: Zeitpunkt der letzten Anpassung der Stückzahlen vor dem Zeitpunkt t

t_0: 30.12.1987

τ_0: Zeitpunkt der letzten Anpassung der Stückzahlen vor dem 30.12.1987

Basis: Indexstand zum 30.12.1987 (=1000 bei DAX, MDAX und SDAX; = 100 bei CDAX und SMAX-All-Share; = 500 bei DAX 100) bzw. zum 30.12.1997 (= 1000 bei NEMAX und NEMAX-All-Share.

[12] Ein solcher Wert wird auch als Basis bezeichnet.

[13] Vgl. [Bamberg/Baur 98, S. 55ff., Hartung 99, S. 63ff.].

Die Zusammenstellung wird bei den Indizes unterschiedlich häufig überprüft. Beim DAX erfolgt diese Prüfung in der Regel jährlich. Kriterien für die Zusammensetzung entnimmt man [DB 99a].

Zu allen Indizes der Deutschen Börse werden auch Kursindizes veröffentlicht, die einmal täglich berechnet werden. Bei der Berechnung bleiben Dividenden und Boni unberücksichtigt.

	Indizes				*Branchenindizes*		
Index	*Performance-index*	*Kurs-index*	*Berech-nungsmethode*	*Titel-Anzahl*	*Anzahl der Branchen-indizes*	*Als Performanceindex erhältlich*	*Als Kursindex erhältlich*
DAX	✓	✓	*Laspeyres*	*30*	-	-	-
MDAX	✓	✓	*Laspeyres*	*70*	-	-	-
DAX 100	✓	✓	*Laspeyres*	*100*	*9***	✓	✓
CDAX	✓	✓	*Laspeyres*	*654**	*19***	✓	✓
NEMAX All Share	✓	✓	*Laspeyres*	*177**	-	-	-
NEMAX 50	✓	✓	*Laspeyres*	*50*	-	-	-
SDAX	✓	✓	*Laspeyres*	*100*	-	-	-
SMAX All Share	✓	✓	*Laspeyres*	*123**	-	-	-
Commerz-bank-Index	-	✓	*Laspeyres*	*60*	*12*	-	✓
FAZ Aktien-Index#	-	✓	*Paasche*	*100*	*18§*	-	✓
MSCI Ger.	✓~	✓	*Laspeyres*	*58**	*23****	✓~	✓

*Stichtag: 31.10.1999; **Anpassung an den STOXX-Index im April 1999; zuvor wurde der CDAX in 16 und der DAX 100 in 10 Branchenindizes untergliedert; ***Das globale MSCI-Universum wird in insgesamt 38 Industrie-Sektoren aufgeteilt. 23 dieser Sektoren enthalten Titel aus dem Deutschland-Universum. [MSCI 98a]; #FAZ-Index: Index der Frankfurter Allgemeinen Zeitung; § Indizes sind nicht disjunkt: Beispielsweise gibt es neben den Indizes „Großbanken" und „Sonst. Kreditinstitute" den Index „Banken"; ~Die Performanceindizes sind sowohl auf „net"- (Berücksichtigung der Dividenden nach Abzug von Steuern) als auch auf „gross"-Basis (Dividenden vor Steuern) erhältlich. MSCI ermittelt die Bruttodividende durch Multiplikation der Netto-Dividende mit 1,4286 (=1+3/7). Dies entspricht einem Körperschaftsteuersatz von 30%. [MSCI 98a];

Tabelle 3.2: Übersicht deutscher Aktienindizes und ihrer Branchenindizes.

Neben der Laspeyres-Formel werden noch andere Formeln zur Berechnung von Aktienindizes verwendet. Die bekanntesten sind die Formel für den Wertindex ([Loistl/Kobinger 93]) und für den Paasche-Index. Die Formel für den Wertindex unterscheidet sich von der Laspeyres-Formel nur darin, daß die Anzahl der Aktien ständig aktualisiert wird. Dadurch wird (gegenüber der Berechnung nach Laspeyres) die Anzahl der benötigten Korrekturfaktoren verringert. Der S&P 500 wird mittels der Wertindex-Methode berechnet. Da die Paasche-Methode zur Berechnung von Börsenindizes sehr selten verwendet wird, wird darauf verzichtet, diese näher zu erläutern.[14] Tabelle 3.2 gibt eine Übersicht über die bekanntesten Indizes für den deutschen Aktienmarkt.

Für Attributionsanalysen eines Investmentprozesses im Vergleich zu einer Benchmark (vgl. Kapitel 4) ist es erforderlich, daß für diese Benchmark Sektorindizes zur Verfügung stehen, die dem Managementstil entsprechen. Von den in Tabelle 3.2 aufgeführten Indizes eignen sich somit verschiedene Indizes (z.B. DAX und der NEMAX) nicht für eine Attributionsanalyse, die auf Basis der Allokation der Branchengewichte operiert, da für sie keine Branchenindizes erhältlich sind. Sowohl für den DAX 100 als auch den CDAX besteht jedoch die Möglichkeit einer Allokationsanalyse. Aufgrund der deutlich höheren Titelanzahl konnte der CDAX in sinnvoller Weise in 19 Branchen (im Unterschied zu 9 Branchen beim DAX 100) untergliedert werden. Die Analysen, die auf den CDAX-Branchen basieren, zeichnen sich somit durch einen höheren Detaillierungsgrad aus.

Tabelle 3.3 enthält beispielhaft die Bezeichnungen und die Gewichtungen der Branchenindizes des DAX 100 zum 31.10.1999. Im Rahmen einer Attributionsanalyse für ein Portfolio, das sich an diesem Index ausrichtet,[15] wird quantifiziert, welche Renditebeiträge durch die Variation der Branchengewichte des Portfolios und der Aktienauswahl innerhalb der Branchen im Zeitablauf generiert worden sind. Dies wird in Kapitel 4 in detaillierter Form erörtert werden.

DAX 100 - Branchen	*Gewicht zum 31.10.1999*
Automobile & Transportation	*15,21%*
Banks & Financial Services	*14,67%*
Chemicals & Pharma	*9,88%*
Construction	*0,98%*
Insurance	*13,69%*
Machinery & Industrial	*10,05%*
Consumer & Retail	*4,49%*
Software & Technology	*10,36%*
Utilities & Telecommunication	*20,66%*

Tabelle 3.3: Branchenindizes des DAX 100 und die Gewichtung der Segmente zum 31.10.1999 (Quelle: Deutsche Börse AG).

Beispiel 3.4 (Dow Jones STOXX-Indexfamilie):

Die Familie der Dow Jones STOXX-Indizes existiert erst seit Februar 1998. Die Konzeption und Berechnung erfolgt durch die STOXX Ltd., ein Gemeinschaftsunternehmen der Deutschen, der Schweizer und der Französischen Börse sowie der Dow Jones&Co.

[14] Siehe dazu [Loistl/Kobinger 93; Bamberg/Baur 98, S. 55ff., Hartung 99, S. 63ff.].

[15] Ein solches Portfolio wird häufig auch als „DAX-Portfolio" bezeichnet.

Die Familie umfaßt vier Hauptindizes,[16] den Dow Jones STOXX, den Dow Jones EURO STOXX sowie den Dow Jones STOXX 50 und den Dow Jones EURO STOXX 50. Für die Indizes Dow Jones STOXX und Dow Jones EURO STOXX werden Branchenindizes veröffentlicht (vgl. dazu Tabelle 3.5.).

Der breite gesamteuropäische Index Dow Jones STOXX umfaßt Unternehmen aus 16 Ländern (Belgien, Dänemark, Deutschland, Finnland, Frankreich, Griechenland, Großbritannien, Irland, Italien, Niederlande, Norwegen, Österreich, Portugal, Schweden, Schweiz, Spanien). Der Auswahl der Einzeltitel liegen strikte Kriterien hinsichtlich der Marktkapitalisierung und des Festbesitzes zugrunde [STOXX 99]. Dadurch soll sichergestellt werden, daß die im Index enthaltenen Titel in hinreichendem Maße handelbar sind.

Der Dow Jones EURO STOXX umfaßt alle Gesellschaften, die im Dow Jones STOXX-Universum enthalten sind und die aus einem Land stammen, das an der EWU teilnimmt (vgl. Abbildung 3.4). Aus diesen beiden Indizes werden zwei Blue-Chip-Indizes abgeleitet, die jeweils 50 Titel umfassen (vgl. Abbildung 3.4) und somit als Vergleichsmaßstab für kleinere Portfolios und als Grundlage für derivative Instrumente (z.B. Futures oder Optionen) besonders geeignet sind.

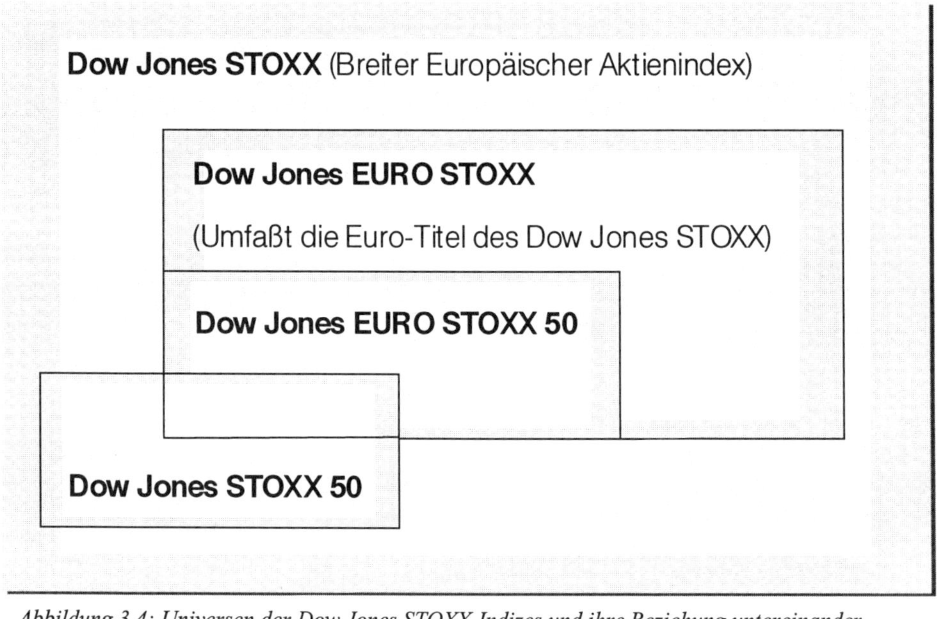

Abbildung 3.4: Universen der Dow Jones STOXX-Indizes und ihre Beziehung untereinander.

Für den Dow Jones STOXX werden drei Subindizes berechnet, die auf die unterschiedliche Marktkapitalisierung der Unternehmen Rücksicht nehmen: Der Dow-Jones-Large-Index beschreibt die Wertentwicklung der 200 größten Gesellschaften, der Mid-Index bildet die 200 mittelgroßen und der Small-Index die 200 kleineren Gesellschaften ab. Für den Dow Jones EURO STOXX werden vergleichbare Indizes berechnet.

[16] Die Indizes *Dow Jones STOXX NORDIC, Dow Jones STOXX ex UK* und *Dow Jones STOXX ex EURO* (vgl. [STOXX 99]) werden an dieser Stelle nicht berücksichtigt.

Länderindizes liegen für die Familie der STOXX-Indizes nicht vor. Somit sind diese Indizes für eine Allokationsanalyse (vgl. Kapitel 4) gemäß der Ländergewichtung ungeeignet.

Beispiel 3.5 (MSCI-Indizes):

Morgan Stanley Capital International bietet eine sehr breite Aktienindexpalette an, die zum 31.10.1999 22 Standard-Länderindizes sog. *Developed Markets* und 26 Standard-Länderindizes sog. *Emerging Markets* umfaßte [MSCI 98a]. Die Länderindizes werden sowohl auf US$-Basis als auch auf Basis der jeweiligen lokalen Währung berechnet.

Aus diesen Länderindizes werden zudem eine Reihe wichtiger länderübergreifender Indizes gebildet, von denen in Tabelle 3.4 eine Auswahl dargestellt wird (vgl. auch Tabelle 3.5 und Tabelle 3.6).

Indexbezeichnung	*Länder*	*Anzahl der Länder*
MSCI World	*Gesamtheit der Developed Markets*	*22*
MSCI Europe	*Gesamtheit der europäischen Developed Markets*	*15*
MSCI EMU	*Umfaßt die Länder der EURO-Zone*	*10*
EAFE[17]	*Developed Markets in Europa, Australien und im Fernen Osten*	*20*
EM	*Alle Emerging Markets*	*26*
Nord Amerika	*USA, Kanada*	*2*
ACWI[17]	*Umfaßt alle Länder*	*48*

Tabelle 3.4: Länderübergreifende Indizes von MSCI [MSCI 98a].

Die Länderindizes der *Developed Markets* und der Großteil der übergreifenden Indizes sind zudem entsprechend einer von MSCI vorgenommenen Untergliederung in Branchenindizes unterteilt. Dabei werden sämtliche im MSCI-Universum enthaltenen Unternehmen in 38 Branchen und 8 Industrie-Sektoren unterteilt.[18] Für einen Länderindex oder übergreifenden Index stehen somit bis zu 38 Branchenindizes zur Verfügung.

Die MSCI-Indizes werden auf drei verschiedene Weisen berechnet. Neben den Kursindizes werden zwei Formen von Performanceindizes ermittelt. Bei der einen Form (*Gross Indices*) werden Dividenden in vollem Umfang berücksichtigt, bei der anderen (*Net Indices*) nach Abzug von Steuern. Die Kursindizes werden täglich, die Performanceindizes nur monatlich ermittelt.

[17] EAFE=Europe, Australia, Far East; ACWI= All Countries World Index

[18] Ab September 1999 wird von MSCI eine gemeinsam mit Standards&Poor's entwickelte Branchenklassifizierung eingeführt. Diese umfaßt 10 allgemeine Sektoren, 23 „Industry Groups", 59 „Industries" und 123 „Sub-Industries". Abgesehen von den „Sub-Industries" werden für alle Gruppen Indizes berechnet.

Bei den Standardindizes versucht MSCI, ca. 60% der gesamten Marktkapitalisierung eines jeweiligen Marktes zu erfassen. Dabei werden Aktien mit hoher Liquidität und Marktkapitalisierung berücksichtigt.

Abgesehen von den Standardindizes veröffentlicht MSCI seit Januar 1998 auch Small Cap-Indizes für die *Developed Markets*. Diese Indizes enthalten Titel mit einer Marktkapitalisierung zwischen 200 und 800 Millionen Dollar [MSCI 98b]. Die Titel dieser Indizes werden mit den Titeln der Standardindizes (gegebenfalls unter Hinzunahme von zusätzlichen Titeln) zu den *MSCI Extended Indices* kombiniert. Sowohl die Small Cap-Indizes als auch die *Extended Indices* werden nur als Kursindizes veröffentlicht (vgl. Tabelle 3.5).

Für eine Reihe von Ländern (vornehmlich *Emerging Markets*) werden zudem sog. *Free Indices* berechnet. Ausgehend von den Standardindizes werden dabei nur jene Unternehmen berücksichtigt, deren Aktien in hinreichendem Maße von ausländischen Investoren erworben werden können.[19] Zahlreiche länderübergreifende Indizes liegen auch in einer Version vor, bei der die *Free Indices* anstatt der Standardindizes verwendet werden [MSCI 98a].

Eine weitere Indexgruppe von MSCI ist durch die Value- und Growth-Indizes [MSCI 97] gegeben. Ausgehend von den Standardindizes werden diese Indizes entsprechend der Kennzahl

$$\frac{\textit{Börsenkurs}}{\textit{Buchwert je Aktie}}$$

gebildet: Alle Aktien eines Standardindexes werden gemäß dieser Größe in aufsteigender Ordnung aufgelistet und anschließend wie folgt in zwei Gruppen geteilt. Der Titel am Anfang der Liste wird dem Value-Segment zugeteilt und dann von der ursprünglichen Liste entfernt. Dieser Vorgang wird solange wiederholt, bis dem Value-Segment ca. 50% der durch den Standardindex erfaßten Marktkapitalisierung zugeordnet wurden. Die restlichen Titel bilden das Growth-Segment.

Alle MSCI-Indizes werden in ähnlicher Weise wie die DAX-Indizes (Laspeyres-Formel) und sowohl auf US-Dollar-Basis als auch in der jeweiligen lokalen Währung ermittelt. Aktien gehen dabei mit ihrer vollen Marktkapitalisierung ein.

In den länderübergreifenden Standardindizes werden die einzelnen Länder entsprechend der Marktkapitalisierung berücksichtigt. Für den World Index, den MSCI-Europe und den EAFE-Index berechnet MSCI auch Indizes, bei denen die Länder entsprechend ihres Bruttosozialprodukts gewichtet werden. Das Bruttosozialprodukt ist nicht den (teilweise extremen) Schwankungen ausgesetzt, denen die Marktkapitalisierungen einzelner Märkte unterliegen.

Außerdem berechnet MSCI eine Reihe (gegenüber dem US-Dollar) gehedgter Indizes [MSCI 98a]. Ausgehend von den Standardindizes werden Indizes gebildet, die durch Währungs-Hedges weitestgehend gegenüber Währungsrisiken abgesichert sind. Die durch die eingegangenen Hedges entstandenen Kosten werden berücksichtigt. Gehedgte Indizes sind u.a. für den EAFE-Index und seine Komponenten erhältlich.

---

19 In einer Reihe von Ländern (z.B. Singapur) bestehen gesetzliche Einschränkungen hinsichtlich des Erwerbs von Aktien durch ausländische Investoren.

Beispiel 3.6 (FTSE-Indizes [FTSE 99a-c]):

FTSE International publiziert ebenfalls eine breite Palette an Aktienindizes. Im folgenden werden die wichtigsten Indizes kurz beschrieben (vgl. Tabelle 3.5.). Die jeweiligen Kriterien, die der Bildung der Indizes zugrunde liegen, sind teilweise sehr unterschiedlich.

Der *Eurotop 100* basiert auf denjenigen europäischen Blue-Chips, die die größten Handelsvolumina aufweisen, wobei allerdings die Gewichtung eines Ländersegments die gesamte Marktkapitalisierung der jeweils maßgeblichen lokalen Börsen widerspiegelt.

Der *Eurotop 300* umfaßt die 300 Werte mit der höchsten Marktkapitalisierung aus 17 europäischen Ländern. Aus diesem Index leitet sich der *Eurotop 300 Ebloc* ab, der genau diejenigen Titel des *Eurotop 300* enthält, die innerhalb der EWU angesiedelt sind.

Der *Ebloc 100* wird aus den 60 größten Werten des *Eurotop 300 Ebloc* und 40 weiteren Werten dieses Indexes gebildet, wobei letztere so gewählt werden, daß die Sektorengewichtung des *Ebloc 100* annähernd der des *Eurotop 300 Ebloc* entspricht.

Der *FT/S&P Actuaries World Index* wird gemeinsam von FTSE International, Goldman Sachs & Co. und Standard & Poor's ermittelt und umfaßt ca. 2250 Aktien aus 31 Ländern verschiedener Kontinente (vgl. Tabelle 3.6) [FTSE 99c].

Der *FTSE EuroMid* enthält alle europäischen Werte des *FT/S&P Actuaries World Index*, die nicht im *Eurotop 300* enthalten sind, und bildet somit das Segment der Titel mittlerer und geringer Marktkapitalisierung ab. Der *FTSE EuroMid Ebloc* enthält wiederum genau jene Titel des *FTSE EuroMid*, die innerhalb der EWU angesiedelt sind.

Alle Indizes werden auf Basis der Laspeyres-Formel berechnet. Kursindizes werden börsentäglich fortlaufend, Performanceindizes börsentäglich ermittelt.

Tabelle 3.5 enthält eine Übersicht wichtiger europäischer Aktienindizes. Sie enthält insbesondere Informationen über die verfügbaren Länder- und Branchenindizes, die für Attributionsanalysen, wie sie in Kapitel 4 beschrieben werden, unerläßlich sind. Der Index *Euro NM* umfaßt die europäischen „Neuen Märkte", die zum Dezember 1999 die entsprechenden Segmente in den Niederlanden (*NMAX*), in Belgien (*EURO NM*), in Frankreich (*Nouveau Marché*), in Italien (*Nuovo Mercato*) und in Deutschland (*Neuer Markt*) umfaßten (vgl. [EURONM 99]).

Index	*Indizes*			*Subindizes*		
	Kurs-index	*Perf.-index*	*Titel-Anzahl 31.10.1999*	*Anzahl Branchen-indizes*	*Anzahl Länder-indizes*	*Länderindizes untergliedert in Branchen*
MSCI Europe (Standard)	✓	✓*	*560*	*38*	*15*	✓
MSCI Europe (Small Cap)	✓	-	*318*	*38*	*15*	-
MSCI Europe (Extended)	✓	-	*850*	*38*	*15*	-
MSCI Europe (Growth)	✓	✓*	*162*	-	*15*	-
MSCI Europe (Value)	✓	✓*	*398*	-	*15*	-
Dow Jones STOXX	✓	✓	*611*	*9/19/34****	-	-
Dow Jones STOXX 50	✓	✓	*50*	-	-	-
FTSE EuroMid	✓	✓	*379*	-	-	-
FTSE Eurotop 100	✓	✓	*100*	-	-	-
FTSE Eurotop 300	✓	✓	*311*	*10/39#*	*17*	-
Euro NM	✓	✓	*308*	-	*5*	-
*HSBC Smaller European Companies Index***	✓	-	*ca. 1500*	-	*18*	-
MSCI EMU	✓	✓*	*323*	-	*10*	-
Dow Jones EURO STOXX	✓	✓	*309*	*9/19/24****	-	-
Dow Jones EURO STOXX 50	✓	✓	*50*	-	-	-
FTSE EuroMid Ebloc	✓	✓	*160*	-	-	-
FTSE Ebloc 100	✓	✓	*102*	-	-	-
FTSE Eurotop 300 Ebloc	✓	✓	*155*	*10/39#*	*10*	-

*Als „Net"- und als „Gross"-Index erhältlich; **Index ist auch ohne das UK-Segment erhältlich; dieser Index umfaßt stets 1000 Titel, die Anzahl der Titel im UK-Segment ist variabel; Einführung von Branchenindizes ist geplant; ***Es werden u.a. 34 (STOXX) bzw. 24 (EURO STOXX) „Industry Group"-Indizes, 19 breiter gefaßte „Market Sector"-Indizes und 9 „Economic Sector"-Indizes veröffentlicht; # Indizes für 10 „Economic Groups" und 39 „Sectors"

Tabelle 3.5: Eine Auswahl europäischer Aktienindizes. Indizes, die nur die Mitgliedsstaaten der EWU berücksichtigen, sind im unteren Teil aufgeführt.

Tabelle 3.6 enthält eine Auswahl wichtiger globaler Aktienindizes.

Index	*Indizes*			*Subindizes*		
	Kurs-index	*Perf.-index*	*Titel-Anzahl 31.10.1999*	*Anzahl Branchen-indizes*	*Anzahl Länder-indizes*	*Länderindizes untergliedert in Branchen*
FTSE/S&P Actuaries World Index	✓	✓	*2263*	*10/39#*	*30*	✓
MSCI World (Standard)*	✓	✓**	*1303*	*38*	*22*	✓
Dow Jones Global Index	✓	✓	*ca. 3000*	*123****	*33*	✓

*Dieser Index ist auch in den Varianten erhältlich, die in Tabelle 3.5 aufgeführt werden („Value", „Growth", etc.); **Als „Net"- und als „Gross"-Index erhältlich; ***Sector/Industry Groups [Dow Jones 99a]; # Siehe Bemerkung in Tabelle 3.5.

Tabelle 3.6: Eine Auswahl globaler Aktienindizes.

Neben den zuvor beschriebenen Familien länderübergreifender Aktienindizes gibt es eine Reihe länderspezifischer Indizes, die in der Regel von lokalen Börsen publiziert werden. Verschiedene Indizes für den deutschen Aktienmarkt wurden bereits in Tabelle 3.2 angegeben. Tabelle 3.7 enthält eine Reihe von Indizes für die wichtigsten Kapitalmärkte. Trotz ihrer hohen Popularität eignen sich viele dieser Indizes aufgrund fehlender Branchenindizes nicht für die Zwecke einer Portfolioanalyse. Dies gilt vor allem für Indizes, die nur wenige Titel umfassen, die jedoch häufig von einer breiten Öffentlichkeit als Gradmesser für den jeweiligen lokalen Aktienmarkt wahrgenommen werden (wie auch der DAX 30, der CAC 40 oder der MIB 30). Allerdings können auch Indizes, die nur eine begrenzte Anzahl von Titeln umfassen, einen Markt in adäquater Weise beschreiben. Beispielsweise umfaßt der FTSE 100 ca. 80% der gesamten im FTSE All Share-Index erfaßten Marktkapitalisierung, obwohl er von den 900 im All Share-Index enthaltenen Titeln nur die 100 Titel mit der höchsten Marktkapitalisierung berücksichtigt. Ein ähnliches Verhältnis besteht zwischen dem DAX und dem CDAX. Entsprechend hoch sind die Korrelationen zwischen den Blue-Chip-Indizes und den Composite-Indizes.

Für den amerikanischen Aktienmarkt, den mit Abstand bedeutendsten Aktienmarkt, existiert ein nahezu unüberschaubares Angebot an Indizes. Tabelle 3.8 enthält eine (begrenzte) Auswahl maßgeblicher Indizes.

Land	*Index*	*BI**	Beschreibung
Japan	*TOPIX*	✓	Breiter japanischer Aktienindex; er umfaßt alle Unternehmen der 1. Sektion der Tokioer Börse (ca. 1400 Werte)
	Nikkei 225	-	Blue-Chip-Index (Durchschnittsindex, bei dem Werte mit hoher Liquidität berücksichtigt werden)
	Nikkei 300		Large-/Mid-Cap-Index
UK	*FTSE 100*	-	Blue-Chip-Index; umfaßt die 100 Titel mit der höchsten Marktkapitalisierung
	FTSE All-Share	✓	„All-Share-Index"
Frankreich	*CAC 40*	-	Blue-Chip-Index
	SBF 120	✓	Large-/Mid-Cap-Index; umfaßt die 120 Titel mit der höchsten Marktkapitalisierung
	SBF 250	✓	Umfaßt die 250 Titel mit der höchsten Marktkapitalisierung
Italien	*MIB 30*	-	Blue-Chip-Index
	MIBTEL	-	Breiter italienischer Aktienindex
	MIB	✓	„All-Share-Index"
Schweiz	*SPI*	✓	Composite-Index
	SMI	-	Blue-Chip-Index (Kursindex, der bis zu 25 Titel umfaßt)
Niederlande	*AEX*	-	Blue-Chip-Index
Spanien	*IBEX 35*	-	Blue-Chip-Index

*Tabelle 3.7: Aktienindizes wichtiger Kapitalmärkte. *Die Spalte BI zeigt an, ob für den Index Branchen-Subindizes vorliegen (✓) oder nicht vorliegen (-).*

Index	*BI*	*Beschreibung*
Dow Jones Industrial Average	-	Durchschnittsindex für 30 Blue-Chips
Dow Jones Transportation Average	-	Durchschnittsindex für führende Transportunternehmen
Dow Jones Utility Average	-	Durchschnittsindex für führende Versorger
Dow Jones Composite	-	Durchschnittsindex; umfaßt die Titel der anderen *Dow-Jones-Averages*
Standard&Poor's 500 (S&P 500)	✓	Umfaßt 500 Werte, die nach den Gesichtspunkten der Marktkapitalisierung, Liquidität und repräsentative Abbildung der Branchen gewählt werden
Standard&Poor's 100 (S&P 100)	-	Blue-Chip-Index; umfaßt 100 Werte
Russel 3000	-	Umfaßt die 3000 US-Aktien mit der höchsten Marktkapitalisierung
Russel 2000	-	Small-Cap-Index; enthält die Aktien, die im Russel-3000-Index enthalten sind, aber nicht im Russel-1000-Index
Russel 1000	-	Umfaßt die 1000 US-Aktien mit der höchsten Marktkapitalisierung
Wilshire 5000	✓	Breiter amerikanischer Aktienindex
Nasdaq Composite	✓	Umfaßt alle an der Nasdaq gehandelten Aktien, die nicht an anderen Börsen gelistet sind und die mehr als einen *Market Maker* haben; Kurse werden entsprechend ihrer Marktkapitalisierung gewichtet
NYSE Composite	✓	Umfaßt alle Titel, die an der *New York Stock Exchange* gehandelt werden; Kurse gehen entsprechend der Marktkapitalisierung in den Index ein
AMEX Composite	✓	Berücksichtigt Aktien (*Common Stocks*), American Depository Receipts etc., die an der *American Stock Exchange* gehandelt werden
MSCI USA	✓	Länderindex aus der MSCI-Indexfamilie

Tabelle 3.8: Eine Auswahl wichtiger amerikanischer Aktienindizes. Die Spalte BI zeigt an, ob für den Index Branchen-Subindizes vorliegen (✓) oder nicht vorliegen (-).

3.3 Rentenindizes

3.3.1 Indizes, die auf gehandelten Anleihen basieren

Die Berechnungsmethoden von Rentenindizes, die auf realen Anleihen basieren (sog. Korbindizes), erfolgt nach einem ähnlichen Prinzip wie die Ermittlung von Aktienindizes, bei denen die einzelnen Titel entsprechend ihrer Marktkapitalisierung gewichtet werden. Aufgrund der nicht vorhandenen „Corporate Actions" bei Anleihen sind die Berechnungsformeln der Anleiheindizes jedoch wesentlich einfacher. Anhand der „Datastream Government Bond Indices" wird die Berechnungsmethodik exemplarisch vorgeführt.

Beispiel 3.7 (Datastream Government Bond Indices [Datastream 98]):

Die Berechnung der *Datastream Government Bond Indices* erfolgt unter Verwendung der von der *European Federation of Financial Analysts Societies* EFFAS vorgeschlagenen Methodik [Brown 94]. Sie werden für 19 Länder (alle Länder der EU außer Luxemburg, Portugal und Griechenland sowie Japan, USA, Kanada, Australien, Neuseeland, Norwegen und die Schweiz) ermittelt. Die Indizes basieren auf den Kursen von Staatsanleihen. In Deutschland werden zur Berechnung Anleihen, Obligationen und Schatzanweisungen des Bundes sowie Anleihen des „Fonds Deutsche Einheit" und der Treuhandanstalt berücksichtigt.

Die Datastream-Indizes liegen in einer sehr breiten Version (All-Bond-Indices), bei der Anleihen unabhängig von ihrer Liquidität berücksichtigt werden, einer Version, bei der Anleihen mit hoher Liquidität (Tracker-Indices) und einer Version, bei der nur Anleihen mit sehr hoher Liquidität (Benchmark-Indices) berücksichtigt werden, vor. Für die Benchmarkindizes liegen Laufzeitindizes in unterschiedlichen Ausprägungen vor. Für die meisten der aufgeführten Märkte werden Indizes für die Laufzeiten 2, 3, 5, 7 und 10 Jahre ermittelt. Für die All-Bond- und die Tracker-Indizes werden Laufzeitindizes für die Bänder 1-3, 3-5, 5-7, 7-10 sowie +10 Jahre berechnet.

Die Indizes werden in drei Formen ermittelt, als „Clean Price Index", als „Gross Price Index" und als „Total Return Index". Bei der Berechnung des „Clean Price Index" werden nur die Kursveränderungen der enthaltenen Anleihen berücksichtigt. Ausgehend vom Stand zum Zeitpunkt t-1 errechnet sich der Indexstand $CI(t)$ zum Zeitpunkt t wie folgt:

$$CI(t) = CI(t-1) * \frac{\sum_i K_i(t) * N_i(t-1)}{\sum_i K_i(t-1) * N_i(t-1)}, \qquad (3.9)$$

mit

$K_i(t)$: „Clean Price"[20] der i-ten Anleihe zum Zeitpunkt t

$N_i(t)$: Nominalwert der i-ten Anleihe zum Zeitpunkt t.

---

20 Wert der Anleihe ohne Berücksichtigung der aufgelaufenen Stückzinsen.

Falls es sich bei einer der Anleihen um eine Serienanleihe[21] („Serial Bond") handelt und innerhalb des betrachteten Zeitintervalls von *t*-1 bis *t* eine (partielle) Einlösung erfolgt ist, dann muß der entsprechende Summand im Zähler in Formel (3.9) wie folgt modifiziert werden:

$$K_i(t) * N_i(t-1) \to K_i(t) * N(t) + R_i(t) * NC_i(t), \tag{3.10}$$

mit

$R_i(t)$: Kurs der *i*-ten Anleihe zum Zeitpunkt der Einlösung;

$NC_i(t)$: Nominale der Anleihen, die dabei eingelöst wurden.

Ausgehend vom „Clean Price Index" errechnet sich der „Gross Price Index" *PI*:

$$PI(t) = CI(t) * (1 + SI(t)).$$

Mittels des Faktors $SI(t)$ werden die im Zeitintervall aufgelaufenen Stückzinsen berücksichtigt:

$$SI(t) = \frac{\sum_i S_i(t) * N_i(t-1)}{\sum_i K_i(t) * N_i(t-1)}, \tag{3.11}$$

wobei $S_i(t)$ die bis *t* aufgelaufenen Stückzinsen der *i*-ten Anleihe darstellen. Handelt es sich bei der *i*-ten Anleihe um eine Serienanleihe und fällt im Intervall von *t*-1 bis *t* eine „partielle Einlösung" an, dann muß der Nenner in Formel (3.11) entsprechend der Vorgehensweise in (3.10) modifiziert werden.

Bei der Berechnung des *„Total Return Index"* *RI* werden sowohl aufgelaufene Stückzinsen als auch Kuponzahlungen berücksichtigt. Ausgehend vom Stand zum Zeitpunkt *t*-1 errechnet sich der Indexstand zum Zeitpunkt *t* gemäß

$$RI(t) = RI(t-1) * \frac{\sum_i (K_i(t) + S_i(t) + CP_i(t) + C_i(t)) * N_i(t-1)}{\sum_i (K_i(t-1) + S_i(t-1) + CP_i(t-1)) * N_i(t-1)}, \tag{3.12}$$

mit

$C_i(t)$: Kuponzahlung der *i*-ten Anleihe im Intervall von *t*-1 bis *t*;

$CP_i(t)$: Korrekturterm für Kuponzahlungen in der „Ex-Dividend"-Periode.[22]

Auch beim „Total Return Index" muß die Problematik von Serienanleihen gesondert berücksichtigt werden. Siehe dazu [Datastream 98].

---

[21] Vgl. [Fabozzi 96, S. 175].

[22] Die Kuponzahlung ist bereits im Kurs der Anleihe berücksichtigt, *de facto* jedoch noch nicht erfolgt. Vgl. dazu die Erörterung in Abschnitt 5.3.

Tabelle 3.9 enthält wichtige Indexfamilien für den Bereich der Staatsanleihen. Verschiedene dieser Indexfamilien liegen – wie die Datastream-Indizes – in unterschiedlicher Liquiditätsabstufung vor.

Indexfamilie	*Länder-Subindizes*	*Weltindex verfügbar*	*Liquiditätsabstufungen*
JP Morgan Government Bond Index	*13+5**	✓	*3 Stufen*
Merrill Lynch Government Master II Index	*17+3***	✓	-
MSCI Sovereign Debt Index	*22+5****	✓	-
Salomon Smith Barney	*17*	✓	-
Datastream Government Bond Index	*19*	-	*3 Stufen*
BOX/€-BOX#	*14/10*	-	-

*Neben 13 Länderindizes für den globalen Index werden noch für 5 Länder Indizes auf individueller Basis erstellt; **Neben den 17 Länderindizes für den globalen Index werden noch für 3 Länder Indizes auf individueller Basis berechnet [Merrill 97]; ***22 „Developed“ und 5 „Emerging Markets“; #Für diese Index-Familie werden sowohl Korbindizes als auch synthetische Indizes (vgl. den nachfolgenden Abschnitt) ermittelt.

Tabelle 3.9: Wichtige internationale Indexfamilien für Staatsanleihen.

3.3.2 Synthetische Indizes

Am deutschen Kapitalmarkt nehmen neben den auf realen Anleihen basierenden Indizes die synthetischen Rentenmarktindizes eine bedeutende Rolle ein. Bei der Bildung solcher Indizes werden sogenannte synthetische Anleihen konstruiert, die aus einer Zinsstrukturkurve, welche auf einem bestimmten Rentenbasket basiert, abgeleitet werden. Mittels fixierter Gewichtungsfaktoren wird aus den Kursen der synthetischen Anleihen der Indexstand hergeleitet.

Bei der Ermittlung der Performanceindizes genügt es nicht, nur die Kuponzahlungen zu berücksichtigen, sondern es müssen auch Effekte wie der „Pull-To-Par-Effect“ oder der „Rolling-Down-Effect“ in die Berechnung einbezogen werden. Die Berechnungsmethode für synthetische Indizes ist somit erheblich aufwendiger als für Indizes, die auf realen Anleihen basieren.

In Deutschland werden vor allem folgende synthetische Indizes als Vergleichsmaßstab für Rentenportfolios herangezogen: REX (Staatspapiere), PEX (Pfandbriefe), JEX (Jumbopfandbriefe), BHF-BANK-Rentenmarktindex (Staatspapiere) sowie die abgeleiteten Performanceindizes REXP, PEXP, JEXP und BHF-BANK-Performanceindex.[23]

[23] Außer dem Commerzbank-Rentenindex, dessen Berechnung zum 31.03.1999 eingestellt wurde [Commerzbank 99], und den BOX/€-BOX-Indizes, die von der Deutschen Börse veröffentlicht werden [DB 99d], sind dem Autor keine weiteren synthetischen Rentenmarktindizes bekannt. Die Benutzung solcher Indizes scheint eine deutsche Vorliebe zu sein.

Die generelle Vorgehensweise bei der Berechnung synthetischer Indizes wird im folgenden Beispiel anhand des REX und des REXP dargestellt. Allerdings weichen die Berechnungsmethoden der oben aufgeführten Indizes in Detailpunkten teilweise erheblich voneinander ab.

Beispiel 3.8 (REX, REXP) [DB 97]:

Die Indizes REX und REXP basieren (wie der *Datastream Government Bond Index Germany*) auf Anleihen, Obligationen und Schatzanweisungen der Bundesrepublik Deutschland, des „Fonds Deutsche Einheit" sowie der Treuhandanstalt, die eine feste Verzinsung und eine Restlaufzeit zwischen einem halben Jahr und zehneinhalb Jahren aufweisen.

Die börsentägliche Ermittlung des REX erfolgt in vier Schritten, die im folgenden skizziert werden:

1. Aus den Schlußkursen der öffentlichen Anleihen werden die Renditen der Anleihen ermittelt. Dazu wird die Methode der *International Securities Market Association* ISMA verwendet. Die mit dieser Methode ermittelte Rendite ist identisch mit der in Abschnitt 2.3 unter Benutzung der Methode des internen Zinssatzes ermittelten Rendite. Die Rendite r einer Anleihe mit einer (auf ein Jahr bezogenen) Kuponzahlung C, n ausstehenden Zinsperioden und einem Nominalwert N ergibt sich als Lösung der Gleichung

$$K+S=\sum_{i=0}^{n}\frac{C/z}{\left(1+\frac{r}{100}\right)^{\frac{i}{z}+f}}+\frac{N}{\left(1+\frac{r}{100}\right)^{\frac{n}{z}+f}}, \tag{3.13}$$

wobei K den Börsenkurs (oder Mittelwert von Bid- und Ask-Preis) und S den Wert der aufgelaufenen Stückzinsen darstellen. Mit f wird die Länge der ersten unvollständigen Periode und mit z die Anzahl der Zinsperioden innerhalb eines Jahres bezeichnet.

Definiert man

$$q=\left(1+\frac{r}{100}\right)^{\frac{1}{z}}, \tag{3.14}$$

dann erhält man nach einer Reihe von Umformungen (vgl. Übung 3.1) aus Gleichung (3.13):

$$K+S=\frac{1}{q^{n+fz}}*\left(\frac{C}{z}*\frac{q^{n}-1}{q-1}+N\right). \tag{3.15}$$

Mittels des im Anhang B zu Kapitel 2 beschriebenen Newtonschen Verfahrens (in einer diskretisierten Form) wird der Lösungswert q ermittelt. Daraus ergibt sich über Gleichung (3.14) der Wert der Rendite r. Für Details siehe [DB 97].

2. Im zweiten Schritt wird aus der Vielzahl der ermittelten Renditen eine Funktion $r(rlz, C)$ definiert, die zum Zeitpunkt der Ermittlung die vorliegende Zinsstruktur (bzw. „Renditestruktur") darstellen soll. $r(rlz, C)$ bezeichnet die Rendite einer Staatsanleihe mit Restlaufzeit *rlz* und Kupon C. Es wird angenommen, daß sich diese Werte in ihrer Gesamtheit in der Form

$$r(rlz, C) = b_1 + b_2 * rlz + b_3 * rlz^2 + b_4 * rlz^3 + b_5 * \ln(rlz) + b_6 * C + b_7 * C^2 \qquad (3.16)$$

approximieren lassen. Die Parameter b_1, ..., b_7 sind Regressionskoeffizienten, die börsentäglich unter der Nebenbedingung, die Summe der quadratischen Anpassungsfehler zu minimieren, ermittelt werden. Dies geschieht in zwei Schritten: Nachdem die Approximation des ersten Schritts dazu benutzt wurde, „Ausreißerwerte" zu eliminieren, werden dann in einem zweiten Schritt die tatsächlichen Regressionskoeffizienten ermittelt.

3. Die ermittelte Zinsstruktur wird dazu benutzt, die Renditen für Staatsanleihen mit ganzzahligen Laufzeiten von einem bis zehn Jahren und einem Kupon in Höhe von 6%, 7,5% und 9% zu bestimmen. Dies erfolgt durch Einsetzen in Formel (3.16). Somit ergibt sich beispielsweise die Rendite einer Anleihe mit einer Laufzeit von 5 Jahren und einem Kupon von 6% zu $r(5,6)$.

Anschließend wird Formel (3.15) dazu benutzt, die Kurse für die 30 Anleihen zu ermitteln. Der Nominalwert jeder dieser Anleihen wird gleich 100 gesetzt. Aufgrund der Annahme, daß ganzzahlige Restlaufzeiten vorliegen, vereinfacht sich Formel (3.15) erheblich:

$$K = \frac{100}{(1+r)^n} * \left(C * \frac{(1+r)^n - 1}{r} + 1 \right). \qquad (3.17)$$

4. Der Indexstand des REX ergibt sich aus der gewichteten Summe der Kurse der abgeleiteten synthetischen Anleihen. Dabei wird folgende Gewichtungsmatrix zugrunde gelegt:

	6%	*7,5%*	*9%*	*Summe*
1 Jahr	*3,10*	*1,73*	*2,56*	*7,39*
2 Jahre	*3,50*	*2,43*	*2,87*	*8,80*
3 Jahre	*4,06*	*3,03*	*3,16*	*10,25*
4 Jahre	*4,88*	*3,37*	*3,70*	*11,95*
5 Jahre	*4,87*	*3,15*	*4,02*	*12,04*
6 Jahre	*4,09*	*2,84*	*4,32*	*11,25*
7 Jahre	*3,82*	*3,02*	*4,79*	*11,63*
8 Jahre	*3,38*	*3,14*	*4,06*	*10,58*
9 Jahre	*3,65*	*2,62*	*3,38*	*9,65*
10 Jahre	*3,15*	*1,47*	*1,84*	*6,46*

Tabelle 3.10: Gewichtungsmatrix für die synthetischen Anleihen der Rentenindizes REX, JEX und PEX [DB 97].

Aus dieser Gewichtungsmatrix ergeben sich für den REX ein Durchschnittskupon von 7,44% und eine durchschnittliche Restlaufzeit von 5,49 Jahren.

Der Stand des REX zum Zeitpunkt t $REX(t)$ errechnet sich damit gemäß

$$REX(t) = K(t) * \sum_{i=1}^{10} \sum_{j \in \{6;7,5;9\}} q_{ij} * K_{ij}(t), \tag{3.18}$$

wobei mit $K(t)$ der Verkettungsfakor zum Zeitpunkt t (bisher = 1, da die Gewichtungsmatrix noch keine Veränderung erfahren hat), mit $K_{ij}(t)$ der Kurs der Anleihe mit Restlaufzeit i und Kuponhöhe j zum Zeitpunkt t sowie mit q_{ij} das entsprechende Element der Gewichtungsmatrix bezeichnet werden. $REX(t)$ ist somit interpretierbar als der durchschnittliche Kurs einer Staatsanleihe mit Restlaufzeit 5,49 Jahren und einem Kupon von 7,44%.[24]

Für den REX werden ferner 10 Subindizes für die entsprechenden Restlaufzeiten der Anleihen ermittelt. Die Berechnung erfolgt analog zur Vorgehensweise beim REX. Der Stand des zur Restlaufzeit i gehörigen Subindexes zum Zeitpunkt t $REX_i(t)$ berechnet sich wie folgt:

$$REX_i(t) = K_i(t) * \frac{\sum_{j \in \{6;7,5;9\}} q_{ij} * K_{ij}}{\sum_{j \in \{6;7,5;9\}} q_{ij}}. \tag{3.19}$$

Die Verkettungsfaktoren $K_i(t)$ der Subindizes haben, wie beim REX, ebenfalls über alle Zeitpunkte den Wert 1.

5. Bei der Ermittlung des Performanceindexes REXP müssen gegenüber der Berechnung des REX nicht nur Kuponzahlungen, sondern auch der „Pull-To-Par-Effekt“ und der „Rolling-Down-Effekt“ berücksichtigt werden.

Rolling-Down-Effekt

Bei einer „normalen“ Zinsstrukturkurve, d.h. einer Zinsstrukturkurve, bei der die Rendite in Abhängigkeit von der Restlaufzeit monoton steigt, hat eine Verkürzung der Restlaufzeit einer Anleihe, bei gleichbleibenden anderen Parametern, eine Erhöhung des Kurses und somit eine geringere Rendite zur Folge. Analog führt eine Verringerung der Restlaufzeit bei einer inversen Zinsstrukturkurve zu einer Erniedrigung des Kurses und damit zu einer höheren Rendite.

---

[24] In analoger Weise ist der Indexstand des PEX/JEX (vgl. Tabelle 3.11) als der Kurs eines Pfandbriefes/Jumbopfandbriefes mit Restlaufzeit 5,49 Jahren und einem Kupon von 7,44% interpretierbar.

Pull-To-Par-Effekt

Eine Anleihe notiert „zu Par“, wenn der Kurs der Anleihe gleich dem Rückzahlungskurs ist, d.h. wenn gilt: $K + S = N$. Der Kurs einer Anleihe nähert sich automatisch dem Rückzahlungskurs an, je näher die Restlaufzeit gegen Null tendiert. Bei gleichbleibenden anderen Parametern führt somit eine Verkürzung der Restlaufzeit auch unabhängig von der Form der Zinsstrukturkurve tendenziell zu einer Veränderung des Kurses in Richtung des Rückzahlungskurses.

Die Berücksichtigung dieser Effekte erfolgt bei der Berechnung des REXP über einen Zwischenschritt: Zunächst wird ein „laufzeitverkürzter REX“ REX* ermittelt, bei dem – bei ansonsten unveränderten Parametern – die Laufzeit um einen Tag (bzw. um die Anzahl der Tage zwischen zwei Börsentagen) herabgesetzt wird. Ausgehend von dem Indexstand zum Zeitpunkt t-1 wird der Indexstand des REXP zum Zeitpunkt t, $REXP(t)$, wie folgt ermittelt:

$$REXP(t) = REXP(t-1) * \frac{REX^*(t) + \frac{7{,}44}{360} * \Delta t}{REX(t-1)}, \tag{3.20}$$

wobei Δt die Anzahl der Tage zwischen den Börsentagen t und t-1 darstellt.

Analog zum DAX wurde der REXP zum 30.12.1987 auf den Wert 100 normiert. Anhand von Formel (3.20) wird ersichtlich, daß die Berechnung des Performanceindexes von der täglichen Wiederanlage der Kuponzahlungen in den Index ausgeht.

Index	*Art**	*Laufzeitindizes [Anzahl/Gliederung]*	*Beschreibung*
REX	*s*	*10/1-10 Jahre*	*Staatsanleihen*
PEX	*s*	*10/1-10 Jahre*	*Pfandbriefe*
JEX	*s*	*10/1-10 Jahre*	*Jumbopfandbriefe*
BHF	*s*	*5/1,3,5,7,9 Jahre*	*Staatsanleihen*
*Commerzbank Rentenindex***	*s*	*10/1-10 Jahre*	*Bankschuldverschreibungen*
JP Morgan	*r*	*5/1-3,3-5,5-7,7-10,+10 Jahre*	*Staatsanleihen*
*DATASTREAM****	*r*	*5/1-3,3-5,5-7,7-10,+10 Jahre*	*Staatsanleihen*

**s*: synthetischer Index; *r*: Index basiert auf realen Anleihen; **Index wurde zum 31.03.1999 eingestellt (vgl. [Commerzbank 99]); ***Laufzeitenstruktur für die All-Bond- und Tracker-Indizes

Tabelle 3.11: Übersicht über wichtige Indizes für den deutschen Rentenmarkt.

3.4 Konstruktion von Benchmarks für Portfolios mit mehreren Anlagesegmenten

Indizes unterschiedlicher Wertpapiergattungen werden häufig kombiniert, um als Benchmark für sog. „gemischte Portfolios" („Balanced Portfolios") zu fungieren.

> **Gemischte Portfolios („Balanced Portfolios")**
>
> Gemischte Portfolios sind Portfolios, die Wertpapiere unterschiedlicher Wertpapiergattungen enthalten. Ziel eines solchen „Mixes" ist es i.a., ein Risikoniveau zu realisieren, welches den spezifischen Präferenzen eines Investors entspricht. In der Praxis kombiniert man dazu eine risikoreiche Anlage (z.B. Aktien) mit einer risikoarmen (z.B. Renten).

Mißt man das Risiko einer Investition durch die Volatilität (vgl. Abschnitt 6.2.1), dann ergibt sich im Rahmen der modernen Portfoliotheorie folgender Ausdruck für das Gesamtrisiko σ des aus der Kombination zweier Komponenten resultierenden Portfolios (vgl. Kapitel 6):

$$\sigma = \sqrt{x^2 * \sigma_1^2 + (1-x)^2 \sigma_2^2 + 2 * x * (1-x) * Kov_{12}} \qquad (3.21)$$

Hierbei bezeichnen σ_1 und σ_2 die Volatilität der Renditen der einzelnen Komponenten, Kov_{12} deren Kovarianz und x den Gewichtsanteil der ersten Komponente im Gesamtportfolio. $1-x$ bezeichnet die Gewichtung der zweiten Komponente.

Durch entsprechende Wahl des Gewichtungsfaktors x läßt sich ein Risikoniveau realisieren, welches zwischen den von den Komponenten vorgegebenen Extremwerten liegt. Damit dieses Risikoniveau jedoch im Zeitablauf nicht zu großen Schwankungen ausgesetzt ist, müssen die Portfoliogewichte regelmäßig rebasiert werden.[25]

Beispiel 3.9 (Gemischtes Portfolio aus deutschen Renten und Aktien):

Nachfolgende Tabelle enthält Kennzahlen, die für eine Investition in deutsche Aktien bzw. deutsche Renten charakteristisch sind. Die Berechnung erfolgte auf Basis der monatlichen Renditewerte für den DAX und den REXP über den Zeitraum vom 01.01.1993 bis 31.12.1997.

---

[25] Eine Konstanz der Risikoniveaus wird sich in der Praxis jedoch kaum realisieren lassen, da die empirisch beobachtbaren Varianz- und Kovarianzparameter von Börsenindizes im Zeitablauf nicht konstant sind.

	Rendite p.a.	Volatilität
Deutsche Aktien (DAX)	*22,50%*	*17,69%*
Deutsche Renten (REX P)	*8,37%*	*3,34%*

Tabelle 3.12: Kennzahlen einer Investition in deutsche Aktien bzw. deutsche Renten (Betrachtungszeitraum: 01.01.1993 – 31.12.1997).

Die Kovarianz zwischen den Renditezeitreihen betrug über den Betrachtungszeitraum 0,20%.

Durch Kombination dieser Anlageformen kann ein Investor entsprechend dem Zusammenhang in Formel (3.21) das von ihm präferierte Risikoniveau realisieren. Sieht man von Leerverkäufen ab, dann stellt Abbildung 3.5 sämtliche durch Kombination der Aktien- mit der Rentenkomponente realisierbaren Möglichkeiten dar. Dabei wird die erwartete Rendite in Abhängigkeit vom realisierbaren Risiko dargestellt.

Die Quadrate repräsentieren die „Extrempunkte" einer reinen Aktien- bzw. Rentenanlage, die Raute ein Portfolio, welches jeweils zu 50% aus Renten und Aktien besteht.

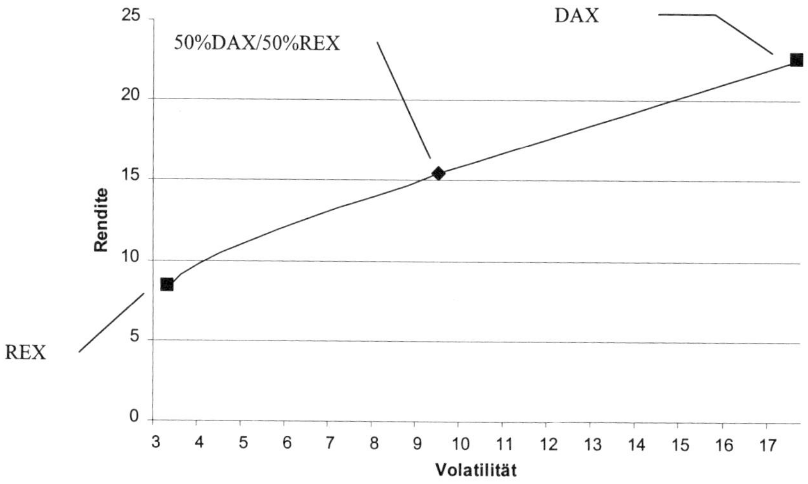

Abbildung 3.5: Rendite/Risiko-Profil einer kombinierten Aktien- und Rentenanlage.

Zur Beurteilung der Managementleistung bei einem gemischten Portfolio sollte eine Benchmark herangezogen werden, die ebenfalls aus einer Kombination von Indizes verschiedener Wertpapiergattungen besteht, einer sog. „gemischten Benchmark" oder „Customized Benchmark".

Wie bereits erwähnt, ist es notwendig, die gemischte Benchmark bzw. das gemischte Portfolio regelmäßig zu rebasieren, um das beabsichtigte Risikoniveau (annähernd) zu erhalten. Dabei werden die Gewichte der Benchmark- und der Portfoliosegmente in regelmäßigen Abständen auf die ursprünglich eingestellten Werte zurückgesetzt. Für die Wahl der „Frequenz" der

Rebasierung bieten sich unterschiedliche Möglichkeiten. Ein wichtiger Aspekt ist das Auftreten von Transaktionskosten. Wählt man eine höhere Frequenz (beispielsweise tägliche Rebasierung), dann kann dies bei der Anpassung des Portfolios zu erheblichen zusätzlichen Transaktionskosten führen, die die Performance negativ beeinflussen. In der Praxis werden Benchmarks daher häufig monatlich rebasiert.[26]

Generell läßt sich feststellen, daß der zugrunde liegende Managementstil bei der Frage nach der Rebasierungsfrequenz berücksichtigt werden muß. Wird ein Portfolio sehr aktiv gemanagt (etwa mit täglichen Transaktionen wie bei vielen gemischten Publikumsfonds), dann kann die Festlegung einer hohen Rebasierungsfrequenz sinnvoll sein.

Allgemein wird die Rendite R einer gemischten Benchmark mit N Segmenten zwischen zwei Rebasierungszeitpunkten wie folgt ermittelt:

$$R = \sum_{i=1}^{N} g_i * r_i ,$$

wobei r_i die Rendite und g_i die Gewichtung des i-ten Segments bezeichnen.

Eine andere Ausprägung des „Customized-Benchmark-Konzepts“ geht aus der Berücksichtigung von Anlagerestriktionen innerhalb der Benchmarkstruktur hervor.

Beispiel 3.10 (Berücksichtigung von Anlagerestriktionen innerhalb der Benchmark):

Ein Anleger beabsichtigt ein Portfolio aufzulegen, welches in Titel des DAX 100 investiert. Er schließt dabei jedoch Investitionen in Bauwerte aus. Als Vergleichsmaßstab soll der DAX 100, bei dem die Bauwerte „entfernt“ wurden, dienen. Da dieser Index nicht von der Deutschen Börse publiziert wird, berechnet der Vermögensverwalter ihn unter Zugrundelegung der Berechnungsmethode für die DAX-Indizes selbst.

Auch bei dieser Benchmark-Form ist es notwendig, klar zu definieren, mit welcher Frequenz eine Rebasierung der Gewichte erfolgen soll. Die Ermittlung der Rendite über mehrere Perioden erfolgt mittels der Formel für die zeitgewichtete Rendite (Abschnitt 2.4).

[26] Die schwedische Analystenvereinigung *Sveriges Finansanalytikers Förening* empfiehlt jedoch die tägliche Rebasierung gemischter Benchmarks (vgl. [SFF 98]).

Übungen zu Kapitel 3

Übung 3.1 (Rendite einer Anleihe):

Leiten Sie Gleichung (3.15) aus Gleichung (3.13) ab. Benutzen Sie dazu folgende mathematische Identität: Falls x eine reelle Zahl mit $|x| < 1$ bezeichnet, dann gilt:[27]

$$\sum_{i=0}^{n} x^i = \frac{x^{n+1} - x}{x - 1}. \tag{3.22}$$

Übung 3.2 (Rebasierung einer gemischten Benchmark):

Der Geschäftsführer einer Vermögensverwaltungsgesellschaft erhält den Anruf eines Kunden, der ein gemischtes Portfolio verwalten läßt. Für das Portfolio wurde die Benchmark 50% DAX/50% REXP vereinbart.

Der Kunde weist darauf hin, daß der von ihm ermittelte Renditewert nicht mit dem Renditewert übereinstimmt, der in der von der Gesellschaft erstellten Vermögensaufstellung ausgewiesen wird. Sowohl der Kunde als auch die Vermögensverwaltungsgesellschaft verwenden die in Tabelle 3.13 enthaltenen Daten.

	Januar 1999	*Februar 1999*
REXP	*2,46%*	*1,14%*
DAX	*–17,05%*	*–8,64%*

Tabelle 3.13: Rendite des REXP und des DAX im Januar und Februar 1999

Der vom Kunden berechnete Wert von –10,29% fällt um fast einen halben Prozentpunkt höher aus als der Wert, der in der Vermögensaufstellung ausgewiesen wird (–10,77%). Wie erklären sie sich diese Diskrepanz?

Übung 3.3 („Synthetische" Indizes vs. „Reale" Indizes):

Die Debatte über den Vergleich von synthetischen Rentenindizes mit solchen, die auf realen Anleihen basieren, ist so alt wie das Konzept von synthetischen Indizes selbst.[28] Im folgenden werden eine Reihe von Aussagen aufgeführt, die verschiedene Argumente dieser Diskussion ausführen:

---

[27] Identität (3.22) folgt aus folgender einfacher Betrachtung: $(x-1) * \sum_{i=1}^{n} x^i = \sum_{i=2}^{n+1} x^i - \sum_{i=1}^{n} x^i = x^{n+1} - x$.

[28] Der erste deutsche synthetische Rentenindex war der BHF-BANK-Rentenmarktindex. Er wird seit 1983 veröffentlicht.

1. Verschiedene der Segmente, auf denen der REX basiert (vor allem jene mit hohen Kuponwerten und hohen Restlaufzeiten), sind kaum (wenn überhaupt) am Rentenmarkt erhältlich.
2. Durch die regelmäßige Anpassung der „realen Indizes" kann es zu erheblichen Fluktuationen kommen. Entsprechend kommt es dann zu erheblichen Schwankungen bei Index-Kennzahlen wie der Duration oder der Restlaufzeit.
3. Synthetische Indizes hängen nicht so stark vom jeweils aktuell vorliegenden Angebot an Rentenpapieren (insbesondere nicht von den Laufzeiten-Präferenzen der Emittenten) ab. Daher verläuft die zeitliche Entwicklung von Kennzahlen wie der Duration oder Restlaufzeit bei diesen Indizes stetig.
4. Aufgrund der Tatsache, daß „reale Indizes" auf realen (liquiden) Anleihen basieren, kann der Index auch „gekauft" werden.
5. Die Berechnung der „realen" Performanceindizes hängt sehr von der spezifischen Auswahl der Rentenpapiere (Kuponhöhe) ab.

Zu welchen Schlußfolgerungen hinsichtlich der Anwendungsbereiche der unterschiedlichen Indexformen kommen Sie?

Welche Indexform scheint Ihnen für den Bereich des Portfoliomanagements geeigneter zu sein?

Wie beurteilen Sie die Vorgehensweise der Deutschen Börse bei der Ermittlung des REX im Hinblick auf die Aussage in Punkt 1? (Hinweis: Beachten Sie, daß die Kurse der synthetischen Anleihen durch Interpolation über die abgeleitete Zinsstrukturkurve ermittelt werden.)

4 Attributionsanalyse

4.1 Grundlagen einer Attributionsanalyse

4.1.1 Zielsetzung einer Attributionsanalyse

Unter einer Attributionsanalyse versteht man im allgemeinen die Erfassung, die Beschreibung und die Quantifizierung von Einflußfaktoren auf Renditeergebnisse von Wertpapierportfolios.[1] Oftmals ist es nicht die absolute, sondern die *relativ zu einer Benchmark* erzielte Rendite (*Differenzrendite*), welche analysiert wird. Die zentrale Fragestellung, die einer Attributionsanalyse in der Regel zugrunde liegt, lautet somit:

Worauf ist die Differenzrendite des Portfolios XY gegenüber seiner Benchmark über einen spezifizierten Zeitraum zurückzuführen?

Zur Beantwortung dieser Frage werden häufig die folgenden Aspekte eingehend untersucht:

- Welchen Beitrag lieferte die Gewichtung der Portfoliosegmente (relativ zur Benchmark) zur Differenzrendite? (*Allokation*)
- Hatte die Auswahl der Einzeltitel in den jeweiligen Segmenten wesentlichen Einfluß auf die Differenzrendite? (*Selektion*)
- Wurde das Investitionsvolumen in einzelnen Märkten vorteilhaft variiert? (*Timing* der Allokation)
- Wurde das Investitionsvolumen in einzelnen Titeln vorteilhaft variiert? (*Timing* der Selektion)
- Inwiefern waren Entwicklungen an den Devisenmärkten für das positive/negative Abschneiden verantwortlich? (*Währungseffekte*)
- Hat das aktive Währungsmanagement einen wesentlichen Beitrag zum Renditeergebnis geliefert?

Welche Faktoren im Rahmen einer Analyse behandelt werden sollten, hängt vom Managementansatz ab, der dem in Betracht stehenden Portfolio zugrunde liegt. Abbildung 4.1 verdeutlicht weitere wichtige Kriterien, an denen eine Attributionsanalyse ausgerichtet werden kann. Die Güte einer Analyse hängt entscheidend vom Grad der Adaption an den Managementprozeß ab. Auf diesen Zusammenhang wurde bereits in Abschnitt 1.2 hingewiesen.

Grundsätzlich ist auch zu prüfen, wie ein angemessener Rahmen für eine Analyse gestaltet werden kann. Das Bedürfnis, möglichst umfassende Informationen über alle Faktoren, die das Anlageergebnis beeinflussen können, zu erhalten, muß mit der Forderung, die dargestellten

---

[1] Anstatt der Bezeichnung Attributionsanalyse werden auch häufig die Bezeichnungen Beitrags- oder Performanceanalyse verwendet. In der Praxis werden in der Regel jedoch nur Attributionsanalysen der Renditeergebnisse erstellt. Der Risikoaspekt wird dabei vernachlässigt. Für einen Ansatz, bei dem auch das Risiko berücksichtigt wird, siehe [Ankrim 92].

Informationen in einer übersichtlichen (komprimierten) Form zu erhalten, in Einklang gebracht werden (vgl. Abbildung 4.2). In der Praxis ist die richtige Balance oft nur schwer zu finden, da sie sehr stark von den spezifischen Bedürfnissen der Anwender abhängt.

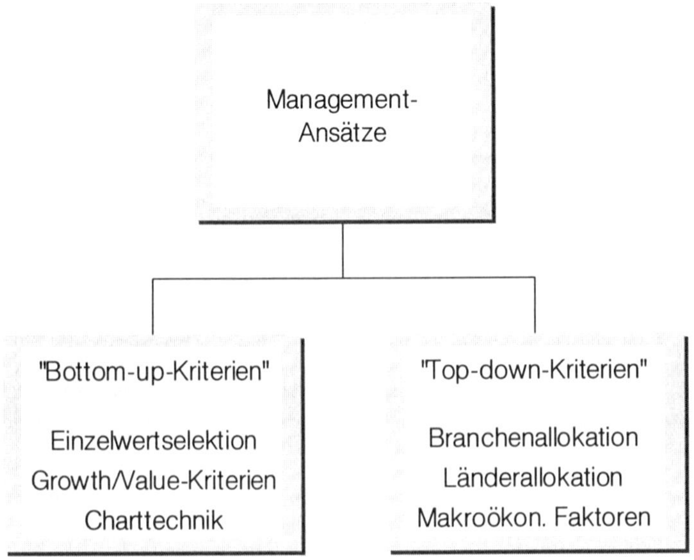

Abbildung 4.1: Faktoren, deren Einfluß auf Renditeergebnisse im Rahmen einer Attributionsanalyse untersucht wird.

Beispiel 4.1 (Relevante Faktoren für eine Attributionsanalyse):

Für ein internationales Rentenportfolio, welches in erheblichem Umfang Rentenpapiere enthält, die zwar in einer Fremdwährung notieren, die jedoch zur Basiswährung[2] gehedgt werden („synthetische Anleihen"), ist es sinnvoll, die Renditebeiträge der Devisentermingeschäfte den Rentensegmenten zuzuordnen.

Basiert der Managementansatz eines Portfolios vollständig auf dem Prinzip der Einzelwertselektion (z.B. mittels eines „Bottom-up-approach"), dann sollte im Rahmen einer Analyse in erster Linie die Einzelwertselektion erfaßt werden. Der Informationsgehalt, den eine Branchenallokationsanalyse beinhaltet, ist in diesem Fall eher gering.

[2] Anstatt der Bezeichnung Basiswährung werden in der Praxis auch die Bezeichnungen Buch- oder Referenzwährung benutzt.

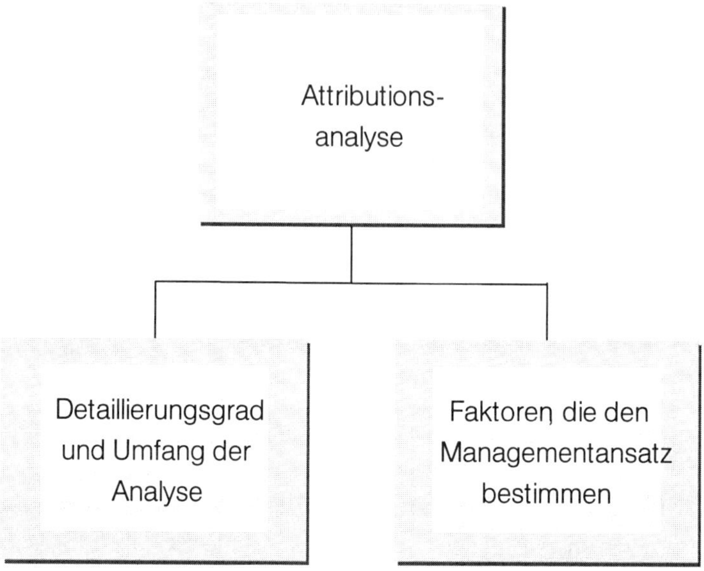

Abbildung 4.2: Grundlegende Faktoren für eine Attributionsanalyse.

Die Bewältigung einer Vielzahl individueller Ansätze stellt sehr hohe Anforderungen an ein quantitatives Attributionsanalysesystem (vgl. [Bagot 95]).

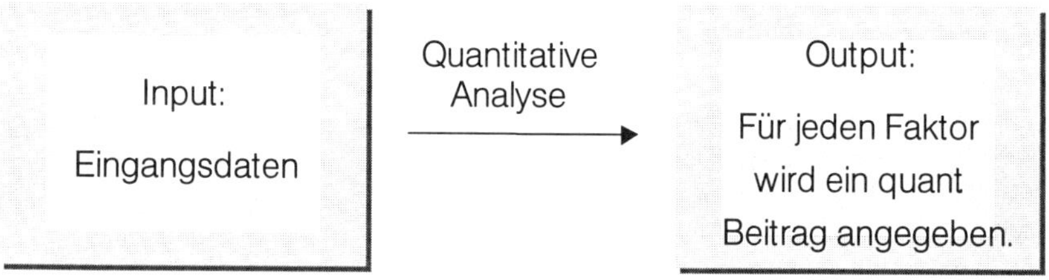

Abbildung 4.3: Attributionsanalyse in schematischer Form.

Abbildung 4.3 verdeutlicht die Abhängigkeit der Attributionsanalyse von den zugrunde liegenden Daten. Die Standardanalysesysteme operieren auf Basis von Bestands- und Umsatzdaten. Um einige spezifische Fragestellungen zu analysieren, sind oftmals weitere Informationen erforderlich. Beispielsweise kann die Notwendigkeit zur Berücksichtigung der Beiträge von Renten und Devisentermingeschäften bei der Berechnung der Renditebeiträge der (synthetischen) Rentensegmente in Beispiel 4.1 nur dann von einem Attributionsanalysesystem erkannt werden, wenn den zugrunde liegenden Daten bereits zu entnehmen ist, welche Wertpapiere zu kombinieren sind. Der Aufwand, der aufgrund der Komplexität einer solchen Portfoliostruktur hinsichtlich der Aufbereitung der Bestands- und Umsatzdaten erforderlich wird, kann dabei sehr hoch werden. Ausmaß und Inhalte von Attributionsanalysen sind daher nicht zuletzt auch unter dem Gesichtspunkt der erforderlichen materiellen und personellen Aufwendungen zu bestimmen.

Im Rahmen einer Attributionsanalyse wird die erzielte Rendite bzw. die gegenüber einer Benchmark erzielte Differenzrendite in einzelne Beiträge zerlegt. Die Gesamtrendite (Gesamtdifferenzrendite) ergibt sich dann als Summe der einzelnen Beiträge:

Gesamtrendite/Gesamtdifferenzrendite =		Renditebeitrag aus Faktor 1
	+	Renditebeitrag aus Faktor 2
	:	:
	:	:
	+	Renditebeitrag aus Faktor n

In der Praxis basieren die Attributionsanalysen häufig auf den Faktoren:

- Gewichtung der Portfoliosegmente,
- Übergewichtung/Untergewichtung der Portfoliosegmente im Vergleich zu einer Benchmark (Allokation),
- Rendite der Portfoliosegmente,
- Renditedifferenzen der Segmente relativ zu einer Benchmark (Selektion).

Als Ausgangspunkt für eine Attributionsanalyse kann somit eine beliebige Partitionierung des Portfolios in Segmente dienen. Die Attributionsanalysen in der Praxis basieren häufig auf einer Partitionierung des Portfolios in Branchen- oder Ländersegmente. Weitere Partitionierungen ergeben sich beispielsweise aus der Abstufung von „Value"- und „Growth"-Aktien (vgl. Abschnitt 1.1) oder der Abstufung nach Bonitätsklassen bei Rentenportfolios. Obwohl in den Beispielen dieses Kapitels ausschließlich Aktienportfolios betrachtet werden, denen eine Länder- oder Branchensegmentierung zugrunde liegt, lassen sich die dargestellten Methoden auch auf Wertpapierportfolios mit einer beliebigen Segmentierung anwenden. Voraussetzung dafür ist jedoch in den meisten Fällen die Existenz einer Benchmark, die in analoger Weise partitioniert ist (vgl. Kapitel 3).

4.1.2 Gesamtrendite als gewichtete Summe der Einzelrenditewerte

Grundlegend für Attributionsanalysen ist die „Verknüpfung" von Einzelrenditewerten zur Gesamtrendite eines Portfolios. Im folgenden wird die Formel abgeleitet, mit der man mittels der Anfangsgewichte und Renditewerte von Portfoliosegmenten die Gesamtrendite des Portfolios ermittelt.

Zunächst wird der Spezialfall eines Portfolios betrachtet, welches aus nur zwei Segmenten besteht. Die Rendite der beiden Segmente (z.B. Aktien- und Rentensegment) im Zeitraum von 0 bis T wird mit srp_1 bzw. mit srp_2 bezeichnet.

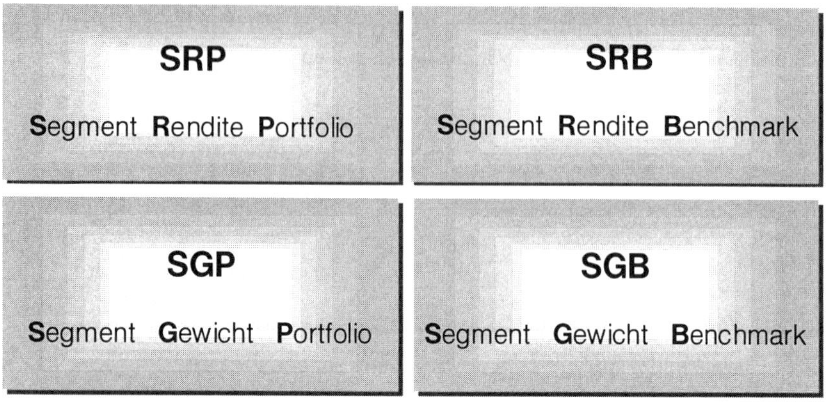

Abbildung 4.4: In diesem Kapitel wird der Vergleich zwischen Portfolio- und Benchmarkparametern eine zentrale Rolle spielen. Daher ist es wichtig, die entsprechenden Größen in der Notation klar voneinander zu trennen.

Die Notation für die Inventarwerte der Segmente entnimmt man nachfolgender Tabelle:

	Inventarwert zum Zeitpunkt 0	*Inventarwert zum Zeitpunkt T*
Segment 1	I_1^0	I_1^T
Segment 2	I_2^0	I_2^T

Tabelle 4.1: Notation für die Inventarwerte der Portfoliosegmente

Werden die Gewichte der Segmente zu Beginn der Periode mit sgp_1^0 und sgp_2^0 bezeichnet, dann gilt:

$$sgp_1^0 = \frac{I_1^0}{I_1^0 + I_2^0} \text{ bzw. } sgp_2^0 = \frac{I_2^0}{I_1^0 + I_2^0}.$$

An dieser Stelle wird vorausgesetzt, daß bei keinem der Segmente exogene Mittelbewegungen erfolgt sind. Für die Renditewerte srp_1 und srp_2 gilt dann:

$$srp_1 = \frac{I_1^T - I_1^0}{I_1^0} \text{ bzw. } srp_2 = \frac{I_2^T - I_2^0}{I_2^0}.$$

Die Rendite *RP* des Gesamtportfolios berechnet sich zu

$$RP = \frac{I_1^T + I_2^T - I_1^0 - I_2^0}{I_1^0 + I_2^0}.$$

Zur Ableitung der gewünschten Formel für die Gesamtrendite eines Portfolios mit zwei Segmenten wird dieser Ausdruck wie folgt umgeformt:

$$RP = \frac{I_1^T - I_1^0}{I_1^0 + I_2^0} + \frac{I_2^T - I_2^0}{I_1^0 + I_2^0} = \frac{I_1^0}{I_1^0 + I_2^0} * \frac{I_1^T - I_1^0}{I_1^0} + \frac{I_2^0}{I_1^0 + I_2^0} * \frac{I_2^T - I_2^0}{I_2^0} = sgp_1^0 * srp_1 + sgp_2^0 * srp_2 .$$

Unter der Annahme, daß keine exogenen Mittelbewegungen stattgefunden haben, ist somit die Gesamtrendite eines Portfolios, das aus mehreren Segmenten besteht, identisch mit der gewichteten Summe der Renditen der einzelnen Segmente. Insbesondere gilt:

Beitrag des Segments = Anfangsgewichtung des Segments * Segmentrendite.

Im folgenden wird von der Voraussetzung ausgegangen, daß die Gewichte der Segmente zu Beginn der Periode auf Basis der Vortagskurse der im Portfolio enthaltenen Vermögenswerte ermittelt werden. Beispielsweise werden zur Berechnung der Renditebeiträge über die Periode vom 01.07.1999 bis zum 31.07.1999 die auf Schlußkurs-Basis ermittelten Gewichte zum 30.06.1999 benutzt (vgl. nachfolgendes Beispiel).

Beispiel 4.2 (Berechnung von Renditebeiträgen für ein gemischtes Portfolio):

Ein gemischtes Portfolio war am 30.06.1999 zu 50% in deutschen Renten und zu 40% in deutschen Aktien sowie zu 10% in liquiden Mitteln (Kasse) investiert. Bis zum 31.07.1999 haben die einzelnen Segmente folgende Renditen erzielt:[3]

Segment	*Gewichtung zum 30.06.1999*	*Rendite 01.07.1999-31.07.1999*
Aktien	*40%*	*10,8%*
Renten	*50%*	*-2,3%*
Kasse	*10%*	*0,3%*

Tabelle 4.2: Gewichtungen und Renditewerte eines gemischten Portfolios.

Die Gesamtrendite *RP* berechnet sich daher zu[4]

$$RP = 0{,}4 * 0{,}108 + 0{,}5 * (-0{,}023) + 0{,}1 * 0{,}003 = 0{,}032 \cong 3{,}2\%.$$

Diese Betrachtungen lassen sich sehr leicht auf die Zerlegung von Renditeergebnissen eines Portfolios mit beliebig vielen Segmenten verallgemeinern.

3 Bei dieser Rechnung wird unterstellt, daß es im Juli in keinem der Segmente zu exogenen Mittelbewegungen gekommen ist.

4 In diesem Fall liegen drei Segmente vor. Hier gilt die Formel $RP = sgp_1^0 * srp_1 + sgp_2^0 * srp_2 + sgp_3^0 * srp_3$

Rendite als Summe von Renditebeiträgen

Die Rendite RP eines aus n Segmenten bestehenden Portfolios in einer Periode, in dem es in keinem der Teilsegmente zu exogenen Mittelbewegungen gekommen ist, kann als gewichtete Summe der Renditewerte der Segmente berechnet werden.

$$RP = sgp_1^0 * srp_1 + sgp_2^0 * srp_2 + \cdots + sgp_n^0 * srp_n = \sum_{i=1}^{n} sgp_i^0 * srp_i, \quad (4.1)$$

mit

srp_i: Rendite des i-ten Segments des Portfolios in der Periode

sgp_i^0: Gewichtung des i-ten Segments zu Beginn der Periode ($\sum_{i=1}^{n} sgp_i^0 = 1$)

Die Größen $sgp_i^0 * srp_i$ sind die *Renditebeiträge* der einzelnen Portfoliosegmente.

Beispiel 4.3 (Renditebeiträge eines DAX-Portfolios):

Tabelle 4.3 weist die Gewichtungen, die Renditewerte sowie die Renditebeiträge der Titel eines DAX-Portfolios aus. Somit sind in diesem Fall die Segmente, von denen oben gesprochen wird, die einzelnen Aktien des Portfolios. Über den Betrachtungszeitraum betrug die Gesamtrendite des Portfolios 2,39%.

Titel	*Gewichtung zum 31.07.1999*	*Rendite*	*Renditebeitrag*
Adidas-Salomon	2,20%	3,02%	0,07%
Allianz	4,00%	-0,92%	-0,04%
BASF	2,00%	-1,64%	-0,03%
HypoVereinsbank	4,00%	4,56%	0,18%
BMW	1,00%	5,13%	0,05%
Bayer	8,00%	1,45%	0,12%
Commerzbank	2,00%	8,97%	0,18%
DaimlerChrysler	12,00%	-0,21%	-0,03%
Degussa-Hüls	5,00%	-6,63%	-0,33%
Deutsche Bank	3,00%	8,94%	0,27%
Dresdner Bank	4,00%	7,04%	0,28%
Deutsche Telekom	7,00%	10,67%	0,75%
Henkel	5,00%	4,98%	0,25%
Hoechst	0,00%	-0,48%	0,00%
Karstadt	1,00%	-1,11%	-0,01%
Linde	3,00%	-12,61%	-0,38%
Lufthansa	1,00%	4,47%	0,04%
MAN	0,00%	1,31%	0,00%
Mannesmann	4,00%	1,42%	0,06%
Metro	1,00%	2,43%	0,02%
Münchener Rückversicherung	1,00%	-1,08%	-0,01%
Preussag	2,00%	-1,20%	-0,02%
RWE	2,00%	2,43%	0,05%
SAP	1,00%	5,94%	0,06%
Schering	4,00%	7,50%	0,30%
Siemens	5,80%	2,56%	0,15%
Thyssen Krupp	2,00%	-0,92%	-0,02%
VEBA	8,00%	5,05%	0,40%
VIAG	0,00%	8,62%	0,00%
VW	5,00%	0,64%	0,03%
Portfolio	***100,00%***	***2,39%***	***2,39%***

Tabelle 4.3: Renditebeiträge eines DAX-Portfolios im Zeitraum vom 01.08.1999 bis 31.08.1999. Die Rendite der Titel wurde mit dem Gewicht zu Beginn der Periode multipliziert. Der DAX hat im Betrachtungszeitraum eine Rendite von 3,35% erzielt.

Der rechten Spalte entnimmt man, welche Aktien den größten Anteil an diesem Ergebnis haben: „Deutsche Telekom“ mit 0,75% und „VEBA“ mit 0,40%. Negative Beiträge haben insbesondere „Linde“ und „Degussa-Hüls“ mit –0,38% bzw. –0,33% geliefert.

Diese Betrachtungsweise liefert ausschließlich Informationen hinsichtlich der absoluten Beiträge. Der DAX hat im Zeitraum vom 01.08.1999 bis 31.08.1999 eine Rendite von 3,35% erzielt. Somit schnitt das Portfolio in diesem Zeitraum deutlich schlechter ab als diese Benchmark. Der Analyse in Beispiel 4.3 ist nicht zu entnehmen, welche Managemententscheidungen dafür ausschlaggebend waren. Die in Tabelle 4.3 ausgewiesenen absoluten Renditebeiträge sind für einen Vergleich mit der Benchmark ungeeignet. Beispielsweise war die Position in „Deutsche Telekom“ gegenüber der Benchmarkgewichtung von 13,51% deutlich untergewichtet (vgl. Tabelle 4.5). Unter „relativen Gesichtspunkten“ war diese Entscheidung ungünstig, da diese Aktie eine deutlich höhere Rendite als der Marktdurchschnitt erzielt hat. Der positive Renditebeitrag, der in Tabelle 4.3 für diese Aktie ausgewiesen wird, gibt somit hinsichtlich der Güte der Managemententscheidung, diese Aktie mit einer Gewichtung von lediglich 7,0% zu berücksichtigen, keinen Aufschluß.

Ein weiteres Beispiel ist die Allianz-Aktie: Diese Aktie hat aufgrund der erzielten negativen Rendite einen negativen Renditebeitrag geliefert. Die Gewichtung von 4,0% lag allerdings unterhalb der Gewichtung dieser Aktie im DAX. Der Renditebeitrag von –0,04% sagt somit auch in diesem Fall nichts über die Managementleistung im Vergleich zur Benchmark aus. Um zu einer aussagefähigen Bewertung der Managementleistung zu gelangen, müssen die Gewichte der Benchmark in den Vergleich einbezogen werden.

4.1.3 Attributionsanalyse im Vergleich zu einer Benchmark

Die Renditebeiträge der einzelnen Komponenten einer Benchmark errechnen sich analog zu den Beiträgen des Portfolios, so daß für die Rendite *RB* der Benchmark über eine Periode, in der keine Adjustierung der Gewichte vorgenommen wurde (vgl. Formel (4.1)), gilt:

$$RB = sgb_1^0 * srb_1 + sgb_2^0 * srb_2 + \cdots + sgb_n^0 * srb_n = \sum_{i=1}^{n} sgb_i^0 * srb_i, \tag{4.2}$$

mit

srb_i : Rendite des i-ten Segments der Benchmark in der Periode

sgb_i^0: Gewichtung des i-ten Segments zu Beginn der Periode ($\sum_{i=1}^{n} sgb_i^0 = 1$)

n: Anzahl aller Segmente innerhalb der Benchmark und des Portfolios[5]

Die Größen $sgb_i^0 * srb_i$ sind die *Renditebeiträge* der einzelnen Benchmarksegmente.

Bei der relativen Attributionsanalyse liegt das Augenmerk darauf, herauszufinden, wie sich die unterschiedlichen Gewichtungen der Segmente auf die Differenzrendite $RP - RB$ ausgewirkt haben. Es gilt

$$RP - RB = \sum_{i=1}^{n} sgp_i^0 * srp_i - sgb_i^0 * srb_i. \tag{4.3}$$

Die Summanden auf der rechten Seite

$$sgp_i^0 * srp_i - sgb_i^0 * srb_i$$

sind die Differenzen der Renditebeiträge der einzelnen Segmente.

[5] Die Anzahl der Portfoliosegmente muß nicht notwendigerweise mit der Anzahl der Benchmarksegmente übereinstimmen. Segmente, die nur im Portfolio enthalten sind, gehen mit einer Benchmarkgewichtung von Null in die Summe (4.2) ein. (Beispiel: Der DAX enthält keine „Bauwerte". Enthält ein Portfolio, dem der DAX als Benchmark zugewiesen wurde, ein Segment „Bauwerte", dann wird die (fiktive) Benchmarkgewichtung gleich Null gesetzt.)

Beispiel 4.4 (Berechnung relativer Renditebeiträge für ein gemischtes Portfolio):

An dieser Stelle wird nochmals das gemischte Portfolio aus Beispiel 4.2 betrachtet, welches am 30.06.1999 zu 50% in deutschen Renten und zu 40% in deutschen Aktien sowie zu 10% in liquiden Mitteln (Kasse) investiert war. Es werden die Renditebeiträge des Portfolios mit denen einer Benchmark verglichen, welche zu 50% in deutschen Aktien und zu 50% in deutschen Renten investiert war. Das Segment „Kasse“ existiert nur im Portfolio. Diese Situation wurde in Fußnote 5 erläutert. Bis zum 31.07.1999 haben die einzelnen Segmente folgende Renditewerte erzielt:

Segment	*Portfolio*		*Benchmark*	
	Gewichtung 30.6.1999	*Rendite 01.07.1999-31.07.1999*	*Gewichtung 30.06.1999*	*Rendite 01.07.1999-31.07.1999*
Aktien	*40%*	*10,8%*	*50%*	*12,5%*
Renten	*50%*	*-2,3%*	*50%*	*-4,5%*
Kasse	*10%*	*0,3%*	-	-

Tabelle 4.4: Gewichtungen und Renditewerte eines gemischten Portfolios und seiner Benchmark.

Die Gesamtrendite des Portfolios wurde bereits in Beispiel 4.2 zu 3,20% berechnet. Für die Benchmark errechnet sich ein Renditewert von 4,00%. Dies ergibt eine Differenzrendite von -0,80%.

Die Beiträge zur relativen Renditedifferenz sind im einzelnen:

Aktien	$0{,}4 * 0{,}108 - 0{,}5 * 0{,}125$	$\cong$	**-1,93%**
Renten	$0{,}5 * (-0{,}023) - 0{,}5 * (-0{,}045)$	$\cong$	**1,10%**
Kasse	$0{,}1 * 0{,}003$	$\cong$	**0,03%**

Die negative Differenzrendite ist auf die Untergewichtung und die vergleichsweise schlechte Rendite des Aktiensegments im Portfolio gegenüber der Benchmark zurückzuführen. Der positive Beitrag des Rentensegments konnte diesen negativen Beitrag nicht ausgleichen.

Im folgenden wird nochmals der Spezialfall betrachtet, der bereits in Beispiel 4.3 erörtert wurde: Dort bestanden die Segmente aus einzelnen Aktientiteln. In diesem Fall stimmen die Renditewerte srb_i und srp_i überein, so daß sich Formel (4.3) in vereinfachter Form schreiben läßt:

$$RP - RB = \sum_{i=1}^{n} (sgp_i^0 - sgb_i^0) * srb_i . \tag{4.4}$$

Bei der Diskussion des Vorzeichens der einzelnen Beiträge $(sgp_i^0 - sgb_i^0) * srb_i$ sind vier Fälle zu unterscheiden:

	Positive Rendite $srb_i > 0$	*Negative Rendite* $srb_i < 0$
Übergewichtung $sgp_i^0 > sgb_i^0$	+	–
Untergewichtung $sgp_i^0 < sgb_i^0$	–	+

Abbildung 4.5: Vorzeichen der gemäß Formel (4.4) ermittelten relativen Renditebeiträge.

Der Renditebeitrag $(sgp_i^0 - sgb_i^0) * srb_i$ ist positiv, falls das Portfolio im *i*-ten Titel übergewichtet und die Rendite der Aktie positiv war oder falls das Portfolio bei einer negativen Rendite untergewichtet war. Er ist negativ, wenn das Portfolio bei einer negativen Rendite des Titels übergewichtet oder bei einer positiven Rendite untergewichtet war.

Beispiel 4.5 (Zerlegung der Differenzrendite bei einem DAX-Portfolio):

Tabelle 4.5 enthält gegenüber Tabelle 4.3 zusätzlich zu den Gewichtungen des Portfolios die Gewichtungen des DAX, der die Benchmark für dieses Portfolio bildet. Die Gewichtungen beziehen sich auf den Anfangszeitpunkt, also den 31.07.1999. Durch die Gegenüberstellung wird ersichtlich, in welchen Titeln der Portfoliomanager besondere „Wetten" eingegangen ist. Beispielsweise hat er die „Deutsche Telekom" deutlich untergewichtet und „Bayer" deutlich übergewichtet. Die Rendite des Gesamtportfolios betrug 2,39% und die des DAX 3,35%. Die Allokation der Gewichte hat zu einer negativen Differenzrendite von –0,96% geführt. Die relativen Renditebeiträge geben an, wie die einzelnen Titel zu dieser Differenzrendite beigetragen haben (vgl. Gleichung (4.4)).

Titel	*Portfolio Gewichtung*	*DAX Gewichtung*	*Rendite*	*Relativer Renditebeitrag*
Adidas-Salomon	2,20%	0,50%	3,02%	0,05%
Allianz	4,00%	7,92%	-0,92%	0,04%
BASF	2,00%	3,52%	-1,64%	0,02%
HypoVereinsbank	4,00%	2,68%	4,56%	0,06%
BMW	1,00%	2,45%	5,13%	-0,07%
Bayer	8,00%	3,78%	1,45%	0,06%
Commerzbank	2,00%	2,07%	8,97%	-0,01%
DaimlerChrysler	12,00%	9,32%	-0,21%	-0,01%
Degussa-Hüls	5,00%	0,79%	-6,63%	-0,28%
Deutsche Bank	3,00%	4,70%	8,94%	-0,15%
Dresdner Bank	4,00%	2,84%	7,04%	0,08%
Deutsche Telekom	7,00%	13,51%	10,67%	-0,69%
Henkel	5,00%	1,23%	4,98%	0,19%
Hoechst	0,00%	3,01%	-0,48%	0,01%
Karstadt	1,00%	0,49%	-1,11%	-0,01%
Linde	3,00%	0,71%	-12,61%	-0,29%
Lufthansa	1,00%	0,85%	4,47%	0,01%
MAN	0,00%	0,63%	1,31%	-0,01%
Mannesmann	4,00%	7,10%	1,42%	-0,04%
Metro	1,00%	2,23%	2,43%	-0,03%
Münchener Rückversicherung	1,00%	4,27%	-1,08%	0,04%
Preussag	2,00%	1,34%	-1,20%	-0,01%
RWE	2,00%	2,80%	2,43%	-0,02%
SAP	1,00%	4,80%	5,94%	-0,23%
Schering	4,00%	0,86%	7,50%	0,24%
Siemens	5,80%	5,80%	2,56%	0,00%
Thyssen Krupp	2,00%	1,45%	-0,92%	-0,01%
VEBA	8,00%	3,72%	5,05%	0,22%
VIAG	0,00%	1,63%	8,62%	-0,14%
VW	5,00%	3,03%	0,64%	0,01%
Summe	***100,00%***	***100,00%***		***-0,96%***

Tabelle 4.5: Renditebeiträge eines DAX-Portfolios relativ zu einer Benchmark im Zeitraum vom 01.08.1999 bis 31.08.1999. Die Gewichte beziehen sich auf den 31.07.1999. Die Berechnung der relativen Renditebeiträge erfolgt mittels Formel (4.4).

Einige Ergebnisse der Analyse sollen hervorgehoben werden:

- Im Unterschied zur Analyse in Beispiel 4.3 liefert die Deutsche-Telekom-Aktie bei dieser Zerlegung einen negativen Renditebeitrag, da der Titel bei einer positiven Rendite deutlich untergewichtet war. „Deutsche Telekom“ liefert mit –0,69% den größten Beitrag zur negativen Renditedifferenz.
- „Linde“ liefert ebenfalls einen signifikanten Beitrag zur negativen Differenzrendite. Darin spiegelt sich wider, daß „Linde“ bei einer unterdurchschnittlichen Rendite übergewichtet wurde.
- Die Siemens-Aktie liefert einen Renditebeitrag von Null. Hierin kommt zum Ausdruck, daß der Titel gegenüber der Benchmark neutral gewichtet wurde.

Die Zerlegung in relative Renditebeiträge gemäß Formel (4.4) läßt somit eher Rückschlüsse auf die Managementleistung zu als die bloße Betrachtung der absoluten Renditebeiträge unter Verwendung von Formel (4.1) in Beispiel 4.3.

Der im Beispiel ausgewiesene positive Renditebeitrag der Bayer-Aktie legt jedoch eine Modifikation des Ausdrucks (4.4) nahe: Da die Rendite von „Bayer" unterhalb der Rendite des DAX liegt, wird die Entscheidung, diesen Titel überzugewichten, durch einen positiven Renditebeitrag nicht angemessen bewertet. Dies wird vermieden, wenn man in Formel (4.4) anstatt der Renditewerte der Einzeltitel srb_i die im Vergleich zur Gesamtbenchmark erzielte Differenzrendite $srb_i - RB$ verwendet. Die relativen Renditebeiträge nehmen dann folgende Gestalt an:

$$(sgp_i^0 - sgb_i^0) * (srb_i - RB). \tag{4.5}$$

Für diese Beiträge ergibt sich das Schaubild:

	Positive Differenz-rendite $srb_i > RB$	*Negative Differenz-rendite* $srb_i < RB$
Übergewichtung $sgp_i^0 > sgb_i^0$	+	–
Untergewichtung $sgp_i^0 < sgb_i^0$	–	+

Abbildung 4.6: Vorzeichen der gemäß Formel (4.5) ermittelten relativen Renditebeiträge.

Bevor in Form eines Beispiels erläutert wird, welche Auswirkungen diese Modifikation auf praxisnahe Analysen hat, wird zunächst noch gezeigt, daß auch die modifizierten relativen Renditebeiträge (Gleichung (4.5)) in der Summe die Differenzrendite $RP - RB$ ergeben. Gemäß Formel (4.4) gilt:

$$RP - RB = \sum_{i=1}^{n} (sgp_i^0 - sgb_i^0) * srb_i.$$

Unter Verwendung dieser Identität folgt

$$\begin{aligned}\sum_{i=1}^{n} \left(sgp_i^0 - sgb_i^0\right) * \left(srb_i - RB\right) &= \sum_{i=1}^{n} \left(sgp_i^0 - sgb_i^0\right) * srb_i - \sum_{i=1}^{n} \left(sgp_i^0 - sgb_i^0\right) * RB \\ &= RP - RB - (1-1) * RB \\ &= RP - RB,\end{aligned}$$

entsprechend der aufgestellten Behauptung.

Beispiel 4.6 (Zerlegung der Differenzrendite bei einem DAX-Portfolio (II)):

In nachfolgender Tabelle werden die mittels Formel (4.5) relativ zum DAX ermittelten modifizierten relativen Renditebeiträge zur Differenzrendite für das Portfolio aus Beispiel 4.3 ausgewiesen.

Titel	*Portfolio Gewichtung*	*DAX Gewichtung*	*Rendite*	*Relativer Renditebeitrag*
Adidas-Salomon	2,20%	0,50%	3,02%	-0,01%
Allianz	4,00%	7,92%	-0,92%	0,17%
BASF	2,00%	3,52%	-1,64%	0,08%
HypoVereinsbank	4,00%	2,68%	4,56%	0,02%
BMW	1,00%	2,45%	5,13%	-0,03%
Bayer	8,00%	3,78%	1,45%	-0,08%
Commerzbank	2,00%	2,07%	8,97%	0,00%
DaimlerChrysler	12,00%	9,32%	-0,21%	-0,10%
Degussa-Hüls	5,00%	0,79%	-6,63%	-0,42%
Deutsche Bank	3,00%	4,70%	8,94%	-0,09%
Dresdner Bank	4,00%	2,84%	7,04%	0,04%
Deutsche Telekom	7,00%	13,51%	10,67%	-0,48%
Henkel	5,00%	1,23%	4,98%	0,06%
Hoechst	0,00%	3,01%	-0,48%	0,12%
Karstadt	1,00%	0,49%	-1,11%	-0,02%
Linde	3,00%	0,71%	-12,61%	-0,37%
Lufthansa	1,00%	0,85%	4,47%	0,00%
MAN	0,00%	0,63%	1,31%	0,01%
Mannesmann	4,00%	7,10%	1,42%	0,06%
Metro	1,00%	2,23%	2,43%	0,01%
Münchener Rückversicherung	1,00%	4,27%	-1,08%	0,14%
Preussag	2,00%	1,34%	-1,20%	-0,03%
RWE	2,00%	2,80%	2,43%	0,01%
SAP	1,00%	4,80%	5,94%	-0,10%
Schering	4,00%	0,86%	7,50%	0,13%
Siemens	5,80%	5,80%	2,56%	0,00%
Thyssen Krupp	2,00%	1,45%	-0,92%	-0,02%
VEBA	8,00%	3,72%	5,05%	0,07%
VIAG	0,00%	1,63%	8,62%	-0,09%
VW	5,00%	3,03%	0,64%	-0,05%
Summe	***100,00%***	***100,00%***		**-0,96%**

Tabelle 4.6: Renditebeiträge eines Portfolios relativ zum DAX im Zeitraum vom 01.08.1999 bis 31.08.1999. Die Gewichte beziehen sich auf den 31.07.1999. Die Berechnung der relativen Renditebeiträge erfolgte mittels Formel (4.5); somit wird die relativ zur Gesamtbenchmark erzielte Differenzrendite mit der Gewichtsdifferenz zu Beginn der Periode gewichtet. Die Gesamtrendite des Portfolios betrug 2,39% in diesem Zeitraum und die des DAX 3,35%. Die relativen Renditebeiträge summieren sich somit zur Differenzrendite von -0,96%.

Für die Bayer-Aktie wird in dieser Darstellung ein negativer Beitrag ausgewiesen. Hierin kommt zum Ausdruck, daß die Rendite der (übergewichteten) Aktie unterhalb des Marktdurchschnitts lag. Auch bei den anderen Titeln ergeben sich Veränderungen. Zum Beispiel ist der negative Beitrag der Linde-Aktie betraglich höher als in der Darstellung von Beispiel 4.5, da die relative Renditedifferenz (–15,96% = –12,61% –3,35%) betraglich höher ausfällt als die absolute Rendite (–12,61%).

Abschließend werden die beiden Formen der relativen Attributionsanalyse auf Einzeltitelbasis zusammengefaßt:

Renditebeiträge einzelner Titel zur Differenzrendite

Die relativen Renditebeiträge einzelner Titel eines Portfolios zur Differenzrendite zwischen einem Portfolio und seiner Benchmark (in einer Periode ohne Mittelbewegungen) können auf zwei verschiedene Arten berechnet werden:

Die (absolute) Rendite eines Titels wird mit der Gewichtsdifferenz am Anfang der Periode gewichtet:

$$(sgp_i^0 - sgb_i^0) * srb_i .$$

Die relativ zur Gesamtbenchmark erzielte Differenzrendite wird mit der Gewichtsdifferenz, die zu Beginn der Periode bestand, gewichtet:

$$(sgp_i^0 - sgb_i^0) * (srb_i - RB) ,$$

mit

RB : Gesamtrendite der Benchmark in der Periode

srb_i : Rendite der i-ten Aktie in der Periode

sgb_i^0 : Gewichtung der i-ten Aktie in der Benchmark zu Beginn der Periode ($\sum_{i=1}^{n} sgb_i^0 = 1$)

sgp_i^0 : Gewichtung der i-ten Aktie im Portfolio zu Beginn der Periode ($\sum_{i=1}^{n} sgp_i^0 = 1$)

n: Anzahl der Titel innerhalb der Benchmark und des Portfolios

In beiden Fällen ergibt die Summe der relativen Beiträge die Differenzrendite.

4.2 Attributionsanalyse im Einperiodenfall

4.2.1 Allokationsanalyse und Selektionsanalyse

Die bisher in detaillierter Form besprochenen Analyseformen geben über die (relativen) Renditebeiträge einzelner Aktien Auskunft. Dies kann für einen Portfoliomanager, der eine detaillierte Analyse über ein von ihm betreutes Portfolio benötigt, sinnvoll sein. Bei umfangreichen Portfolios sind bei derartigen Analysen jedoch eine enorme Menge von Daten zu verarbeiten. Die Standard-Attributionsanalysen basieren daher auf einem modifizierten Ansatz (vgl. z.B. [Brinson/Fachler 85, Brinson/Hood/Beebower 86, Pieper 98]). Die in den Portfolios (bzw. in der Benchmark) enthaltenen Wertpapiere werden dabei zunächst in Segmente eingeteilt, z.B. nach Branchen, Währungen, Restlaufzeitklassen, etc. Die Analysen enthalten dann Informationen über

- den Erfolg bei der Verteilung des Investments auf die einzelnen Segmente im Vergleich zur Benchmark-Verteilung (Allokationsbeiträge),
- die Einzelwertselektion ausgehend von der Allokationsentscheidung,
- Währungsbeiträge, etc.

Zunächst steht die Bestimmung von Allokations- und Selektionsbeiträgen im Mittelpunkt. Währungseffekte werden erst im Abschnitt 4.2.3 behandelt. Die Methodik wird wiederum mittels verschiedener Beispiele entwickelt.

Beispiel 4.7 (Einteilung des DAX in Branchen):

Für den DAX werden zwar von der Deutschen Börse AG keine Branchenindizes berechnet, unter Verwendung der für den DAX 100 vorgenommenen Segmentierung erhält man jedoch folgende Brancheneinteilung:

DAX-Branche	*Gewichtung*	*Titel*
Auto/Transport	*16,99%*	*BMW, DaimlerChrysler, Lufthansa, Preussag, VW*
Banken	*12,29%*	*HypoVereinsbank, Commerzbank, Dt. Bank, Dresdner Bank*
Chemie/Pharma	*11,96%*	*BASF, Bayer, Degussa-Hüls, Hoechst, Schering*
Software/Technologie	*10,60%*	*SAP, Siemens*
Handel/Konsum	*4,44%*	*Adidas, Henkel, Karstadt, Metro*
Maschinenbau/Industrie	*9,88%*	*Linde, MAN, Mannesmann, Thyssen Krupp*
Versicherungen	*12,19%*	*Allianz, Münchener Rückversicherung*
Versorger/Telekom	*21,67%*	*RWE, VEBA, VIAG, Dt. Telekom*

Tabelle 4.7: Gewichtung der DAX-Branchen am 31.07.1999

Da die Anzahl der definierten Branchen erheblich niedriger ist als die Anzahl der Einzeltitel (acht anstatt dreißig), nimmt der Umfang der auszuweisenden Daten ebenfalls deutlich ab. Anhand dieser Einteilung wird ersichtlich, wie der beabsichtigte Detaillierungsgrad die Analyse maßgeblich bestimmt (vgl. Abbildung 4.2). Die Zuordnung der Titel zu den einzelnen Branchen könnte noch differenzierter gestaltet werden. Eine weitere Aufgliederung der Branchen (etwa indem „Lufthansa“ und „Deutsche Telekom“ aus ihren jeweiligen Branchen herausgenommen und separaten Branchen „Telekom“ und „Transport“ zugewiesen werden) hätte jedoch eine Zunahme der Datenmenge zur Folge. Damit würde die Übersichtlichkeit der Analyse beeinträchtigt. Eine Analyse sollte nicht den Eindruck eines „Datenfriedhofs“ vermitteln!

Ausgehend von den angenommenen Branchengewichtungen kann der Manager eines DAX-Portfolios die Branchen innerhalb seines Portfolios unter- oder übergewichten (*Allokationsentscheidung*). In einem weiteren Schritt entscheidet er, wie er die Titel innerhalb der einzelnen Branchen gewichtet (*Selektionsentscheidung*) (vgl. Abbildung 4.7). Im folgenden wird ausgeführt, wie der Erfolg der getroffenen Entscheidungen gemessen wird.

Zur Veranschaulichung der Kernideen wird zunächst von einem denkbar einfachen Fall ausgegangen, bei dem sowohl die Benchmark als auch das Portfolio aus zwei Segmenten (Branchen) mit jeweils zwei Titeln besteht. Die Gewichtung der Titel innerhalb der Benchmark betrage jeweils 25%.

Beispiel 4.8 (Allokations- und Selektionsentscheidungen bei einem 2-Branchen-Portfolio):

Tabelle 4.8 enthält die **Benchmarkdaten**:

Branche	*Branchen-gewichtung*	*Branchen-rendite*	*Titel*	*Titel-gewichtung*	*Titel-rendite*
Software/ Technologie	*50%*	*4,25%*	*SAP*	*25%*	*5,94%*
			Siemens	*25%*	*2,56%*
Versicherungen	*50%*	*-1,06%*	*Allianz*	*25%*	*-0,92%*
			Münchener Rückv.	*25%*	*-1,20%*

Tabelle 4.8: Gewichtungen innerhalb einer Benchmark, welche nur aus den Titeln der DAX-Branchen Software/Technologie und Versicherungen besteht. Die Renditewerte wurden über den Zeitraum vom 01.08.1999 bis 31.08.1999 berechnet. Die Gewichte sind auf den 31.07.1999 bezogen.

Anhand dieser Informationen soll die Leistung des Managers, der für folgende **Portfoliostruktur** verantwortlich ist, beurteilt werden:

Branche	*Branchen-gewichtung*	*Branchen-rendite*	*Titel*	*Titel-gewichtung*	*Titel-rendite*
Software/ Technologie	*40%*	*5,10%*	*SAP*	*30%*	*5,94%*
			Siemens	*10%*	*2,56%*
Versicherungen	*60%*	*-1,01%*	*Allianz*	*40%*	*-0,92%*
			Münchener Rückv.	*20%*	*-1,20%*

Tabelle 4.9 Gewichtungen innerhalb eines Portfolios, welches nur aus den Titeln der DAX-Branchen Software/Technologie und Versicherungen besteht. Die Renditewerte wurden über den Zeitraum vom 01.08.1999 bis 31.08.1999 berechnet. Die Gewichte sind auf den 31.07.1999 bezogen.

Die Gesamtrendite der Benchmark errechnet sich zu 1,60% und die des Portfolios zu 1,43%, so daß sich eine Differenzrendite von –0,17% ergibt. Innerhalb der Branchen wurde jeweils die Aktie mit der höheren Rendite (SAP, Allianz) im Vergleich zur Benchmark höher gewichtet. Allerdings wurde die schlechter performende Branche (Versicherungen) höher gewichtet.

Um die einzelnen Beiträge gegeneinander abzugrenzen, kann man, ausgehend von einem gegebenen Portfolio, zwei theoretische Portfolios bilden: ein „Allokations"- und ein „Selektionsportfolio". Mittels der Renditebeiträge dieser Portfolios werden die Beiträge für das eigentliche Portfolio bestimmt.

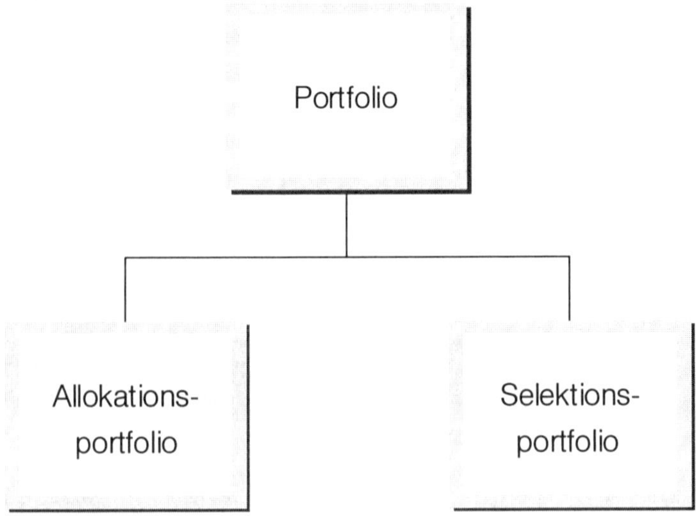

Abbildung 4.7: Zur Bestimmung der Allokations- und Selektionsbeiträge definiert man zwei theoretische Portfolios: das Allokations- und das Selektionsportfolio.

Allokationsportfolio: In diesem Portfolio werden gegenüber der Benchmark nur die Segmentgewichte variiert. Innerhalb der Segmente sind die Titel im gleichen Verhältnis wie im entsprechenden Bechmarksegment gewichtet. Somit ist die Rendite der Benchmarksegmente identisch zur Rendite der Portfoliosegmente.

Selektionsportfolio: Bei diesem Portfolio bleiben die Segmentgewichte gegenüber der Benchmark unverändert. Nur die Gewichtsverhältnisse der Titel innerhalb der Branchen werden verändert.

Für die Gesamtrendite RB der Benchmark über eine Periode gilt laut Formel (4.2):

$$RB = \sum_{i=1}^{n} sgb_i * srb_i ,$$

mit

srb_i: Rendite des i-ten Benchmarksegments in der Periode

sgb_i: Gewichtung des i-ten Benchmarksegments zu Beginn der Periode[6]

n: Anzahl der Benchmarksegmente.

[6] Von dieser Stelle an wird auf den Index 0 verzichtet, der zuvor verdeutlichen sollte, daß es sich bei den dargestellten Gewichten um Anfangsgewichte handelte.

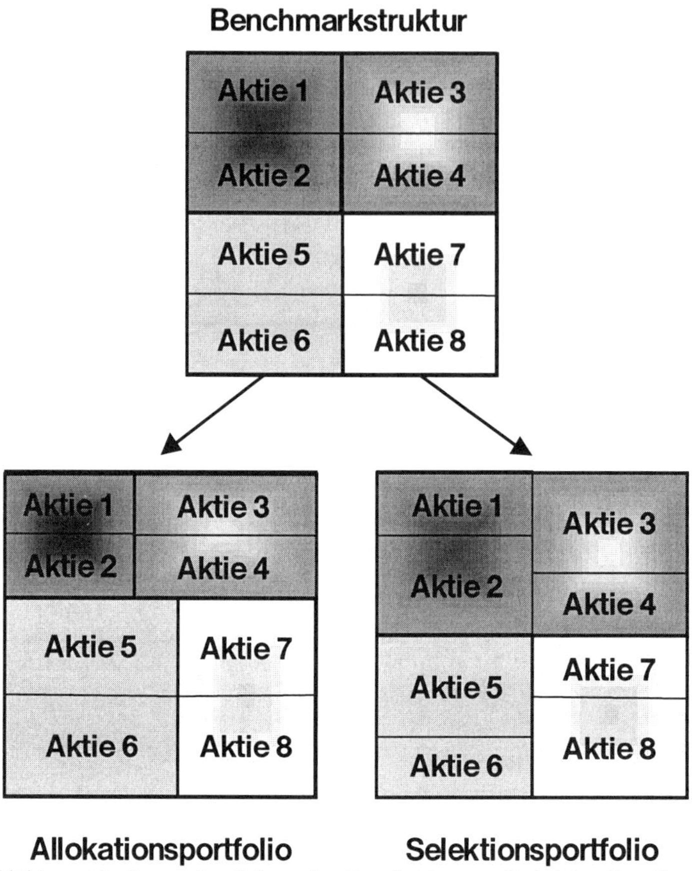

Abbildung 4.8: Veranschaulichung der Entscheidungen, die bei der Erstellung eines Selektions- und eines Allokationsportfolios getroffen werden. Die Quadranten des oberen Kastens repräsentieren die in der Benchmark enthaltenen Branchen, die jeweils aus zwei Aktien bestehen. Es wird von der Annahme ausgegangen, daß sowohl die Branchen als auch die Aktien innerhalb jeder der Branchen gleichgewichtet sind. Im Allokationsportfolio wird die Gewichtung der Aktien innerhalb der Branchen beibehalten, die Branchen werden jedoch unterschiedlich gewichtet. (Die Fläche der Branchen wird verändert.) Im Selektionsportfolio wird die Allokation (Einteilung in Quadranten) beibehalten, jedoch die Gewichtung der Aktien innerhalb der Branchen variiert.

Für die Gesamtrendite RAP des Allokationsportfolios folgt unter den getroffenen Annahmen:

$$RAP = \sum_{i=1}^{n} sgp_i * srb_i ,$$

wobei sgp_i die Gewichtung des i-ten Portfoliosegments darstellt. Der gesamte Allokationsbeitrag AB ist dann durch die Differenzrendite zwischen Allokationsportfolio und Benchmark gegeben:

$$AB = RAP - RB = \sum_{i=1}^{n} (sgp_i - sgb_i) * srb_i \tag{4.6}$$

Die Summanden $(sgp_i - sgb_i) * srb_i$ stellen die Allokationsbeiträge der einzelnen Segmente dar. Analog zu der in Abschnitt 4.1.3 vorgenommenen Modifikation (Formel (4.5)) können auch diese Terme modifiziert werden, indem die gesamte Benchmarkrendite RB von den Renditewerten der Branchen subtrahiert wird (vgl. [Brinson/Fachler 85]):

$$RAP - RB = \sum_{i=1}^{n} (sgp_i - sgb_i) * (srb_i - RB).$$

Die Motivation für diese Modifikation wurde in 4.1.3 ausführlich erläutert: Beispielsweise liefern übergewichtete Segmente bei dieser Formel nur dann einen positiven Allokationsbeitrag, wenn die Segmentrendite die durchschnittliche Benchmarkrendite übertrifft. Bei den Termen in Formel (4.6) ist dies bereits dann der Fall, wenn die Segmentrendite positiv ist.

In analoger Weise verfährt man beim Selektionsportfolio. Die Rendite des Selektionsportfolios RSP berechnet sich gemäß der getroffenen Hypothesen zu

$$RSP = \sum_{i=1}^{n} sgb_i * srp_i,$$

so daß sich der Selektionsbeitrag SB gemäß

$$SB = RSP - RB = \sum_{i=1}^{n} sgb_i * (srp_i - srb_i)$$

berechnet. Die Summanden $sgb_i * (srp_i - srb_i)_i$ stellen die Selektionsbeiträge der einzelnen Segmente dar. Die Summe der Allokations- und Selektionsbeiträge ergibt jedoch *nicht* die gesamte Differenzrendite $RP - RB$. Es gilt vielmehr

$$RP - RB = AB + SB + IT(1),$$

wobei der Restterm $IT(1)$ wie folgt definiert ist:[7]

$$IT(1) := \sum_{i=1}^{n} (sgp_i - sgb_i) * (srp_i - srb_i).$$

Die Notwendigkeit für die Einführung der Restterme wird durch folgende Umformung plausibel gemacht:

[7] Im Englischen wird der Restterm als *Interaction Term* bezeichnet.

$$\begin{aligned} RP - RB - AB - SB &= \sum_{i=1}^{n} sgp_i * srp_i - sgb_i * srb_i - \sum_{i=1}^{n} (sgp_i - sgb_i) * srb_i - \sum_{i=1}^{n} sgb_i * (srp_i - srb_i) \\ &= \sum_{i=1}^{n} sgp_i * srp_i - sgp_i * srb_i - sgb_i * srp_i + sgb_i * srb_i \\ &= \sum_{i=1}^{n} sgp_i * (srp_i - srb_i) - sgb_i * (srp_i - srb_i) \\ &= \sum_{i=}^{n} (sgp_i - sgb_i) * (srp_i - srb_i). \end{aligned}$$

Die Restbeiträge sind in der Regel *nicht* klein im Vergleich zu den Allokations- und Selektionsbeiträgen. In der Praxis werden sie häufig den Selektionsbeiträgen (gelegentlich auch den Allokationsbeiträgen) zugeschlagen. Diese Zuordnung dient lediglich der Vereinfachung der Darstellung. Inhaltlich ist sie nicht zu begründen.[8] Folgende Übersicht faßt die erzielten Resultate zusammen (vgl. auch Tabelle 4.10):

Berechnung von Allokations- und Selektionsbeiträgen im Einperiodenfall (ohne Abspaltung von Währungsbeiträgen)

Der Allokationsbeitrag ab_i des *i*-ten Segments eines Portfolios errechnet sich gemäß

$$ab_i := (sgp_i - sgb_i) * srb_i. \tag{4.7}$$

Alternativ dazu kann von der Segmentrendite die durchschnittliche Benchmarkrendite subtrahiert werden. Der (relative) Allokationsbeitrag nimmt in diesem Fall folgende Form an:

$$abr_i := (sgp_i - sgb_i) * (srb_i - RB). \tag{4.8}$$

Der Selektionsbeitrag sb_i des *i*-ten Segments ermittelt sich gemäß

$$sb_i := sgb_i * (srp_i - srb_i). \tag{4.9}$$

Die Restbeiträge lauten

$$it(1)_i := (sgp_i - sgb_i) * (srp_i - srb_i). \tag{4.10}$$

RB: Rendite der Benchmark in der Periode
sgb_i: Gewichtung des *i*-ten Benchmarksegments zu Beginn der Periode
sgp_i: Gewichtung des *i*-ten Portfoliosegments zu Beginn der Periode
srb_i: Rendite des *i*-ten Benchmarksegments in der Periode
srp_i: Rendite des *i*-ten Portfoliosegments in der Periode
n: Anzahl der Segmente innerhalb der Benchmark und des Portfolios

[8] Vgl. Abschnitt 4.2.2.

Term	*Bezeichnung*	*Interpretation*
$ab_i = (sgp_i - sgb_i) * srb_i$	*Allokationsbeitrag = Gewichtsdifferenz * Benchmarkrendite*	*Der Allokationsbeitrag ist der Renditebeitrag, der aus der unterschiedlichen Wahl der Segmentgewichte gegenüber der Benchmark entsteht.*
$abr_i = (sgp_i - sgb_i) * (srb_i - RB)$	*(Relativer) Allokationsbeitrag = Gewichtsdifferenz * Relative Benchmarkrendite*	*Wie oben; die Rendite des Segments geht jedoch über den relativ zum Benchmark-Durchschnitt erzielten Anteil ein.*
$sb_i = sgb_i * (srp_i - srb_i)$	*Selektionsbeitrag = Benchmarkgewicht * Renditedifferenz*	*Der Selektionsbeitrag ist der Renditebeitrag, der aus der abweichenden Gewichtung innerhalb der Segmente (Titelselektion) hervorgeht.*
$it(1)_i = (sgp_i - sgb_i) * (srp_i - srb_i)$	*Restbeitrag = Gewichtsdifferenz * Renditedifferenz*	*Der Restbeitrag resultiert aus der „Wechselwirkung“ zwischen Allokation (1. Faktor) und Titelselektion (2. Faktor).*

Tabelle 4.10: Beiträge bei einer Attributionsanalyse ohne Abspaltung der Währungsbeiträge.

Bei Verwendung der Allokationsbeiträge ab_i ergibt die Summe der Beiträge (Allokation, Selektion, Rest) innerhalb der Segmente genau die Renditebeitragsdifferenz zwischen Portfolio- und Benchmarksegment:

$$ab_i + sb_i + it(1)_i = sgp_i * srp_i - sgb_i * srb_i. \quad (4.11)$$

Werden statt dessen die Terme abr_i verwendet, dann ist dies nicht mehr der Fall. Es gilt dann vielmehr:

$$\begin{aligned} abr_i + sb_i + it(1)_i &= sgp_i * srp_i - sgb_i * srb_i - (sgp_i - sgb_i) * RB \\ &= sgp_i * (srp_i - RB) - sgb_i * (srb_i - RB). \end{aligned}$$

In diesem Fall werden die Renditebeiträge der Segmente mit den Beiträgen verglichen, die erzielt worden wären, wenn alle Portfoliosegmente die durchschnittliche Benchmarkrendite RB erzielt hätten. Beispielsweise ist der Renditebeitrag $abr_i + sb_i + it(1)_i$ nur dann positiv, wenn der Renditebeitrag $sgp_i * srp_i - sgb_i * srb_i$ den (bei gewählter Gewichtsdifferenz) mit der durchschnittlichen Benchmarkrendite erzielten Renditebeitrag $(sgp_i - sgb_i) * RB$ übertrifft. Die Summe der Renditebeiträge aller Segmente ergibt jedoch auch in diesem Fall die gesamte Differenzrendite:

$$\sum_{i=1}^{n}\left(abr_i + sb_i + it(1)_i\right) = \sum_{i=1}^{n}\left(ab_i + sb_i + it(1)_i\right) = RP - RB.$$

Beispiel 4.9 (Allokations- und Selektionsanalyse im Fall des Portfolios aus Beispiel 4.8):

Tabelle 4.8 und Tabelle 4.9 auf Seite 122 enthielten die Anfangsgewichte und Renditewerte für die Branchen eines Portfolios, welches aus zwei Branchen besteht, und seiner zugehörigen Benchmark. Entsprechend der Formeln in der obigen Übersicht werden die verschiedenen Renditebeiträge der Segmente berechnet. Zunächst wird zur Berechnung der Allokationsbeiträge Formel (4.7) verwendet. Beispielsweise berechnet man für den Allokationsbeitrag im Segment „Versicherungen“: [9]

$$ab_2 = (0{,}60 - 0{,}50) * (-0{,}0106) = -0{,}0011 \cong -0{,}11\%.$$

Der Selektionsbeitrag im Segment „Software/Technologie“ errechnet sich nach Formel (4.9) zu

$$sb_1 = 0{,}5 * (0{,}0510 - 0{,}0425) = 0{,}0043 \cong 0{,}43\%.$$

Tabelle 4.11 enthält die Ergebnisse der Attributionsanalyse.

Branche	*Selektion*	*Allokation*	*Rest*	*Summe*
Software/Technologie	0,43%	-0,43%	-0,08%	-0,08%
Versicherungen	0,03%	-0,11%	0,01%	-0,08%
Summe[10]	0,45%	-0,53%	-0,08%	-0,16%

Tabelle 4.11: Attributionsanalyse des Portfolios aus Beispiel 4.8. Die Allokationsbeiträge wurden auf Basis von Formel (4.7) berechnet.

Unter Verwendung von Formel (4.8) für den Allokationsbeitrag errechnet man für den (relativen) Allokationsbeitrag im Segment „Versicherungen“

$$abr_2 = (0{,}60 - 0{,}50) * (-0{,}0106 - 0{,}016) = -0{,}0027 \cong -0{,}27\%.$$

Tabelle 4.12 enthält die unter Verwendung von Formel (4.8) berechneten Beiträge.

---

9 In der Numerierung der Branchen sei „Software/Technologie“ die erste und „Versicherungen“ die zweite Branche.

10 Wie auch bei Attributionsanalysen in der Praxis üblich, ergeben die Einzelbeiträge aufgrund von Rundungsfehlern in der Summe häufig nur näherungsweise die ausgewiesenen Gesamtbeiträge.

Branche	*Selektion*	*Allokation*	*Rest*	*Summe*
Software/Technologie	0,43%	-0,27%	-0,08%	-0,08%
Versicherungen	0,03%	-0,27%	0,01%	-0,08%
Summe	0,45%	-0,53%	-0,08%	-0,16%

Tabelle 4.12: Attributionsanalyse des Portfolios aus Beispiel 4.8. Die (relativen) Allokationsbeiträge wurden auf Basis von Formel (4.8) berechnet.

Die Ergebnisse verdeutlichen den Unterschied zwischen den beiden Formen zur Berechnung der Allokation: Aufgrund der betraglich geringen absoluten Rendite des Segments „Versicherungen" innerhalb der Benchmark wird in Tabelle 4.11 nur ein geringfügiger negativer Allokationsbeitrag ausgewiesen.[11] In Tabelle 4.12 wird das Renditeniveau der Gesamtbenchmark berücksichtigt. Da die Differenzrendite zwischen dem Segment „Versicherungen" und der Gesamtbenchmark –2,66% betrug, ist die Allokationsentscheidung in bezug auf dieses Segment (Untergewichtung) deutlich negativ zu bewerten. Dies spiegelt sich in dem in Tabelle 4.12 ausgewiesenen Beitrag wider.

Die Beiträge addieren sich horizontal zum (relativen) Gesamtbeitrag des jeweiligen Segments und vertikal zum Gesamtbeitrag der jeweiligen Beitragsform. Sowohl die Summe der Segmentbeiträge als auch die Summe der unterschiedlichen Beitragsformen (Allokation, Selektion, Rest) ergibt die Differenzrendite von –0,16%. Im Vergleich zur gesamten Differenzrendite erreichen die Restterme mit einem Gesamtbeitrag von –0,08% eine beachtliche Größenordnung.

Beispiel 4.10 (Allokations- und Selektionsanalyse für das DAX-Portfolio aus Beispiel 4.3):

Im Rahmen nachfolgender Analyse werden die Renditebeiträge, die aus der Branchenallokation und den Selektionsentscheidungen innerhalb der Branchen stammen, für das DAX-Portfolio aus Beispiel 4.3 berechnet. Die Berechnung der Allokationsbeiträge in Tabelle 4.13 basiert auf Formel (4.7). Die Gewichte der DAX-Branchen wurden Beispiel 4.7 (Tabelle 4.7) entnommen.

[11] Hätte beispielsweise die Segmentrendite innerhalb der Benchmark 0% betragen, dann wäre die Allokationsentscheidung, dieses Segment unterschiedlich von der Benchmark zu gewichten, stets „neutral" beurteilt worden, da als Allokationsbeitrag – unabhängig von der Rendite der Gesamtbenchmark – 0% ausgewiesen würde!

Branche	*Gewichtung*		*Rendite*		*Beiträge*			Summe
	DAX	*Portfolio*	*DAX*	*Portfolio*	*Selektion*	*Allokation*	*Rest*	
Auto/Transport	16,99%	21,00%	0,87%	0,38%	-0,08%	0,03%	-0,02%	-0,07%
Banken	12,29%	13,00%	7,55%	7,01%	-0,07%	0,05%	0,00%	-0,02%
Chemie/Pharma	11,96%	19,00%	-0,04%	0,27%	0,04%	0,00%	0,02%	0,06%
Software/ Technologie	4,44%	9,20%	2,81%	3,57%	0,03%	0,13%	0,04%	0,20%
Handel/ Konsum	12,19%	5,00%	-0,98%	-0,95%	0,00%	0,07%	0,00%	0,07%
Maschinenbau/ Industrial	9,88%	9,00%	0,07%	-3,78%	**-0,38%**	0,00%	0,03%	-0,35%
Versicherungen	10,60%	6,80%	4,09%	3,06%	-0,11%	-0,16%	0,04%	-0,23%
Versorger/ Telekom	21,67%	17,00%	8,48%	7,06%	**-0,31%**	**-0,40%**	0,07%	-0,64%
Summe	100,00%	100,00%			**-0,87%**	**-0,26%**	**0,17%**	**-0,96%**

Tabelle 4.13: Attributionsanalyse des DAX-Portfolios aus Beispiel 4.3 relativ zum DAX. Die Allokationsbeiträge basieren auf Formel (4.7). Die größeren Renditebeiträge wurden durch einen fetten Schriftsatz hervorgehoben.

Wird für die Berechnung des Allokationsbeitrags statt der Rendite des Benchmarksegments die relativ zum Benchmark-Durchschnitt erzielte Rendite gemäß Formel (4.8) verwendet, dann nimmt die Analyse folgende Gestalt an:

Branche	*Gewichtung*		*Rendite*		*Beiträge*			Summe
	DAX	*Portfolio*	*DAX*	*Portfolio*	*Selektion*	*Allokation*	*Rest*	
Auto/Transport	16,99%	21,00%	0,87%	0,38%	-0,08%	-0,10%	-0,02%	-0,20%
Banken	12,29%	13,00%	7,55%	7,01%	-0,07%	0,03%	0,00%	-0,04%
Chemie/Pharma	11,96%	19,00%	-0,04%	0,27%	0,04%	**-0,24%**	0,02%	-0,18%
Software/ Technologie	4,44%	9,20%	2,81%	3,57%	0,03%	-0,03%	0,04%	0,04%
Handel/ Konsum	12,19%	5,00%	-0,98%	-0,95%	0,00%	**0,31%**	0,00%	0,31%
Maschinenbau/ Industrial	9,88%	9,00%	0,07%	-3,78%	**-0,38%**	0,03%	0,03%	-0,32%
Versicherungen	10,60%	6,80%	4,09%	3,06%	-0,11%	-0,03%	0,04%	-0,10%
Versorger/ Telekom	21,67%	17,00%	8,48%	7,06%	**-0,31%**	**-0,24%**	0,07%	-0,48%
Summe	100,00%	100,00%			**-0,87%**	**-0,26%**	**0,17%**	**-0,96%**

Tabelle 4.14: Attributionsanalyse des DAX-Portfolios aus Beispiel 4.3 relativ zum DAX. Die (relativen) Allokationsbeiträge basieren auf Formel (4.8). Die größeren Renditebeiträge wurden durch einen fetten Schriftsatz hervorgehoben.

Die Summe der Allokations-, Selektions- und Restbeiträge addiert sich (bis auf Rundungsfehler) zur Differenzrendite:[12]

$$-0{,}87\% - 0{,}26\% + 0{,}17\% = -0{,}96\%.$$

Entscheidend für die negative Differenzrendite war vor allem die unglückliche Titelselektion innerhalb der Branchen:

- ein Selektionsbeitrag in Höhe von –0,38% von der Branche „Maschinenbau/Industrial" (Übergewichtung in „Linde");
- ein Selektionsbeitrag in Höhe von –0,31% von der Branche „Versorger/Telekom" (Untergewichtung in „Deutsche Telekom");

Die Allokationsentscheidungen haben sich ebenfalls in der Summe negativ ausgewirkt.

In Tabelle 4.13 wird der Allokationsbeitrag der Branche „Auto/Transport" positiv ausgewiesen, da sie insgesamt eine positive Rendite erzielt hat und übergewichtet war. Allerdings lag die Rendite unterhalb der durchschnittlichen DAX-Rendite. Dies, zusammen mit der Übergewichtung, schlägt sich im negativen Allokationsbeitrag von –0,10% in Tabelle 4.14 nieder.

Die Restbeiträge addieren sich zu einem nicht vernachlässigbaren Beitrag von 0,17%. Ein Zusammenlegen der Restbeiträge würde sowohl bei den Allokations- als auch den Selektionsbeiträgen zu einer inkorrekten Beurteilung der Managementleistung in diesen Bereichen führen.[13]

Ein Kritikpunkt, der häufig bei dieser Form der Attributionsanalyse angeführt wird, bezieht sich auf die Berücksichtigung der Transaktionskosten und anderer Kosten, die die Wertentwicklung des Portfolios belasten. An der Form der Beitragsterme wird ersichtlich, daß solche Kosten sich nur auf die Selektions-, nicht jedoch auf die Allokationsbeiträge auswirken: Im Gegensatz zu den Renditewerten srb_i werden die Renditewerte srp_i der Portfoliobranchen aufgrund der anfallenden Kosten erniedrigt. Dadurch wird ein „Selektionsmanager" tendenziell gegenüber einem „Allokationsmanager" benachteiligt. Diese Kritik kann partiell durch die Verwendung der „Bruttorenditewerte", die vor Abzug der externen Kosten (wie der Verwaltungsvergütung und der Depotgebühr) berechnet werden, entkräftet werden. Dies wäre in Einklang mit den DVFA-Performance Presentation Standards [DVFA 00] (vgl. Kapitel 5). Transaktionskosten müssen gemäß der Standards jedoch berücksichtigt werden, da zwischen ihnen und dem Managementprozeß eine direkte Verbindung besteht.

4.2.2 Interpretation der Restbeiträge (Interaction Terms)

Für die Vorzeichen der Restbeiträge (vgl. Tabelle 4.10)

$$it(1)_i := (sgp_i - sgb_i) * (srp_i - srb_i)$$

[12] Zur Erinnerung: Die Rendite des Portfolios betrug im Betrachtungszeitraum 2,39% und die des DAX 3,35%.

[13] Vgl. Abschnitt 4.2.2.

erhält man eine zu Abbildung 4.5 analoge Darstellung:

	positive Differenz-rendite $srp_i > srb_i$	*negative Differenz-rendite* $srp_i < srb_i$
Übergewichtung $sgp_i > sgb_i$	+	–
Untergewichtung $sgp_i < sgb_i$	–	+

Abbildung 4.9: Vorzeichen der Restbeiträge. sgp_i *bezeichnet die Gewichtung des i-ten Portfoliosegments,* sgb_i *die Gewichtung des i-ten Benchmarksegments,* srp_i *die Rendite des i-ten Portfoliosegments und* srb_i *die Rendite des i-ten Benchmarksegments.*

Beispiel 4.11 (Restbeiträge):

Um die Signifikanz der Restbeiträge zu verdeutlichen, wird wieder der einfache Fall eines Portfolios im Vergleich zu einer Benchmark betrachtet, welches aus zwei Branchen mit jeweils zwei Titeln besteht. Die Renditewerte und die Gewichte über eine Periode werden in Tabelle 4.15 angegeben.

Branche	*Einzeltitel*		*Benchmark*			*Portfolio*		
			Gewichtung		*Rendite*	*Gewichtung*		*Rendite*
	Titel	*Rendite*	*Titel*	*Branche*	*Branche*	*Titel*	*Branche*	*Branche*
Branche 1	*Aktie 1*	*20%*	*25%*	*50%*	*10%*	***40%***	***60%***	*13,33%*
	Aktie 2	*0%*	*25%*			***20%***		
Branche 2	*Aktie 3*	*10%*	*25%*	*50%*	*5%*	*20%*	***40%***	*5%*
	Aktie 4	*0%*	*25%*			*20%*		

Tabelle 4.15: Anfangsgewichte und Renditewerte eines 2-Branchen-Portfolios über eine Periode, bei dem jede der Branchen aus zwei Titeln besteht.

Der Portfoliomanager hat somit zu Beginn der Periode folgende Entscheidungen getroffen:

- Branche 1 wurde übergewichtet;
- innerhalb Branche 1 wurde Aktie 1 übergewichtet;
- keine aktive Selektionsentscheidung in Branche 2.[14]

[14] Die beiden Aktien dieser Branche werden sowohl in der Benchmark- als auch in der Portfoliobranche gleich gewichtet. Die unterschiedlichen absoluten Gewichtungen (25% vs. 20%) resultieren aus der Allokationsentscheidung.

Die Rendite der Benchmark betrug 7,5% und die des Portfolios 10,0%. Somit ergab sich eine Differenzrendite von 2,5%.

Unter Verwendung der Formeln (4.7), (4.9) und (4.10) ergeben sich folgende Renditebeiträge:

Branche	*Selektion*	*Allokation*	*Rest*	*Summe*
Branche 1	*1,67%*	*0,25%*	*0,33%*	*2,25%*
Branche 2	*0,00%*	*0,25%*	*0,00%*	*0,25%*
Summe	*1,67%*	*0,50%*	*0,33%*	*2,50%*

Tabelle 4.16: Attributionsanalyse des Portfolios aus Beispiel 4.9. Die Allokationsbeiträge basieren auf Formel (4.7).

Die Managemententscheidungen, Branche 1 gegenüber Branche 2 und Aktie 1 gegenüber Aktie 2 überzugewichten, haben die größten Beiträge zur Rendite ergeben. Die vorgenommenen Allokations- und Selektionsentscheidungen lassen sich jedoch mit der additiven Zerlegung gemäß Abschnitt 4.2.1 nicht vollständig voneinander trennen. Es bleibt ein Restbeitrag von 0,33%.

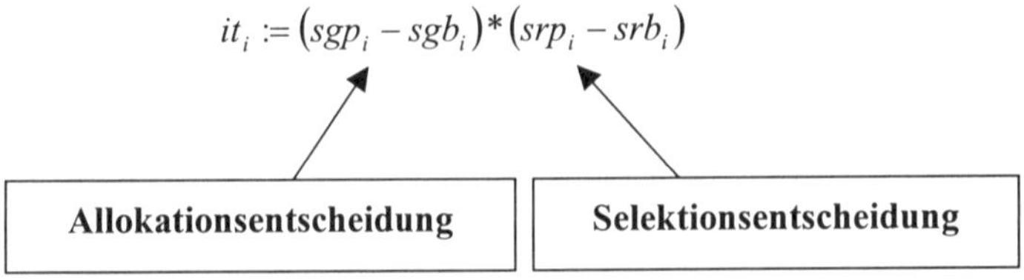

Abbildung 4.10: Komponenten der „Allokations/Selektions-Restbeiträge".

Der Restbeitrag (Abbildung 4.10) kann nicht in eindeutiger Weise dem Allokationsbeitrag zugeordnet werden; zwar enthält er einen „Allokationsfaktor" $(sgp_i - sgb_i)$, dieser wird jedoch mit einem Faktor $(srp_i - srb_i)$ gewichtet, der eindeutig der Selektion zuzuordnen ist. In analoger Weise wird klar, daß dieser Term auch nicht dem Selektionsbeitrag zugeordnet werden kann. Der Restbeitrag stellt vielmehr eine wesentliche Komponente einer Attributionsanalyse dar. Dies wird durch folgendes (drastisches) Beispiel verdeutlicht.

Beispiel 4.12 (Signifikanz der Restbeiträge):

Das Portfolio in Tabelle 4.17 wird einer Attributionsanalyse unterzogen.

Branche	*Einzeltitel*		*Benchmark*			*Portfolio*		
			Gewichtung		*Rendite*	*Gewichtung*		*Rendite*
	Titel	*Rendite*	*Titel*	*Branche*	*Branche*	*Titel*	*Branche*	*Branche*
Branche 1	*Aktie 1*	*-11%*	*25%*	*50%*	*-0,5%*	*5%*	**25%**	*5,8%*
	Aktie 2	*10%*	*25%*			*20%*		
Branche 2	*Aktie 3*	*12%*	*25%*	*50%*	*1,5%*	*25%*	*75%*	*-2,0%*
	Aktie 4	*-9%*	*25%*			*50%*		

Tabelle 4.17: Anfangsgewichtungen und Renditewerte eines 2-Branchen-Portfolios über eine Periode, bei dem jede der Branchen aus zwei Titeln besteht.

Die Ergebnisse der Attributionsanalyse werden in Tabelle 4.18 ausgewiesen:

Branche	*Selektion*	*Allokation*	*Rest*	*Summe*
Branche 1	*3,15%*	*0,13%*	*-1,58%*	*1,70%*
Branche 2	*-1,75%*	*0,38%*	*-0,88%*	*-2,25%*
Summe	*1,40%*	*0,50%*	*-2,45%*	*-0,55%*

Tabelle 4.18: Attributionsanalyse des Portfolios aus Tabelle 4.17. Die Berechnung der Allokationsbeiträge basiert auf Formel (4.7).

Sowohl die Summe der Selektions- als auch die Summe der Allokationsbeiträge war positiv (0,50% bzw. 1,40%), trotzdem ergab sich insgesamt eine negative Differenzrendite von -0,55%. Diese resultierte aus außergewöhnlich hohen Restbeiträgen, die in der Summe -2,45% ergaben. Um zu erkennen, worauf diese hohen Restbeiträge zurückzuführen sind, werden zunächst die Allokations- und Selektionsbeiträge analysiert:

Allokationsbeiträge: Der Portfoliomanager hat die Branche mit der höheren Rendite (Branche 2) deutlich über- und entsprechend die geringer performende untergewichtet. Die erfolgreiche Allokation spiegelt sich in dem positiven Allokationsbeitrag von 0,50% wider.

Selektionsbeiträge: Die Selektion war innerhalb der Branche 1 sehr erfolgreich. Aktie 1 wurde gegenüber der deutlich besser performenden Aktie 2 stark untergewichtet.

In Branche 2 sieht es etwas anders aus; dort wurde die schlechter performende Aktie 4 übergewichtet. Die positive Selektion in Branche 1 macht die negative Entscheidung in Branche 2 jedoch mehr als wett, so daß sich insgesamt eine positive Selektionsleistung ergab.

Entscheidend ist jedoch, daß die positive Selektion in der deutlich untergewichteten Branche 1 erfolgte. Für die Messung des Selektionsbeitrags ist dies bedeutungslos, für die gesamte Differenzrendite jedoch nicht. Dadurch, daß die Branche, in der die Titel unglücklich gewichtet wurden, deutlich übergewichtet war, ergibt sich ein negativer Beitrag, der nicht durch die positive Selektionsleistung in Branche 1 kompensiert wird. Dieser Beitrag ist jedoch weder auf schlechte Allokations- oder Selektionsleistungen zurückzuführen, sondern vielmehr auf das (in diesem Fall unglückliche) Zusammentreffen der Entscheidungen. Daher nennt man den Restbeitrag auch *Interaction Term* oder *Wechselwirkungsterm*. Die „Wechselwirkung" findet hier zwischen dem Allokations- und dem Selektionsvorgang statt. Die Analyse der Managementleistung zeigt: Die Allokationsentscheidungen sind positiv zu bewerten, insgesamt wurde gut selektiert, allerdings nur in der untergewichteten Branche. Daraus resultierte die negative Differenzrendite.

Als Fazit läßt sich feststellen, daß die Restbeiträge in der Praxis zu unrecht vernachlässigt werden bzw. zu unrecht den Selektionsbeiträgen zugeordnet werden,[15] da sie einen wesentlichen Bestandteil jeder Attributionsanalyse darstellen. Die Restbeiträge messen die Fähigkeit des Portfoliomanagers, seine Kompetenz bei der Einzeltitelauswahl in den verschiedenen Segmenten einzuschätzen [Ankrim 92]. Gewichtet er jene Segmente höher, in denen er glaubt, über eine höhere Kompetenz bei der Einzeltitelauswahl zu verfügen, dann wird sich dies im Erfolgsfall in einem positiven Beitrag der Restterme widerspiegeln. Umgekehrt führt eine Fehleinschätzung seiner Fähigkeiten zu einem negativen Beitrag der Restterme.

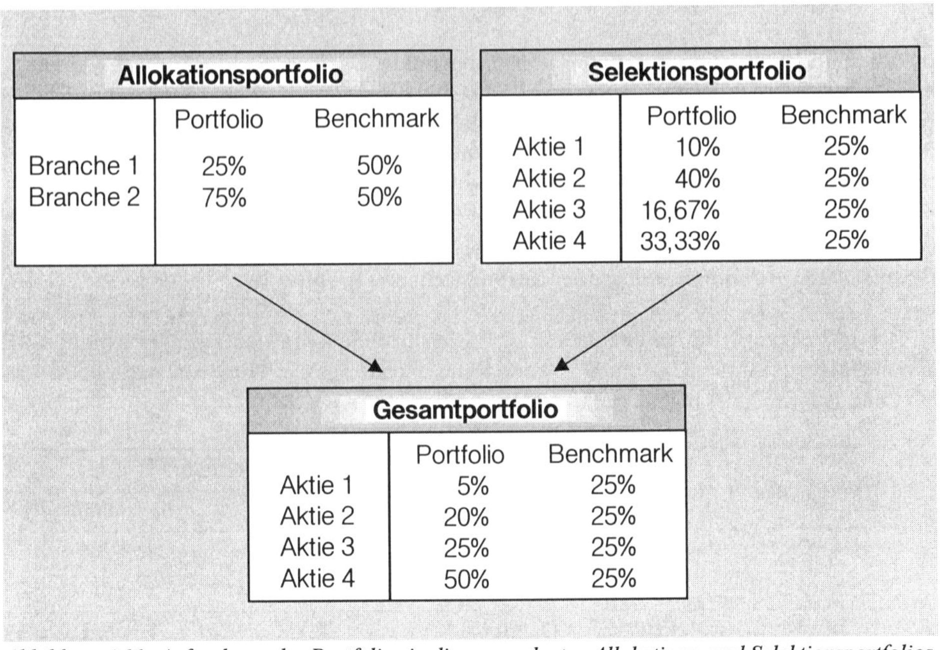

Abbildung 4.11: Aufspaltung des Portfolios in die zugeordneten Allokations- und Selektionsportfolios.

---

[15] Dies liegt auch an der suggestiven Form, die der Selektionsbeitrag nach Addition des Restbeitrags annimmt:

$$sb_i + it(1)_i = sgb_i * (srp_i - srb_i) + (sgp_i - sgb_i) * (srp_i - srb_i) = sgp_i * (srp_i - srb_i).$$

Bei dieser Vorgehensweise wird „lediglich" das Gewicht des Benchmarksegments durch das Gewicht des entsprechenden Portfoliosegments ersetzt. In seltenen Fällen wird der Restbeitrag auch dem Allokationsbeitrag zugeschlagen. Dies führt dazu, daß in dem Ausdruck für den Allokationsbeitrag (4.7) die Rendite des Benchmarksegments durch die Rendite des Portfoliosegments ersetzt wird:

$$ab_i + it(1)_i = (sgp_i - sgb_i) * srb_i + (sgp_i - sgb_i) * (srp_i - srb_i) = (sgp_i - sgb_i) * srp_i.$$

Abbildung 4.11 enthält in expliziter Form das Allokations- und Selektionsportfolio des 2-Branchen-Portfolios aus Tabelle 4.17. Die Selektionsentscheidungen unterliegen der Bedingung, die Branchengewichtung einzuhalten und somit keine Allokationsentscheidung vorzunehmen. Das Allokationsportfolio spiegelt ausschließlich die Gewichtung der Portfoliobranchen wider.

Eine Schwierigkeit bei der Vermittlung des Konzepts der Aufspaltung in Allokations- und Selektionsportfolio besteht darin, daß sich die Vorgaben des Selektionsportfolios oftmals nur „indirekt“ im realen Portfolio widerspiegeln. Beispielsweise wurde innerhalb von Branche 2 Aktie 3 im Selektionsportfolio relativ zur Benchmark untergewichtet (16,67% vs. 25%). Diese Untergewichtung wird im realen Portfolio jedoch durch die Allokationsentscheidung, Branche 2 überzugewichten, optisch unkenntlich gemacht: Aktie 3 hat im realen Portfolio die gleiche Gewichtung wie in der Benchmark. Die Selektionsentscheidung läßt sich nur noch anhand der Gewichtung der Aktien 3 und 4 relativ zueinander nachvollziehen.

4.2.3 Attributionsanalyse unter Abspaltung von Währungsbeiträgen im Einperiodenfall bei einem passiven Währungsmanagement

In Abschnitt 4.2.1 wurde eine Form der Attributionsanalyse beschrieben, bei der Währungsbeiträge zwar berücksichtigt werden, diese jedoch in den Allokations- und Selektionsbeiträgen enthalten sind und somit nicht explizit ausgewiesen werden. Anhand eines internationalen Aktienportfolios wird die Vorgehensweise noch einmal veranschaulicht, um die Notwendigkeit für die Separation der Währungsbeiträge aufzuzeigen.

Beispiel 4.13 (Attributionsanalyse bei einem 2-Länder-Portfolio):

In diesem Beispiel wird ein internationales Aktienportfolio betrachtet, welches lediglich aus den Segmenten „Aktien USA“ und „Aktien Deutschland“ besteht. Die Benchmark besteht zu 50% aus dem S&P 500 und zu 50% aus dem DAX.

Portfoliosegment	*Gewichtung*		*Rendite*	
	Portfolio	*Benchmark*	*Portfolio*	*Benchmark*
USA	*70%*	*50%*	*14,20%*	*16,97%*
Deutschland	*30%*	*50%*	*19,30%*	*20,19%*
Summe	*100%*	*100%*	*15,73%*	*18,58%*

Tabelle 4.19: Daten eines Portfolios, welches die Ländersegmente „Aktien USA“ und „Aktien Deutschland“ enthält, in der Periode vom 01.01.1998 bis 31.03.1998. Die Benchmark ist 50% S&P 500/ 50% DAX. Die Gewichte beziehen sich auf den Beginn der Periode, und die Renditewerte sind in der Basiswährung DM angegeben. In der unteren Zeile wird die Gesamtrendite für Portfolio und Benchmark ausgewiesen.

Die Differenzrendite betrug –2,85% und wird in Tabelle 4.20 und in Tabelle 4.21 gemäß der Vorgehensweise in Abschnitt 4.2.1 (mit den Allokationsformeln (4.7) bzw. (4.8)) in die einzelnen Beiträge zerlegt.

Portfoliosegment	*Allokation*	*Selektion*	*Rest*	*Summe*
USA	*3,39%*	*-1,39%*	*-0,55%*	*1,45%*
Deutschland	*-4,04%*	*-0,45%*	*0,18%*	*-4,31%*
Summe	*-0,64%*	*-1,84%*	*-0,37%*	*-2,85%*

Tabelle 4.20: Renditebeiträge des 2-Länder-Portfolios gemäß Abschnitt 4.2.1. Die Beiträge im Segment „USA" beinhalten Währungskomponenten. Zur Berechnung der Allokationsbeiträge wurde Formel (4.7) verwendet.

Portfoliosegment	*Allokation*	*Selektion*	*Rest*	*Summe*
USA	*-0,32%*	*-1,39%*	*-0,55%*	*-2,26%*
Deutschland	*-0,32%*	*-0,45%*	*0,18%*	*-0,59%*
Summe	*-0,64%*	*-1,84%*	*-0,37%*	*-2,85%*

Tabelle 4.21: Renditebeiträge des 2-Länder-Portfolios gemäß Abschnitt 4.2.1. Die Beiträge im Segment „USA" beinhalten Währungskomponenten. Zur Berechnung der Allokationsbeiträge wurde Formel (4.8) verwendet.

Der Dollar hat im Betrachtungszeitraum gegenüber der DM einen Wertzuwachs von 3,05% erzielt. Dies hat zum Renditeergebnis des Segments „USA" sowohl innerhalb der Benchmark als auch des Portfolios beigetragen, da alle Renditen auf DM-Basis berechnet wurden. Währungsbeiträge sind somit in allen der für dieses Segment aufgeführten Beiträge enthalten.

Bei dieser Vorgehensweise wird nicht transparent, welche Faktoren zu dem beobachteten Renditeergebnis geführt haben. Insbesondere wird dadurch die Beurteilung der Managementleistung erschwert. Viele Analysesysteme weisen daher Währungsbeiträge separat aus oder berechnen zumindest die Selektionsbeiträge frei von Währungskomponenten. Die Vorgehensweise ist abhängig von der Managementstrategie und dem angestrebten Umfang der Analyse (vgl. Abbildung 4.2). Werden Allokationsentscheidungen weitgehend unabhängig von den zu erwartenden Veränderungen an den Devisenmärkten getroffen, dann erscheint es sinnvoll, Währungsbeiträge separat auszuweisen. Spielen Strategien hinsichtlich der Devisenmärkte eine wichtige Rolle bei der Allokation, dann ist auch die Zuordnung der Währungsbeiträge zu den Allokationsbeiträgen sinnvoll.

Im folgenden wird erläutert, wie die Währungsbeiträge abgespalten werden, um sie separat auszuweisen. Die Anforderungen an ein Analysesystem und die zugrunde liegende Datenbasis können allerdings sehr hoch sein, wenn für ein Portfolio mit einem aktiven Währungsmanagement eine detaillierte Analyse gewünscht wird. Ein solches System muß beispielsweise zwischen solchen Währungshedges unterscheiden können, die Teil der (aktiven) Währungsstrategie sind, und solchen, die Teil der gewöhnlichen Portfoliostrategie sind (etwa die Hedging-Komponenten einer synthetischen Anleihe). In diesem Abschnitt wird zunächst der Fall eines passiven Währungsmanagements betrachtet, d.h. einem Management, bei dem sich Währungsbeiträge ausschließlich über die Underlyings ergeben. Der Fall eines aktiven Währungsmanagements (z.B. in Form von Hedges) wird in den nachfolgenden Abschnitten besprochen.

Wie bereits erwähnt, werden die Renditewerte, welche den Analysen im Abschnitt 4.2.1 zugrunde lagen, in bezug auf eine gemeinsame „Basiswährung" berechnet. Eine Unterscheidung zwischen „lokalen Währungen" (Währungen, die den einzelnen Segmenten zugrunde lagen) und der Basiswährung war in diesem Abschnitt nicht notwendig, und somit wurde die Basiswährung in der Notation nicht herausgestellt. In diesem Abschnitt ist es jedoch erforderlich, zwischen lokalen Währungen und der Basiswährung zu unterscheiden, um die Währungsbeiträge zu identifizieren. Dabei gilt folgender Zusammenhang:

Beziehung zwischen der Rendite in lokaler Währung und Basiswährung

$$1 + srp_i^B = (1 + srp_i^L) * (1 + c_i) \qquad (4.12)$$

srp_i^B : Rendite des i-ten Portfoliosegments in der Basiswährung

srp_i^L : Rendite des i-ten Portfoliosegments in der lokalen Währung

c_i : Wertänderung der lokalen Währung des i-ten Portfoliosegments gegenüber der Basiswährung[16]

Eine entsprechende Notation wird in analoger Weise für die Benchmarkgrößen festgelegt.

Beispiel 4.14 (Lokale Währung und Basiswährung):

Die Rendite des Benchmarksegments „Aktien USA" aus Beispiel 4.13 betrug auf DM-Basis 16,97%. Der Wert des Dollars ist im Betrachtungszeitraum vom 01.01.1998 bis 31.03.1998 gegenüber der Basiswährung DM um 3,05% gestiegen. Somit gilt:

$$1 + \frac{16{,}97}{100} = (1 + srp_i^L) * \left(1 + \frac{3{,}05}{100}\right).$$

Für die Rendite auf Dollar-Basis folgt daraus:

$$srp_i^L = \frac{1 + \frac{16{,}97}{100}}{1 + \frac{3{,}05}{100}} - 1 = 0{,}1351 \cong 13{,}51\%.$$

Um zu einer Attributionsanalyse zu gelangen, bei der Währungseinflüsse separat ausgewiesen werden, wird zunächst die Beitragsdifferenz zwischen einem Portfoliosegment und einem Benchmarksegment in einer Periode betrachtet:

$$sgp_i * srp_i^B - sgb_i * srb_i^B . \qquad (4.13)$$

[16] Diese Größe wird im folgenden auch als „Währungsrendite" bezeichnet.

In diesem Ausdruck wird der Renditewert in der Basiswährung srp_i^B entsprechend Formel (4.12) durch den folgenden Ausdruck ersetzt:

$$srp_i^B = (1 + srp_i^L) * (1 + c_i) - 1.$$

Analog wird mit der entsprechenden Benchmarkrendite verfahren.[17] Es folgt somit

$$sgp_i * srp_i^B - sgb_i * srb_i^B =$$

$$sgp_i * ((1 + srp_i^L) * (1 + c_i) - 1) - sgb_i * ((1 + srb_i^L) * (1 + c_i) - 1) =$$

$$(sgp_i * srp_i^L - sgb_i * srb_i^L) + (sgp_i - sgb_i) * c_i + (sgp_i * srp_i^L - sgb_i * srb_i^L) * c_i \qquad (4.14)$$

Entsprechend dieser Zerlegung werden Währungsbeiträge w_i und weitere Restterme $it(2)_i$ definiert:

$$w_i := (sgp_i - sgb_i) * c_i, \qquad (4.15)$$

$$it(2)_i^L := (sgp_i * srp_i^L - sgb_i * srb_i^L) * c_i. \qquad (4.16)$$

Tabelle 4.22 enthält die Interpretation der einzelnen Summanden in der Zerlegung (4.14).

Term	*Bezeichnung*	*Interpretation*
$sgp_i * srp_i^L - sgb_i * srb_i^L$	**Differenzrendite in lokaler Währung**	Dieser Term kann entsprechend der Vorgehensweise in Abschnitt 4.3 in einen Allokations-, einen Selektions- und einen Restterm zerlegt werden.
$(sgp_i - sgb_i) * c_i$	**Währungsbeitrag**	Dieser Term beschreibt den Beitrag zur Differenzrendite, der durch die Wertänderung der lokalen Währung gegenüber der Basiswährung generiert wird.
$(sgp_i * srp_i^L - sgb_i * srb_i^L) * c_i$	**Restbeitrag(2)**	Restbeitrag(2) spiegelt die Verflechtung der Einflußgrößen Allokation, Selektion und Währung wider.

Tabelle 4.22: Beiträge, die sich im Rahmen einer Attributionsanalyse ergeben, bei der Währungsbeiträge von den Allokations- und Selektionsbeiträgen abgespalten werden.

Die Zerlegung der Differenzrendite in lokaler Währung, ausgedrückt durch den Term $sgp_i * srp_i^L - sgb_i * srb_i^L$, erfolgt analog zur Verfahrensweise in Abschnitt 4.2.1 mittels der Terme

[17] An dieser Stelle sei noch einmal betont, daß zunächst nur der Fall einer ungehedgten Benchmark betrachtet wird.

$$ab_i^L := (sgp_i - sgb_i) * srb_i^L, \tag{4.17}$$

$$sb_i^L := sgb_i * (srp_i^L - srb_i^L) \tag{4.18}$$

und

$$it(1)_i^L := (sgp_i - sgb_i) * (srp_i^L - srb_i^L). \tag{4.19}$$

Die in diesen Termen enthaltenen Renditewerte werden auf Basis der lokalen Währungen berechnet. Dies wird durch den zusätzlichen Index L ausgedrückt. Es gilt dann:

$$ab_i^L + sb_i^L + it(1)_i^L = sgp_i * srp_i^L - sgb_i * srb_i^L.$$

Analog zur Vorgehensweise in Abschnitt 4.2.1 können bei dieser Zerlegung auch die (relativen) Allokationsbeiträge abr_i verwendet werden. Dabei ist zu beachten, daß die Rendite der Benchmark in lokaler Währung von den Renditewerten der Benchmarksegmente subtrahiert wird:

$$abr_i^L := (sgp_i - sgb_i) * (srb_i^L - RB^L), \tag{4.20}$$

wobei bei n Benchmarksegmenten gilt:

$$RB^L := sgb_1 * srb_1^L + \cdots + sgb_n * srb_n^L.$$

Die Differenzrendite in der Basiswährung wird somit in insgesamt fünf Beiträge aufgespalten:

$$sgp_i * srp_i^B - sgb_i * srb_i^B = ab_i^L + sb_i^L + it(1)_i^L + w_i^L + it(2)_i.$$

Falls die Allokationsbeiträge gemäß Formel (4.20) berechnet werden, gilt:

$$\begin{aligned} abr_i^L + sb_i^L + it(1)_i^L + w_i^L + it(2)_i^L &= sgp_i * srp_i^B - sgb_i * srb_i^B - (sgp_i - sgb_i) * RB^L \\ &= sgp_i * (srp_i^B - RB^L) - sgb_i * (srb_i^B - RB^L) \end{aligned}$$

Vergleiche dazu die Anmerkungen vor Beispiel 4.9.

Die in Tabelle 4.22 dargestellte Attributionsmethode über eine Periode entspricht jener in [Brinson/Hood/Beebower 86], auf der viele der in der Praxis verwendeten Attributionsanalysesysteme basieren.[18] Ein wesentlicher Unterschied besteht jedoch in der Definition der Restterme. Dieser Punkt wird in Abschnitt 4.2.4 in ausführlicher Form behandelt werden.

[18] Vgl. hierzu auch [Brinson/Singer/Beebower 91] und [Pieper 98].

Die mehrdeutige Natur dieser Restterme wird in Abbildung 4.12 veranschaulicht.

$$it(2)_i^L := \left(sgp_i * srp_i^L - sgb_i * srb_i^L\right) * c_i$$

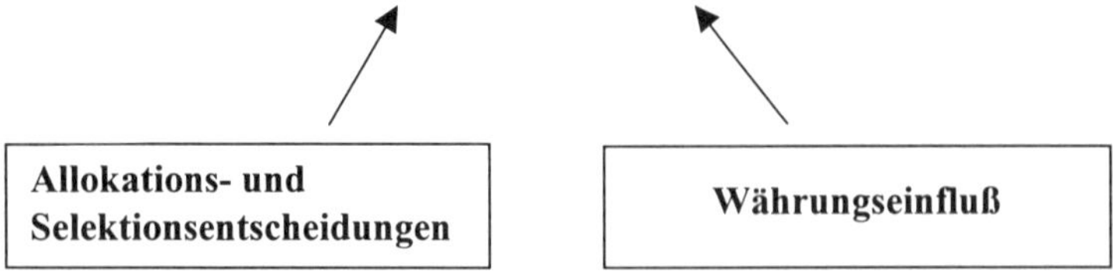

Abbildung 4.12: Komponenten der „Währungs/Allokations/Selektions-Restbeiträge"

Beispiel 4.15 (Attributionsanalyse bei einem 2-Länder-Portfolio unter Abspaltung der Währungsbeiträge):

Im folgenden wird nochmals das 2-Länder-Portfolio aus Beispiel 4.13 betrachtet. Im Gegensatz zur Analyse dort werden an dieser Stelle die Währungsbeiträge gemäß der zuvor beschriebenen Vorgehensweise abgespalten.

Die in Tabelle 4.23 enthaltenen Daten bilden den Ausgangspunkt.

Portfoliosegment	*Gewichtung*		*Rendite (lokale Währung)*	
	Portfolio	*Benchmark*	*Portfolio*	*Benchmark*
USA	*70%*	*50%*	*10,82%*	*13,51%*
Deutschland	*30%*	*50%*	*19,30%*	*20,19%*

Tabelle 4.23: Daten eines Portfolios, das die Ländersegmente „Aktien USA" und „Aktien Deutschland" enthält, in der Periode vom 01.01.1998 bis 31.03.1998. Die Benchmark ist 50% S&P500/50% DAX. Die Gewichte beziehen sich auf den Beginn der Periode, und die Renditen sind in der lokalen Währung (DM bzw. US$) angegeben. Gegenüber der Basiswährung DM hat der Dollar in diesem Zeitraum einen Wertzuwachs von 3,05% erzielt.

Tabelle 4.24 enthält die Resultate einer Attributionsanalyse unter Abspaltung der Währungsbeiträge. Die (absoluten) Allokationsbeiträge werden gemäß Formel (4.17) berechnet.

Portfolio-segment	*Allokation*	*Selektion*	*Währung*	*Rest(1)*	*Rest(2)*	*Summe*
USA	*2,70%*	*-1,35%*	*0,61%*	*-0,54%*	*0,02%*	*1,45%*
Deutschland	*-4,04%*	*-0,45%*	*0,00%*	*0,18%*	*0,00%*	*-4,31%*
Summe	*-1,34%*	*-1,80%*	*0,61%*	*-0,36%*	*0,02%*	*-2,86%*

Tabelle 4.24: Attributionsanalyse des Portfolios aus Tabelle 4.23 unter Abspaltung der Währungsbeiträge. Es werden die gemäß Formel (4.17) berechneten (absoluten) Allokationsbeiträge ab_i^L verwendet.

Die Beitragskomponenten des Segments „Deutschland" sind gegenüber der Attributionsanalyse in Tabelle 4.20 unverändert, da die „lokale Währung" dieses Segments identisch zur Basiswährung (DM) ist.

Die hohe Beitragskomponente des Segments „USA" ist in erster Linie auf die günstige Entwicklung des amerikanischen Aktienmarkts in Verbindung mit der eingegangenen Übergewichtung (Allokationsbeitrag = 2,70%) und die positive Entwicklung des Dollars (Währungsbeitrag = 0,61%) zurückzuführen. Der Restbeitrag(1) stimmt mit dem Restbeitrag in Tabelle 4.20 überein. Restbeitrag(2) ist vernachlässigbar.

Die Attributionsanalyse, die sich bei Verwendung des (relativen) Allokationsbeitrags (Formel (4.20)) ergibt, wird in Tabelle 4.25 wiedergegeben. Der Allokationsbeitrag wurde in bezug auf die durchschnittliche Benchmarkrendite in lokaler Währung berechnet:

$$RB^L = 0{,}5 * 0{,}1351 + 0{,}5 * 0{,}2019 = 0{,}1685 \cong 16{,}85\%.$$

Portfolio-segment	*Allokation*	*Selektion*	*Währung*	*Rest(1)*	*Rest(2)*	*Summe*
USA	*-0,67%*	*-1,35%*	*0,61%*	*-0,54%*	*0,02%*	-1,93%
Deutschland	*-0,67%*	*-0,45%*	*0,00%*	*0,18%*	*0,00%*	-0,94%
Summe	*-1,34%*	*-1,80%*	*0,61%*	*-0,36%*	*0,02%*	*-2,86%*

Tabelle 4.25: Attributionsanalyse des Portfolios aus Tabelle 4.23 unter Abspaltung der Währungsbeiträge. Es werden die (relativen) Allokationsbeiträge abr_i^L *(Formel (4.20)) ausgewiesen.*

Die negativen Allokationsbeiträge zeigen auf, daß die Allokation der Gewichte relativ zur Benchmark ungünstig war: Der relativ zur Benchmark schlechter performende Markt „USA" (13,51% vs. 16,85%) wurde über- und der besser performende Markt „Deutschland" (20,19% vs. 16,85%) untergewichtet.

Die Schlußfolgerungen, die aus den verschiedenen Analysen zu ziehen sind, weichen stark voneinander ab. In der absoluten Betrachtungsweise wird für das Segment „USA" ein positiver Beitrag zur Differenzrendite von 1,45% ausgewiesen, der aus dem hohen (absoluten) Allokationsbeitrag und dem Währungsbeitrag resultiert. Der Allokationsbeitrag ergab sich aus der Übergewichtung dieses Segments und der positiven Rendite. Relativ zur Gesamtbenchmark hat sich das Segment „USA" jedoch nur unterdurchschnittlich entwickelt, was in Tabelle 4.25 durch den negativen Allokationsbeitrag von –1,93% zum Ausdruck kommt. Bei der Beurteilung der Managementleistung in bezug auf eine Benchmark sind somit die (relativen) Beiträge abr_i^L die geeigneteren Größen.

4.2.4 Attributionsanalyse unter Abspaltung von Währungsbeiträgen im Einperiodenfall bei einem aktiven Währungsmanagement

Die Ermittlung von Renditebeiträgen ist bei einem aktiven Währungsmanagement erheblich komplexer als bei einem passiven. Eine solche Attributionsanalyse stellt auch erheblich höhere Anforderungen an das zugrunde liegende *Datenmaterial*. In diesem Abschnitt werden verschiedene Attributionsmethoden unterschiedlicher Komplexität vorgestellt. Die Brinson-Hood-Beebower-Attribution ist eine direkte Verallgemeinerung des Ansatzes in Abschnitt 4.2.3. Die Methoden von Karnosky und Singer sowie von Ankrim und Hensel (Abschnitte 4.2.4.2 und 4.2.4.3) gehen über diesen Ansatz teilweise erheblich hinaus.

4.2.4.1 Ansatz nach Brinson, Hood und Beebower

In diesem Abschnitt wird die in Abschnitt 4.2.3 beschriebene Attributionsmethode im Falle eines passiven auf den Fall eines aktiven Währungsmanagements übertragen. Die Darstellung (über eine Periode) basiert wieder auf den grundlegenden Arbeiten [Brinson/Hood/Beebower 86, Brinson/Singer/Beebower 91]. In diesen Artikeln werden die Währungskomponenten zwar nicht definiert, die Verallgemeinerung der dargestellten Methode ist jedoch recht einfach (vgl. auch [Pieper 98]). Die Ausführungen in diesem Abschnitt werden durch eine Reihe von Übungen vervollständigt, die die Gründe für die Abweichungen gegenüber der „Standarddefinition“ hervorheben sollen.

Die Herleitung der Währungsbeiträge in Abschnitt 4.2.3 (Formel (4.15)) ging von der Annahme aus, daß die Währungsrendite c_i, die durch die Entwicklung der Segment-Währung gegenüber der Basiswährung generiert wird, für ein Portfolio- und sein entsprechendes Benchmarksegment identisch sind. Falls ein aktives Währungsmanagement betrieben wird, ist diese Annahme der Gleichheit der Währungsrenditen natürlich nicht mehr gerechtfertigt. Somit wird in diesem Abschnitt zwischen der Währungsrendite cb_i für das Benchmarksegment und der Währungsrendite cp_i für das Portfoliosegment unterschieden, die über folgende Gleichungen definiert sind:

$$1 + srb_i^B = (1 + srb_i^L) * (1 + cb_i) \tag{4.21}$$

bzw.

$$1 + srp_i^B = (1 + srp_i^L) * (1 + cp_i). \tag{4.22}$$

Damit wird, in Verallgemeinerung des Ausdrucks in Formel (4.15), im Falle eines aktiven Währungsmanagements der Währungsbeitrag wie folgt definiert:

$$wa_i := sgp_i * cp_i - sgb_i * cb_i. \tag{4.23}$$

Abgesehen von Restbeitrag(2) (vgl. Übung 4.1) bleiben die anderen Terme (Allokations-, Selektions- und Restbeitrag(1)) unverändert.

In [Pieper 98] wird der Währungsbeitrag w_i^{Bri} und der (gesamte) Restterm über eine Periode it_i^{Bri} in folgender Form ausgewiesen:

$$w_i^{Bri} := sgp_i * (srp_i^B - srp_i^L) - sgb_i * (srb_i^B - srb_i^L) \tag{4.24}$$

$$it_i^{Bri} := (sgp_i - sgb_i) * (srp_i^L - srb_i^L). \quad (4.25)$$

Gleichung (4.24) folgt aus Gleichung (4.23), falls die Größen cp_i und cb_i durch die „Näherungsterme" $srp_i^B - srp_i^L$ bzw. $srb_i^B - srb_i^L$ ersetzt werden. Die Unterschiede der von Pieper dargestellten Methode gegenüber der im Text aufgeführten werden in Form von Übungen (Übung 4.2 und Übung 4.3) herausgestellt.

4.2.4.2 Ansatz nach Karnosky und Singer

Karnosky und Singer streben in [Singer/Karnosky 95] eine Attributionsanalyse unter Berücksichtigung der Währungskomponenten an, die über die im vorangegangenen Abschnitt vorgestellte Methode hinausgeht: Zum einen gehen die relevanten Renditewerte in den jeweiligen Segmenten relativ zum risikolosen Zinssatz, also die erzielten Überschußrenditen, in die Analysen ein. Dies wird durch das Capital Asset Pricing Model[19] (CAPM) motiviert. Als risikolose Anlage betrachten Karnosky und Singer dabei Euroeinlagen („Eurodeposits"). Zum anderen versuchen die Autoren, nicht nur die Beiträge der „Währungsselektion", sondern auch die der „Hedgeselektion" transparent zu machen. Die einzelnen Komponenten der Karnosky-Singer-Attributionsmethode werden in Tabelle 4.26 dargestellt. Die zusätzlichen Indizes „KS" dienen dazu, diese Größen von den in den vorangegangenen Abschnitten definierten zu unterscheiden. Der Beginn dieses Abschnitts ist strikt an der Originalarbeit [Singer/Karnosky 95] ausgerichtet. Die einzelnen Beiträge werden bei dieser Darstellung in Großbuchstaben notiert. Danach wird eine modifizierte Form der Karnosky-Singer-Methode präsentiert. Die Beiträge werden dann wieder in der gewohnten Form mit Kleinbuchstaben bezeichnet.

Die Selektionsbeiträge SB_i^{KS} und die Restterme $IT(1)_i^{KS}$ sind unverändert gegenüber den in den Abschnitten 4.2.1 und 4.2.2 definierten Größen, da die Renditen in diesen Termen nur in Form von Differenzausdrücken auftreten.

In den Allokationsbeiträgen AB_i^{KS} geht die erzielte Risikoprämie des i-ten Segments (Rendite des i-ten Segments minus der Rendite zb_i der Benchmark-Euroeinlagen auf Basis der lokalen Währung) relativ zur kumulierten Risikoprämie KRP ein (vgl. Tabelle 4.26):

$$KRP := \sum_{i=1}^{n} sgb_i * (srb_i^L - zb_i).$$

In den Beiträgen mit der Bezeichnung „Aktive Währungsselektion" WA_i^{KS} werden die Renditen zb_i der Benchmark-Euroeinlagen und die „Währungsrenditen" c_i der Basiswährung relativ zur Währung des i-ten Segments berücksichtigt. Die Summe dieser Renditen wird relativ zur durchschnittlichen Rendite Z der Euroeinlagen in der Basiswährung gewichtet:

$$Z := \sum_{i=1}^{n} sgb_i * (zb_i + c_i).$$

[19] Vgl. [Copeland/Weston 92, Kapitel 7] und Abschnitt 6.4.1.

Dabei gehen die Gewichte der Benchmark- und Portfoliosegmente unter Berücksichtigung der Hedgepositionen ein. hgb_i und hgp_i bezeichnen die Gewichtskomponenten der Benchmark bzw. des Portfolios, die in die Währung des i-ten Segments gehedgt wurden (positives Vorzeichen) bzw. jene Komponenten, die aus der Währung des i-ten Segments in die Basiswährung gehedgt wurden (negatives Vorzeichen).

Mittels der Terme HS_i^{KS} werden jene Beiträge ausgewiesen, die durch die Selektion der Terminkontrakte im Falle von Hedging gegenüber der Benchmark erzielt werden. Mit zp_i werden die Renditen der Portfolio-Euroeinlagen in der lokalen Währung bezeichnet.

Karnosky-Singer-Beitragsterme	*Formel*
Allokation	$AB_i^{KS} := (sgp_i - sgb_i) * (srb_i^L - zb_i - KRP)$
Selektion	$SB_i^{KS} := sgb_i * (srp_i^L - srb_i^L)$
Restterm(1)	$IT(1)_i^{KS} := (sgp_i - sgb_i) * (srp_i^L - srb_i^L)$
Aktive Währungsselektion	$WA_i^{KS} := (sgp_i + hgp_i - sgb_i - hgb_i) * (zb_i + c_i - Z)$
Hedgeselektion	$HS_i^{KS} := (sgb_i + hgb_i) * (zp_i - zb_i)$
Restterm(2)	$IT(2)_i^{KS} := (sgp_i + hgp_i - sgb_i - hgb_i) * (zp_i - zb_i)$

Tabelle 4.26: Komponenten der Karnosky-Singer-Attributionsanalyse laut [Singer/Karnosky 95].

Die Karnosky-Singer-Attributionsmethode basiert auf der wesentlichen Vereinfachung, daß sich die Renditen (z.B. die erzielte Rendite auf Basis lokaler Währung und die Währungsrendite) additiv verknüpfen lassen, d.h. es wird die Annahme logarithmierter Renditen getroffen. Somit ist eine Anwendung im Falle diskreter Renditen nicht direkt möglich. Ferner erscheint es fraglich, bei der Definition der „Hedgeselektion“ die Differenz der Renditewerte auch mit dem Benchmarkgewicht sgb_i zu gewichten. Dadurch werden diese Beiträge tendenziell überzeichnet (vgl. Beispiel 4.17).

Um diese Einschränkungen zu eliminieren, werden im folgenden die einzelnen Beitragsterme analog zur Vorgehensweise in Abschnitt 4.2.3 hergeleitet. Daraus ergibt sich eine modifizierte Form der Karnosky-Singer-Attributionsanalyse. Vorab noch einige Bemerkungen zu den Beiträgen, die aus Hedging resultieren. Es werden nur solche Hedges betrachtet, die Fremdwährungssegmente in bezug auf die Basiswährung bzw. die Basiswährung in bezug auf eine Fremdwährung hedgen. Hedges zwischen verschiedenen Fremdwährungssegmenten werden somit nicht berücksichtigt. Eine Einbeziehung solcher Hedges wäre jedoch prinzipiell möglich.

Beitragskomponenten durch Währungshedging

Durch das Hedgen eines Teils des Währungsexposures des *i*-ten Portfoliosegments ergibt sich die Beitragskomponente

$$hgp_i * hrp_i . \tag{4.26}$$

hrp_i ist diejenige Rendite, die aus der multiplikativen Verknüpfung des risikolosen Zinssatzes (Portfolio-Euroeinlage) zp_i in der lokalen Währung mit der Wertveränderung c_i der lokalen Währung gegenüber der Basiswährung hervorgeht:[20]

$$1 + hrp_i = (1 + c_i) * (1 + zp_i). \tag{4.27}$$

Ein analoger Beitrag ergibt sich für das entsprechende Benchmarksegment:

$$hgb_i * hrb_i \quad \text{mit} \quad 1 + hrb_i = (1 + c_i) * (1 + zb_i). \tag{4.28}$$

Unter Berücksichtigung dieser Hedgingbeiträge ergibt sich in Verallgemeinerung von Gleichung (4.13) folgender Ausdruck für den Beitrag zur Differenzrendite D_i im *i*-ten Segment, der in zwei Komponenten D_i^1 und D_i^2 aufgespalten wird:

$$D_i = \underbrace{sgp_i * srp_i^B - sgb_i * srb_i^B}_{=: D_i^1} + \underbrace{hgp_i * hrp_i - hgb_i * hrb_i}_{=: D_i^2} .$$

Zur Zerlegung des Terms D_i^1 wird an dieser Stelle auf die Darstellung in Abschnitt 4.2.3 (Gleichungen 4.14, 4.17 – 4.19) zurückgegriffen:

$$\begin{aligned} D_i^1 &= (sgp_i - sgb_i) * srb_i^L + sgb_i * (srp_i^L - srb_i^L) + (sgp_i - sgb_i) * (srp_i^L - srb_i^L) \\ &\quad + (sgp_i - sgb_i) * c_i + (sgp_i * srp_i^L - sgb_i * srb_i^L) * c_i \end{aligned}$$

Aufgrund der Symmetrie zwischen den Termen D_i^1 und D_i^2 läßt sich aus Gleichung (4.14) für D_i^2 eine analoge Zerlegung ableiten:

$$\begin{aligned} D_i^2 &= (hgp_i - hgb_i) * zb_i + hgb_i * (zp_i - zb_i) + (hgp_i - hgb_i) * (zp_i - zb_i) \\ &\quad + (hgp_i - hgb_i) * c_i + (hgp_i * zp_i - hgb_i * zb_i) * c_i \end{aligned}$$

Die Summe der Terme D_i^1 und D_i^2 ergibt somit:

[20] Dies ergibt die Rendite der Portfolio-Euroeinlage in der Basiswährung.

$$D_i^1 + D_i^2 = (sgp_i - sgb_i)*(srb_i^L - zb_i) + sgb_i*(srp_i^L - srb_i^L) + (sgp_i - sgb_i)*(srp_i^L - srb_i^L)$$
$$+ (sgp_i + hgp_i - sgb_i - hgb_i)*(c_i + zb_i) + hgb_i*(zp_i - zb_i)$$
$$+ (hgp_i - hgb_i)*(zp_i - zb_i) + (sgp_i * srp_i^L - sgb_i * srb_i^L + hgp_i * zp_i - hgb_i * zb_i)* c_i.$$

Aus dieser Zerlegung leitet man folgende Beitragsterme ab:[21]

Karnosky-Singer-Beitragsterme	*Formel*
Allokation	$ab_i^{KS} := (sgp_i - sgb_i)*(srb_i^L - zb_i - KRP)$
Selektion	$sb_i^{KS} := sgb_i*(srp_i^L - srb_i^L)$
Restterm(1)	$it(1)_i^{KS} := (sgp_i - sgb_i)*(srp_i^L - srb_i^L) + (hgp_i - hgb_i)*(zp_i - zb_i)$
Aktive Währungsselektion	$wa_i^{KS} := (sgp_i + hgp_i - sgb_i - hgb_i)*(zb_i + c_i - Z)$
Hedgeselektion	$hs_i^{KS} := hgb_i*(zp_i - zb_i)$
Restterm(2)	$it(2)_i^{KS} := (sgp_i * srp_i^L - sgb_i * srb_i^L + hgp_i * zp_i - hgb_i * zb_i)* c_i$

Tabelle 4.27: Komponenten der modifizierten Karnosky-Singer-Attributionsanalyse.

An dieser Stelle soll noch darauf hingewiesen werden, daß die obige Form der Attribution der Hedgingbeiträge nicht vollständig den Gesamtbeitrag widerspiegelt, der aus Hedging resultiert. Um zu erkennen, welche Differenzen entstehen, wird als Beispiel der Fall betrachtet, in dem die Basiswährung in die Währung des i-ten Segments gehedgt wird. In diesem Fall ergibt sich der Beitrag (vgl. [Brealey/Myers 91, S. 638f.]) zu:

$$hgp_i * \left((1 + c_i) * \left(\frac{1 + zp_i}{1 + zpb} \right) - 1 \right), \tag{4.29}$$

wobei mit zpb die Zinsrate der Euroeinlage in der Basiswährung bezeichnet wird. Die Hedgingbeiträge (4.27) ergeben in der Summe jedoch nur

$$hgp_i * ((1 + c_i) * (1 + zp_i) - (1 + zpb)). \tag{4.30}$$

Die Problematik bei der Aufspaltung der Beiträge (4.29) resultiert aus der multiplikativen Verknüpfung von Renditewerten, die verschiedene Portfoliosegmente betreffen. In additiver Form kann dies nur unvollkommen durchgeführt werden. In der Regel sind die Differenzterme zwischen (4.29) und (4.30) jedoch sehr klein (vgl. Beispiel 4.16), so daß hier von einer Einbeziehung dieser Beiträge abgesehen werden soll.

Von den Beitragstermen in Tabelle 4.27 unterscheiden sich formal nur die „Hedgeselektionsbeiträge“ sowie die Restterme. In die modifizierte Form der Hedgeselektionsbeiträge gehen nur die „Hedgegewichte“ ein, nicht mehr die Benchmarkgewichte. Generell hat diese

[21] Die Renditen, die in die Allokationsbeiträge und die Beiträge der aktiven Währungsselektion einfließen, werden wie in [Singer/Karnosky 95] relativ zur jeweiligen Durchschnittsrendite KRP bzw. Z betrachtet. Da diese (konstanten) Werte mit Gewichtsdifferenzen multipliziert werden, die in der Summe 0 ergeben, führt dies bei der Addition der Terme zur Differenzrendite zu keinen Veränderungen.

Modifikation zur Folge, daß die Hedgeselektion entsprechend der Bedeutung, die das Hedging innerhalb der Benchmark einnimmt, berücksichtigt wird.

Beispiel 4.16 (Modifizierte Karnosky-Singer-Attributionsanalyse):

Als Beispiel wird ein Aktienportfolio betrachtet, das in fünf Ländern investiert ist. Tabelle 4.28 enthält alle Daten, die für die modifizierte Karnosky-Singer-Attribution benötigt werden. Die Zinsraten für die Euroeinlagen sind vergleichbar mit denjenigen, die im Juni 1999 für einen Ein-Jahres-Zeitraum vorlagen. Die aufgeführten Gewichte beziehen sich auf den Anfang der Periode.

	Gewichtung		*Währungshedge*		*Rendite (Euroeinlage)*		*Rendite (in lok. Währung)*		*Lok. Währung vs. Basiswährung*
	Portf.	*BM*	*Portf.*	*BM*	*Portf.*	*BM*	*Portf*	*BM*	
UK	*10*	*20*	*-10*	*-10*	*5,35*	*5,25*	*25*	*20*	*15*
USA	*38*	*20*	*-20*	*-10*	*5,75*	*5,50*	*10*	*20*	*10*
Schweiz	*10*	*20*	*0*	*-10*	*1,50*	*1,40*	*18*	*25*	*-5*
Japan	*8*	*20*	*-8*	*-10*	*0,12*	*0,17*	*-10*	*-5*	*-10*
D	*30*	*20*	*38*	*40*	*2,85*	*2,88*	*15*	*5*	*0*
Kasse	*4*	*0*	*0*	*0*	*2,85*	*2,88*	*2*	*0*	*0*
Summe	*100*	*100*	*0*	*0*					

Tabelle 4.28: Bestandsdaten eines internationalen Aktienportfolios, das einer modifizierten Karnosky-Singer-Attributionsanalyse unterzogen wird. Alle Werte sind in Prozent.

Tabelle 4.29 enthält die Ergebnisse der modifizierten Karnosky-Singer-Attributionsanalyse. Die Differenzterme, die sich aufgrund der Vereinfachung von (4.29) zu (4.30) ergeben, betragen in diesem Beispiel in der Summe lediglich 0,06 Prozentpunkte.

	Allokation	*Selektion*	*Währungsselektion*	*Hedgeselektion*	*Rest(1)*	*Rest(2)*
UK	*-0,49*	*1,00*	*-1,52*	*-0,01*	*-0,50*	*-0,23*
USA	*0,83*	*-2,00*	*0,84*	*-0,03*	*-1,83*	*-0,08*
Schweiz	*-1,37*	*-1,40*	*0,00*	*-0,01*	*0,71*	*0,15*
Japan	*1,81*	*-1,00*	*1,49*	*0,01*	*0,60*	*-0,02*
D	*-0,78*	*2,00*	*-0,17*	*-0,01*	*1,00*	*0,00*
Kasse	*-0,51*	*0,00*	*-0,09*	*0,00*	*0,08*	*0,00*
Summe	*-0,51*	*-1,40*	*0,54*	*-0,05*	*0,06*	*-0,17*

Tabelle 4.29: Beitragskomponenten des Portfolios aus Tabelle 4.28 nach der modifizierten Karnosky-Singer-Attributionsanalyse. Alle Werte sind in Prozent.

Übung 4.5 enthält ein weiteres Beispiel für diese Form der Karnosky-Singer-Attributionsanalyse.

Beispiel 4.17 (Karnosky-Singer-Hedgeselektion):

Um die Unterschiede in der Definition des Hedgeselektionsbeitrags zu verdeutlichen, wird im folgenden ein 2-Länder-Aktienportfolio mit folgenden Gewichtungen betrachtet:

	Gewichtung		*Währungshedge*		*Rendite (Euroeinlage)*		*Rendite (in lok. Währung)*		*Lok. Währung vs. Basiswährung*
	Portf.	*BM*	*Portf.*	*BM*	*Portf.*	*BM*	*Portf.*	*BM*	
USA	*80*	*50*	*-10*	*-20*	*5,75*	*5,50*	*10*	*20*	*20*
D	*20*	*50*	*10*	*20*	*2,85*	*2,88*	*15*	*5*	*0*
Summe	*100*	*100*	*0*	*0*					

Tabelle 4.30: Daten eines 2-Länder-Portfolios für eine Karnosky-Singer-Attributionsanalyse. Alle Werte sind in Prozent.

Die Attributionsanalyse nach Karnosky und Singer (siehe Tabelle 4.26) ergibt in diesem Fall einen Hedgeselektionsbeitrag von

$$(0{,}5-0{,}2)*(0{,}0575-0{,}055)+(0{,}5+0{,}2)*(0{,}0285-0{,}0288)\cong 0{,}05\%\,.$$

Die modifizierte Form, bei der nur noch die Hedgegewichte, jedoch nicht mehr die Segmentgewichte der Benchmark eingehen, ergibt gemäß Formel (4.30) einen Wert von

$$(-0{,}2)*(0{,}0575-0{,}0055)+0{,}2*(0{,}0285-0{,}0288)\cong -0{,}06\%\,,$$

der somit sogar negativ ausfällt. Dieser Beitrag ergibt ein realistischeres Bild der Hedgeselektion, da der Zinsspread bei dem Portfoliohedge größer ausfällt als bei der Benchmark (- 2,90% = 2,85% - 5,75% vs. -2,62% = 2,88% - 5,50%).

4.2.4.3 Ansatz nach Ankrim und Hensel

Ein weiterer Ansatz für eine Attribution von Währungsbeiträgen, der im folgenden skizziert werden soll, stammt von Ankrim und Hensel ([Ankrim/Hensel 94]). Bei der Definition der Währungsbeiträge unterscheiden sie zwischen einer „Forward-Prämie" und einer „Währungsüberraschung". Die „Forward-Prämie" wird dabei als sichere Währungsrendite definiert, die sich mittels Termingeschäften über den jeweiligen Betrachtungszeitraum realisieren läßt. Bezeichnet S_i den Wechselkurs der Währung des i-ten Segments zur Basiswährung zu Beginn der Periode und F_i den Wechselkurs, der sich (zu Beginn der Periode betrachtet) mittels Termingeschäften zum Ende des Betrachtungszeitraums realisieren läßt, dann gilt für die „Währungsprämie" f_i:

$$f_i := \frac{F_i - S_i}{S_i}\,. \tag{4.31}$$

Wenn c_i wie in Abschnitt 4.2.3 die gesamte Wertentwicklung der Währung des i-ten Segments gegenüber der Basiswährung in einer Periode bezeichnet, dann gilt für die Währungsüberraschung cs_i:

$$cs_i := c_i - f_i . \tag{4.32}$$

Ankrim und Hensel vertreten die Ansicht, daß eine Bewertung des Währungsmanagements ausschließlich auf den „Währungsüberraschungen" basieren sollte. Die Beiträge, die sich aus den „Währungsprämien" ergeben, müssen dazu separat ausgewiesen werden. Die nachfolgende Beschreibung der sich daraus ergebenden Attributionsmethode basiert zwar auf [Ankrim/ Hensel 94], weicht jedoch in einzelnen Punkten von dieser Darstellung ab. Den Ausgangspunkt der Darstellung bildet wiederum die Allokationsmethode in Abschnitt 4.2.4.1. Die Definition der Allokations- und Selektionsbeiträge sowie der zugehörigen Restbeiträge wird durch die Abspaltung der Beiträge, die aus den „Währungsprämien" resultieren, nicht betroffen. Der Währungsbeitrag eines Segments

$$wa_i := sgp_i * cp_i - sgb_i * cb_i$$

wird entsprechend der Prämisse in zwei Terme aufgespalten; zum einen in die „Forward-Prämie"

$$fp_i^{AH} := (sgp_i - sgb_i) * (f_i - F),$$

wobei

$$F := \sum_{i=1}^{n} sgb_i * f_i \tag{4.33}$$

den gewichteten Durchschnitt der Forward-Prämien bezeichnet, zum anderen in den „Währungsmanagement-Beitrag"

$$wm_i^{AH} := (sgp_i + hgp_i - sgb_i - hgb_i) * (cs_i - CS). \tag{4.34}$$

Mit CS wird die durchschnittliche „Währungsüberraschung"[22] bezeichnet:

$$CS := \sum_{i=1}^{n} sgb_i * cs_i .$$

Die Variablen hgp_i und hgb_i bezeichnen wiederum die prozentualen Anteile des Portfolios bzw. der Benchmark, die in die Währung des i-ten Segments (positives Vorzeichen) bzw. die von der Währung des i-ten Segments in die Basiswährung (negatives Vorzeichen) gehedgt werden.

---

[22] Diese Definition unterscheidet sich von der in [Ankrim/Hensel 94]. In dieser Arbeit werden ferner die Restterme nicht separat aufgeführt, sondern auf die anderen Beiträge verteilt.

4.3 Attributionsanalyse im Mehrperiodenfall

4.3.1 Grundlegende Betrachtungen

In diesem Abschnitt wird die Attributionsanalyse im Einperiodenfall, die in Abschnitt 4.2 beschrieben wurde, auf einen Zeitraum, der mehrere Perioden umfaßt, verallgemeinert. Diese Verallgemeinerung ist notwendig, da in der Praxis des Portfoliomanagements exogene Eingriffe in das Portfolio (Verkäufe oder Käufe von Wertpapieren, Dividenden- oder Zinszahlungen) zu „außergewöhnlichen", d.h. nicht durch reguläre Kursverläufe hervorgerufene, Änderungen der Gewichte führen können. Analog zur Berechnung der zeitgewichteten Rendite (Abschnitt 2.4) kann im Rahmen einer Attributionsanalyse der zugrunde liegende Zeitraum entsprechend der exogenen Gewichtsveränderungen unterteilt werden. Die Beiträge für die sich ergebenden Zeitabschnitte werden anschließend miteinander zu aggregierten Größen verknüpft. Um die Problematik, die dabei auftritt, zu erläutern, wird zunächst der einfache Fall der Verknüpfung von zwei Perioden betrachtet.

Bezeichnet man die Gewichte der Segmente eines Portfolios zu Beginn der ersten und der zweiten Periode mit sgp_i^1 bzw. sgp_i^2 (i indiziert die n verschiedenen Portfoliosegmente) und die Renditewerte[23] der Segmente in den Perioden mit srp_i^1 und srp_i^2, dann gilt für die Rendite RP_1 des gesamten Portfolios in der ersten Periode (vgl. Kasten vor Beispiel 4.3)

$$RP_1 = \sum_{i=1}^{n} sgp_i^1 * srp_i^1 \tag{4.35}$$

und für die Rendite RP_2 innerhalb der zweiten Periode[24]

$$RP_2 = \sum_{i=1}^{n} sgp_i^2 * srp_i^2 \,. \tag{4.36}$$

Die Gesamtrendite RP des Portfolios über beide Perioden erhält man mittels geometrischer Verknüpfung der Renditewerte RP_1 und RP_2:

$$1 + RP = (1 + RP_1) * (1 + RP_2).$$

Unter Verwendung der Ausdrücke (4.35) und (4.36) führt dies zu:

---

[23] Alle Renditewerte in diesem Abschnitt sind Renditen in bezug auf die Basiswährung.

[24] Von der Möglichkeit, daß sich die Anzahl der betrachteten Segmente im Zeitablauf verändert, wird hier, wie auch im folgenden, abgesehen.

$$1+RP=\left(1+\sum_{i=1}^{n} sgp_i^1 * srp_i^1\right)*\left(1+\sum_{i=1}^{n} sgp_i^2 * srp_i^2\right)$$
$$=1+\sum_{i=1}^{n} sgp_i^1 * srp_i^1+\sum_{i=1}^{n} sgp_i^2 * srp_i^2 *\left(1+RP_1\right),$$

und folglich

$$RP=\sum_{i=1}^{n} sgp_i^1 * srp_i^1+\sum_{i=1}^{n} sgp_i^2 *\left(1+RP_1\right)* srp_i^2 .$$

Bereits an dieser Stelle soll ausdrücklich darauf hingewiesen werden, daß die Rendite über beide Perioden *nicht* identisch ist mit der Summe der Beitragskomponenten der beiden jeweils isoliert betrachteten Perioden:

$$RP \neq \sum_{i=1}^{m} sgp_i^1 * srp_i^1+\sum_{i=1}^{m} sgp_i^2 * srp_i^2 .$$

Die Beiträge, die sich in der zweiten Periode (isoliert betrachtet) ergeben, müssen bei der Zusammenführung der Beiträge zur Gesamtrendite zuvor mit dem Faktor

$$1+\text{\textit{Gesamtrendite der ersten Periode}}$$

multipliziert werden. Dadurch wird der „Basiseffekt", der aus der geometrischen Verknüpfung der Renditewerte resultiert, angemessen berücksichtigt! Die abgeleitete Aussage läßt sich leicht auf den Fall, in dem der Betrachtungszeitraum in eine beliebige Anzahl von Teilabschnitten untergliedert wird, verallgemeinern. Analog zur Berechnungsmethode der zeitgewichteten Rendite (Abschnitt 2.4) ist eine solche Unterteilung bei exogenen Mittelbewegungen erforderlich.

Rendite als gewichtete Summe von Renditebeiträgen von Teilperioden

Für die Rendite *RP* eines Portfolios über einen Betrachtungszeitraum, der durch exogene Eingriffe in *m* Perioden unterteilt wird, gilt

$$RP=\sum_{j=1}^{m}\left(1+RP^{j-1}\right)\sum_{i=1}^{n} sgp_i^j * srp_i^j , \tag{4.37}$$

mit

RP^j: Rendite des Portfolios über die ersten *j* Perioden (RP^0 wurde Null gesetzt)

sgp_i^j: Gewicht des *i*-ten Portfoliosegments zu Beginn der *j*-ten Periode

srp_i^j: Rendite des *i*-ten Portfoliosegments in der *j*-ten Periode

m: Anzahl der Teilperioden, in die der Betrachtungszeitraum untergliedert wird

n: Anzahl der Segmente innerhalb der Benchmark und des Portfolios

Gleichung (4.37) folgt aus einer elementaren Umformung der Gleichung, die sich aus der geometrischen Verknüpfung der einzelnen Renditewerte ergibt. Diese Umformung wird im folgenden durchgeführt.

Für die Rendite RP^j gilt:

$$1+RP^j=(1+RP_1)*(1+RP_2)*\cdots*(1+RP_j).$$

Um dem Leser die Unterscheidung zu erleichtern, sei an dieser Stelle noch einmal wiederholt, daß RP_j den Renditewert in der *j*-ten Periode und RP^j den Renditewert, den das Portfolio bis einschließlich der *j*-ten Periode erzielt hat, darstellt. Es gelten folgende Identitäten:

$$1+RP^j=(1+RP^{j-1})*(1+RP_j)$$

und

$$1+RP=1+RP^m.$$

Damit folgt:

$$\begin{aligned}1+RP&=1+RP^m\\&=(1+RP^{m-1})*(1+RP_m)\\&=(1+RP^{m-1})+(1+RP^{m-1})*RP_m\\&=(1+RP^{m-2})*(1+RP_{m-1})+(1+RP^{m-1})*RP_m\\&=(1+RP^{m-2})+(1+RP^{m-2})*RP_{m-1}+(1+RP^{m-1})*RP_m\\&\vdots\\&=(1+RP^1)+(1+RP^1)*RP_2+\cdots+(1+RP^{m-1})*RP_m\\&=1+\sum_{i=1}^{n}sgp_i^1*srp_i^1+(1+RP^1)*\left(\sum_{i=1}^{n}sgp_i^2*srp_i^2\right)+\cdots+(1+RP^{m-1})*\left(\sum_{i=1}^{n}sgp_i^m*srp_i^m\right).\end{aligned}$$

Auflösen nach RP ergibt Gleichung (4.37).

Ausgehend von Formel (4.37) lassen sich die in den Abschnitten 4.2.1 und 4.2.3 relativ zu einer Benchmark hergeleiteten Formeln für die unterschiedlichen Beitragskomponenten auf den Fall mehrerer Perioden verallgemeinern. Zunächst wird die Benchmarkrendite RB über mehrere Perioden in analoger Weise zu Formel (4.37) dargestellt:

$$RB=\sum_{j=1}^{m}(1+RB^{j-1})\sum_{i=1}^{n}sgb_i^j*srb_i^j,$$

mit

RB^j: Rendite der Benchmark über die ersten *j* Perioden (RB^0 wurde Null gesetzt)

sgb_i^j: Gewicht des i-ten Benchmarksegments zu Beginn der j-ten Periode
srb_i^j: Rendite des i-ten Benchmarksegments in der j-ten Periode
m: Anzahl der Teilperioden, in die der Betrachtungszeitraum untergliedert wird
n: Anzahl der Segmente innerhalb der Benchmark und des Portfolios

Die Differenzrendite zwischen Portfolio und Benchmark ergibt sich somit zu

$$RP - RB = \sum_{j=1}^{m}\sum_{i=1}^{n}\left(sgp_i^j * \left(1 + RP^{j-1}\right) * srp_i^j - sgb_i^j * \left(1 + RP^{j-1}\right) * srb_i^j\right). \tag{4.38}$$

Ein einzelner Summand

$$sgp_i^j * \left(1 + RP^{j-1}\right) * srp_i^j - sgb_i^j * \left(1 + RP^{j-1}\right) * srb_i^j \tag{4.39}$$

kann als (verallgemeinerte) Beitragskomponente des i-ten Segments zur Differenzrendite in der j-ten Periode interpretiert werden. Entsprechend der „Zinseszinseffekte" durch die multiplikative Verknüpfung der Renditewerte werden die Gewichte zu Beginn der Periode jedoch mittels der bis zur jeweiligen Periode erzielten Renditewerte des gesamten Portfolios bzw. der gesamten Benchmark gewichtet. Die in den einzelnen Perioden erzielten Beiträge zur Differenzrendite hängen somit von folgenden Faktoren ab:

- Bis zur Periode erzielte Rendite des Portfolios und der Benchmark,
- Wahl des Zeitintervalls, insbesondere des Anfangszeitpunktes.

Im folgenden werden zwei Möglichkeiten zur Definition der Beitragskomponenten erläutert.

4.3.2 Berechnungsmethode (I)

4.3.2.1 Allgemeine Beitragskomponenten ohne Abspaltung der Währungskomponenten[25]

Ausgehend von der Form der Differenzrendite (4.38) liegt es nahe, die Formeln für die Allokations-, Selektions- und Restbeiträge, die in Abschnitt 4.2.1 für eine Periode definiert wurden, wie folgt über einen Zeitraum, der m Perioden $(1 \leq j \leq m)$ umfaßt, zu verallgemeinern:

$$ab_i^j := \left(sgp_i^j * \left(1 + RP^{j-1}\right) - sgb_i^j * \left(1 + RB^{j-1}\right)\right) * srb_i^j \tag{4.40}$$

$$sb_i^j := sgb_i^j * \left(1 + RB^{j-1}\right) * \left(srp_i^j - srb_i^j\right) \tag{4.41}$$

$$it(1)_i^j := \left(sgp_i^j * \left(1 + RP^{j-1}\right) - sgb_i^j * \left(1 + RB^{j-1}\right)\right) * \left(srp_i^j - srb_i^j\right) \tag{4.42}$$

25 Alle Renditewerte in diesem Abschnitt sind Renditewerte in bezug auf die Basiswährung.

Die Terme ab_i^j, sb_i^j, $it(1)_i^j$ können als (verallgemeinerter) Allokations-, Selektions- und Restbeitrag des i-ten Portfoliosegments zur Differenzrendite in der j-ten Periode interpretiert werden. Eine einfache Rechnung bestätigt, daß

$$ab_i^j + sb_i^j + it(1)_i^j = sgp_i^j * \left(1 + RP^{j-1}\right) * srp_i^j - sgb_i^j * \left(1 + RB^{j-1}\right) * srb_i^j \,. \tag{4.43}$$

Die Summe der $ab_i^j + sb_i^j + it(1)_i^j$ (über i=1,...,n und j=1,...,m) ergibt somit die Differenzrendite (4.38). Gleichung (4.43) ist die Verallgemeinerung von Gleichung (4.11) im Einperiodenfall.

Analog zur Vorgehensweise in Abschnitt 4.2.1 bietet sich auch bei Attributionsanalysen über mehrere Perioden die Möglichkeit, zu einer relativen Allokationsanalyse überzugehen. In diesem Fall geht in die Definition des Allokationsbeitrags wieder die Rendite eines Benchmarksegments relativ zur durchschnittlichen Benchmarkrendite ein:

$$abr_i^j := \left(sgp_i^j * \left(1 + RP^{j-1}\right) - sgb_i^j * \left(1 + RB^{j-1}\right)\right) * \left(srb_i^j - RB^j\right). \tag{4.44}$$

Dies macht jedoch eine Modifikation der Restbeiträge erforderlich, da die Summe der Allokations-, Selektions- und Restbeiträge sonst nicht mehr die Differenzrendite ergäbe:

$$it(1)_i^j \rightarrow it(1)_i^j + \left(sgp_i^j * \left(1 + RP^{j-1}\right) - sgb_i^j * \left(1 + RB^{j-1}\right)\right) * RB^j \,. \tag{4.45}$$

4.3.2.2 Allgemeine Beitragskomponenten unter Abspaltung der Währungskomponenten bei einem passiven Währungsmanagement

In diesem Abschnitt muß wieder zwischen den Renditen in lokaler Währung und Renditen in der Basiswährung unterschieden werden. Mit $(srp^L)_i^j$ und $(srb^L)_i^j$ werden die Renditen des i-ten Portfolio- bzw. Benchmarksegments in der j-ten Periode in der lokalen Währung bezeichnet. Die Bezeichnungen für diese Renditen in der Basiswährung lauten $(srp^B)_i^j$ bzw. $(srb^B)_i^j$. Die Größen RP^{j-1} und RB^{j-1} sind stets Renditen in bezug auf die Basiswährung, sofern sie nicht mit einem zusätzlichen Index L versehen sind. In diesem Fall repräsentieren diese Größen Renditen in bezug auf die lokalen Währungen (vgl. Abschnitt 4.3.3.2).

Die Verallgemeinerung der Beitragsformeln, die sich bei einer Abspaltung der Währungsbeiträge ergeben (Abschnitt 4.2.3, dort insbesondere Tabelle 4.22), erfolgt analog zur Vorgehensweise in Abschnitt 4.3.2.1: Der (verallgemeinerte) Währungsbeitrag w_i^j des i-ten Segments in der j-ten Periode berechnet sich gemäß

$$w_i^j := \left(sgp_i^j * \left(1 + RP^{j-1}\right) - sgb_i^j * \left(1 + RB^{j-1}\right)\right) * c_i^j \,, \tag{4.46}$$

wobei c_i^j die Rendite der lokalen Währung des i-ten Segments in der j-ten Periode darstellt.

Der Restbeitrag(2) errechnet sich gemäß

$$(it(2)^L)_i^j := \left(sgp_i^j * \left(1 + RP^{j-1}\right) * (srp^L)_i^j - sgb_i^j * \left(1 + RB^{j-1}\right) * (srb^L)_i^j\right) * c_i^j . \quad (4.47)$$

Die Verallgemeinerung der Allokations-, Selektions- und Restterme(1) in lokaler Währung erfolgt analog zur Vorgehensweise in Abschnitt 4.3.2.1:

$$(ab^L)_i^j := \left(sgp_i^j * \left(1 + RP^{j-1}\right) - sgb_i^j * \left(1 + RB^{j-1}\right)\right) * (srb^L)_i^j \quad (4.48)$$

$$(sb^L)_i^j := sgb_i^j \left(1 + RB^{j-1}\right) * \left((srp^L)_i^j - (srb^L)_i^j\right) \quad (4.49)$$

$$(it(1)^L)_i^j := \left(sgp_i^j * \left(1 + RP^{j-1}\right) - sgb_i^j * \left(1 + RB^{j-1}\right)\right) * \left((srp^L)_i^j - (srb^L)_i^j\right) \quad (4.50)$$

In der Summe ergeben die Beitragsterme die (verallgemeinerte) Beitragsdifferenz des i-ten Segments innerhalb der j-ten Periode:

$$(ab^L)_i^j + (sb^L)_i^j + (it(1)^L)_i^j + w_i^j + (it(2)^L)_i^j = sgp_i^j * \left(1 + RP^{j-1}\right) * (srp^B)_i^j - sgb_i^j * \left(1 + RB^{j-1}\right) * (srb^B)_i^j .$$

Der verallgemeinerte (relative) Allokationsbeitrag $(abr^L)_i^j$ des i-ten Segments in der j-ten Periode berechnet sich gemäß

$$(abr^L)_i^j := \left(sgp_i^j * \left(1 + RP^{j-1}\right) - sgb_i^j * \left(1 + RB^{j-1}\right)\right) * \left((srb^L)_i^j - (RB^L)_j\right), \quad (4.51)$$

wobei

$$(RB^L)_j := sgb_1^j * (srb^L)_1^j + \cdots + sgb_n^j * (srb^L)_n^j$$

die Rendite der Benchmark innerhalb der j-ten Periode ohne Berücksichtigung von Währungseffekten darstellt.

Die Modifikation der Restbeiträge erfolgt analog zu Formel (4.45):

$$(it(1)^L)_i^j \rightarrow (it(1)^L)_i^j + \left(sgp_i^j * \left(1 + RP^{j-1}\right) - sgb_i^j * \left(1 + RB^{j-1}\right)\right) * (RB^L)_j . \quad (4.52)$$

4.3.3 Berechnungsmethode (II)

4.3.3.1 Allgemeine Beitragskomponenten ohne Abspaltung der Währungskomponenten[26]

Nach Abschnitt 4.3.2 ergibt sich der Allokationsbeitrag zur Differenzrendite des i-ten Segments in der j-ten Periode zu:

$$ab_i^j := sgp_i^j * \left(1 + RP^{j-1}\right) * srb_i^j - sgb_i^j * \left(1 + RB^{j-1}\right) * srb_i^j . \quad (4.53)$$

[26] Alle Renditewerte in diesem Abschnitt sind Renditewerte in bezug auf die Basiswährung.

Das Hauptargument für diese Definition bestand in der Analogie zur Formel für die Berechnung der Gesamtrenditebeiträge in einzelnen Perioden (Formel (4.25)). Allerdings steht diese Definition in Widerspruch zur ursprünglichen Idee, Allokationsbeiträge durch die Rendite eines „Allokationsportfolios", bei dem gegenüber der Benchmark nur die Segmentgewichte variiert werden, zu bestimmen. Durch die Skalierung der Beiträge $sgp_i^j * srp_i^j$ in einzelnen Perioden mittels der „gesamten Portfoliorendite" $(1+RP^{j-1})$, die bis zum Beginn der j-ten Periode erzielt wurde, werden die in dieser Form berechneten Allokationsbeiträge abhängig von Selektionsentscheidungen. Eine Alternative bildet die Skalierung dieser Terme durch die Rendite des Allokationsportfolios.[27]

Nach Abschnitt 4.2.1 errechnet sich die Rendite RAL_j des Allokationsportfolios in der j-ten Periode zu

$$RAL_j = \sum_{i=1}^{n} sgp_i^j * srb_i^j \, .$$

Die Rendite RAL^j des Allokationsportfolios bis einschließlich der j-ten Periode wird durch folgende Gleichung bestimmt:

$$1 + RAL^j = (1 + RAL_1) * (1 + RAL_2) * \cdots * (1 + RAL_j).$$

Unter Verwendung der Rendite des Allokationsportfolios errechnet sich der (verallgemeinerte) Allokationsbeitrag des i-ten Segments in der j-ten Periode gemäß

$$\overline{ab}_i^j := sgp_i^j * (1 + RAL^{j-1}) * srb_i^j - sgb_i^j * (1 + RB^{j-1}) * srb_i^j \, . \tag{4.54}$$

Zur Unterscheidung gegenüber den in (4.40) definierten Allokationsbeiträgen wurden die Größen ab_i^j mit einem Überstrich versehen.

In analoger Weise wird mit den Selektionsbeiträgen verfahren: Anstatt mit der Rendite des gesamten Portfolios werden die Beiträge des Portfolios nur mit der Rendite des Selektionsportfolios gewichtet. Damit wird erreicht, daß die Selektionsbeiträge unabhängig von zuvor getroffenen Allokationsentscheidungen berechnet werden. Die Rendite RSE_j des Selektionsportfolios in der j-ten Periode berechnet sich gemäß

$$RSE_j = \sum_{i=1}^{n} sgb_i^j * srp_i^j \, .$$

Die Rendite RSE^j des Selektionsportfolios bis einschließlich der j-ten Periode erhält man wieder mittels geometrischer Verknüpfung:

$$1 + RSE^j = (1 + RSE_1) * (1 + RSE_2) * \cdots * (1 + RSE_j).$$

[27] Die Idee, diesen Allokationsbeitrag über ein theoretisches Allokationsportfolio darzustellen, verdanke ich Herrn Dr. Bernd Hübinger.

Unter Verwendung dieser Faktoren zur Gewichtung ergeben sich die (verallgemeinerten) Selektionsbeiträge $\overline{sb}_i^j$ zu

$$\overline{sb}_i^j := sgb_i^j * \left(1 + RSE^{j-1}\right) * srp_i^j - sgb_i^j * \left(1 + RB^{j-1}\right) * srb_i^j . \tag{4.55}$$

Die vorgenommene Modifikation der Allokations- und Selektionsbeiträge gegenüber den Definitionen in Abschnitt 4.3.2 erfordert auch eine Modifikation der Definition der Restbeiträge. Eine einfache Rechnung ergibt, daß diese von der Form

$$\begin{aligned}\overline{it(1)}_i^j &:= it(1)_i^j + sgp_i^j * srb_i^j * \left(RP^{j-1} - RAL^{j-1}\right) - sgb_i^j * srp_i^j * \left(RSE^{j-1} - RB^{j-1}\right) \\ &= sgp_i^j * \left(srp_i^j * \left(1 + RP^{j-1}\right) - srb_i^j * \left(1 + RAL^{j-1}\right)\right) \\ &\quad - sgb_i^j * \left(srp_i^j * \left(1 + RSE^{j-1}\right) - srb_i^j * \left(1 + RB^{j-1}\right)\right)\end{aligned}$$

sein müssen, damit die Terme $\overline{ab}_i^j$, $\overline{sb}_i^j$, $\overline{it(1)}_i^j$ in der Summe die (verallgemeinerte) Renditedifferenz ergeben:

$$\overline{ab}_i^j + \overline{sb}_i^j + \overline{it(1)}_i^j = sgp_i^j * \left(1 + RP^j\right) * srp_i^j - sgb_i^j * \left(1 + RB^j\right) * srb_i^j .$$

Auch bei dieser Berechnungsmethode kann der Allokationsbeitrag „relativ zur Benchmark" definiert werden. Dies erfolgt analog zur Vorgehensweise im vorangegangenen Abschnitt:

$$\overline{abr}_i^j := \left(sgp_i^j * \left(1 + RAL^{j-1}\right) - sgb_i^j * \left(1 + RB^{j-1}\right)\right) * \left(srb_i^j - RB^j\right). \tag{4.56}$$

Die Restbeiträge müssen dann wie folgt modifiziert werden:

$$\overline{it(1)}_i^j \to \overline{it(1)}_i^j + \left(sgp_i^j * \left(1 + RAL^{j-1}\right) - sgb_i^j * \left(1 + RB^{j-1}\right)\right) * RB^j . \tag{4.57}$$

4.3.3.2 Allgemeine Beitragskomponenten unter Abspaltung der Währungskomponenten bei einem passiven Währungsmanagement

Die Übertragung der zweiten Berechnungsform auf die Attributionsanalyse unter Abspaltung der Währungsbeiträge (vgl. Abschnitt 4.2.3) erfolgt in analoger Weise. Wie in Abschnitt 4.3.2.2 muß auch hier wieder zwischen Renditen in lokaler Währung und Renditen in der Basiswährung unterschieden werden.[28]

Bei der Gewichtung des Währungsbeitrags werden nur die mittels der Rendite des „Währungsportfolios" erzielten Renditebeiträge berücksichtigt. Das „Währungsportfolio" ist zu Beginn jeder Periode identisch zum Allokationsportfolio, es werden jedoch nur diejenigen Renditekomponenten berücksichtigt, die sich aus der Veränderung der Wechselkurse ergeben. Die Rendite RCP_j dieses Portfolios in der j-ten Periode errechnet sich zu:

[28] Hinsichtlich der Notation siehe Abschnitt 4.2.3.

$$RCP_j = \sum_{i=1}^{n} sgp_i^j * c_i^j ,$$

so daß die Rendite RCP^j des Währungsportfolios bis einschließlich der j-ten Periode gemäß folgender Formel ermittelt werden kann:

$$1 + RCP^j = (1 + RCP_1) * (1 + RCP_2) * \cdots * (1 + RCP_j).$$

In analoger Form wird ein „Währungsportfolio“ für die Benchmark definiert. Innerhalb der j-ten Periode errechnet sich dessen Rendite zu

$$RCB_j = \sum_{i=1}^{n} sgb_i^j * c_i^j .$$

Für die Rendite RCB^j des Währungsportfolios bis einschließlich der j-ten Periode erhält man:

$$1 + RCB^j = (1 + RCB_1) * (1 + RCB_2) * \cdots * (1 + RCB_j).$$

Der (verallgemeinerte) Währungsbeitrag $\overline{w_i}^j$ des i-ten Segments in der j-ten Periode wird dann wie folgt definiert:

$$\overline{w_i}^j := \left(sgp_i^j * \left(1 + RCP^{j-1}\right) - sgb_i^j * \left(1 + RCB^{j-1}\right)\right) * c_i^j .$$

Zur Definition der Beitragsterme zur Renditedifferenz in lokaler Währung werden zunächst die Größen $(RAL^L)_j$ und $(RAL^L)^j$ definiert:

$$(RAL^L)_j := \sum_{i=1}^{n} sgp_i^j * (srb^L)_i^j$$

bzw.

$$1 + (RAL^L)^j := \left(1 + (RAL^L)_1\right) * \left(1 + (RAL^L)_2\right) * \cdots * \left(1 + (RAL^L)_j\right).$$

$(RAL^L)_j$ ist die Rendite des Allokationsportfolios ohne Berücksichtigung von Währungsbeiträgen in der j-ten Periode und $(RAL^L)^j$ die Rendite bis einschließlich der j-ten Periode. In analoger Weise wird die Rendite des Selektionsportfolios ohne Berücksichtigung von Währungsbeiträgen definiert:

$$(RSE^L)_j = \sum_{i=1}^{n} sgb_i^j * (srp^L)_i^j$$

bzw.

$$1+(RSE^L)^j = \left(1+(RSE^L)_1\right)*\left(1+(RSE^L)_2\right)*\cdots*\left(1+(RSE^L)_j\right).$$

Es wird ferner noch die Rendite $(RB^L)^j$ der Gesamtbenchmark bis einschließlich der j-ten Periode unter Vernachlässigung von Währungsentwicklungen benötigt:

$$1+(RB^L)^j = \left(1+(RB^L)_1\right)*\left(1+(RB^L)_2\right)*\cdots*\left(1+(RB^L)_j\right).$$

Mit diesen Definitionen ergeben sich die Beitragsterme „in lokaler Währung" zu

$$(\overline{ab}^L)_i^j := sgp_i^j * \left(1+(RAL^L)^{j-1}\right)*(srb^L)_i^j - sgb_i^j * \left(1+(RB^L)^{j-1}\right)*(srb^L)_i^j,$$

$$(\overline{sb}^L)_i^j := sgb_i^j * \left(1+(RSE^L)^{j-1}\right)*(srp^L)_i^j - sgb_i^j * \left(1+(RB^L)^{j-1}\right)*(srb^L)_i^j,$$

$$\begin{aligned}(\overline{it(1)}^L)_i^j := {} & sgp_i^j * \left((srp^L)_i^j * \left(1+(RP^L)^{j-1}\right) - (srb^L)_i^j * \left(1+(RAL^L)^{j-1}\right)\right) \\ & - sgb_i^j * \left((srp^L)_i^j * \left(1+(RSE^L)^{j-1}\right) - (srb^L)_i^j * \left(1+(RB^L)^{j-1}\right)\right),\end{aligned}$$

wobei die Rendite $(RP^L)^j$ des Portfolios ohne Berücksichtigung der Währungsbeiträge vollkommen analog zu $(RB^L)^j$ definiert ist.

Durch die Abspaltung der Währungsbeiträge und die Verknüpfung der Renditen über mehrere Perioden ergeben sich eine Reihe zusätzlicher Restterme, die als $(\overline{it(2)}^L)_i^j$ zusammengefaßt werden:

$$\begin{aligned}\overline{it(2)}_i^j := {} & sgp_i^j * \left(1+RP^{j-1}\right)* srp_i^j - sgb_i^j - sgb_i^j * \left(1+RB^{j-1}\right)* srb_i^j \\ & - \left((\overline{ab}^L)_i^j + (\overline{sb}^L)_i^j + (\overline{it(1)}^L)_i^j + \overline{w}_i^j\right)\end{aligned}$$

Falls die relativen Allokationsbeiträge

$$(\overline{abr}^L)_i^j := \left(sgp_i^j * \left(1+(RAL^L)^{j-1}\right) - sgb_i^j * \left(1+(RB^L)^{j-1}\right)\right)*\left((srb^L)_i^j - (RB^L)_j\right)$$

verwendet werden, müssen die Restbeiträge $(\overline{it(1)}^L)_i^j$ wie folgt modifiziert werden:

$$(\overline{it(1)}^L)_i^j \to (\overline{it(1)}^L)_i^j + \left(sgp_i^j * \left(1+(RAL^L)^{j-1}\right) - sgb_i^j * \left(1+(RB^L)^{j-1}\right)\right)*(RB^L)_j.$$

Beispiel 4.18 (Die unterschiedlichen Berechnungsmethoden im Mehrperiodenfall):

Die Berechnungsmethoden aus diesem und aus Abschnitt 4.3.2.2 werden auf ein Aktienportfolio, das aus vier verschiedenen Ländersegmenten besteht, über einen Zeitraum, der zwei Perioden umfaßt, angewandt und miteinander verglichen. Die Gewichtungen der Portfoliosegmente zu Beginn der beiden aufeinanderfolgenden Perioden und die Renditewerte, die in diesen Perioden erzielt wurden, sind in Tabelle 4.31 und Tabelle 4.32 wiedergegeben.

1. Periode	***Portfolio***			***Benchmark***	
		Rendite		*Rendite*	
Segment	*Gewicht*	*Lokale Währung*	*Basiswährung*	*Lokale Währung*	*Basiswährung*
USA	*28%*	*15,0%*	*9,25%*	*-4%*	*-1,20%*
Japan	*24%*	*5,0%*	*3,95%*	*5%*	*-5,95%*
UK	*23%*	*16,0%*	*11,36%*	*-3%*	*-6,88%*
D	*25%*	*2,5%*	*2,50%*	*-8%*	*-8,00%*

Tabelle 4.31: Portfoliodaten für die erste Periode.

Für die zweite Periode gilt:

2. Periode	***Portfolio***			***Benchmark***	
		Rendite		*Rendite*	
Segment	*Gewicht*	*Lokale Währung*	*Basiswährung*	*Lokale Währung*	*Basiswährung*
USA	*20%*	*10,0%*	*8,35%*	*6%*	*4,41%*
Japan	*0%*	*-8,0%*	*5,80%*	*-1%*	*13,85%*
UK	*30%*	*-2,0%*	*-4,94%*	*8%*	*4,76%*
D	*50%*	*16,0%*	*16,00%*	*12%*	*12,00%*

Tabelle 4.32: Portfoliodaten für die zweite Periode.

Die Benchmarkgewichte werden zu Beginn jeder Periode auf jeweils 25% rebasiert (vgl. Abschnitt 3.4).

Die in Tabelle 4.31 und Tabelle 4.32 enthaltenen Renditewerte beruhen auf folgender Wertentwicklung der Devisenkurse gegenüber der Basiswährung DM:

Währung	*Periode 1*	*Periode 2*
US-Dollar	*-5,0%*	*-1,5%*
Yen	*-1,0%*	*15,0%*
Pfund	*-4,0%*	*-3,0%*

Tabelle 4.33: Prozentuale Wertentwicklung der verschiedenen Währungen gegenüber der Basiswährung DM in den Perioden.

Auf der Ebene des Gesamtportfolios ergeben sich die in Tabelle 4.34 ausgewiesenen Renditewerte.

	1. Periode	*2. Periode*	*1.+2. Periode*
Portfolio	*6,77 %*	*8,19%*	*15,52%*
Benchmark	*-5,51%*	*8,76%*	*2,77%*
Differenzrendite	*12.28%*	*-0,57%*	*12,75%*

Tabelle 4.34: Prozentuale Wertentwicklung des Gesamtportfolios im Vergleich zu seiner Benchmark.

Unter Verwendung der relativen Allokationsbeiträge erhält man mittels der Formeln in Abschnitt 4.2.3 folgende Beiträge für die einzelnen Perioden, die zunächst *isoliert betrachtet* werden:

	Periode 1					***Periode 2***				
	All.	*Sel.*	*R(1)*	*Währ.*	*R(2)*	*All.*	*Sel.*	*R(1)*	*Währ.*	*R(2)*
USA	*-0,07*	*2,75*	*0,33*	*-0,15*	*-0,16*	*0,01*	*1,00*	*-0,20*	*0,08*	*-0,01*
Japan	*0,11*	*2,50*	*-0,10*	*0,01*	*-0,02*	*1,81*	*-1,75*	*1,75*	*-3,75*	*0,04*
UK	*0,19*	*4,75*	*-0,38*	*0,08*	*-0,18*	*0,09*	*-2,50*	*-0,50*	*-0,15*	*0,08*
D	*0,00*	*2,63*	*0,00*	*0,00*	*0,00*	*1,44*	*1,00*	*1,00*	*0,00*	*0,00*
Summe	*0,23*	*12,63*	*-0,15*	*-0,06*	*-0,36*	*3,35*	*-2,25*	*2,05*	*-3,83*	*0,11*

Tabelle 4.35: Renditebeiträge der Segmente gemäß Abschnitt 4.2.3. Die Perioden werden an dieser Stelle isoliert betrachtet. Alle Größen sind Prozentwerte.

Ausgehend von den Werten in Periode 1 werden nachfolgend die verallgemeinerten Renditebeiträge in Periode 2 berechnet. Tabelle 4.36 enthält die mittels der in Abschnitt 4.3.2.2 angegebenen Formeln ermittelten verallgemeinerten Renditebeiträge für die zweite Periode.

	Allokation	*Selektion*	*Rest(1)*	*Währung*	*Rest(2)*
USA	*0,01%*	*0,94%*	*-0,23%*	*0,03%*	*-0,01%*
Japan	*1,71%*	*-1,65%*	*0,18%*	*-3,54%*	*0,04%*
UK	*0,15%*	*-2,36%*	*-0,32%*	*-0,25%*	*0,08%*
D	*1,71%*	*0,94%*	*3,05%*	*0,00%*	*0,00%*
Summe	*3,58%*	*-2,13%*	*2,68%*	*-3,76%*	*0,10%*

Tabelle 4.36: Verallgemeinerte Renditebeiträge für die zweite Periode gemäß Abschnitt 4.3.2.2. Es werden die relativen Allokationsbeiträge ausgewiesen.

Diese Werte werden mit den gemäß der in Abschnitt 4.3.3.2 beschriebenen Verfahrensweise ermittelten Beiträgen verglichen:

	Allokation	*Selektion*	*Rest(1)*	*Währung*	*Rest(2)*
USA	*0,01%*	*1,29%*	*-0,60%*	*0,07%*	*-0,03%*
Japan	*1,76%*	*-1,95%*	*0,44%*	*-3,66%*	*0,14%*
UK	*0,09%*	*-2,49%*	*-0,25%*	*-0,15%*	*0,09%*
D	*1,40%*	*1,48%*	*2,92%*	*0,00%*	*-0,08%*
Summe	*3,26%*	*-1,68%*	*2,51%*	*-3,73%*	*0,11%*

Tabelle 4.37: Verallgemeinerte Renditebeiträge für die zweite Periode gemäß Abschnitt 4.3.3.2. Es werden die relativen Allokationsbeiträge ausgewiesen.

Die Berechnung der Beiträge in Tabelle 4.37 basiert auf den in Tabelle 4.38 ausgewiesenen Renditewerten der theoretischen Portfolios.

	Rendite 1. Periode	*Abgeleiteter Gewichtungsfaktor*
Allokationsportfolio	*-2,77%*	*0,972*
Selektionsportfolio	*9,63%*	*1,096*
Währungsportfolio (Portfolio)	*-2,56%*	*0,974*
Währungsportfolio (Benchmark)	*-2,50%*	*0,975*
Gesamtbenchmark (lokale Währung)	*-3,00%*	*0,970*
Gesamtportfolio (lokale Währung)	*9,71%*	*1,100*

Tabelle 4.38: Daten verschiedener theoretischer Portfolios, die zur Ermittlung der verallgemeinerten Renditebeiträge benötigt werden.

Über den Zeitraum beider Perioden hat das Portfolio eine deutlich positive Differenzrendite gegenüber der Benchmark erzielt, wobei dies ausschließlich auf die Managementleistung in der ersten Periode zurückzuführen ist. In der zweiten Periode hat das Portfolio sogar eine niedrigere Rendite als die Benchmark erzielt (Tabelle 4.34).

Die wichtigste Ursache für die positive Differenzrendite lag in der überragenden Selektionsleistung in der ersten Periode, die alleine einen Beitrag von 12,63% zur Differenzrendite beigesteuert hat (Tabelle 4.35). In der zweiten Periode waren die dominierenden Größen die vorgenommene Allokation und die Entwicklung an den Devisenmärkten. So resultierte etwa der starke Anstieg des Yen in Verbindung mit der Untergewichtung im Segment „Japan" in einem deutlich negativen Währungsbeitrag.

Am Beispiel des (verallgemeinerten) Allokationsbeitrags erkennt man deutlich den Unterschied zwischen den unterschiedlichen Berechnungsmethoden. In Tabelle 4.36 (Berechnungsmethode I) werden wesentlich höhere Beiträge ausgewiesen als in Tabelle 4.37 (Berechnungsmethode II). Der Grund dafür liegt darin, daß bei Berechnungsmethode I die isoliert betrachteten Beiträge der zweiten Periode aus Tabelle 4.35 mit der gesamten Portfoliorendite der ersten Periode gewichtet werden. Da dabei auch die Selektionsleistung in der ersten Periode berücksichtigt wird, liegt diese sehr viel höher als die Rendite des Allokationsportfolios, aus der sich der Gewichtungsfaktor ableitet, der bei der zweiten Berechnungsmethode verwendet wird. Die Werte der verallgemeinerten Allokationsbeiträge in Tabelle 4.37 stellen somit ein realistischeres Maß für die Allokationsleistung dar als die Werte aus Tabelle 4.36. Entsprechend ergeben die höheren Werte in Tabelle 4.37 ein realistischeres Maß für die Selektionsleistung.

An dieser Stelle soll nochmals betont werden, daß es in der Praxis in der Regel nur wenig sinnvoll ist, die (verallgemeinerten) Beitragsterme für die einzelnen Perioden separat auszuweisen, da die Fülle an bereitgestellten Informationen („Datenfriedhof“) sehr schwer zu überblicken ist. Die einzelnen Beiträge wurden in diesem Abschnitt nur deshalb ausgewiesen, um das Berechnungsprinzip zu verdeutlichen. In der Praxis werden in der Regel nur die kumulierten Beiträge ausgewiesen:

	Allokation	*Selektion*	*Rest(1)*	*Währung*	*Rest(2)*
USA	*0,22%*	*4,04%*	*-0,27%*	*-0,08%*	*-0,19%*
Japan	*1,78%*	*0,55%*	*0,34%*	*-3,65%*	*0,11%*
UK	*0,09%*	*2,26%*	*-0,63%*	*-0,07%*	*-0,09%*
D	*1,40%*	*4,10%*	*2,92%*	*0,00%*	*-0,08%*
Summe	*3,49%*	*10,95%*	*2,36%*	*-3,79%*	*-0,26%*

Tabelle 4.39: Renditebeiträge über den gesamten Abschnitt bestehend aus Periode 1 und 2 gemäß der Vorgehensweise in Abschnitt 4.3.3.2. Es werden die relativen Allokationsbeiträge ausgewiesen.

4.4 LIFFE-Empfehlungen zur Einbeziehung von Futures und Optionen bei Attributionsanalysen

Ein Exposure zu Marktsegmenten kann auf vielfältige Weisen dargestellt werden. Eine Attributionsanalyse sollte den Zusammenhang zwischen den einzelnen Komponenten des „Gesamtexposures“ in transparenter Weise offenlegen. Für den Fall, daß ein Wertpapierportfolio Optionen oder Futures enthält, ist es besonders wichtig, den Einfluß dieser Derivate auf das Renditeergebnis bzw. die Differenzrendite darzustellen.[29] Zur Berücksichtigung von Futures und Optionen bei Analysen von Portfolios, die Exposure teils durch Direktinvestitionen in das Underlying, teils durch Derivate realisieren, hat die *London International Financial Futures and Options Exchange* (LIFFE) 1992 Empfehlungen [LIFFE 94] veröffentlicht, an denen sich die nachfolgende Darstellung orientiert. Die wichtigsten Empfehlungen lauten:

- Die Rendite eines Segments soll unter Berücksichtigung der realen und der durch Futures generierten synthetischen Wertpapiere berechnet werden.
- Synthetische Wertpapiere werden durch Futures und eine Kasseposition realisiert.
- Durch Futures erzielte Kursgewinne sollen dem entsprechenden synthetischen Wertpapiersegment zugewiesen werden.

[29] Dies wird auch von den DVFA-PPS gefordert [DVFA 00, 3.7.11].

- Zinserträge der Kassekomponente einer synthetischen Wertpapierposition sollen dem entsprechenden Portfoliosegment zugeordnet werden.
- Optionen sollen mittels ihres Marktwerts den entsprechenden Portfoliosegmenten zugeordnet werden.

Diese Forderungen werden mittels zweier Beispiele erläutert.

Beispiel 4.19 (Zuordnung von DAX-Futures):

In diesem Beispiel wird ein Portfolio analysiert, das sowohl in japanische als auch in deutsche Aktien investiert. Ein Teil des Exposures auf den deutschen Aktienmarkt wird durch Futures erzielt. Die relevanten Kurswerte des DAX und des Futures werden in Tabelle 4.40 wiedergegeben.

	Wert zum 30.09.98	*Wert zum 31.10.98*	*Rendite Oktober 98*
DAX	*4.430*	*4.691*	*5,89%*
DAX Dezember-Future	*4.444*	*4.715*	*6,09%*

Tabelle 4.40: Werte des DAX sowie des Dezember-Futures auf den DAX zum 30.09.98 und zum 31.10.98.

Tabelle 4.41 enthält grundlegende Daten für die Bestände der Wertpapiersegmente und der Kasse des in Betracht stehenden Portfolios. Im Oktober erfolgten keine Mittelbewegungen. Die Basiswährung des Portfolios ist die DM. Die Benchmark wird durch 50% DAX/50% TOPIX gebildet und monatlich rebasiert.

Segment	*Marktwert [Mio. DM]*		*Rendite Oktober 1998*
	30.09.98	*31.10.98*	
Aktien Deutschland	*100,00*	*106,90*	*6,9%*
Aktien Japan	*50,00*	*57,60*	*15,2%*
DM Kasse	*25,00*	*25,075*	*0,3%*

Tabelle 4.41: Bestände der Aktiensegmente und der Kasse zum 30.09. und 31.10.1998 sowie die daraus abgeleiteten Renditewerte auf DM-Basis.

Das Portfolio enthält ferner 50 Kontrakte auf den Dezember-Future des DAX. Entsprechend der LIFFE-Empfehlung soll das „assoziierte ökonomische Exposure“ dieses Futures im Segment „Aktien Deutschland“ berücksichtigt werden. Das Exposure zu Beginn der Periode berechnet sich zu[30]

$$50 * 4.444 * 100 \text{ Mio. DM} = 22{,}22 \text{ Mio. DM}.$$

[30] Bei DAX-Futures ist die Anzahl der Kontrakte mit 100 zu multiplizieren.

Unter Berücksichtigung dieses Exposures erhält man folgende Darstellung:

Segment	*Bestände [Mio. DM] zum 30.09.98*			*Gewicht per 30.09.98*	*Rendite Oktober 98*
	Marktwert	*Exposure durch Futures*	*Aggregiert*		
Aktien Deutschland	*100*	*+22,22*	*122,22*	*69,84%*	*6,81%*
Aktien Japan	*50*		*50,00*	*28,57%*	*15,2%*
Kasse	*25*	*-22,22*	*2,78*	*1,59%*	*0,3%*

Tabelle 4.42: Portfoliodaten nach Zuordnung des DAX-Futures zum Segment „Aktien Deutschland".

Es wird deutlich, daß sich durch diese Form der Berücksichtigung der Future-Position ein viel realistischeres Bild hinsichtlich des eingegangenen Exposures ergibt: Die Kasse weist nach dem Abzug der Future-Position ein Gewicht von lediglich 1,59% aus. Diese Vorgehensweise kann auch zu negativen Kassenbeständen führen. Dies ist dann der Fall, wenn über die Futures ein Exposure von über 100% („Gearing") realisiert wird. Dies ist äquivalent zu einer Verschuldung.

Zur Berechnung des Renditewerts für das aggregierte Segment „Aktien Deutschland" wird zunächst das Exposure der Future-Kontrakte am Ende der Periode ermittelt:

$$50 * 4.715 * 100 \text{Mio. DM} = 23{,}575 \text{Mio. DM}$$

Somit ergibt sich aus den Terminkontrakten ein Gewinn von 1,355 Mio. DM. Die Rendite des aggregierten Segments „Aktien Deutschland" errechnet sich damit zu

$$\frac{106{,}9 + 23{,}575 + 0{,}067}{100 + 22{,}22} - 1 \cong 6{,}81\%.$$

Bei dieser Rechnung wurden die Zinseinnahmen auf die Kassekomponente des durch den Future gebildeten synthetischen Wertpapiers (0,3% von 22,22 Mio. DM = 66.660 DM) berücksichtigt.

Im Zeitraum vom 30.09. bis 31.10. berechnet sich die Gesamtrendite des Portfolios zu

$$0{,}6984 * 0{,}0681 + 0{,}2857 * 0{,}152 + 0{,}0159 * 0{,}003 \cong 9{,}10\%.$$

Ausgehend von dieser Segmenteinteilung wird im folgenden eine Attributionsanalyse unter Abspaltung der Währungsbeiträge gemäß Abschnitt 4.2.3 unter Verwendung der relativen Allokationsbeiträge erstellt. Die dazu benötigten Informationen über die Wertentwicklung des Yen im Vergleich zur DM sowie die Renditen des Portfolio- und Benchmarksegments „Aktien Japan" sind in Tabelle 4.43 angegeben.

	Rendite Oktober 98		*Entwicklung rel. zur DM Oktober 98*
	DM-Basis	*Yen-Basis*	
Portfoliosegment Aktien Japan	*15,2%*	*0,37%*	
TOPIX	*13,91%*	*-0,76%*	
Yen			*14,78%*

Tabelle 4.43: Rendite des Portfoliosegments „Aktien Japan" im Vergleich zum TOPIX.

Die Rendite der Benchmark 50% DAX/50% TOPIX ergibt sich somit in der Basiswährung DM zu $0{,}5 * (0{,}0589 + 0{,}1391) \cong 9{,}90\%$. Die Beiträge zur Differenzrendite von –0,80% sind in Tabelle 4.44 ausgewiesen.

Segment	*Allokation*	*Selektion*	*Rest(1)*	*Währung*	*Rest(2)*	*Summe*
Aktien Deutschland	*0,66%*	*0,46%*	*0,18%*			*1,30%*
Aktien Japan	*0,71%*	*0,57%*	*-0,24%*	*-3,17%*	*0,07%*	*-2,06%*
Kasse	*-0,04%*		*0,004%*			*-0,04%*
Summe	*1,33%*	*1,03%*	*-0,06%*	*-3,17%*	*0,07%*	*-0,80%*

Tabelle 4.44: Attributionsanalyse des Portfolios relativ zur Benchmark gemäß Abschnitt 4.2.3 unter Verwendung von Formel (4.20).

Die Analyse zeigt auf, daß die negative Differenzrendite des Portfolios in erster Linie auf den starken Wertzuwachs des Yens gegenüber der DM zurückzuführen ist. Abgesehen von der Entwicklung des Devisenkurses hat der japanische Aktienmarkt nur einen geringen Wertzuwachs erfahren, wie die Rendite des TOPIX auf Yen-Basis mit 0,78% zeigt. Die Untergewichtung dieses Segments spiegelt sich somit in dem positiven Allokationsbeitrag wider.

Bei dem negativen Beitrag des Kassesegments muß man sich vor Augen führen, daß der Allokationsbeitrag relativ zur durchschnittlichen Benchmarkrendite (in lokaler Währung) berechnet wird. Diese betrug $0{,}5 * (0{,}0589 - 0{,}0076) \cong 2{,}565\%$; somit errechnet sich der (relative) Allokationsbeitrag des Kassesegments zu

$$0{,}0159 * (0{,}00300 - 0{,}02565) \cong -0{,}04\%.$$

Die Zuordnung des durch den DAX-Future erzielten Exposures zum Segment „Aktien Deutschland" beeinträchtigt allerdings das Selektionsergebnis. Dadurch, daß der Future den Index abbildet, werden die Selektionsentscheidungen „verwässert". Falls dies nicht gewünscht wird, kann bei der Berechnung des Selektionsbeitrags auch die Rendite des Aktiensegments (Tabelle 4.41), die in diesem Fall geringfügig höher ausfällt, verwendet werden. Dies erfordert jedoch eine Modifikation der Restbeiträge.

Beispiel 4.20 (Zuordnung von Optionen):

In diesem Beispiel wird noch einmal das Portfolio aus Beispiel 4.19 betrachtet. Anstatt einer Future-Position enthält das Portfolio in diesem Beispiel eine Position aus 300.000 Call-Optionsscheinen auf den DAX mit Basispreis 4.300 DM und Fälligkeitsdatum 31.12.98. Der Wert eines Optionsscheins betrug am 30.09.98 5,75 DM und am 31.10.98 5,50 DM. Damit ergeben sich folgende Marktwerte für die Gesamtposition:

30.09.: 300.000 * 5,75 DM=1,725 Mio. DM
31.10.: 300.000 * 5,50 DM=1,650 Mio. DM

Unter Einbeziehung der Optionsscheine mittels des Marktwertes ergibt sich eine zu Tabelle 4.42 analoge Darstellung.

Segment	*Bestände [Mio. DM] zum 30.09.98*			*Gewicht per 30.09.98*	*Rendite Oktober 98*
	Aktien	*Optionsscheine*	*Aggregiert*		
Aktien Deutschland	*100*	*1,725*	*101,725*	*57,56%*	*6,71%*
Aktien Japan	*50*		*50*	*28,29%*	*15,2%*
Kasse	*25*		*25*	*14,15%*	*0,3%*

Tabelle 4.45: Portfoliodaten nach Zuordnung von Optionen zum Segment „Aktien Deutschland".

Die Rendite des aggregierten Segments „Aktien Deutschland" berechnet sich gemäß

$$\frac{106{,}9 + 1{,}65 - (100 + 1{,}725)}{100 + 1{,}725} \cong 6{,}71\%.$$

Damit ergibt sich die Gesamtrendite des Portfolios im Betrachtungszeitraum zu:

$$0{,}5756 * 0{,}0671 + 0{,}2829 * 0{,}152 + 0{,}1415 * 0{,}003 \cong 8{,}20\%,$$

was in einer Differenzrendite von –1,70% resultiert.[31]

Die Attributionsanalyse nimmt (analog zu Beispiel 4.19) folgende Form an:

[31] Die Rendite der Benchmark betrug 9,90% (vgl. Beispiel 4.19).

Segment	*Allokation*	*Selektion*	*Rest(1)*	*Währung*	*Rest(2)*	*Summe*
Aktien Deutschland	*0,25%*	*0,41%*	*0,06%*			*0,72%*
Aktien Japan	*0,72%*	*0,57%*	*-0,25%*	*-3,21%*	*0,07%*	*-2,10%*
Kasse	*-0,36%*		*0,04%*			*-0,32%*
Summe	*0,61%*	*0,98%*	*-0,15%*	*-3,21%*	*0,07%*	*-1,70%*

Tabelle 4.46: Attributionsanalyse des Portfolios relativ zur Benchmark gemäß Abschnitt 4.2.3 unter Verwendung von Formel (4.20).

Der größte Beitrag zur negativen Differenzrendite resultiert wieder aus der Schwäche der Basiswährung DM gegenüber dem Yen. Ferner belastete auch die hohe Kassegewichtung bei aufstrebenden Aktienmärkten das Ergebnis (Allokationsbeitrag = – 0,36%).

In der Literatur bezeichnet man die Größe, die die Veränderung eines Optionspreises in Abhängigkeit von einer geringfügigen Änderung des Underlyings beschreibt, mit Δ (vgl. [Dubofsky 92, S. 220ff.]). Für eine Option auf eine Aktie bedeutet beispielsweise ein Δ von 0,5, daß sich bei einer geringfügigen Änderung des Aktienkurses der Wert der Option um die Hälfte dieses Betrags ändern wird. Somit hat der Kauf einer Call-Option mit $\Delta = 0{,}5$ den gleichen Effekt wie der Kauf einer halben Aktie (mit größtenteils geliehenen Mitteln).[32] Insofern wäre es möglich, Optionen auf den Kauf oder Verkauf von Wertpapieren über ihr Exposure,

$$\text{Exposure} = \Delta * \text{Anzahl der Optionen} * \text{Wert des Underlyings},$$

in analoger Weise zur Vorgehensweise bei den Futures den jeweiligen Segmenten zuzuordnen. Hierbei ist jedoch äußerste Sorgfalt angebracht, da die lineare Beziehung zwischen dem Wert der Option und dem Wert des Underlyings, die mittels des Δ ausgedrückt wird, nur bei geringfügigen („infinitesimalen") Änderungen des Underlyings gilt. Außerdem hängt Δ noch von den Parametern „risikoloser Zinssatz", „Restlaufzeit der Option" sowie der Standardabweichung der Renditewerte des Underlyings ab. Diese Parameter werden bei der skizzierten Vorgehensweise als konstant angenommen. In Beispiel 4.20 liegt ein Fall vor, bei dem diese Annahme *nicht* erfüllt ist: Die Volatilität des DAX ist im Zeitraum vom 30.09. bis 31.10. drastisch gesunken.[33] Dies hatte zur Folge, daß der Wert der Call-Option auf den DAX bei einem Anstieg des DAX um 5,89% sogar gesunken ist!

Die Darstellung der Risiken, die mit dem Einsatz von Optionen verbunden sind, sollen daher laut [LIFFE 94] durch angemessene Zusatzinformationen transparent gemacht werden (vgl. Abschnitt 6.6).

---

[32] Vgl. dazu auch die Diskussion in Abschnitt 5.3.5.

[33] Der Volatilitäts-DAX fiel im Betrachtungszeitraum von 49,9 auf 37,4!

Übungen zu Kapitel 4

Übung 4.1 (Restbeitrag(2) bei einem aktiven Währungsmanagement):

Versuchen Sie, die Ableitung der einzelnen Terme bei der Attributionsanalyse bei einem passiven Währungsmanagement (Abschnitt 4.2.3) nachzuvollziehen. Gehen Sie anschließend, wie in Abschnitt 4.2.4.1, von unterschiedlichen Währungsrenditen cp_i und cb_i für die Portfolio- und Benchmarksegmente aus, und führen Sie die entsprechenden Modifikationen in dieser Herleitung durch. Dabei sollten Sie insbesondere auf Formel (4.23) stoßen. Zeigen Sie, daß die Restbeiträge(2) unter diesen Annahmen folgende Form annehmen:

$$it_i(2) = sgp_i * srp_i^L * cp_i - sgb_i * srb_i^L * cb_i .$$

Übung 4.2 (Attribution nach Brinson, Hood und Beebower I):

In Abschnitt 4.2.4 wurde der folgende Ausdruck für den Beitrag eines aktiven Währungsmanagements (über eine Periode) in einem Segment hergeleitet.

$$wa_i := sgp_i * cp_i - sgb_i * cb_i . \tag{4.23}$$

Der entsprechende Ausdruck im Rahmen der Attributionsanalyse in Abschnitt 4.2.4.1 [Pieper 98] lautet:

$$w_i^{Bri} := sgp_i * \left(srp_i^B - srp_i^L\right) - sgb_i * \left(srb_i^B - srb_i^L\right). \tag{4.24}$$

Machen Sie sich klar (z.B. mittels einer Taylor-Approximation), daß für kleine Werte von x und y ($0 < x, y < 1$) folgender Zusammenhang in approximativer Form besteht:

$$\frac{1+x}{1+y} \approx 1 + x - y .$$

Zeigen Sie ausgehend von der Definition der Terme cp_i und cb_i (Gleichungen (4.21) und (4.22)), daß der Ausdruck auf der rechten Seite von Gleichung (4.23) unter Verwendung obiger Approximation in den Ausdruck auf der rechten Seite von Gleichung 4.24 übergeht.

Übung 4.3 (Attribution nach Brinson, Hood und Beebower II):

Zeigen Sie, daß die in Abschnitt 4.2.4.1 definierten Währungsbeiträge w_i^{Bri} die Restterme(2) einschließen, daß also gilt:

$$w_i^{Bri} = wa_i + it(2)_i . \tag{4.58}$$

Zeigen Sie anhand von Gleichung (4.58) auf, daß der Wert von w_i^{Bri} sowohl von Selektions-, als auch von Allokationsentscheidungen beeinflußt wird.

Übung 4.4 (Attribution über mehrere Perioden bei aktivem Währungsmanagement):

Ermitteln Sie die allgemeinen Renditebeiträge über mehrere Perioden bei aktivem Währungsmanagement, indem Sie die Herleitung in Abschnitt 4.3.3.2 (Berechnungsmethode II) geeignet modifizieren. Gehen Sie dabei von der Karnosky-Singer-Attributionsmethode aus (vgl. Abschnitt 4.2.4.2).

Übung 4.5 (Attributionsanalyse nach Karnosky und Singer):

Berechnen Sie alle Komponenten der Karnosky-Singer-Attributionsanalyse für das Portfolio, dessen Daten in nachfolgender Tabelle aufgeführt werden. Im Vergleich zur Benchmark werden erheblich höhere Währungsrisiken eingegangen. Spiegelt sich dies in den Ergebnissen wider?

	Gewichtung		*Währungshedge*		*Rendite Euroeinlage*		*Rendite (in lok. Währung)*		*Lok. Währung vs. Basiswährung*
	Portf.	*BM*	*Portf.*	*BM*	*Portf.*	*BM*	*Portf.*	*BM*	
UK	*10*	*20*	*-10*	*-20*	*5,35*	*5,25*	*25*	*20*	*15*
USA	*50*	*20*	*-20*	*-20*	*5,75*	*5,5*	*10*	*20*	*10*
Schweiz	*10*	*20*	*0*	*-20*	*1,50*	*1,40*	*18*	*25*	*-5*
Japan	*8*	*20*	*-10*	*-20*	*0,12*	*0,17*	*-10*	*-5*	*-10*
D	*20*	*20*	*40*	*80*	*2,85*	*2,88*	*15*	*5*	*0*
Kasse	*2*	*0*	*0*	*0*	*2,85*	*2,88*	*2*	*0*	*0*
Summe	*100*	*100*	*0*	*0*					

Tabelle 4.47: Bestandsdaten eines internationalen Aktienportfolios, das einer Karnosky-Singer-Attributionsanalyse unterzogen wird. Alle Werte sind in Prozent.

5 DVFA-Standards für die Berechnung und Präsentation von Performanceergebnissen

5.1 Hintergründe

Dieses Kapitel beschäftigt sich mit Fragen, die in erster Linie die Darstellung der Managementleistung eines Vermögensverwalters betreffen. Der Begriff Darstellung der Managementleistung schließt alle Formen der Präsentation wie z.B. die Veröffentlichung von Performanceergebnissen in den Medien und die Einzelpräsentation bei Kunden ein.

Bemühungen zur Erstellung sogenannter *Performance Presentation Standards* (PPS) als freiwillig zu beachtendes Regelwerk hat es in den USA bereits Ende der achtziger Jahre[1] gegeben. Auslöser dafür war die bewußt manipulative Darstellung von Performanceergebnissen durch einzelne Vermögensverwalter [Caccese 97]. Diese Anstrengungen mündeten 1993 in der Veröffentlichung eines Regelwerks (den AIMR-PPS) durch die amerikanische Analystenvereinigung *Association for Investment Management and Research* (AIMR), welches in den USA und im Ausland sehr große Anerkennung gefunden hat. AIMR hat 1997 eine zweite, stark erweiterte Ausgabe der PPS herausgegeben [AIMR 97].

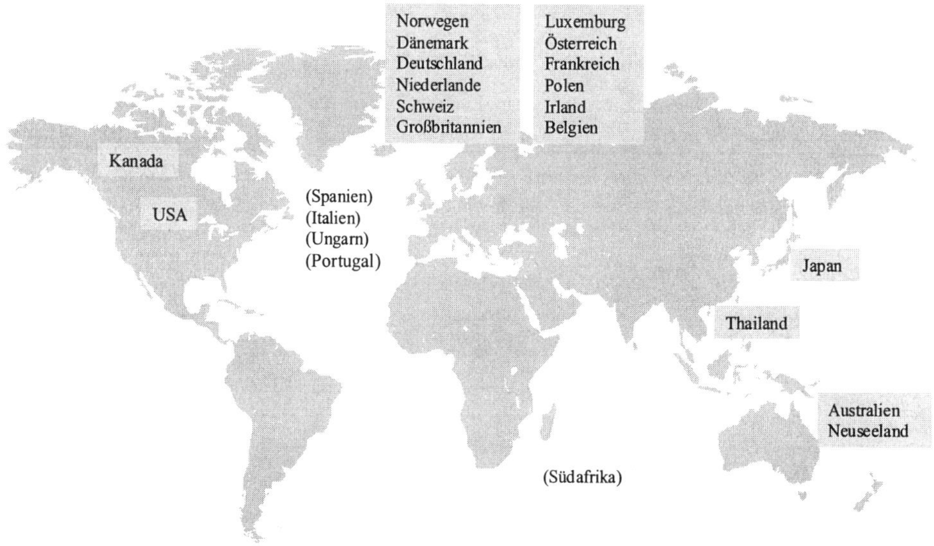

Abbildung 5.1: Länder, die bereits Performance Presentation Standards eingeführt haben oder in denen die Einführung solcher Standards vorbereitet wird. Bei letzteren wurde der Ländername in Klammern gesetzt (Quelle: AIMR, eigene Informationen).

[1] Die von der Financial Analysts Federation 1987 veröffentlichten Standards [FAF 87] stellen eine erste Version der AIMR-PPS dar.

In Großbritannien hat die *National Association for Pension Funds* (NAPF) 1992 ähnliche Regeln für die Berichterstattung und Berechnung von Performanceergebnissen bei *Pension Funds* formuliert, die 1996 in einer erweiterten Fassung publiziert wurden [NAPF 96]. Andere Länder (u.a. die Schweiz [Swiss PPS 96]) haben ebenfalls eigene PPS veröffentlicht. Diese Standards wurden nicht zuletzt durch den Erfolg der AIMR-PPS motiviert und orientieren sich zum Teil stark an diesen.

Im Rahmen der mittlerweile sprichwörtlichen Globalisierung des Asset Managements sollte das endgültige Ziel der Bemühungen um PPS darin bestehen, international gültige Standards zu formulieren. Zu diesem Zweck hat AIMR Ende 1995 eine Kommission, in der Repräsentanten nahezu aller wichtigen Kapitalmärkte vertreten waren, mit der Formulierung von *Global Investment Performance Standards* (GIPS) beauftragt. Im April 1998 hat diese Kommission einen Entwurf der GIPS veröffentlicht, welcher als erster wichtiger Schritt in Richtung umfassender globaler Standards anzusehen ist. Seit Februar 1999 liegt eine von AIMR verabschiedete offizielle Version der GIPS vor [AIMR 99], die zum 01.01.2000 in Kraft getreten ist. Um möglichst vielen Vermögensverwaltern in den verschiedenen Ländern die Einhaltung der Standards zu ermöglichen, wurde bewußt ein möglichst „kleiner gemeinsamer Nenner" erarbeitet. Im Zuge der Weiterentwicklung der Buchhaltungs- und Performanceanalysesysteme sollen die Anforderungen verschärft werden. Die GIPS enthalten eine Reihe von Empfehlungen, für die bereits die Zeitpunkte spezifiziert wurden, an denen sie in Richtlinien umgewandelt werden.

Parallel zu den Aktivitäten der GIPS-Kommission hat eine Kommission der *Deutschen Vereinigung für Finanzanalyse und Asset Management* (DVFA) Standards für den deutschen Kapitalmarkt (DVFA-PPS) erarbeitet, die sich zwar an den GIPS orientieren, die jedoch in einer Reihe von Punkten strengere Anforderungen als die globalen Standards formulieren [DVFA 00]. In diesem Abschnitt werden zunächst die grundlegenden Punkte der verschiedenen Performance Presentation Standards kurz erläutert. Dabei bilden die DVFA-PPS den primären Referenzpunkt; die Unterschiede zu den GIPS und den AIMR-PPS werden jedoch aufgezeigt. Nachfolgende Abbildung verdeutlicht die Beziehung zwischen wichtigen PPS-Standards:

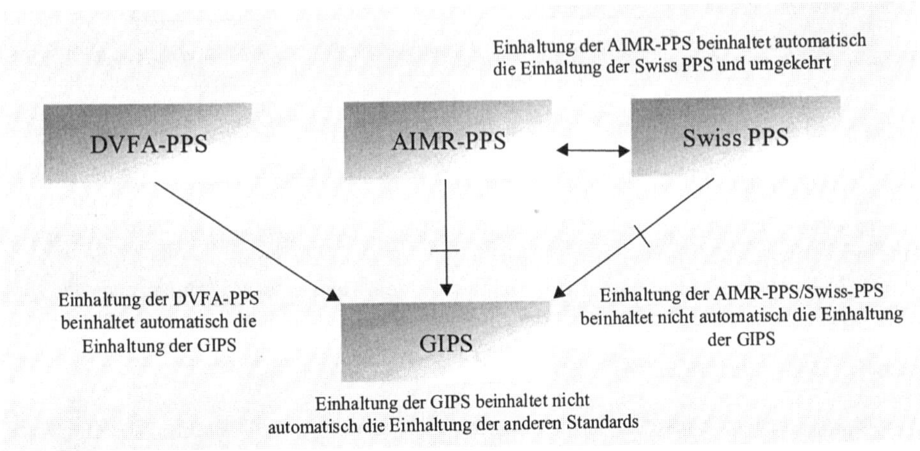

Abbildung 5.2: Beziehungen zwischen wichtigen Standards.

In Abschnitt 1.2 wurde der Gesamtprozeß der Vermögensverwaltung in schematischer Form dargestellt (vgl. insbesondere Abbildung 1.3). Die nachfolgende Abbildung dient als Ergänzung zu dieser Darstellung. In ihr werden wesentliche Komponenten herausgestellt, die einen direkten Bezug zur Verwaltung eines Vermögens haben. Die (gedankliche) Trennung dieser Komponenten ist für das Verständnis und die Anwendung der DVFA-PPS von großer Bedeutung. Vor allem die Trennung des Aspekts der eigentlichen Portfolioverwaltung (Management) bei präzise vorgegebenem Anlageziel[2] von dem Aspekt der Steuerung der strategischen Asset Allocation bzw. der Wahl der Benchmark sind von grundlegender Bedeutung für das Verständnis der DVFA-PPS.

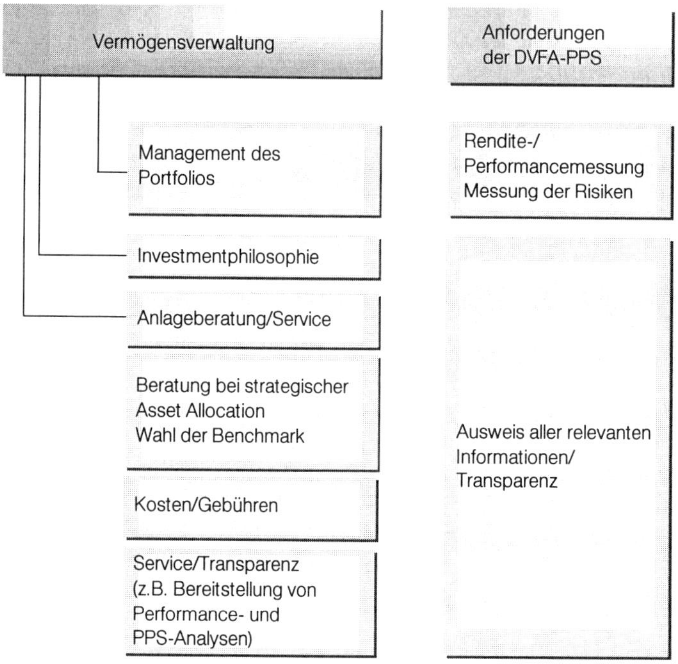

Abbildung 5.3: Komponenten des Vermögensverwaltungsprozesses aus dem Blickwinkel der DVFA-PPS.

Kleeberg und Schlenger unterscheiden in ihrer Analyse der Bestimmungsfaktoren des Anlageerfolgs von Spezialfonds [Kleeberg/Schlenger 99] zwischen dem „Markterfolg" und dem „Managementerfolg". Der Markterfolg ergibt sich aus der strategischen Asset Allocation (z.B. in Form einer Benchmark). Der Managementerfolg ist das Ergebnis des Portfoliomanagements bei vorgegebener strategischer Ausrichtung.[3] Als dritte Komponente des Anlageerfolgs müssen die Verwaltungsgebühren berücksichtigt werden. Bei einem aktiven Ansatz, der zum Ziel hat, eine bessere Performance als der Markt zu erzielen, können die vier Größen in An-

---

[2] Dieses kann beispielsweise in Form einer Benchmark spezifiziert werden (vgl. Kapitel 3).

[3] Der Managementerfolg wird häufig im Vergleich zu einer Benchmark beurteilt. Im Falle eines aktiven Ansatzes kann dazu beispielsweise die Differenzrendite oder ein Performancemaß (vgl. Abschnitt 6.4) herangezogen werden. Bei einem passiven Ansatz (vgl. Abschnitt 1.1) kann der Managementerfolg darin bestehen, möglichst wenig von der Benchmarkperformance abzuweichen. Dies kann beispielsweise mittels des Tracking Errors gemessen werden (vgl. Abschnitt 6.3.1).

lehnung an [Kleeberg/Schlenger 99] wie folgt in schematischer Form zueinander in Beziehung gesetzt werden:

Anlageerfolg = Markterfolg + Managementerfolg – Verwaltungsgebühren.[4]

Eine grundlegende Prämisse der DVFA-PPS besteht darin, bei der Beurteilung der Leistung eines Vermögensverwalters die verschiedenen Komponenten des Anlageerfolgs getrennt voneinander zu betrachten.[5] Ferner sollen für eine Gesellschaft repräsentative Durchschnittswerte ausgewiesen werden.

Ebenso wie die AIMR-PPS und die GIPS fordern die DVFA-PPS die Einteilung der diskretionär verwalteten Portfolios in sogenannte *Composites.* Jedes Portfolio, welches vom Vermögensverwalter ohne wesentliche externe Restriktionen verwaltet wird, soll einem Composite zugeordnet werden. Portfolios mit identischen Anlagezielen oder Anlagestrategien werden dabei dem gleichen Composite zugeordnet. Als repräsentative Performancewerte sind dann die durchschnittlichen Performancewerte der Portfolios innerhalb der Composites darzustellen. Die Einteilung in Composites darf nur bei wichtigen Gründen (siehe Abschnitt 5.3.3) geändert werden. Dadurch wird verhindert, daß Performancewerte in selektiver Form präsentiert werden (*„Rosinenpicken"*). Die DVFA-PPS können (und wollen) nicht detaillierte Regeln zur Bildung von Composites vorgeben. Dies bleibt dem Vermögensverwalter weitgehend selbst überlassen. Durch den vorgegebenen Rahmen soll jedoch gewährleistet werden, daß die bereitgestellten Informationen einen fairen Überblick über die Leistungen in verschiedenen Marktsegmenten ergeben (vgl. Abschnitt 5.3.2).

Zur Darstellung des *Markterfolgs* fordern die DVFA-PPS den Ausweis der Renditen einer Benchmark, „die mit dem Risiko oder dem Anlageziel des Composites vergleichbar ist" [DVFA 00, 3.7.15]. Der *Managementerfolg* bzw. die *Managementleistung* innerhalb eines Anlagesegments soll dann anhand der zeitgewichteten Renditewerte des Composites beurteilt werden [DVFA 00, 2.1.2]. Dabei wird empfohlen, die Renditen ohne Berücksichtigung der Verwaltungsgebühren und Steuern zu ermitteln („Bruttorenditewerte") [DVFA 00, 3.8.1]. Die Verwaltungsvergütung soll getrennt von den anderen Komponenten ausgewiesen werden. Sie wird häufig auf individueller Basis zwischen einer Gesellschaft und dem Kunden festgelegt.

Durch den Ausweis der historischen Performancewerte wird natürlich primär eine vergangenheitsorientierte Bewertung des Anlageerfolgs ermöglicht. Die DVFA-PPS fordern daher den Ausweis zusätzlicher Information (vgl. Abschnitt 5.3.3), die es (potentiellen) Kunden ermöglichen sollen, die Nachhaltigkeit der Managementleistung abzuschätzen.[6] Diese Forderung wird häufig auch von Investment Consultants erhoben.[7]

---

4 In [Kleeberg/Schlenger 99] lautet diese Gleichung: *Anlageerfolg = Markterfolg + Managementerfolg – Transaktionskosten*. Dies wird allerdings den DVFA-PPS nicht gerecht, da die Transaktionskosten dort als integraler Bestandteil des Managementprozesses angesehen werden (vgl. [DVFA 00, 6.1.6]).

5 Diese Ansicht wird auch von vielen *Investment Consultants* geteilt (vgl. beispielsweise [Reinhart 99]).

6 Dies steht im Einklang mit den Untersuchungen von Kahn und Rudd [Kahn/Rudd 95], die zu dem Ergebnis gelangen, daß die Auswahl eines aktiven Portfoliomanagers nicht ausschließlich auf den historischen Performanceergebnissen basieren sollte.

7 Kleeberg und Schlenger verwenden in diesem Zusammenhang den Begriff „Investmentphilosophie", den sie als „Gesamtheit aller Investmentprinzipien" eines Vermögensverwalters definieren [Kleeberg/Schlenger 99]. Siehe in diesem Zusammenhang auch [Leser 99].

Werden die einzelnen Komponenten des Anlageerfolgs nicht separat voneinander bewertet, dann besteht die Gefahr von Fehlinterpretationen oder „Kommunikationsproblemen“.[8] Im folgenden werden einige Beispiele für die Ursachen solcher Mißverständnisse aufgeführt, die häufig zu beobachten sind.

- **Renditewerte von Publikumsfonds**: Wegen der Nichtberücksichtigung der Depotgebühren und der Ausgabeaufschläge entspricht die mittels der BVI-Methode berechnete Rendite auch dann nicht dem „realen“ Wertzuwachs einer getätigten Investition, wenn es (abgesehen von der Anfangsinvestition) zu keinen weiteren exogenen Mittelbewegungen gekommen ist. Mittels der BVI-Methode werden (abstrakte) Renditewerte für Investmentfonds berechnet, die miteinander in sinnvoller Weise verglichen werden können. Zur Beurteilung des *Anlageerfolgs* sind weitere Informationen über die Depotgebühren und die Ausgabeaufschläge erforderlich. Allerdings ist die BVI-Methode zur Messung der eigentlichen Managementleistung ebenfalls nur bedingt geeignet, da bei dieser Berechnungsmethode Verwaltungsgebühren berücksichtigt werden (vgl. Abschnitt 5.5).

- **Gebührenstruktur**: Aufgrund unterschiedlicher Kostenstrukturen in den verschiedenen Marktsegmenten kann es zu Fehlinterpretationen kommen. Renditewerte von Portfolios, die etwa aufgrund ihres hohen Volumens nur mit vergleichsweise geringen Kosten belastet werden, stellen für einen Anleger, der über ein geringes Anlagevolumen verfügt und somit einem höheren Kostensatz unterliegt, keinen fairen Vergleichsmaßstab dar, sofern die Nettorendite ausgewiesen wird und die Berechnungsgrundlage nicht offengelegt wird. Durch die Darstellung der Bruttorenditewerte und die separate Betrachtung der individuellen Gebührensätze lassen sich in einer solchen Situation Mißverständnisse vermeiden.

- **Steuerliche Hintergründe und Nationalität des Investors**: Oftmals korrespondieren die Annahmen bei der Berechnung der Renditewerte nicht mit der steuerlichen Situation einzelner Investoren. Ein ausländischer Investor kann beispielsweise in der Regel keinen Anspruch auf die Rückerstattung der im Rahmen von Dividendenzahlungen einbehaltenen Körperschaftsteuer erheben. Diese Annahme liegt jedoch der BVI-Methode zugrunde.[9] Es wird erneut deutlich, daß die mittels der BVI-Methode ermittelten Renditewerte nur unter Berücksichtigung zusätzlicher Informationen zur Bewertung des Anlageerfolges herangezogen werden können.

Beispiel 5.1 (Vergleich der Renditen von UK-Indexfonds):

In der Zeitschrift *What Investment* wurde im Mai 1999 eine Tabelle (Tabelle 5.1) veröffentlicht, in der die Renditen verschiedener UK-Indexfonds über den Zeitraum vom 1. April 1998 bis 31. März 1999 dargestellt wurden.

Durch die Berücksichtigung des Ausgabeaufschlags und der Diskrepanz zwischen „Bid“- und „Offer-Price“ wurde versucht, einen bestimmten „Anlageerfolg“ zu messen. Dies wurde allerdings nur für diejenigen Investoren erreicht, die Anteile dieser Fonds für die Zeitdauer eines Jahres zu den zugrunde gelegten Konditionen erworben hatten. Da mit dem Erwerb von

---

8 Vgl. [Reinhart 99].

9 Vgl. Abschnitt 2.1.

Investmentfondsanteilen in der Regel eine langfristige Investition verbunden ist, ist eine solche Darstellung jedoch von äußerst begrenztem Nutzen. Eine Beurteilung der Managementleistung, die im Falle von Indexfonds darin besteht, die Performance eines Indexes ohne signifikante Abweichungen nachzuvollziehen, ist bei einer solchen Darstellung sicherlich nicht möglich. Dazu wäre ein Vergleich der „Mid-Prices“ ohne Berücksichtigung der Ausgabeaufschläge und der Verwaltungsvergütung wesentlich geeigneter. Dies entspräche dem Konzept der zeitgewichteten Rendite.[10]

Fund	*One-year performance %*	*Rank*	*Fund size £ m*	*Initial charge %*	*Annual charge %*
FTSE All Share	6,77	-	-	-	-
Dresdner RCM UK Index	5,95	2	100,07	0,00	0,50
Eagle Star UK Index Tracker	-0,20	13	81,20	6,00	1,00
Gartmore UK Index	5,73	5	714,40	0,00	0,50
Hill Samuel UK Equity Index	2,67	9	3,50	3,50	0,75
HSBC UK Index	5,77	4	261,27	0,00	0,50
Legal&Genl UK Index	6,63	1	1.245,00	0,00	0,50
M&G Index Tracker	5,78	3	33,03	0,00	0,75
Morgan Grenfell UK Eq Ind Trck	-0,27	14	69,38	5,00	0,75
Norwich UK Index Tracking 1	0,06	12	459,13	0,00	0,90
Old Mutual UK All Shr Mirror	5,05	7	126,62	0,00	0,75
Royal & SunAll FTSE All-Sh Tk	0,96	11	509,50	5,00	0,30
Schroder UK Index	2,55	10	467,26	3,00	0,30
Scot Widows UK All Share	5,14	6	305,60	0,50	0,25
Virgin UK Index Tracking	4,96	8	1.476,10	0,00	1,00
Average	3,63				

Tabelle 5.1: Performancevergleich von UK-Indexfonds aus der Zeitschrift What Investment *(Mai 1999). Die Berechnung basiert auf den Anteilwerten (vgl. Abschnitt 2.4.2), wobei zu Beginn des Zeitraums der „Offer-Price“ und zum Ende der „Bid-Price“ zugrunde gelegt wurde („Offer-to-bid price performance with net income reinvested over 1 year to 1 April 1999. Source: Standard & Poor's Micropal“). Außerdem wurde ein Ausgabeaufschlag („Initial charge“) berücksichtigt.*

Die Kernfragen bei der Darstellung von Performanceergebnissen, auf welche die DVFA-PPS eine Antwort geben, können wie folgt zusammengefaßt werden:

[10] Vgl. Abschnitt 2.4.2.2.

- Unter welchen Voraussetzungen sind die Performancewerte, die ein Vermögensverwalter oder eine Performancemessungsgesellschaft für ein Anlagesegment berechnet und gegebenenfalls veröffentlicht, als repräsentativ für seine Managementleistung in diesem Segment anzusehen?
- Welche Rahmenbedingungen sollten festgelegt werden, um es dem Anleger zu ermöglichen, mittels der publizierten (bzw. der ihm vorgelegten) Performancewerte in eindeutiger Weise den für ihn relevanten „Anlageerfolg“ zu bestimmen?

Eine dritte Frage, die die Beantwortung obiger Fragen voraussetzt, die aber weit über diese hinausgeht, ist die Frage nach der Vergleichbarkeit von Performanceergebnissen verschiedener Vermögensverwalter. Diese Frage betrifft insbesondere auch die Erstellung von sog. „Performanceranglisten“ in Fachzeitschriften und anderen Medien. Voraussetzung für einen solchen Vergleich wäre die Erstellung universeller, gesellschaftsübergreifender Composites. Dazu gibt es bisher allerdings noch keine konkreten Ansätze.

5.2 Vermeidung von „Rosinenpicken“[11]

Performance Presentation Standards hatten ihren Ursprung in dem Wunsch, Regeln aufzustellen, die Vermögensverwalter dazu anhalten, ihre Managementleistung in objektiver Form darzustellen. Ohne solche Wohlverhaltensregeln besteht stets die Gefahr, daß sich Vermögensverwalter nur „von ihrer besten Seite zeigen“ und nur ausgesuchte „Rosinen“ unter den von ihnen verwalteten Portfolios zum Ausweis ihrer Managementleistung präsentieren. Die DVFA-PPS versuchen mittels strikter Regeln, den Hauptformen des „Rosinenpickens“ zu begegnen [Wittrock/Fischer/Lilla 98b].

- *Präsentation ausgewählter Portfolios*

Die DVFA-PPS fordern den Ausweis der Compositerenditewerte als Maß für die durchschnittlich erbrachte Managementleistung. Ein Composite umfaßt alle Portfolios, deren Management einem vergleichbaren Prozeß unterliegt oder die ein vergleichbares Anlageziel aufweisen. Lediglich Portfolios, die gravierende exogene Mittelbewegungen zu verzeichnen haben, dürfen von dieser Zuordnung temporär ausgenommen werden. „Dabei ist die Anzahl der pro Berechnungsperiode herausgenommenen Portfolios auszuweisen“ [DVFA 00, 3.6.2].

- *„Survivorship Bias“*

Jedes Portfolio ist spätestens „ab dem Beginn der auf das Eröffnungsdatum folgenden Berechnungsperiode" nach seiner Auflegung in ein Composite zu integrieren [DVFA 00, 3.5.3]. Aufgelöste Portfolios müssen „bis zum Ende der letzten vollen Berechnungsperiode in ihrem Composite verbleiben" [DVFA 00, 3.5.4]. Performancedaten, die sich auf Zeiträume vor der Liquidation beziehen, dürfen bei Auflösung eines Portfolios *nicht* aus den Performancedaten gelöscht werden. Da Portfolios, die eine für den Anleger unbefriedigende Wertentwicklung

[11] Im Englischen hat sich dafür der Begriff *Cherry Picking* etabliert (vgl. [Price/Fischer 98]).

vorweisen, mit einer höheren Wahrscheinlichkeit aufgelöst werden als solche mit einer guten Wertentwicklung, würde ein Löschen solcher Daten zu einem sog. „Survivorship Bias" führen, d.h. die ausgewiesenen Performancewerte würden die Güte der Managementleistung überzeichnen.

- *Auswahl spezieller Zeiträume*

Basiert eine Präsentation auf ausgewählten Zeitintervallen, in denen überdurchschnittliche Performanceresultate erzielt wurden, dann wird die Managementleistung nicht objektiv wiedergegeben. Auch diese Vorgehensweise stellt eine Ausprägung des Rosinenpickens dar. Die DVFA-PPS fordern daher die Darstellung von Performanceresultaten über einen längeren Zeitraum mit *standardisierten Zeitintervallen*.

- Renditewerte müssen für alle Kalenderjahre berechnet werden, die in der Präsentation ausgewiesen werden. Renditewerte für Zeiträume von weniger als einem Jahr dürfen nicht annualisiert werden [DVFA 00, 3.7.2].

- Vom Zeitpunkt der Compliance-Erklärung eines Vermögensverwalters an fordern die DVFA-PPS den Ausweis von Renditewerten für mindestens fünf Kalenderjahre. Der *Track Record* soll dann sukzessive ausgebaut werden, bis er zumindest die jeweils letzten zehn Kalenderjahre umfaßt [DVFA 00, 3.7.1] (vgl. Tabelle 5.2).

Dauer nach erster Compliance-Erklärung	*Mindestzeitraum für Präsentationen*
1 Jahr	*6 Jahre*
2 Jahre	*7 Jahre*
3 Jahre	*8 Jahre*
4 Jahre	*9 Jahre*
5 Jahre	*10 Jahre*
ab 5 Jahre	*10 Jahre*

Tabelle 5.2: Mindestzeitraum für die Präsentation laut [DVFA 00, 7.3.1].

Kürzere Zeiträume dürfen nur dann dargestellt werden, wenn zum Zeitpunkt der Compliance-Erklärung der Zeitraum seit der Gründung der Einheit eine geringere Anzahl als die Anzahl der geforderten vollständigen Kalenderjahre umfaßt oder wenn alle Portfolios, die einem Composite zugeordnet wurden, nach Beginn des ersten geforderten Kalenderjahres aufgelegt worden sind. In diesem Fall ist der Ausweis der gesamten Historie seit Gründung der Gesellschaft bzw. der maximalen Compositehistorie gefordert.

- *Veränderung der Compositedefinition*

Eine weitere Ausprägung des „Rosinenpickens" könnte bei einer Abänderung der Compositedefinition vorliegen. Dies wäre etwa dann der Fall, wenn die Modifikation der Compositedefinition bewirken würde, daß besonders schlecht performende Portfolios einem anderen, vielleicht weniger wichtigen Composite zugeordnet werden könnten. Die DVFA-PPS fordern daher den Ausweis des Datums, an dem die Compositedefinition in Kraft getreten ist [DVFA 00, 3.7.6]. Eine häufige Abänderung der Compositedefinition wäre somit für externe Beobachter nachvollziehbar. An dieser Stelle muß allerdings darauf hingewiesen werden, daß durchaus auch sachliche Gründe für die Änderung einer Compositedefinition vorliegen können.[12]

5.3 Bildung von Composites

5.3.1 Bestimmung von diskretionären Portfolios

Folgende grundlegende Richtlinie der DVFA-PPS ist bei der Implementierung der Standards in einer Gesellschaft zu beachten:

Alle Portfolios, die zum jeweils aktuellen Zeitpunkt ohne erhebliche externe Restriktionen von der Einheit verwaltet werden, sind mindestens einem Composite zuzuordnen [DVFA 00, 3.5.1].

Ein Vermögensverwalter muß also unter Berücksichtigung der vereinbarten Restriktionen für jedes der von ihm betreuten Portfolios entscheiden, ob es einem Composite zugeordnet werden kann.[13] Diese Zuordnung muß anhand von ihm festgelegter Kriterien getroffen werden und, sofern sich die Einheit die Einhaltung der Standards bestätigen läßt, für einen unabhängigen Sachverständigen[14] nachvollziehbar sein [DVFA 00, 4.3.1.3 a].

Bei dieser Zuordnung ist es somit notwendig, eine genaue Definition des Adjektivs *erhebliche* in dem oben zitierten Satz anzugeben. In den DVFA-PPS werden verschiedene Beispiele für solche Restriktionen angeführt [DVFA 00, 7.2], die im folgenden erläutert werden:

1. *Anlagerichtlinien des Kunden, die nicht vollständig dem normalerweise praktizierten Anlagestil der Einheit entsprechen.*

Beispiel 5.2 (Compositebildung bei Restriktionen):

Ein Kunde betraut den Vermögensverwalter XY mit dem Management eines Portfolios, welches ausschließlich in Aktien, die in die Berechnung des DAX einfließen, investiert sein soll. Die einzige Restriktion, die der Vermögensverwalter zu beachten hat, besteht darin, keine Versicherungsaktien (Allianz, Münchener Rück) zu erwerben. Als Benchmark wird der DAX vereinbart. XY betreut bereits zwei weitere Portfolios mit dieser Restriktion.

[12] Dieser Punkt wird in Abschnitt 5.3.3 eingehend erläutert.

[13] Die DVFA-PPS fordern somit im Gegensatz zu den AIMR-PPS und den GIPS auch die Zuordnung der Portfolios, für die keine Verwaltungsvergütung erhoben wird. Sofern solche Portfolios in Composites aufgenommen werden, muß dies jedoch ausgewiesen werden. Dabei muß auch der prozentuale Anteil, den diese Portfolios am Composite einnehmen, angegeben werden [DVFA 00, 3.7.10].

[14] Die DVFA-PPS empfehlen einer Einheit, die vorgibt, die DVFA-PPS einzuhalten, sich dies von einem unabhängigen Sachverständigen bestätigen zu lassen [DVFA 00, 4.2].

Der Vermögensverwalter XY hat mehrere Möglichkeiten bei der Zuordnung dieses Portfolios.

a) Aufgrund der erheblichen Einschränkung des Anlageuniversums (Allianz und Münchener Rückversicherung haben zusammen ein Gewicht von ca. 13% im DAX (Stand: Oktober 1999)) sieht XY die Performancewerte dieses Portfolios als nicht repräsentativ für seine Managementleistung im Segment „Aktien Deutschland“ an. Er entschließt sich daher, dieses Portfolio keinem Composite zuzuordnen. Dies hat zur Folge, daß er in dieser Weise mit allen Fonds, deren Management vergleichbaren Einschränkungen unterliegt, verfahren muß [DVFA 00, 4.3.13]. Somit dürfen die beiden anderen Portfolios, die der gleichen Restriktion unterliegen, ebenfalls keinem Composite zugeordnet werden. Die Vorgehensweise bei der Einordnung von Portfolios mit derartigen Restriktionen muß schriftlich fixiert werden, sofern die Einhaltung der DVFA-PPS durch einen unabhängigen Sachverständigen verifiziert werden soll [DVFA 00, 4.3.1.3.a].

b) Da XY mittlerweile drei Portfolios in diesem Spezialsegment verwaltet, bildet er das Composite *Deutsche Aktien DAX ex Versicherungswerte* und stellt mit den erzielten Performancewerten seine Managementleistung in diesem speziellen Segment dar. Als Vergleichsmaßstab wählt er den „DAX ex Versicherungswerte“, den er selbst in nachvollziehbarer Weise berechnet (vgl. Abschnitt 3.4).

c) XY sieht die Einschränkung als nicht „erheblich“ im Sinne der DVFA-PPS an und ordnet alle drei Portfolios seinem DAX-Composite zu.

Aus Gründen der Transparenz stellen die Lösungen in a) und b) die besten Formen zur Berücksichtigung der Portfolios bei der Bildung von Composites dar. Da es dem Vermögensverwalter obliegt, den Begriff „wesentliche externe Restriktion“ zu definieren, ist Lösung c) im Sinne der Standards zulässig. Die Zuordnung dieser Portfolios hat allerdings gegebenenfalls erhebliche Konsequenzen für das DAX-Composite. So ist beispielsweise zu erwarten, daß dadurch sowohl die Streuungsbreite der Renditewerte innerhalb des Composites (Stichwort „Dispersion“; vgl. Abschnitt 6.5) als auch die Volatilität der Rendite des Gesamtcomposites im Zeitablauf vergrößert wird.

In analoger Weise muß ein Vermögensverwalter mit anderen Formen von Restriktionen verfahren. Beispiele für Restriktionen sind:

- Kunde untersagt Investitionen in sog. „Sin Stocks“ (Alkohol, Zigaretten, etc.);
- Länder, in denen Menschenrechte verletzt werden, dürfen bei der Asset-Allokation nicht berücksichtigt werden;
- Derivate dürfen nicht verwendet werden;
- Investitionsgrad muß stets zwischen 100% und 110% liegen;
- Keine Investitionen in Unternehmen, die gewisse Umweltstandards verletzen.

2. *Beachtung individueller steuerlicher Aspekte des Anlegers, die zur Einschränkung der Dispositionsfreiheit der Einheit führen.*

Beispiel 5.3 (Compositebildung bei steuerlichen Restriktionen (I)):

Gemäß der Vereinbarung mit dem Kunden muß Vermögensverwalter XY bei der Verwaltung eines „DAX 100-Portfolios" berücksichtigen, daß eine vorgegebene Schranke für die sich aus den Dividendenzahlungen ergebende „Dividendenrendite per annum" (Berechnungsweise wurde vertraglich festgelegt) nicht überschritten wird. Er ist daher zumindest in den Monaten, in denen Dividenden ausgeschüttet werden, gezwungen, Aktien mit erfahrungsgemäß hohen Dividendenzahlungen (etwa Banken und Chemiewerte) unterzugewichten. XY bieten sich ähnliche Möglichkeiten für die Klassifizierung dieses Portfolios wie in Beispiel 5.2.

Beispiel 5.4 (Compositebildung bei steuerlichen Restriktionen (II)):

In vielen Ländern (z.B. den USA) müssen Kursgewinne zum Zeitpunkt der Realisierung versteuert werden. Dies führt dazu, daß viele Anleger den Portfoliomanagern verbieten, Aktien, die über einen langen Zeitraum erhebliche Kursgewinne zu verzeichnen hatten, zu verkaufen. Derartige Aktien werden in diesem Zusammenhang auch als „Low-Cost-Aktien" bezeichnet. Falls Mittel aus dem Portfolio abgezogen werden sollen, werden statt dessen Aktien, die noch keinen hohen Wertzuwachs erfahren haben, veräußert. Dies führt in vielen Fällen dazu, daß einige wenige „Low-Cost-Aktien" in manchen Portfolios enorme Gewichtsanteile haben.

3. *Gesetze und Vorschriften, die den Anleger betreffen und die Dispositionsfreiheit des Verwalters einschränken.*

Beispiel 5.5 (Mündelsicherheit, Versicherungsaufsichtsgesetz):

a) Mündelsicherheit

Laut §1806 i.V.m. §1807 BGB darf das Vermögen von unter Vormundschaft stehenden Personen nur dann in Wertpapieren angelegt werden, wenn diese *mündelsicher* sind. Welche Wertpapiere als mündelsicher gelten, wird durch das BGB festgelegt. Der Kreis mündelsicherer Wertpapiere umfaßt im wesentlichen Bundesanleihen, Anleihen von Bundesländern sowie Anleihen einer Reihe anderer Emittenten, die über eine vergleichbare Bonität verfügen.

b) Versicherungsaufsichtsgesetz

Versicherungen wird durch das Versicherungsaufsichtsgesetz (VAG) vorgeschrieben, wie sie das für Versicherungsleistungen gebundene Vermögen anzulegen haben. Die Einhaltung der gesetzlichen Richtlinien wird von einem Treuhänder überwacht. Mündelsichere Wertpapiere sind automatisch für die Anlage in gebundenen Vermögen geeignet. Darüber hinaus sind noch eine Reihe weiterer Wertpapiere, wie z.B. Schuldverschreibungen, die durch Vertragsstaaten des EWR[15]-Abkommens ausgestellt wurden und auf den Inhaber lauten (§54a Abs. 1-2 VAG), zulässig.

Beispiel 5.6 (Bestimmungen des KAGG [KAGG 98]):

a) Kapitalanlagegesellschaften müssen bei der Verwaltung der ihnen anvertrauten Sondervermögen die Anlagerichtlinien des KAGG beachten. Eine wichtige Restriktion stellt beispielsweise die „10%-Regel" für Investitionen in einzelne Wertpapiere dar.[16] Wird etwa ein Aktienportfolio relativ zu einer Benchmark verwaltet, in deren Berechnung einzelne Titel mit einer Gewichtung von über 10% eingehen,[17] dann können die sich aus der „10%-Regel" ergebenden Restriktionen als wesentlich im Sinne der DVFA-PPS interpretiert werden. Bei der Bildung eines Composites, das mit der in Frage stehenden Benchmark verglichen wird, könnten somit die Portfolios, die dem KAGG unterliegen, unberücksichtigt bleiben.

   Eine weitere Möglichkeit zur Berücksichtigung der betroffenen Portfolios besteht in der Bildung separater Composites, in deren Definition obige Restriktion in expliziter Form eingeht.

b) Laut KAGG (§8a Abs. 3 KAGG) darf eine Kapitalanlagegesellschaft Aktien eines Ausstellers nur erwerben, solange die der KAG insgesamt zustehenden Stimmrechte nicht 10% der gesamten Stimmrechte desselben Ausstellers überschreiten.[18] Wenn eine Kapitalanlagegesellschaft diese Grenze bei einer oder mehreren Aktien erreicht, dann wird dadurch die Dispositionsfreiheit für diejenigen Portfolios eingeschränkt, die entsprechend ihrem Anlageziel in diese Aktien investieren können. In Einzelfällen können diese Restriktionen als „wesentlich" angesehen werden. Einzelne Portfolios könnten in diesem Fall „non-discretionary" erklärt und aus den entsprechenden Composites herausgenommen werden.

Als weitere externe Restriktion können extreme exogene Mittelbewegungen angesehen werden. Darauf wird in Abschnitt 5.5.2 gesondert eingegangen.

5.3.2 Kriterien zur Einteilung von Portfolios in Composites

Die Kriterien, die bei der Einteilung der von einem Vermögensverwalter verwalteten Portfolios in Composites zu berücksichtigen sind, wurden bereits in Abschnitt 5.1 angesprochen. Dabei ist insbesondere zu beachten, daß die Portfolios, die zu einem Composite zusammengefaßt werden, einem vergleichbaren Anlagestil oder -ziel unterliegen [DVFA 00, 3.5.2], so daß auch das gebildete „Superportfolio"[19] einen definierten Anlagestil bzw. ein eindeutiges Anlageziel repräsentiert. Im Rahmen der DVFA-PPS werden unter anderem folgende Kriterien zur Compositebildung aufgeführt [DVFA 00, 7.2]:

---

[15] Europäischer Wirtschaftsraum

[16] Vgl. den Anhang zu diesem Kapitel.

[17] Dies ist beispielsweise beim DAX der Fall (vgl. Tabelle 4.6).

[18] Vgl. den Anhang zu diesem Kapitel.

[19] Vgl. [Wittrock/Fischer/Lilla 98a,b].

- *Gleiche bzw. vergleichbare Länder-Asset-Klassen (z.B. Aktien Europa, Renten US-Dollar);*
- *gleiche bzw. vergleichbare Strategien (z.B. „Growth Stocks", „Value Stocks");*
- *Gewichtungsbandbreiten von Anlageklassen (z.B. 10%-20% Renten, 80%-90% Aktien);*
- *gleiche Benchmarks (z.B. DAX 100);*
- *vergleichbarer Einsatz derivativer Instrumente;*
- *vergleichbarer Einsatz von Devisenkursabsicherungsinstrumenten;*
- *vergleichbare Risikoklassen (z.B. ausgedrückt durch Standardabweichung, Ausfallwahrscheinlichkeit);*
- *vergleichbarer Investmentansatz (z.B. aktiv, „Low Tracking Error", passiv);*
- *vergleichbare Anlageziele (z.B. Übertreffen der Rendite eines lokalen Rentenmarktes durch Beimischung von bis zu x% Aktien und/oder Fremdwährungsrenten; Erzielung einer bestimmten Mindestrendite).*

Die DVFA-PPS lassen einem Vermögensverwalter weitgehende Freiheiten bei der Bildung der Composites. Beim Transfer von Portfolios zwischen Composites sind jedoch Richtlinien zu beachten [DVFA 00, 3.5.5]:

Der Wechsel von Portfolios in andere Composites bedarf folgender Voraussetzungen:

a) *Einhaltung unternehmensinterner Vorgehensweisen, die den Wechsel von Portfolios in andere Composites regeln, oder*
b) *dokumentierte Änderungen der Anlageausrichtung der Portfolios aufgrund von Kundenanweisungen.*

Portfoliodaten, die sich auf Zeiträume vor dem Wechsel beziehen, müssen in den ursprünglichen Compositedaten verbleiben.

Einem „Verifier" müssen die zugrunde liegenden Kriterien für die Bildung der Composites in schriftlicher Form vorliegen [DVFA 00, 4.3.1.3 b]. Darüber hinaus sind bei der Darstellung der Composites eine Reihe von Zusatzinformationen erforderlich.[20] Durch das nachfolgende Beispiel sollen weitere kritische Punkte verdeutlicht werden, die bei der Darstellung von Performanceergebnissen zu beachten sind.

Beispiel 5.7 (Darstellung der Managementleistung):

Vermögensverwalter XY möchte im Anlagesegment „Deutsche Aktien" seine Managementleistung mittels charakteristischer Performancewerte darstellen.

XY verwaltet 5 Aktienportfolios, deren Schwerpunkte im Bereich „Deutsche Aktien" liegen. Die nachfolgende Tabelle enthält nähere Informationen zu diesen Portfolios.

---

[20] Vgl. dazu Abschnitt 5.3.3.

Portfolio	Rendite* 01.01.95-31.12.97	Volumen Mio. DM	Kostensatz p.a.**	Typ***	Anlagepolitik
Portfolio 1	81,30%	70	0,3%	S	Deutsche „Blue-Chips" mit Beimischung von europäischen „Blue-Chips"; Investitionsgrad oftmals deutlich über 100%
Portfolio 2	76,17%	210	0,2%	S	DAX-Aktien mit Beimischung von Aktien aus dem MDAX
Portfolio 3	72,08%	320	1,0%	P	DAX-Werte
Portfolio 4	68,90%	80	0,3%	S	DAX 100-Werte mit Beimischung deutscher Renten
Portfolio 5	67,80%	600	0,2%	S	Breiter deutscher Aktienmarkt
DAX	75,20%				
DAX 100	65,55%				
CDAX	55,72%				

*Rendite nach Abzug aller Kosten und Gebühren ohne Berücksichtigung des Ausgabeaufschlags; **In Prozent des Portfoliowertes; beinhaltet Verwaltungsvergütung und andere Gebühren; ***P: Publikumsfonds, S: Spezialfonds und andere Mandate institutioneller Anleger

Tabelle 5.3: Von XY verwaltete Portfolios mit Schwerpunkt „Deutsche Aktien".

Dem Vermögensverwalter XY bieten sich mehrere Möglichkeiten, seine Portfolios in Composites einzuteilen:

a) Benchmarknahe Einteilung

XY möchte, daß die Portfolios innerhalb eines Composites in ihrer Struktur möglichst wenig von der Benchmark abweichen, durch welche das jeweilige von ihm definierte Composite charakterisiert wird.

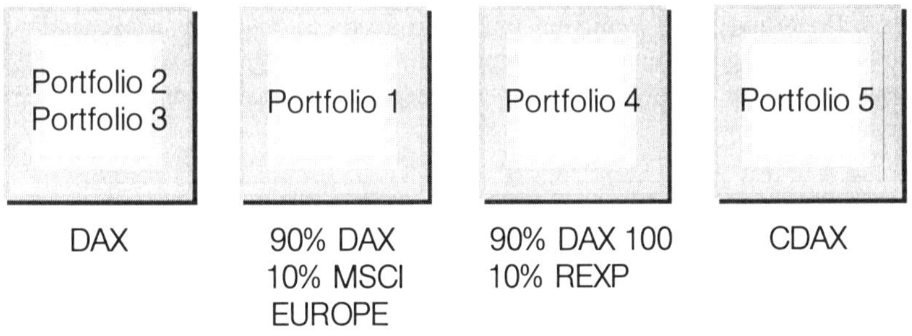

Abbildung 5.4: Einteilung der Portfolios in Tabelle 5.3 in Composites, so daß die Struktur der Composites nahe bei der Benchmarkstruktur liegt.

Er bildet daher 4 Composites (Abbildung 5.4) und dokumentiert seine Managementleistung durch für diese Composites ermittelte Renditen. Da die Composites sehr eng („benchmarknah“) definiert sind, ist die Anzahl der Portfolios pro Composite (und somit das enthaltene Volumen) relativ klein.

b) Einteilung gemäß dem Anlageziel

XY hat mit jedem der Anleger eine Benchmark als Zielvorgabe vereinbart, an der sich die Anlagepolitik des jeweiligen Portfolios ausrichtet. Die Möglichkeit der Hinzunahme von Titeln, die nicht in der Benchmark enthalten sind, ist ebenfalls integraler Bestandteil der jeweils vereinbarten Anlagestrategie. XY beschränkt sich daher auf zwei Composites:

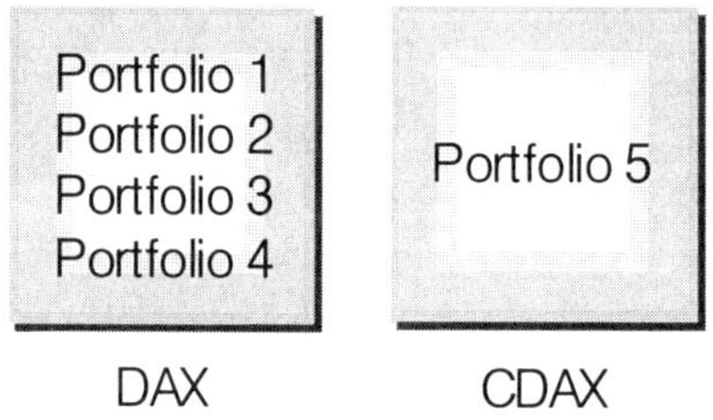

Abbildung 5.5: Einteilung der Portfolios aus Tabelle 5.3 in Composites, wobei die Zielvorgabe der Portfolios (in Form einer Benchmark) maßgeblich ist.

c) Composites unterschiedlicher Gliederungsebenen

Um ein möglichst differenziertes Bild der Managementleistung zu geben, bildet XY sowohl die Composites in b) als auch die in a) angegebenen Untercomposites. Solch eine Differenzierung der Anlagesegmente ist jedoch mit einem höheren Verwaltungs- und Kostenaufwand verbunden. Die (freiwillige) Darstellung zusätzlicher Gliederungsebenen stellt für XY somit eine wichtige strategische Entscheidung dar, bei der die zukünftigen Vorteile bei seinen Marketingaktivitäten gegenüber dem erhöhten Aufwand abgewogen werden müssen.

d) Trennung entsprechend dem Portfoliotyp

XY stellt die Performance des Publikumsfonds gesondert dar, indem er, ausgehend von dem DAX-Composite in b) ein zusätzliches Composite bildet. Diese Vorgehensweise ist allerdings nur dann zulässig, wenn Portfolios von unterschiedlichem Typus mit unterschiedlichen Ansätzen verwaltet werden.

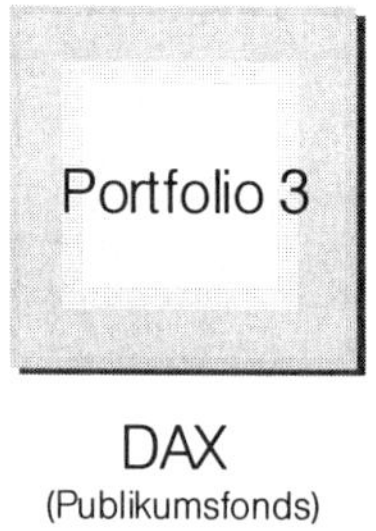

Abbildung 5.6: Zusätzliches Composite zur Einteilung in b).

Falls Portfolio 3 bei der Bildung des ursprünglichen DAX-Composites nicht mehr einfließt, sollte dieses umbenannt werden:

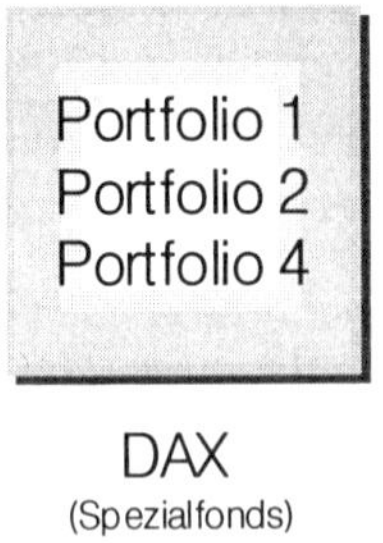

Abbildung 5.7: Alternative Definition des DAX-Composites in Abbildung 5.4.

e) Berücksichtigung des Investitionsgrades

Da der Managementansatz für Portfolio 1 eine starke Variation des Investitionsgrades vorsieht, entschließt sich XY, für dieses Portfolio ein separates Composite zu bilden und diese Besonderheit zum Bestandteil der Compositedefinition zu machen.

f) Einteilung unter Verwendung eines Risikomaßes

Der Managementansatz von XY wird durch Risikoüberlegungen geprägt. Durch die jeweilige Wahl spezifischer DAX-Aktien sowie durch die Beimischung von indexfremden Wertpapieren versucht XY, sich unter Berücksichtigung einer festgelegten Obergrenze für das Abweichungsrisiko (welche jedoch von Portfolio zu Portfolio variieren kann) von der Indexperformance abzuheben. Das Abweichungsrisiko mißt er durch den Tracking Error (vgl. Abschnitt 6.3.1). XY errechnet folgende Werte:

	Tracking Error p.a. im Vergleich zum DAX
Portfolio 1	*3,8%*
Portfolio 2	*2,2%*
Portfolio 3	*1,4%*
Portfolio 4	*3,0%*
Portfolio 5	*2,9%*

Tabelle 5.4: Tracking Error (TE) der in Tabelle 5.3 aufgeführten Portfolios relativ zum DAX.

Er bildet daher folgende Composites, die jeweils mit dem DAX verglichen werden:

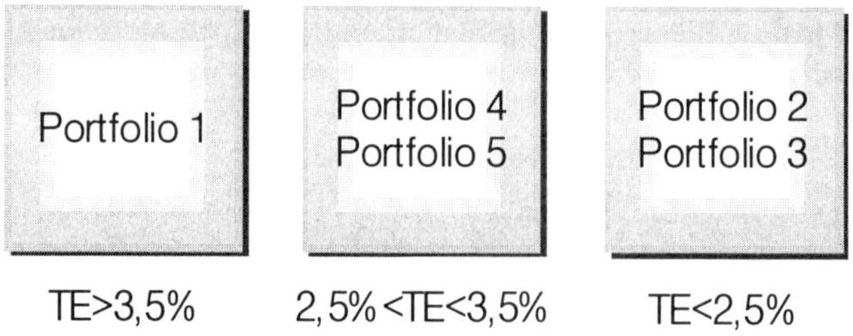

Abbildung 5.8: Einteilung der Portfolios in Tabelle 5.3 gemäß dem Tracking Error (TE) gegenüber dem DAX.

Eine Einteilung der Portfolios in Composites auf Basis unterschiedlicher Risikoniveaus ist vor allem bei Portfolios sinnvoll, die als Anlageziel haben, bei vorgegebenen Risikobandbreiten eine möglichst hohe Rendite zu erzielen, bei denen jedoch weder das Anlageziel noch die Anlagestrategie mittels einer Benchmark definiert wird.

Der entscheidende Punkt bei der Einteilung der Portfolios in Composites besteht nicht nur darin, Portfolios zu sinnvollen Gruppen zu verbinden, sondern auch darin, die getroffene Einteilung in der Zukunft im wesentlichen *beizubehalten*. Natürlich sind Modifikationen der Compositeeinteilung möglich. Dies wird beispielsweise dann der Fall sein, wenn ein Portfolio sein Anlageziel wechselt. Die Modifikationen müssen jedoch in einer konsistenten und nachvollziehbaren Weise erfolgen.[21]

5.3.3 Zusatzinformationen zur Compositestruktur

Wie bereits in 5.3.2 erwähnt, legen die DVFA-Standards nicht in eindeutiger Form fest, wie die Composites in detaillierter Form zu bilden sind.[22] Allerdings enthalten sie eine ganze Reihe von Einschränkungen sowohl hinsichtlich der Veränderung als auch der Kennzeichnung von Composites, die den Spielraum für manipulative Darstellungen stark einschränken.

- Es muß angegeben werden, zu welchem **Zeitpunkt** das Composite konzipiert wurde [DVFA 00, 3.7.6]. Dadurch soll verhindert werden, daß Vermögensverwalter die Einteilung der verwalteten Portfolios – unter Nichtbeachtung der Richtlinie der DVFA-PPS [DVFA 00, 3.5.5] – in Composites häufig abändern, um eine möglichst vorteilhafte Präsentation der Managementleistung zu erreichen.

Häufige Änderungen der Compositeeinteilung und somit eine häufige Veränderung des Erstellungsdatums stellen die Solidität der Präsentation in Frage.

Dies kann auch für „geringfügige" Änderungen der Compositedefinitionen gelten.

---

[21] Vgl. Abschnitt 5.3.3.

[22] Langfristig ist damit zu rechnen, daß Vermögensverwalter allgemeine, identisch definierte Composites bilden. Dadurch würde die Vergleichbarkeit unter den Vermögensverwaltern gefördert werden. Allgemeine Composites könnten insbesondere bei der Erstellung sogenannter „Performanceranglisten" hilfreich sein.

Beispiel 5.8 (Änderung einer Compositedefinition (I)):

Vermögensverwalter XY ändert die Definition des Composites „Deutsche Renten“:

Zeitpunkt	*Definition des Composites*
Datum 1	*Deutsche Renten hoher Bonität unter Beimischung von bis zu 5% deutscher Aktien und europäischer Renten*
Datum 2	*Deutsche Renten hoher Bonität unter Beimischung von bis zu 10% deutscher Aktien und europäischer Renten*

Tabelle 5.5: Veränderung einer Compositedefinition.

Das Composite wird durch die Benchmark *Datastream Government Bond Index Germany* (vgl. Abschnitt 3.3) charakterisiert.

Die Anzahl der zu berücksichtigenden Portfolios wurde zum Zeitpunkt „Datum 2“ erweitert. Dieser Eingriff stellt eine wesentliche Veränderung der Compositedefinition dar. Aus diesem Grunde muß dieses Datum als Erstellungsdatum ausgewiesen werden.

Eine Änderung der Compositestruktur ist jedoch keinesfalls automatisch mit dem Versuch zur Manipulation gleichzusetzen. Die Vorgehensweise von XY kann beispielsweise dann plausibel sein, wenn zum zweiten Zeitpunkt (Datum 2) nur noch wenige Mandate die Kriterien der ursprünglichen Definition erfüllen, weil die meisten Portfolios, die ursprünglich dem Composite zugeordnet waren, den Anteil benchmarkfremder Wertpapiere erhöht haben. Dies sollte im Rahmen einer unabhängigen Prüfung verifiziert werden.

Ein weiteres Beispiel für eine plausible Änderung der Definition des Composites besteht im Austausch einer „veralteten“ Benchmark gegen eine aktuelle.

Beispiel 5.9 (Änderung einer Compositedefinition II):

Vermögensverwalter XY hat bis zum 31.12.1994 den FAZ Aktienindex (vgl. Abschnitt 3.2.2) zur Charakterisierung seines Spezialfonds-Composites „Deutsche Aktien/Gesamtmarkt“ benutzt. In den letzten Jahren hat dieser Index unter den institutionellen Anlegern viel von seiner früheren Popularität eingebüßt, so daß XY nur noch wenige Mandate betreut, deren Anlageziel mittels dieses Indexes definiert wird. XY entschließt sich daher, vom 01.01.1995 an das Composite mit dem DAX 100 (vgl. Abschnitt 3.2.2) zu vergleichen.

Es kann generell auch der Fall eintreten, daß eine neue Benchmark die Anlagestrategie eines Composites besser wiedergibt als die bisherige. Gerade im Zuge der Euro-Einführung sind eine Reihe von neuen Indizes eingeführt worden, wie etwas die BOX- und die STOXX-Indizes (vgl. Kapitel 3), die die Anlagestrategie vieler institutioneller Anleger besser wiedergeben als die traditionellen Indizes.

Um darzustellen, welchen Stellenwert ein Composite für den Vermögensverwalter besitzt, wurde in den DVFA-PPS folgende Richtlinie aufgenommen:

- Die *Anzahl der Portfolios*, das *Volumen der Composites* sowie der *prozentuale Anteil* des Composites am verwalteten Vermögen der Einheit zum Ende eines *jeden der dargestellten Kalenderjahre* soll dargestellt werden [DVFA 00, 3.7.3].

Beispiel 5.10 (Kennzahlen zur Compositebeschreibung):

Für ein Composite mit der Bezeichnung „Deutsche Renten mit hoher Bonität mit bis zu 15% deutscher Aktien und 5% sonstiger europäischer Aktien" stellt XY folgende Informationen bereit:

Kennzahl	
Anzahl der Fonds im Composite	*2*
Anteil des Composites am verwalteten Vermögen	*0,2%*
Volumen des Composites	*2,4 Mio. DM*

Tabelle 5.6 Kennzahlen eines Composites.

Angesichts des äußerst geringen Anteils des Compositevolumens am gesamten verwalteten Vermögen stellt sich die Frage, warum sich XY entschlossen hat, dieses Composite zu bilden. Erfahrungswerte aus anderen Ländern (Schweiz, USA) zeigen, daß ein ungewöhnlich geringes Volumen eines Composites im Vergleich zum gesamten verwalteten Vermögen der Glaubwürdigkeit der Compositepräsentation abträglich ist.

- *Bei Composites, die einer Benchmark gegenübergestellt werden, ist der Anteil an Investitionen, die in Anlageklassen sowie Ländern/Regionen außerhalb der Benchmark vorgenommen wurden, auszuweisen.* [DVFA 00, 3.7.16]

Durch den Ausweis dieser Information soll verdeutlicht werden, inwiefern das Benchmarkuniversum auch als Anlageuniversum gedient hat.

Beispiel 5.11 (Einteilung gemäß dem Anlageziel in Beispiel 5.7b):

Bei der Einteilung der deutschen Aktienportfolios gemäß dem Anlageziel in Beispiel 5.7b weist Vermögensverwalter XY für das DAX-Composite die Komponenten aus, die außerhalb der Benchmark investiert waren: Im Betrachtungszeitraum waren im Durchschnitt 91% des Volumens in DAX-Werte und die restlichen 9% in europäische Aktien, MDAX-Werte sowie in deutsche Rentenpapiere investiert worden.

Beispiel 5.12 (Darstellung der Komponenten außerhalb der Benchmark):

XY bildet ein Composite „Renten Deutschland“ und stellt ihm die Benchmark *Datastream Government Bond Index Germany* gegenüber. Für 1997 weist es folgende Renditewerte aus:

Composite „Deutsche Renten“	*DSGBI Germany*
10,20%	*6,22%*

Tabelle 5.7: Rendite des Rentenportfolios im Vergleich zur Benchmark.

Das Composite war im Mittel wie folgt gewichtet:

Komponente	*Prozentualer Anteil*
Deutsche Renten (Höchste Bonität)	*83,8%*
Europäische Renten (Hohe Bonität)	*14,8%*
Kasse	*1,4%*

Tabelle 5.8: Gewichtung des Composites.

Eine positive Differenzrendite der dargestellten Größenordnung wäre ungewöhnlich, käme sie ausschließlich durch die geschickte Auswahl von deutschen Rentenpapieren höchster Bonität und die korrespondierende Variation der Duration (vgl. Abschnitt 6.2.4) zustande. Die Angabe der mittleren Compositestruktur dient in diesem Fall der Interpretation der dargestellten Compositerenditewerte. Für einen Investor, der ausschließlich in deutsche Rententitel höchster Bonität investieren möchte, wird somit ersichtlich, daß die dargestellte Performancehistorie aller Wahrscheinlichkeit nach maßgeblich durch die „benchmarkfremden“ Komponenten beeinflußt wurde.

Aus einer Abweichung des Anlageuniversums von dem durch die Benchmark definierten Universum kann jedoch im allgemeinen nicht auf ein erhöhtes oder erniedrigtes Risiko weder absolut noch relativ zur Benchmark (vgl. Abschnitt 6.3) geschlossen werden. Daher empfehlen die DVFA-PPS die Darstellung geeigneter Risikokennzahlen für das Composite [DVFA 00, 3.8.7].

Beispiel 5.13 (Einfluß benchmarkfremder Komponenten):

Vermögensverwalter XY weist bei seinem Composite „Aktien Deutschland“, dem der CDAX gegenübergestellt wird, einen mittleren Anteil von 15% an deutschen Renten aus. Obwohl eine Anlage in deutsche Rententitel in der Regel erheblich risikoärmer ist als eine Investition in deutsche Aktientitel, hängt im vorgegebenen Fall der Grad des Gesamtrisikos entscheidend von der Struktur der Aktienkomponente des Composites ab. Beispielsweise kann das durch die Standardabweichung gemessene Risiko (vgl. Abschnitt 6.2) bei einer deutlichen Präferenz von Small- und Mid-Caps trotz der Rentenkomponente erheblich höher ausgefallen sein als jenes Risiko, das aus einer alleinigen Investition in den CDAX resultieren würde.

Bei einer Präsentation wie in Beispiel 5.12 sind zusätzliche Punkte zu beachten.

- Es muß dargestellt werden, wie die Gewichtsabweichungen ermittelt werden [DVFA 00, 4.3.1.3 n]. Mögliche Berechnungsmethoden sind z.B.:

  a) Berechnung als arithmetisches Mittel der täglichen Gewichte.[23] Dies setzt die tägliche Bewertung des Composites bzw. der im Composite enthaltenen Portfolios voraus.

  b) Gewichte werden als arithmetisches Mittel der Gewichte zu Beginn eines Monats berechnet.

  c) Anstelle der in Punkt b) verwendeten Anfangsgewichte werden Gewichte, die sowohl die Anfangsinventarwerte als auch die erfolgten Mittelbewegungen erfassen, verwendet. Die Berechnungsmethode wird für Portfoliosegmente innerhalb einer monatlichen Periode skizziert. Das durchschnittliche Gewicht einzelner Segmente wird dabei gemäß folgender Berechnungsformel ermittelt:

$$g_i := \frac{I^i + \sum_{j=1}^{N^i} \frac{\left(30 - t_j^i\right)}{30} * M_j^i}{\sum_{i=1}^{N} I^i + \sum_{i=1}^{N} \sum_{j=1}^{N^i} \left(\frac{30 - t_j^i}{30} \right) * M_j^i}, \tag{5.1}$$

mit

g_i: Gewicht des i-ten Segments

N: Anzahl aller Segmente

I^i: Inventarwert des i-ten Segments zu Beginn der Periode

N^i: Anzahl der im Monat bzgl. des i-ten Segments erfolgten exogenen Mittelbewegungen

M_j^i: j-te exogene Mittelbewegung für das i-te Segment ($j = 1, \cdots, N^i$) (M_j^i ist positiv im Falle einer Einbringung und negativ bei einer Entnahme)

t_j^i: Zeitpunkt der j-ten exogenen Mittelbewegung bzgl. des i-ten Segments.

---

[23] Eine exakte Berechnung würde voraussetzen, daß die Inventarwerte der Compositesegmente (bzw. der Portfoliosegmente) bei sämtlichen Mittelbewegungen ermittelt würden. Dies wird zwar durch die DVFA-PPS „nachdrücklich" empfohlen [DVFA 00, 1.2.1], der Aufwand dafür ist allerdings sehr groß. In der Praxis wird daher in der Regel auf Näherungsverfahren zurückgegriffen.

Beispiel 5.14 (Ermittlung der Gewichte benchmarkfremder Komponenten):

Als Beispiel diene ein Composite mit zwei Segmenten „Aktien Deutschland" und „Renten Deutschland", mit nachfolgenden Daten:

Bestand/Transaktion	*Datum*	*Aktien Deutschland*	*Renten Deutschland*
Anfangsinventarwert	*01.09.*	*100 Mio.*	*200 Mio.*
Einbringung	*15.09.*	*50 Mio.*	
Einbringung	*20.09.*		*60 Mio.*
Endinventarwert	*30.09.*	*170 Mio.*	*270 Mio.*

Tabelle 5.9: Bestands- und Transaktionsdaten eines gemischten Portfolios.

Damit ergeben sich die Gewichte entsprechend der unter c) dargestellten Formel zu

$$g_1 = \frac{100 + \frac{30-15}{30} * 50}{100 + 200 + \frac{30-15}{30} * 50 + \frac{30-20}{30} * 60} = \frac{125}{345} = 0{,}3623 \cong 36{,}23\%$$

und

$$g_2 = \frac{200 + \frac{30-20}{30} * 60}{100 + 200 + \frac{30-15}{30} * 50 + \frac{30-20}{30} * 60} = \frac{220}{345} = 0{,}637 \cong 63{,}76\%.$$

Unter Verwendung der Anfangsinventarwerte (Möglichkeit b)) erhielte man folgende Werte:

$$g_1 = \frac{100}{300} = 0{,}3333 \cong 33{,}33\% \quad \text{sowie} \quad g_2 = \frac{200}{300} = 0{,}6667 \cong 66{,}67\%.$$

Die Endgewichte sollten bei dieser Darstellung nicht herangezogen werden, da ansonsten die Gewichte der besser performenden Segmente (tendenziell) überzeichnet würden.

Der Vermögensverwalter sollte im Rahmen einer Präsentation darauf hinweisen, falls die mittels obiger Methoden ermittelten Gewichte den Managementprozeß nur unvollständig charakterisieren. Dies kann beispielsweise dann der Fall sein, wenn Derivate in erheblichem Umfang eingesetzt werden.

Beispiel 5.15 (Offenlegung benchmarkfremder Komponenten und Derivate):

Vermögensverwalter XY weist für sein Composite „Gemischte Portfolios", welches er durch die Benchmark „90% DAX/10% REXP" charakterisiert (vgl. Abschnitt 3.4), folgende mittlere Zusammensetzung aus, die er mittels einer der Methoden a)-c) berechnet hat.

Komponente	*Prozentualer Anteil*
Deutsche Renten (Höchste Bonität)	*83,8%*
Deutsche Aktien	*14,8%*
Derivate	*1,1%*
Kasse	*0,3%*

Tabelle 5.10: Mittlere Zusammensetzung des „90% DAX/10% REXP-Composites".

Innerhalb des dargestellten Zeitraums hat er mittels DAX-Futures das Aktienexposure variiert, sein Buchhaltungssystem ist allerdings nicht in der Lage, das Exposure, welches von diesen Futures herrührt, in das Segment „Deutsche Aktien" einzubeziehen (vgl. Abschnitt 4.7.) Statt dessen gibt er den Gewichtsanteil der durchschnittlichen schwebenden Gewinne der Derivate in Höhe von 1,1% an. In der Präsentation sollte XY auf die zugrunde liegende Verfahrensweise hinweisen.

Grundsätzlich muß zunächst definiert werden, was „Investition außerhalb der Benchmark" bedeutet. Wie das folgende Beispiel zeigt, kann es gerade bei Rentenindizes sinnvoll sein, den Term „Investition außerhalb der Benchmark" nicht zu eng auszulegen.

Beispiel 5.16 (Erweiterung des Benchmarkuniversums):

Der Index *Datastream Government Bond Index Germany* wird auf Basis von Staatsanleihen gebildet (vgl. Abschnitt 3.3). Diese Benchmark erfreut sich unter den institutionellen Anlegern großer Beliebtheit und wird häufig als Benchmark für Portfolios, die ein breiteres Spektrum deutscher Anleihen hoher Bonität enthalten, benutzt. Somit erscheint es legitim, die Anleihen hoher Bonität (z.B. Jumbopfandbriefe, Anleihen der Bundesländer, Anleihen der Kreditanstalt für Wiederaufbau und der Deutschen Ausgleichsbank) als Anleihen „innerhalb" der Benchmark aufzufassen, obwohl sie in die Berechnung des Indexes eigentlich nicht eingehen.

5.3.4 Problematik der „Carve-Outs"

Um es den Vermögensverwaltern zu ermöglichen, ihre Managementleistung so umfassend wie möglich zu präsentieren, lassen die DVFA-PPS ebenso wie viele andere Standards[24] die Verwendung einzelner Portfoliosegmente zur Compositebildung zu [DVFA 00, 3.5.6]. Voraussetzung ist jedoch, daß diese Segmente unabhängig von den anderen Segmenten verwaltet werden. Ferner müssen die Kassesegmente in konsistenter Weise den Segmenten der Portfolios zugeordnet werden. Ein herausgelöstes Segment einschließlich der zugeordneten Kasseposition und anderer zugehöriger Positionen wie etwa Derivaten wird auch als Carve-Out bezeichnet.

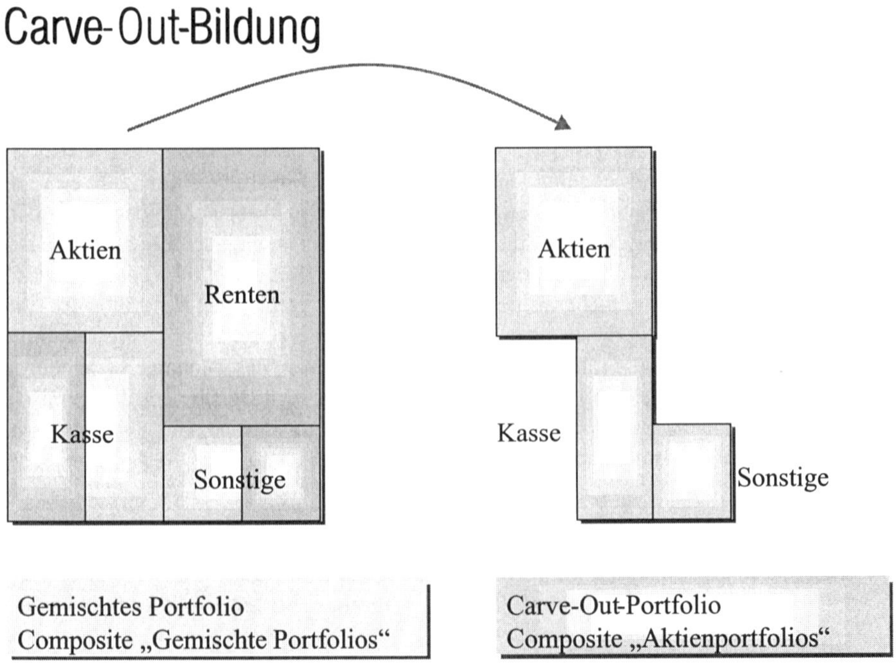

Abbildung 5.9: Bildung eines Carve-Outs aus einem gemischten Portfolio.

Falls nicht der Idealfall vollständig separierter Segmente mit unabhängigen Kassen vorliegt, die direkt zugeordnet werden können („buchhalterische Zuordnung"), können die Liquiditätspositionen gemäß einer klar definierten, einheitlich angewandten Vorgehensweise zugeordnet werden („mathematische Zuordnung"). Die Festlegung der Regeln für die Zuordnung der Kassesegmente soll jedoch mit dem jeweiligen Managementprozeß korrespondieren. Dabei sollte man sich an den Kassegewichtungen der reinen Segmentportfolios orientieren, sofern solche vorhanden sind. Generell bestehen folgende Möglichkeiten bei der Zuordnung einzelner Kassesegmente [DVFA 00, 7.2]:

24 Vgl. hierzu beispielsweise [AIMR 97, S. 11, S. 35; AIMR 99, 3.A.7].

a) Zuordnung entsprechend der Benchmarkgewichte zu Beginn einer jeweiligen Periode;
b) Zuordnung entsprechend der Portfoliosegmentgewichte zu Beginn einer jeweiligen Periode oder gemäß der mittels Formel (5.1) ermittelten Durchschnittsgewichte;
c) feste und im Zeitablauf unveränderte Verteilung, die mit dem Managementprozeß, der durch das Composite repräsentiert wird, korrespondiert;
d) Verwendung des Kassesegments zur Abdeckung der Differenz zwischen Portfolio- und Benchmarkgewichtung. Porfoliosegmente, die die Benchmarkgewichtung bereits ohne Zuordnung einer Kassekomponente überschreiten, werden dabei als voll investiert angesehen. Die Gewichtung der Portfoliosegmente kann unter Berücksichtigung der Mittelbewegungen (Formel 5.1) ermittelt werden.[25]

Beispiel 5.17 (Aufteilung der liquiden Mittel bei der Bildung von Carve-Out-Portfolios):

Aufgrund der wachsenden Bedeutung von Investitionen in europäische Aktien hält es Vermögensverwalter XY für besonders wichtig, seine Expertise in diesem Marktsegment darzustellen. Allerdings verwaltet XY zur Zeit nur wenige Portfolios, die ausschließlich in europäische Aktien investiert sind und mit der Benchmark *Dow Jones EURO STOXX* verglichen werden. Daher entschließt er sich, aus dem Aktienteil eines gemischten Portfolios ein Carve-Out-Portfolio zu bilden und dieses dem Dow Jones EURO STOXX-Composite zuzuordnen. Die Zuordnung des Kassesegments wird anhand der Daten der Monate September und Oktober 1998, die in Tabelle 5.11 enthalten sind, erläutert. Die Benchmark des gemischten Portfolios wird zu 50% aus *Datastream Government Bonds Europe* und 50% *Dow Jones EURO STOXX* gebildet und unterliegt einer monatlichen Rebasierung.

	Gewicht 31.08.98	*Rendite September 98*	*Gewicht 30.09.98*	*Rendite Oktober 98*
Renten Europa	*60%*		*50%*	
Aktien Europa	*30%*	*6,9%*	*45%*	*12%*
Kasse	*10%*	*0,3%*	*5%*	*0,4%*

Tabelle 5.11: Daten für das gemischte Portfolio mit der Benchmark 50% DSGB Europe/50 % Dow Jones EURO STOXX für die Monate September und Oktober 1998. Auf die Angabe der Renditewerte des Rentensegments wird verzichtet, da diese Werte nicht benötigt werden.

Nachfolgend werden die Möglichkeiten für die Aufteilung des Kassesegments illustriert.

a) Das Kassesegment wird entsprechend der Benchmarkgewichtung aufgeteilt

In diesem Fall werden dem Segment *Europäische Aktien* stets 50% der Kasseposition und der daraus resultierenden Renditebeiträge zugeschlagen. Zu Beginn des Monats September be-

[25] Diese Vorgehensweise ist jedoch nur dann sinnvoll, wenn es zu keinen „negativen Kassebeständen“ (Verbindlichkeiten) kommen kann. Solche Kassebestände und die resultierenden Zinsaufwendungen können allerdings bei den oben beschriebenen Verfahrensweisen a)-c) berücksichtigt werden.

steht das gebildete Carve-Out-Portfolio somit zu $100 * \frac{30}{35}\% \cong 85{,}71\%$ aus europäischen Aktien und zu $100 * \frac{5}{35}\% \cong 14{,}29\%$ aus liquiden Mitteln. Die Rendite des Carve-Out-Portfolios im September errechnet sich somit zu

$$0{,}8571 * 6{,}9\% + 0{,}1429 * 0{,}3\% = 5{,}96\%.$$

Mit diesem Renditewert und dem Inventarwert zu Beginn der Periode September (= Inventarwert des Aktiensegments + 0,5 * Inventarwert der Kasse) kann dieses Portfolio in das EURO STOXX-Composite integriert werden. Für den Oktober ist die Vorgehensweise analog.

b) Das Kassesegment wird entsprechend der Portfoliogewichtung aufgeteilt

Sieht XY die tatsächliche Gewichtung der Segmente im Portfolio als maßgebend für die Aufteilung des Kassesegments an, dann wird dem Carve-Out-Portfolio zu Beginn des Monats September ein Drittel der Kasse zugeschlagen. Zu Beginn des Monats Oktober werden ihm $45 * \frac{100}{95}\% = 47{,}37\%$ des Kassesegments zugeschlagen. Exemplarisch wird nachfolgend die September-Rendite des Carve-Out-Portfolios berechnet:

$$\frac{30}{33{,}33} * 6{,}9 + \frac{3{,}33}{33{,}33} * 0{,}3 \cong 6{,}24\%.$$

c) Feste Zuordnung

Die Variierung des Investitionsgrades ist nicht Bestandteil des Managementansatzes des Dow Jones EURO STOXX-Composites. Deshalb entschließt sich XY, dem Aktiensegment eine Kassekomponente mit einem konstanten Gewicht von 1% zuzuweisen. Das Carve-Out-Portfolio besteht somit Anfang September aus $100 * \frac{30}{31}\%$ europäischen Aktien und $100 * \frac{1}{31}\%$ Liquidität.

d) Abdeckung der Differenzen zur Benchmark

Da das Rentensegment im September und im Oktober die Benchmarkgewichtung überschritten hat bzw. mit dieser identisch ist, würde bei dieser Zuordnungsmethode in beiden Perioden das gesamte Kassesegment dem Aktiensegment zugeordnet werden.

Der Vermögensverwalter kann zusätzlich das Rentensegment einem entsprechenden Rentencomposite zuordnen. Die DVFA-PPS verpflichten ihn allerdings nicht dazu.

Aufgrund der möglichen Ungenauigkeiten bei der Zuordnung der Beiträge der Kassesegmente und der Derivate kann die Bildung von Carve-Outs nicht als optimale Form der Darstellung der Managementleistung angesehen werden. Aus diesem Grund muß bei der Präsentation von Composites, die „Carve-Out-Portfolios" beinhalten, hervorgehen, aus welchem Composite die Carve-Outs gebildet worden sind. Ferner muß angegeben werden, welchen prozentualen Anteil des Volumens diese Carve-Outs innerhalb des Composites einnehmen und wie der Renditebeitrag der Kasse zugeordnet wurde [DVFA 00, 3.7.13].

Auch im Rahmen der GIPS und der AIMR-PPS ist die Bildung von Carve-Outs entsprechend der „mathematischen Zuordnung" der liquiden Mittel zulässig. Die GIPS lassen jedoch ab dem 01.01.2005 die Bildung eines Carve-Out-Portfolios nur noch dann zu, wenn das Segment mit einer eigenen Kasse, d.h. einer Kasse verwaltet wird, über die nur Transaktionen dieses Segments abgewickelt werden [AIMR 99, 3.A.7]. Die Übertragung dieser Richtlinie auf die DVFA-PPS ist wahrscheinlich.

5.3.5 Problematik der Compositezuordnung von Portfolios mit variablem Investitionsgrad (Leverage)

Portfolios, die ähnliche Anlageziele haben, jedoch ihren Investitionsgrad unterschiedlich variieren können, sind nur bedingt vergleichbar. Auch wenn sie mit der gleichen Benchmark verglichen werden, stellt sich die Frage, ob sie auch dem gleichen Composite zugeordnet werden sollten. In der Beantwortung dieser Frage weichen die unterschiedlichen Standards (DVFA-PPS, GIPS, AIMR-PPS) voneinander ab.

In den AIMR-PPS (ebenso wie in den Swiss PPS) wird gefordert, daß gehebelte Portfolios (*Leveraged Accounts*) entweder unterschiedlichen Composites zugeordnet werden oder daß die Renditewerte der mit Verschuldung operierenden Portfolios auf eine sogenannte *All-Cash-Basis* umgerechnet werden, bevor sie in Composites mit „ungehebelten" Portfolios eingegliedert werden können.

Unter der Umrechnung auf *All-Cash-Basis* verstehen die AIMR-PPS eine Renditeberechnung, die auf einem hypothetischen ungehebelten Portfolio beruht. Dieses wird unter Eliminierung der Verschuldung aus dem ursprünglichen gehebelten Portfolio gebildet.[26] Der Frage, wie dies im einzelnen zu geschehen hat, widmen die AIMR-PPS einen ausführlichen Anhang ([AIMR 97, Appendix B]).

Der Begriff *Leverage* wird von den AIMR-PPS auf zwei Arten definiert:

Leverage [AIMR 97, S. 117]

1. (*Buchhalterische Sichtweise*) Leverage liegt vor, wenn für einen Teil des Inventarwerts eines Portfolios Verbindlichkeiten bestehen („*when total assets are greater than net assets*").
2. (*Ökonomische Sichtweise*) Leverage liegt vor, wenn zusätzliche Maßnahmen ergriffen werden, um Zusatzerträge gegenüber einem nicht gehebelten Benchmark-Portfolio zu erzielen.

Der allgemeine Charakter dieser Definitionen reflektiert die Komplexität des Problems. In insgesamt 17 Beispielen versuchen die AIMR-PPS zu erläutern, wie in der Praxis vorgegangen werden sollte.

[26] Dieses Portfolio ist vollständig durch Eigenmittel finanziert: daher der Begriff *All-Cash-Basis*.

Im folgenden wird die grundsätzliche Idee, die dem *All-Cash-Accounting* zugrunde liegt, anhand verschiedener Beispiele dargestellt.

Beispiel 5.18 (Hebelwirkung über Fremdfinanzierung):

Ein Portfolio enthält ein Anlagevolumen von 150 Mio. DM, wovon 50 Mio. DM fremdfinanziert sind. Die Hebelwirkung wird also in diesem Fall durch Verschuldung erzielt. Der Portfoliomanager investiert die 150 Mio. DM in Aktien und erzielt einen Wertzuwachs von 75 Mio. DM. Dabei sind Zinszahlungen in Höhe von 3 Mio. DM für die fremdfinanzierten 50 Mio. DM bereits berücksichtigt.

Die Rendite auf das vom Kunden eingesetzte Kapital in Höhe von 100 Mio. DM errechnet sich somit zu

$$R = \frac{175 - 100}{100} \cong 75\%.$$

Auf der *All-Cash-Basis* geht man davon aus, die 50 Mio. DM wären zu Beginn der Periode Teil des Portfolios gewesen (nicht auf Leihbasis). Dies beinhaltet u.a., daß die Leihzinsen in Höhe von 3 Mio. DM bei der Bildung des Zählers berücksichtigt werden, als ob sie nicht als Aufwand abgeflossen wären. Der entsprechende Renditewert R^{ac} errechnet sich unter dieser Annahme zu

$$R^{ac} = \frac{225 - 150 + 3}{150} \cong 52\%.$$

Beispiel 5.19 (Hebelwirkung über Futures [AIMR 97, S. 117ff.]):

Ein S&P 500-Portfolio mit einem Marktwert von 100 Mio. US$ wird durch den Erwerb eines S&P 500 Futures gehebelt. AIMR unterscheidet zwei Fälle:

a) Der Portfoliomanager trägt die Verantwortung für die Steuerung des Investitionsgrades alleine (*Full Discretion*). Er entscheidet, das Exposure auf 120% zu erhöhen. In diesem Fall wird die Erhöhung des Investitionsgrades als äquivalent zu einer Verschuldung angesehen. Zusätzlich zur Rendite muß für das Portfolio der *All-Cash-Renditewert* berechnet werden. Wird beispielsweise ein Nettowertzuwachs von 25 Mio. US$ erzielt, dann erhält man:

$$R = \frac{125 - 100}{100} = 25{,}00\%$$

bzw.

$$R^{ac} = \frac{145 - 120}{120} = 20{,}08\%.$$

Wenn das Portfolio in ein S&P 500-Composite eingegliedert werden soll, dann muß der All-Cash-Renditewert verwendet werden (vgl. [AIMR 97, S. 12, S. 32, S. 54f.]). Das Portfolio würde zu Beginn 100 Mio. US$ zum Gesamtvolumen des Composites beitragen. Weitere 20 Mio. US$ würden zusätzlich in der Kategorie *Leveraged Assets* aufgeführt.

b) In diesem Fall schreibt der Kunde vor, daß das Exposure des Portfolios um 20% erhöht werden soll. Unter diesen Voraussetzungen soll nur die All-Cash-Rendite berechnet werden, da die Auswirkung des Hebelns nicht zur Managementleistung des Portfoliomanagers zählt. In diesem Fall kann das Portfolio mit einem Volumen von 120 Mio. US$ in das S&P 500-Composite eingegliedert werden.

Beispiel 5.20 (Hebelwirkung über Optionen [AIMR 97, S. 120]):

Ein Portfolio sei vollständig in Call-Optionen investiert. Laut den Empfehlungen der AIMR-PPS muß die Rendite in diesem Fall nicht auf der *All-Cash-Basis* präsentiert werden: Obwohl eine Verschuldung im „ökonomischen" Sinn besteht, würde eine Umrechnung auf „hypothetischen Kursen" basieren. Eine Verschuldung im buchhalterischen Sinn besteht laut AIMR nicht. Eine analoge Empfehlung gilt generell für Portfolios, die mittels Call-Optionen im ökonomischen Sinn gehebelt werden.

Im Gegensatz zu den Swiss PPS hat sowohl die GIPS- als auch die DVFA-Kommission davon abgesehen, die AIMR-Bestimmungen über die Behandlung von Portfolios, die Instrumente mit Hebelwirkung beinhalten, in die GIPS bzw. DVFA-PPS zu übernehmen. Obwohl es in Einzelfällen sinnvoll sein mag, Renditewerte auf der *All-Cash-Basis* zu berechnen, erscheint die generelle Forderung nach einer solchen Umrechnung nur dann sinnvoll, wenn *alle* Instrumente, die Hebelwirkungen verursachen, berücksichtigt werden. Dies gilt auch für solche Instrumente, bei denen die Bestimmung der Hebelwirkung – wie etwa bei Optionen – auf theoretischen Annahmen beruht. Ferner stellt sich die Frage, ob mit Portfolios mit einem Investitionsgrad von deutlich unter 100% in analoger Weise verfahren werden müßte.

Die GIPS empfehlen [AIMR 99, 3.B.1], gehebelte Portfolios in separate Composites einzugliedern. Bei der Beschreibung dieser Composites muß explizit auf den Managementansatz (deutlich erhöhter Investitionsgrad) hingewiesen werden.

Die DVFA-PPS fordern eine „Beschreibung von Art und Umfang des Einsatzes von Instrumenten mit Hebelwirkung (z.B. Kredite, Futures, Optionen), die Rückschlüsse auf die eingegangenen Risiken zuläßt" [DVFA 00, 3.7.11].[27]

[27] Vgl. auch [DVFA 00, 7.2].

Beispiel 5.21 (Bildung von Composites bei Vorliegen verschiedener Investitionsgrade):

Ein Vermögensverwalter betreut folgende Mandate im Bereich *Deutsche Aktien*:

Portfolio	*Volumen [Mio. DM]*	*Durchschnittlicher Investitionsgrad*	*Anlagepolitik*
Portfolio 1	*50*	*80%*	*Investiert in DAX-Titel; Portfolio ist mit einem Sicherungskonzept versehen.*
Portfolio 2	*200*	*99%*	*Investiert in DAX-Titel; Investitionsgrad möglichst 100%.*
Portfolio 3	*120*	*98%*	*Wie bei Portfolio 2.*
Portfolio 4	*20*	*120%*	*DAX-Titel und andere hochkapitalisierte deutsche Aktien, Steuerung des Investitionsgrades über Derivate.*
Portfolio 5	*40*	*115%*	*DAX-Titel; Steuerung des Investitionsgrades über Derivate.*

Tabelle 5.12: Portfolios mit Anlageschwerpunkt Aktien Deutschland und unterschiedlichen Investitionsgraden.

Die Empfehlungen der DVFA-PPS werden in diesem Fall am besten durch die Compositeeinteilung in Abbildung 5.10 erfüllt. Dies gilt insbesondere dann, wenn Vorgaben hinsichtlich der Investitionsgrade der Portfolios vorliegen.

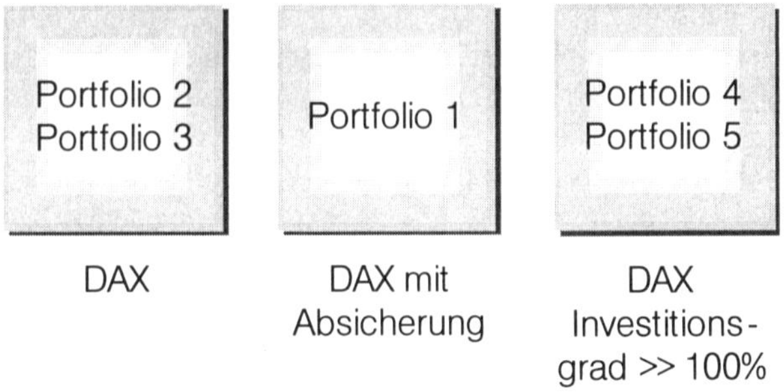

Abbildung 5.10: Einteilung der Portfolios in Tabelle 5.12 entsprechend ihrem Investitionsgrad.

Der Vermögensverwalter bildet ein Composite, das hinsichtlich des Investitionsgrades sehr nahe am DAX (der Benchmark) operiert, ein Composite für die Portfolios, welche deutlich gehebelt sind, sowie ein weiteres für das verbleibende Portfolio mit einem Sicherungskonzept.

Es wäre jedoch theoretisch auch möglich, aus den 5 Portfolios ein einziges DAX-Composite zu bilden. Dies wäre allerdings nur dann sinnvoll, wenn die Steuerung der Investitionsgrade der einzelnen Portfolios (etwa von verschiedenen Managern der Firma) eigenverantwortlich vorgenommen wird. In der Beschreibung der Composites müßte dann auf die unterschiedlichen Managementansätze für die Portfolios innerhalb des Composites hingewiesen werden. Der historische Investitionsgrad des Composites läge zwar im vorliegenden Fall sehr nahe bei 100%, die unterschiedlichen Managementansätze für die einzelnen Portfolios würden sich jedoch in einer hohen Dispersion[28] der erzielten Renditeergebnisse widerspiegeln.

5.3.6 Temporäre Herausnahme von Portfolios aus einem Composite bei außergewöhnlich hohen Mittelbewegungen

Vermögensverwalter, deren Portfolios starke exogene Mittelbewegungen zu verkraften haben, sind im Vergleich zu Vermögensverwaltern von Portfolios ohne derartige externe Eingriffe zusätzlichen Risiken ausgesetzt. Wird beispielsweise ein Aktienportfolio in einer Hausse-Phase dotiert, dann läuft der Vermögensverwalter Gefahr, Wertpapiere zu überteuerten Kursen zu kaufen, falls er versucht, diese neuen Mittel möglichst schnell im Markt anzulegen. In „engen" Marktsegmenten wie beispielsweise den *Emerging Markets* oder europäischen *Small Caps* lassen sich größere Summen oftmals nur dann sinnvoll anlegen (also ohne die Kurse der Aktien, die man zu erwerben beabsichtigt, durch die Transaktionen künstlich zu verteuern), indem die notwendigen Transaktionen über einen längeren Zeitraum verteilt werden.

Verzichtet der Vermögensverwalter zunächst darauf, die zusätzlichen Mittel sofort in Wertpapiere zu investieren, dann geht er in einer Hausse-Phase allerdings das Risiko ein, gegenüber einer voll investierten Benchmark an Performance zu verlieren. Ähnliche Risiken bestehen in einer Baisse-Phase.[29]

Unabhängig von der Marktentwicklung generieren exogene Mittelbewegungen Transaktionskosten, die zu Lasten der Rendite gehen. Da die Compositerenditewerte die Leistung der Portfoliomanager widerspiegeln sollen, kann somit die Notwendigkeit entstehen, die Rendite um außergewöhnliche Mittelbewegungen zu „bereinigen". Eine diesbezügliche Empfehlung der DVFA-PPS besteht darin, die betroffenen Fonds für einen gewissen Zeitraum „non-discretionary" zu erklären und sie somit bei der Berechnung der Compositerenditewerte nicht zu berücksichtigen [DVFA 00, 3.6.2].

Die AIMR-Standards [AIMR 97, S. ix] empfehlen dagegen eine andere Vorgehensweise. Demnach sollen für gavierende exogene Mittelbewegungen temporäre Konten eingerichtet werden. Dabei sind zwei Fälle zu unterscheiden:

Mitteleinbringung: Eine Einbringung wird zunächst auf ein separates Konto transferiert. Innerhalb dieses Kontos werden dann Wertpapiere gekauft. Erst wenn dieser Investitionsvorgang abgeschlossen ist, wird das separate Konto in das „Kernportfolio" eingegliedert.

Mittelentnahme: Muß ein signifikanter Bestand an Wertpapieren für einen geplanten Mittelabfluß veräußert werden, dann können die zur Liquidation bestimmten Wertpapiere zunächst auf ein separates Konto transferiert werden, von welchem aus sie dann nach und nach verkauft werden. Der realisierte Geldbetrag fließt danach wieder zurück in das „Kernportfolio".

---

[28] Siehe Abschnitt 6.5.

[29] Solche Risiken lassen sich in einigen Märkten über den Einsatz von Futures verringern. Dies setzt jedoch eine hinreichende Liquidität dieser Derivate sowie die Zulässigkeit solcher Instrumente gemäß den Investmentrichtlinien voraus.

Diese Empfehlung war auch in den ersten Entwürfen der GIPS enthalten. Im folgenden werden die Einwände beschrieben, die letztendlich dazu geführt haben, daß sie nicht in die Endfassung der GIPS übernommen wurde.

Der buchhalterische Aufwand für die von AIMR propagierte Vorgehensweise ist nicht unerheblich, da bei jeder hohen exogenen Mittelbewegung ein „Schattenkonto" eingerichtet werden muß. Darüber hinaus gibt es aber auch einen prinzipiellen Einwand. Die Regelung ist eigentlich dazu gedacht, den Nachteil, den das von der Mittelbewegung betroffene Composite erfahren würde, zu kompensieren. Unter gewissen Umständen kann sie jedoch eine Überkompensation bewirken. Ein Vermögensverwalter kann sich nämlich einen Performancevorteil verschaffen, indem er das separate Konto dazu benutzt, sein Portfolio umzustrukturieren. Ein Teil der anfallenden Transaktionskosten wäre dann nämlich nicht renditemindernd. Das folgende Beispiel soll diese These erläutern:

Beispiel 5.22 (AIMR-Empfehlung zur Verfahrensweise bei einem hohen Mittelzufluß):

Um beurteilen zu können, wie sich die mit der Einrichtung eines separaten Kontos verbundenen Buchungsvorgänge auf die Performance des betroffenen Portfolios auswirken, muß dieses mit einem Portfolio verglichen werden, welches keine exogene Mittelbewegungen verzeichnet, ansonsten jedoch vollkommen identisch strukturiert ist. Die Portfoliomanager der in Betracht stehenden Aktienportfolios sollen identische Markteinschätzungen vertreten:

- **Portfolio A**: Der Inventarwert dieses Portfolios betrage am 01.01. 100 Mio. DM. Portfoliomanager A erhält am 15.01. einen Mittelzufluß von 40 Mio. DM.

- **Portfolio B**: Der Inventarwert dieses Portfolios betrage am 01.01. ebenfalls 100 Mio. DM. Portfolio B sei identisch zu Portfolio A strukturiert. Es erfolge keine exogene Mittelbewegung.

Um den Effekt, den die Einrichtung eines separaten Kontos auf die Rendite im Monat Januar hat, besonders deutlich zu machen, wird angenommen, daß alle Aktien innerhalb der Portfolios im Januar weder einen Wertzuwachs noch einen Wertverlust erfahren.

- Gemäß der AIMR-Empfehlung transferiert Portfoliomanager A die 40 Mio. DM am 15.01. zunächst auf ein separates Konto (vgl. Abbildung 5.11) und benutzt die Dotierung, um sein Portfolio umzuschichten. Die 40 Mio. DM des separaten Kontos verwendet er zum Aufbau bzw. zur Erweiterung von Positionen, die er positiv bewertet. Gleichzeitig muß Portfoliomanager A noch für 20 Mio. DM Wertpapiere innerhalb des „Kernportfolios" umschichten, um die von ihm gewünschte Ausrichtung des Gesamtportfolios zu erlangen. Am 31.01. gliedert A die Aktien des separaten Kontos in das ursprüngliche Konto ein. Für die Performance im Januar ist gemäß den AIMR-Standards nur das „Kernportfolio" von Relevanz. Bei Annahme eines Kostensatzes in Höhe von 1% für die Transaktionen[30] verursacht die Umschichtung innerhalb des „Kernportfolios" Kosten in Höhe von 200.000 DM. Die in dem separaten Konto anfallenden Transaktionskosten in Höhe von

[30] Um den Effekt deutlich aufzuzeigen, wird der Kostensatz hier sehr hoch gewählt.

400.000 DM sind für die Compositerendite irrelevant! Gemäß der Annahme über die Performance der im Portfolio enthaltenen Werte beträgt die Rendite von Portfolio A im Januar somit -0,20%.

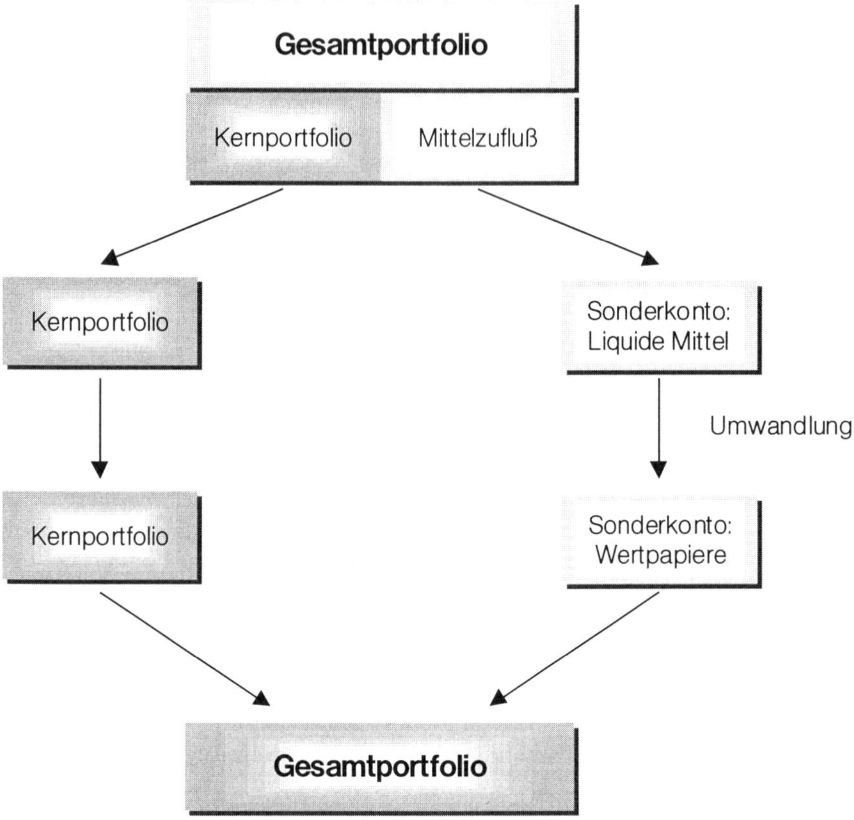

Abbildung 5.11: Schematische Darstellung der von AIMR empfohlenen Vorgehensweise bei außergewöhnlichen exogenen Mittelbewegungen im Falle eines Mittelzuflusses. Die dunklere Schattierung verdeutlicht die performancerelevanten Teile des Portfolios.

- Da Portfoliomanager B gemäß der getroffenen Annahmen eine zu A identische Markteinschätzung vertritt, wird auch er sein Portfolio im Januar umschichten. Da er nicht auf Mittel eines separaten Kontos zurückgreifen kann, muß er alle Transaktionen innerhalb seines „Kernportfolios“ tätigen. Der Umschichtungsbetrag wird daher erheblich **höher** ausfallen als der, der sich für das „Kernportfolio“ von A ergeben hat. Nimmt B in der Größenordnung von 40 Mio. DM Umschichtungen in seinem Portfolio vor, dann ergibt dies Gesamtkosten in Höhe von 400.000 DM. Die Rendite von Portfolio B betrüge im Januar somit -0,40%. Trotz identischer Portfoliostruktur hätte die Umschichtung somit eine negative Differenzrendite von 0,20% von Portfolio B gegenüber Portfolio A zur Folge!

Portfoliomanager A handelt völlig rational und in Einklang mit den AIMR-PPS; obwohl er sich mittels des separaten Kontos einen nicht unbeträchtlichen Vorteil gegenüber Fondsmanager B verschafft, wäre ihm nicht vorzuwerfen, er würde „*inethical*" handeln.[31]

Der Fall eines Mittelabflusses würde in analoger Weise zu Vorteilen für Portfoliomanager A führen. Auch die Abspaltung eines Wertpapierkontos kann dazu genutzt werden, das Portfolio in performancegünstiger Weise zu restrukturieren.

Demgegenüber läßt die in den DVFA-PPS enthaltene Empfehlung zur temporären Herausnahme von Portfolios mit erheblichen exogenen Mittelbewegungen eine derartige Vorteilnahme nicht zu. Die Kritik (vgl. [AIMR 97]) an dieser Vorgehensweise bezieht sich auf die Häufigkeit von Herausnahmen von Portfolios aus Composites und die daraus resultierende Möglichkeit der Manipulation. Diesem Einwand müssen die Vermögensverwalter durch klare und nachvollziehbare interne Kriterien für die Herausnahme von Portfolios aus Composites bei hohen exogenen Mittelbewegungen begegnen.

Abschließend sei noch angemerkt, daß es laut einer Studie von PricewaterhouseCoopers [PWC 98] vielen Vermögensverwaltern Schwierigkeiten bereitet, die Empfehlung der AIMR-PPS umzusetzen. Laut der Untersuchung verfahren ca. 19% aller Vermögensverwalter, die sich an der Umfrage beteiligt haben,[32] bei extremen exogenen Mittelbewegungen entsprechend der Empfehlung der DVFA-PPS. Nur 15% der Vermögensverwalter richten in solchen Fällen *Temporary Accounts* ein. Die überwiegende Mehrzahl der anderen Vermögensverwalter belassen Portfolios bei extremen Mittelbewegungen in ihren Composites, ohne ein *Temporary Account* einzurichten.

5.4 Standards bei der Bewertung von Wertpapieren und der Berechnung von Performancewerten

Die DVFA-PPS fordern die Berechnung und Präsentation von zeitgewichteten Renditewerten [DVFA 00, 2.1.2]. Sie stehen damit in Einklang mit den GIPS und den AIMR-PPS. Die Berechnung der zeitgewichteten Rendite setzt die Bewertung eines Portfolios oder Composites zu allen Zeitpunkten voraus, an denen exogene Mittelbewegungen erfolgen (vgl. Abschnitt 2.4). Diese Voraussetzung ist allerdings oftmals nicht erfüllt. Viele Portfolios werden in einem spezifischen Rhythmus – etwa auf Monatsbasis – bewertet.[33]

Die DVFA-PPS empfehlen zwar, Portfolios bei jeder exogenen Mittelbewegung zu bewerten [DVFA 00, 1.2.1], allerdings ist auch die näherungsweise Berechnung der zeitgewichteten

[31] Die Empfehlung zur Einhaltung der AIMR-PPS ist Bestandteil des AIMR-Handbuchs *The Code of Ethics and The Standards of Professional Conduct* [AIMR 96, S. 147f.]. Dementsprechend werden die AIMR-PPS auch als *Ethical standards* bezeichnet (vgl. [Caccese 97]).

[32] Laut [PWC 98] wurden alle Vermögensverwalter, die laut der Zeitschrift Pensions&Investments mehr als eine Mrd. US$ *Tax Exempt Assets* verwalten, angeschrieben. 23% dieser Vermögensverwalter haben geantwortet.

[33] Laut der Untersuchung von PricewaterhouseCoopers [PWC 98] bewertet die Mehrheit der amerikanischen Vermögensverwalter ihre Portfolios monatlich oder vierteljährlich.

Rendite zulässig. Dabei dürfen die in Abschnitt 2.6 beschriebenen Methoden verwendet werden. Die Bewertung von Portfolios muß jedoch zumindest auf monatlicher Basis erfolgen [DVFA 00, 1.1.3]. Dies ist einer der Punkte, in denen die DVFA-PPS strengere Anforderungen stellen als andere Standards (vgl. Tabelle 5.13).

DVFA-PPS	AIMR-PPS	GIPS
Monatlich über den gesamten dargestellten Zeitraum [DVFA 99, 1.1.3]	Bis 31.12.2000 vierteljährlich Ab 01.01.2001 monatlich [AIMR 97] Für Perioden vor dem Zeitpunkt der ersten Compliance-Erklärung kann die Bewertungshäufigkeit jedoch beliebig sein, sofern in einer Präsentation folgende Angaben enthalten sind [AIMR 97, S. 17]: ► Perioden, für die die Richtlinie nicht eingehalten wird ► Eine Beschreibung, aus der hervorgeht, in welcher Form von der Richtlinie abgewichen wird und welchen Einfluß dies auf die Rendite hat.	Bis 31.12.2000 vierteljährlich Ab 01.01.2001 monatlich [AIMR 99, 1.1.3] Für Perioden vor dem 01.01.2000 kann die Bewertungshäufigkeit jedoch beliebig sein, sofern in einer Präsentation folgende Angaben enthalten sind [AIMR 99, 4.A.14]: ► Perioden, für die die Richtlinie nicht eingehalten wird ► Eine Beschreibung, aus der hervorgeht, in welcher Form von der Richtlinie abgewichen wird.

Tabelle 5.13: Anforderungen verschiedener Standards im Hinblick auf die Bewertungshäufigkeit von Portfolios.

Der Begriff Bewertung bedarf der Erläuterung. Im Idealfall werden die Wertpapiere eines Portfolios und die zur Umrechnung in eine Basiswährung benötigten Devisenkurse stets unter Zugrundelegung der gleichen Kursquellen bewertet bzw. ermittelt [DVFA 00, 1.2.4]. Die Bewertung der Portfolios muß auf Marktwerten (nicht Buchwerten) basieren [DVFA 00, 1.1.2].

Darüber hinaus wurden in den DVFA-PPS eine Reihe von Empfehlungen ausgesprochen, die den Vergleich zwischen Composites und Portfolios einerseits und einer Benchmark andererseits betreffen. Sofern ein Composite oder Portfolio mit einer Benchmark verglichen wird, sollten der Bewertung die gleichen Quellen für die Devisenkurse zugrunde liegen wie für die Benchmark [DVFA 00, 1.2.3 – 1.2.4]. Insbesondere sollte der Zeitpunkt der Kursermittlung mit dem Zeitpunkt übereinstimmen, an dem die Benchmark-Devisenkurse ermittelt werden.

Die Festlegung einheitlicher Kursquellen für Wertpapiere und andere in Portfolios enthaltene Instrumente ist eine weitere Herausforderung. Die Fragen, die sich in diesem Zusammenhang stellen, sind umfassender und schwieriger als die, die sich bei der Festlegung von Devisenkursquellen ergeben. In den gegenwärtigen Fassungen der DVFA-PPS wird dieser Themenbereich ausgeklammert.

Auf dem Wege zu einer einheitlichen Richtlinie hinsichtlich der Bewertung von Portfolios und der Umwandlung der entsprechenden Empfehlungen der DVFA-PPS in Richtlinien gibt es einige Hindernisse:

- Wichtige Benchmarks wie die Indizes von *Morgan Stanley* und *Salomon Smith Barney* basieren zwar auf dem 4 p.m. WM/Reuters-Standard; andere wichtige Benchmarks, wie z.B. die Dow Jones STOXX-Indizes, greifen jedoch auf andere Quellen (nämlich TELEKURS-Daten) für die Kursversorgung zurück.

- Viele Wertpapiere werden nur selten oder unregelmäßig bewertet: So werden Anleihen mit hoher Restlaufzeit teilweise nur unregelmäßig gehandelt und somit nur unregelmäßig bewertet. Das gleiche gilt für Aktien mit geringer Marktkapitalisierung und/oder geringem Free Float.

Kapitalanlagegesellschaften ermitteln börsentäglich die Anteilwerte ihrer Publikumsfonds.[34] Diese werden gewöhnlich am frühen Nachmittag berechnet. An Feiertagen erfolgt in der Regel keine Bewertung. Die zur Renditeermittlung herangezogenen Anteilwerte können somit in der Regel nicht auf Basis der Standard-Kursquellen (s.o.) ermittelt werden.

Diese Gegebenheiten machen die Festlegung eines einheitlichen Zeitpunkts für die Bewertung von Portfolios kaum praktikabel.

Die DVFA-PPS fordern die Berechnung der *Gesamtperformance ("Total Return")* für Portfolios [DVFA 00, 2.1.1]. Dies beinhaltet, daß bei einer Bewertung alle Wertpapiere, alle liquiden Mittel sowie alle realisierten und unrealisierten Kursgewinne und sämtliche Erträge (Zinsen, Dividenden, Mieten etc.) berücksichtigt werden müssen.

Die DVFA-PPS unterscheiden ferner zwischen einer „Valutatag-Bewertung" und einer „Handelstag-Bewertung".[35] Im Idealfall werden bei der Bewertung eines Portfolios alle vor dem Bewertungsstichtag getätigten Transaktionen berücksichtigt. Bei der Verwirklichung dieses Ideals spricht man von der „Handelstag-Bewertung".[36] In der Praxis sind die Buchungsvorgänge jedoch oft durch einen gewissen Zeitverzug gekennzeichnet. Werden bei einer Bewertung nur diejenigen Transaktionen berücksichtigt, die auch valutarisch erfüllt worden sind, spricht man von der „Valutatag-Bewertung".

Ebenso wie die GIPS und die AIMR-PPS empfehlen die DVFA-PPS die Berechnung der Performancewerte auf der Basis von „Handelstag-Bewertungen" [DVFA 00, 1.2.2]. Die GIPS und die AIMR-PPS wandeln mit Stichtag 01.01.2005 die Empfehlung zur Verwendung der „Handelstag-Bewertung" in eine Vorschrift um [AIMR 99, 1.A.4, AIMR 97].

Zinsansprüche aus Anleihen und anderen Wertpapieren müssen laut DVFA-PPS und anderen Standards wie den GIPS etc. bei der Bewertung eines Portfolios berücksichtigt werden [DVFA 00, 1.1.4]. In der englischsprachigen Literatur und den AIMR-PPS [AIMR 97] wird die Bewertung unter Berücksichtigung der Stückzinsen als *Accrual Accounting* bezeichnet. Die AIMR-PPS sprechen auch im Zusammenhang mit Dividendenzahlungen von *Accrual Accounting*. Auch nach den DVFA-PPS sollen Dividendenansprüche ab dem Ex-Dividenden-Tag bei nachfolgenden Bewertungen berücksichtigt werden [DVFA 00, 1.2.5]. Diese Empfeh-

---

[34] Vgl. den Anhang zu diesem Kapitel.

[35] Englisch: *Settlement Date Accounting* und *Trade Date Accounting*.

[36] Alle Transaktionen werden bei der Bewertung entsprechend ihrem Handelstag berücksichtigt.

lung betrifft die Periode vom Ex-Dividenden-Tag bis zur tatsächlichen Zahlung der Dividende. Bei einem Portfolio, das Aktien eines Unternehmens enthält, welches Gewinne in Form von Dividenden ausschüttet, wird ab dem Ex-Dividenden-Tag der Inventarwert zu niedrig ausgewiesen, sofern die Dividende nicht adäquat (in Form von Ansprüchen) berücksichtigt wird, da der Wert einer Aktie bereits am Ex-Dividenden-Tag um den Dividendenbetrag fällt. Die sich ergebende Differenz wird zwar zu dem Zeitpunkt, an dem die Zahlung tatsächlich erfolgt, wieder ausgeglichen, es kommt jedoch bei dieser Vorgehensweise zumindest temporär zu fehlerhaften Bewertungen und zu unnötigen „künstlichen" Schwankungen in der Performance.[37] In Deutschland liegen zwischen dem Ex-Dividenden-Tag und der tatsächlichen Zahlung in der Regel nur wenige Tage. Während es in Ländern wie der Schweiz und Spanien ebenfalls nur zu geringfügigen Verzögerungen kommt, ist der Zeitraum in anderen Ländern wesentlich ausgedehnter. Je nach ausschüttender Gesellschaft beträgt sie beispielsweise in Großbritannien bis zu sechs Wochen und in Japan sogar bis zu drei Monaten.[38]

In Übereinstimmung mit der Umwandlung der Empfehlung zur „Handelstag-Bewertung" wird in den GIPS und AIMR-PPS auch die Empfehlung hinsichtlich des *Accrual Accounting* für Dividenden am 01.01.2005 in eine Richtlinie umgewandelt [AIMR 99, 1.A.6, AIMR 97].

Ein anderer wichtiger Aspekt bei der Bewertung gemäß dem „Total Return"-Ideal besteht in der Einbeziehung von Steuerrückerstattungen. Dividenden und Zinserträge unterliegen im allgemeinen einer Quellensteuer. Aufgrund der Doppelbesteuerungsabkommen, die die Bundesrepublik mit vielen Ländern abgeschlossen hat, werden die resultierenden Abzüge für einen inländischen Investor (partiell) rückerstattet. Inländische Vermögensverwalter sind somit in der Lage, in Vertretung ihrer Treugeber ausländische Quellensteuer zurückzufordern. Die nicht erstattungsfähigen Steuern sind in der Regel auf die persönliche Steuerschuld des Investors anrechenbar. Für die Berücksichtigung solcher Steuerrückerstattungen bieten sich zwei Möglichkeiten:

- die zu erwartenden Steuerrückerstattungen können – analog zur Verfahrensweise bei Dividenden und Zinsansprüchen – in Form von Ansprüchen berücksichtigt werden;
- die Berücksichtigung erfolgt erst ab dem Zeitpunkt der tatsächlichen Rückerstattung.

In den DVFA-PPS wird diesbezüglich keine Empfehlung ausgesprochen. Zur Umsetzung der generellen Forderung der DVFA-PPS, die Renditen eines Portfolios bzw. eines Composites auf der „Total Return"-Basis zu ermitteln [DVFA 00, 2.1.1], erscheint jedoch die Berücksichtigung von Steuerrückerstattungen in Form von Ansprüchen geeigneter zu sein.

Die generelle Klassifikation von Steuern in rückforderbare und nicht rückforderbare und damit renditemindernde Steuern wurde bereits in Abschnitt 2.4 besprochen. Gemäß den DVFA-PPS muß ein Vermögensverwalter offenlegen, welche Steuern er als rückforderbar und welche er als nicht rückforderbar ansieht.

[37] Dies gilt auch bei Nichtberücksichtigung von Ansprüchen auf Ausschüttungen von Investmentfonds. Obwohl dieser Fall nicht explizit in den DVFA-PPS behandelt wird, ist zu empfehlen, derartige Ansprüche ab dem Tag der Ausschüttung in Form von Ansprüchen zu berücksichtigen.

[38] Bei Rentenkuponzahlungen ergeben sich im allgemeinen im Unterschied zu Dividendenzahlungen nur geringfügige Verzögerungen von wenigen Tagen.

Abschließend soll noch angemerkt werden, daß die in diesem Abschnitt erörterten Empfehlungen der DVFA-PPS hinsichtlich der Bewertung von Portfolios auch für die Ermittlung von Risikokennzahlen von großer Bedeutung sind. Dies wird in Kapitel 6 näher erläutert.

5.5 Berechnung und Darstellung der Compositerendite

5.5.1 Berechnung der Compositerendite

Ein Composite kann als ein aus der Fusion ähnlich verwalteter Portfolios hervorgegangenes „Superportfolio" angesehen werden. Dabei werden Bestände und Mittelbewegungen gleichermaßen zusammengefaßt. Die Herausnahme eines Portfolios aus einem oder das Hinzufügen in ein Composite stellt vor diesem Hintergrund nichts anderes als eine exogene Mittelbewegung dar. Die Rendite eines Composites berechnet sich somit mit den gleichen mathematischen Methoden wie diejenigen, die in Kapitel 2 zur Berechnung von Portfoliorenditewerten herangezogen wurden. Laut DFVA-PPS soll für Portfolios und Composites die zeitgewichtete Rendite berechnet werden [DVFA 00, 2.1.2].

Eine alternative Berechnungsweise, die eine Näherung an die beschriebene Aggregationsmethode darstellt, besteht darin, innerhalb einzelner Perioden die Renditewerte aller Portfolios eines Composites gemäß den Inventarwerten zu gewichten und die resultierenden Compositerenditewerte über die Perioden des Betrachtungszeitraums geometrisch zu verknüpfen [DVFA 00, 2.2.1]. Die Gewichtung sollte entweder auf Basis der Inventarwerte zu Beginn einer Periode oder der Inventarwerte zu Beginn einer Periode *plus* der zeitgewichteten Mittelbewegungen erfolgen.

Um die generelle Vorgehensweise zu verdeutlichen, wird zunächst der einfache Fall des Composites in Beispiel 5.7 betrachtet:

Beispiel 5.23 (Berechnung der Compositerendite):

Für das Composite in Beispiel 5.7 Fall b), welches aus den Portfolios 1-4 besteht, errechnet sich auf Basis der gegebenen Daten die volumengewichtete Rendite zu:

$$R = \frac{70}{680} * 0{,}813 + \frac{210}{680} * 0{,}7617 + \frac{320}{680} * 0{,}7208 + \frac{80}{680} * 0{,}6890 = 0{,}7392 \cong 73{,}92\%.$$

Bei der Ermittlung der Rendite eines realen Composites muß die Gewichtung mittels der Inventarwerte jedoch differenzierter erfolgen. Außerdem sollten exogene Mittelbewegungen berücksichtigt werden.

Berechnung der Compositerendite

a) Basieren die Gewichtungen auf den Anfangsinventarwerten und den Renditewerten der einzelnen Portfolios, dann errechnet sich die Rendite R_j^C eines Composites innerhalb der j-ten Periode gemäß

$$R_j^C = \frac{\sum_{i=1}^{N_j} I_i^j * R_i^j}{\sum_{i=1}^{N_j} I_i^j}, \tag{5.2}$$

mit

I_i^j: Inventarwert des i-ten Portfolios im Composite zu Beginn der j-ten Periode

R_i^j : Rendite des i-ten Portfolios während der j-ten Periode

N_j: Anzahl der Portfolios im Composite während der j-ten Periode

b) Sollen bei der Berechnung die exogenen Mittelbewegungen bei den Portfolios berücksichtigt werden, dann wird dies durch folgende Substitutionen in Formel (5.2) erreicht:

$$I_i^j \rightarrow I_i^j + \sum_{k=1}^{N_{ij}} \frac{T_j - t_k^{ij}}{T_j} * M_k^{ij}, \tag{5.3}$$

mit

M_k^{ij} : k-te Mittelbewegung im i-ten Composite zum Zeitpunkt t_k^{ij}

N_{ij} : Anzahl der exogenen Mittelbewegungen beim i-ten Portfolio in der j-ten Periode

T_j : Länge der j-ten Periode

Über einen Zeitraum von N Perioden berechnet sich die Rendite R^C des Composites gemäß

$$1 + R^C = \left(1 + R_1^C\right) * \left(1 + R_2^C\right) * \cdots * \left(1 + R_N^C\right).$$

Nachfolgend ein Beispiel, das aus [Wittrock/Fischer/Lilla 98b] entnommen wurde:

Beispiel 5.24 (Berechnung der Compositerendite):

In diesem Beispiel wird ein Composite, welches aus zwei Portfolios (A und B) gebildet wurde, über den Zeitraum einer Periode (also in obiger Notation: $j = 1$ und $N_1 = 2$) betrachtet. Am 15.09.1998 ist es zu einer exogenen Mittelbewegung bei Portfolio B gekommen ($T_1 = 30$ Tage, $t_1^{21} = 15$ Tage, $M_1^{21} = 6$ Mio. DM).

Portfolio	*Rendite September 1998*	*Inventarwert zum 31.08.1998 in Mio. DM*	*Mittelbewegung in Mio. DM/Zeitpunkt*
A	*20%*	*2*	
B	*10%*	*10*	*6 /15.09.1998*

Tabelle 5.14: Composite bestehend aus zwei Portfolios.

Für das in Tabelle 5.14 angegebene Composite erhält man unter Verwendung der Inventarwerte zu Beginn der Periode (Methode a)):

$$R_1^C = 0{,}20 * \frac{2}{10+2} + 0{,}10 * \frac{10}{10+2} = 0{,}1167 \cong 11{,}67\%.$$

Werden die Mittelbewegungen innerhalb der Periode berücksichtigt (Methode b)), dann errechnet sich folgender Renditewert:

$$R_1^C = 0{,}20 * \frac{2}{10 + \frac{1}{2} * 6 + 2} + 0{,}10 * \frac{10 + \frac{1}{2} * 6}{10 + \frac{1}{2} * 6 + 2} = 0{,}1133 \cong 11{,}33\%.$$

Die DVFA-PPS schreiben vor, die Renditewerte von Composites bei deren Darstellung mit den Renditewerten einer repräsentativen Benchmark zu vergleichen [DVFA 00, 3.7.15]. In den GIPS und den AIMR-PPS wird diese Forderung ab dem 01.01.2000 ebenfalls erhoben. Nur für den Fall, daß der Vermögensverwalter der Meinung ist, daß keine „repräsentative Benchmark" existiert, kann von einer Gegenüberstellung abgesehen werden. Die Gründe für eine solche Vorgehensweise müssen dann allerdings bei Präsentationen angegeben werden. Falls die Benchmark vom Vermögensverwalter selbst berechnet wird („Customized Benchmark"; vgl. Abschnitt 3.4), dann muß die Berechnungsmethode offengelegt werden [DVFA 00, 3.7.15].

Die DVFA-PPS empfehlen den Ausweis der Bruttorendite [DVFA 00, 3.8.1]:

Bruttorendite = Rendite vor Abzug der Verwaltungsgebühren und vor dem Abzug von Steuern (außer ausländischen Quellensteuern)

Beispiel 5.25 (Brutto- vs. Nettorendite):

In Beispiel 5.24 wurde die volumengewichtete Rendite für das Composite aus Beispiel 5.7, Fall b), welches aus den Portfolios 1– 4 besteht, berechnet. Da den Portfolios jedoch verschiedene Kostensätze zugrunde liegen (siehe Beispiel 5.7), wird folglich *de facto* ein Gesamtportfolio betrachtet, dessen Gebühren- bzw. Kostensatz K dem durchschnittlichen Satz der einzelnen im Composite enthaltenen Portfolios entspricht:

$$K = \frac{1}{680} * (70 * 0{,}003 + 210 * 0{,}002 + 320 * 0{,}01 + 80 * 0{,}003) = 0{,}006 \cong 0{,}60\% \,.$$

Die Präsentation der Nettorenditewerte ist mit Nachteilen verbunden:

- Da in die Berechnung von Renditewerten einer Benchmark üblicherweise keine Kosten eingehen, ist die Nettorendite kein guter Maßstab zur Bewertung der Managementleistung (vgl. Abschnitt 5.1).

- Kostensätze (insbesondere die Verwaltungsvergütung) werden oftmals auf individueller Basis ausgehandelt. Dabei spielen Faktoren wie Anlagevolumen, Aufwand für das Reporting, etc. eine Rolle. Somit entspricht der durchschnittliche tatsächlich erhobene Kostensatz eines Composites in der Regel nicht dem Kostensatz, den ein (potentieller) Kunde vereinbaren könnte.

Daher empfehlen die DVFA-PPS die Darstellung von Bruttorenditewerten für die Composites. In obigem Fall erhielte man beispielsweise[39] für die Dreijahresrendite

$$1 + R^{brutto} = 1{,}7392 * (1{,}006)^3 = 1{,}7707$$

und somit einen Bruttorenditewert von 77,07%. Der annualisierte Renditewert errechnet sich zu 20,98%.

DAX-Composite	*DAX*
20,98% p.a.	*20,55% p.a.*

Tabelle 5.15: Gegenüberstellung der annualisierten Bruttorendite des DAX-Composites aus Beispiel 5.7 b) und der annualisierten DAX-Rendite über den Zeitraum vom 01.01.95 bis 31.12.97.

Ausgehend von diesen Werten und des für den Kunden relevanten Kostensatzes lassen sich die (hypothetischen) Nettorenditewerte leicht berechnen. Legt man beispielsweise einen Kostensatz von 0,40% p.a. zugrunde, dann hätte die annualisierte Nettorendite bei ca. 20,50% $(\cong (1{,}2098 / 1{,}004 - 1))$ gelegen.

Laut DVFA-PPS [DVFA 00, 7.3.2] gelten u.a. als Verwaltungsgebühren:

- *Verwaltungsvergütung;*
- *Gebühren für die Verwahrung von Anlagen (z.B. Depotgebühren);*
- *Kontoführungsgebühren;*
- *Kosten für die Prüfung der Rechnungslegung von Portfolios;*
- *Abgaben, die an öffentliche Stellen zu zahlen sind.*

[39] Diese Näherungrechnung verdeutlicht die prinzipielle Vorgehensweise.

Weitere Verwaltungsgebühren, die beispielsweise für Publikumsfonds anfallen, sind:

- *Kosten für die Kursveröffentlichung;*
- *Kosten für den Druck von Prospekten, Jahres- und Halbjahresberichten;*
- *Depotbankvergütung.*

Für viele deutsche Vermögensverwalter stellt der Ausweis von Bruttorenditewerten eine Herausforderung dar, da in der Vergangenheit in der Regel nur Nettorenditewerte ausgewiesen wurden. Aus diesem Grunde geben die DVFA-PPS zwei Methoden zur Berechnung der Bruttorenditewerte an, die von den Nettorenditewerten ausgehen [DVFA 00, 7.3.2].

a) Bereinigung einer Anteilwertzeitreihe

Analog zur Vorgehensweise bei Ausschüttungen (vgl. Abschnitt 2.4.2.4) kann an den Tagen, an denen Verwaltungsgebühren aus einem Portfolio abfließen, ein Bereinigungsfaktor der Form

$$1+\frac{K(t)}{I(t)}$$

gebildet werden, wobei $K(t)$ die abfließende Verwaltungsgebühr pro Anteil und $I(t)$ den Anteilwert am Tage t der Gebührenerhebung darstellen. Später ermittelte Anteilwerte müssen dann zum Zwecke der Renditeberechnung mit diesem Bereinigungsfaktor analog zur Vorgehensweise bei der BVI-Methode multipliziert[40] werden. Diese Vorgehensweise wird anhand eines Beispiels erläutert.

Beispiel 5.26 (Bereinigung um Ausschüttungen und Verwaltungsgebühren):

Der Investmentfonds in Tabelle 5.16 hatte im Februar eine Ausschüttung und am Ende des ersten Quartals den Abfluß von Verwaltungsvergütung zu verzeichnen.

Datum	*Anteilwert*	*Ausschüttung pro Anteil*	*Verwaltungsvergütung pro Anteil*	*Bereinigungsfaktor*
31.12.1997	*120*			
15.02.1998	*124*	*2*		$1+\frac{2}{124}=1{,}01613$
31.03.1998	*127*		*0,3*	$1+\frac{0{,}3}{127}=1{,}00236$
30.04.1998	*130*			

Tabelle 5.16: Anteilwerte, Ausschüttungen und Verwaltungsvergütung eines Investmentfonds.

[40] An dieser Stelle soll nur die „Vorwärtsbereinigung" skizziert werden. Die „Rückwärtsbereinigung" erfolgt analog zur Vorgehensweise in Abschnitt 2.4.2.4.

Die Bruttorendite R^{brutto} des Fonds (Rendite bereinigt um die Ausschüttung und Verwaltungsvergütung) in der Periode vom 01.01.1998 bis 30.04.1998 errechnet sich gemäß

$$R^{brutto} = \frac{130 * 1{,}01613 * 1{,}00236 - 120}{120} = 0{,}1034 \cong 10{,}34\%$$

und die Nettorendite R^{netto} (Rendite bereinigt um die Ausschüttung) zu

$$R^{netto} = \frac{130 * 1{,}01613 - 120}{120} = 0{,}1008 \cong 10{,}08\%.$$

---

b) Näherungsverfahren

Für die Bereinigung um Gebühren, die auf Basis eines festen Kostensatzes ermittelt werden, gestatten die DVFA-PPS auch die Verwendung von Näherungsverfahren. Beispielsweise kann für eine auf Jahresbasis festgelegte Gebühr K^C ein Korrekturfaktor ermittelt werden,

$$\sqrt[12]{1 + K^C},$$

mit dem die monatlichen Nettorenditewerte wie folgt bereinigt werden:

$$1 + R^{brutto} = (1 + R^{netto}) * \sqrt[12]{1 + K^C}.$$ [41]

Unter der Annahme, daß in Beispiel 5.26 der Satz für die jährliche Verwaltungsvergütung 0,95% betrug, errechnet sich der Korrekturfaktor zu

$$\sqrt[12]{1 + \frac{0{,}95}{100}} = \sqrt[12]{1{,}0095} = 1{,}00078824.$$

Daraus resultiert ausgehend von der Nettorendite, die 10,08% betrug, folgender Näherungswert für die Bruttorendite über den in Beispiel 5.26 betrachteten Viermonatszeitraum:

$$\left(1 + \frac{10{,}08}{100}\right) * 1{,}00078824^4 - 1 = 0{,}1043 \cong 10{,}43\%.$$

Die DVFA-PPS fordern, daß bei der Ermittlung der Bruttorendite mit dieser Methode in jedem Monat der jeweils gültige Kostensatz zugrunde gelegt wird.

---

[41] Die DVFA-PPS beschreiben zudem eine alternative Form der Bereinigung [DVFA 00, 7.3.2]. Danach wird die monatliche Nettorendite wie folgt bereinigt: $1 + R^{brutto} = (1 + R^{netto}) / \sqrt[12]{1 - K^C}$. Diese Vorgehensweise ist insbesondere dann zu bevorzugen, wenn die Kosten vornehmlich zu Beginn einer Periode entnommen werden. Die numerischen Unterschiede zwischen den Bereinigungsmethoden sind jedoch im allgemeinen sehr gering.

Beispiel 5.27 (Ermittlung der Bruttorendite ausgehend von der Nettorendite):

Tabelle 5.17 enthält die monatlichen Nettorenditewerte eines Portfolios über den Zeitraum eines Jahres. Der auf Jahresbasis vereinbarte konstante Satz für die Verwaltungsvergütung betrug bis Ende Juni 1,0% des Wertes des Portfolios. Aufgrund einer zusätzlichen Einbringung von Mitteln in das Portfolio wurde zu diesem Zeitpunkt eine verringerte jährliche Verwaltungsvergütung in Höhe von 0,7% vereinbart. Spalte 4 enthält die daraus abgeleiteten, jeweils gültigen monatlichen Kostensätze, mit denen die Bruttorenditewerte ermittelt wurden.

	Nettorendite	*Jährlicher Kostensatz*	*Monatlicher Kostensatz*	*Bruttorendite*
Januar	*4,00%*	*1,0%*	*0,083%*	*4,09%*
Februar	*5,30%*	*1,0%*	*0,083%*	*5,39%*
März	*-2,80%*	*1,0%*	*0,083%*	*-2,72%*
April	*-0,80%*	*1,0%*	*0,083%*	*-0,72%*
Mai	*3,70%*	*1,0%*	*0,083%*	*3,79%*
Juni	*2,50%*	*1,0%*	*0,083%*	*2,59%*
Juli	*10,30%*	*0,7%*	*0,058%*	*10,36%*
August	*-7,50%*	*0,7%*	*0,058%*	*-7,45%*
September	*1,90%*	*0,7%*	*0,058%*	*1,96%*
Oktober	*4,30%*	*0,7%*	*0,058%*	*4,36%*
November	*8,90%*	*0,7%*	*0,058%*	*8,96%*
Dezember	*-10,60%*	*0,7%*	*0,058%*	*-10,55%*
Gesamt	*18,49%*			*19,50%*

Tabelle 5.17: Umrechnung der Nettorendite- in Bruttorenditewerte mittels der aktuellen Kostensätze.

Die DVFA-PPS empfehlen zwar den Ausweis von Bruttorenditewerten, der Ausweis von Nettorenditen ist jedoch zulässig. In diesem Fall wird jedoch empfohlen, die durchschnittlichen gewichteten Sätze für die Verwaltungsgebühren auszuweisen [DVFA 00, 3.8.3].[42]

Bei der Definition der Begriffe Netto- und Bruttorendite ist genau darauf zu achten, um welche Gebühren jeweils bereinigt wird. Beispielsweise interpretieren viele Vermögensverwalter in den USA den Begriff Nettorendite als „Rendite vor Abzug der vom Vermögensverwalter festgelegten Gebühren". In diesen Fällen wird somit die „Nettorendite" um eine Reihe von (externen) Gebühren (wie z.B. Depotgebühren) bereinigt. Dies kann insbesondere bei einem Vergleich der Renditewerte der Vermögensverwalter in verschiedenen Ländern zu Verzerrungen führen.

Es wurde bereits darauf hingewiesen, daß die Bruttorenditewerte im allgemeinen geeigneter sind, die Managementleistung darzustellen. Dies entspricht auch den Empfehlungen in den AIMR-PPS [AIMR 97]. In den USA wurden allerdings seitens der *Security and Exchange Commission* (*SEC*) Einschränkungen hinsichtlich der Verwendung von Bruttorenditewerten

[42] Diese Empfehlung ist eine Richtlinie in den AIMR-PPS [AIMR 97, S. 16].

für Werbezwecke erlassen. Eine gute Übersicht über diese Einschränkungen wurde von Mendelson in einem Vortrag in Chicago gegeben [Mendelson 97]. Prinzipiell vertritt die SEC die Position, daß stets Nettorenditewerte dargestellt werden sollen,[43] in einer Reihe von nachfolgenden sog. *No-Action Letters* wurden jedoch Ausnahmen zu diesem Gebot definiert. Die wichtigste Ausnahme betrifft Präsentationen gegenüber wohlhabenden Kunden,[44] Pensionskassen, Universitäten und anderen Institutionen.[45]

5.5.2 Darstellung von Performanceergebnissen nach der Euro-Einführung

Ein besonderes Problem bei der Darstellung von Performanceergebnissen entsteht bei der Einführung einer neuen Währung. Portfolios oder Composites, bei denen im Rahmen einer Währungsreform die Basiswährung bzw. Buchwährung von einer alten in die neue Währung umgestellt wird, verlieren dadurch, im strikten Sinne, ihre Performancehistorie, da die Basiswährung ein wesentliches Charakteristikum des Portfolios und somit der Wertentwicklung darstellt. Allerdings werden in der Praxis häufig Berechnungsmethoden verwendet, die eine Kontinuität der Historie vorspiegeln.

Ein besonderes Beispiel liegt durch die Einführung des Euro zum 1. Januar 1999 vor, bei der die Währungen von elf europäischen Nationen umgewandelt wurden. Die *Permanent Commission on Performance Measurement* der *European Federation of Financial Analysts' Societies* (EFFAS) hat daher für die Darstellung von Performanceergebnissen von Portfolios oder Composites, deren Basiswährung sich aufgrund der Euro-Einführung geändert hat, Empfehlungen aufgestellt [EFFAS 98]. Sie sollen dazu beitragen, daß die der Umstellung zugrunde gelegte Vorgehensweise sinnvoll und transparent ist. Die wichtigsten Empfehlungen bzw. Feststellungen lauten:

- *Aus verschiedenen Gründen (nicht beschränkt auf den Bereich der Messung von Performanceergebnissen) wird es wünschenswert sein, Zeitreihen darzustellen, welche Zeiträume sowohl vor als auch nach dem 01.01.1999 abdecken. Die Daten, welche nach dem 01.01.1999 ermittelt werden, können auf Euro-Basis dargestellt werden. [...] In jedem Fall muß im Rahmen einer Präsentation angegeben werden, welche Währung den Daten vor dem 01.01.1999 zugrunde lag.*

- *Performanceergebnisse für Zeiträume vor dem 01.01.1999 können mit Performanceergebnissen für Zeiträume nach dem 01.01.1999 verknüpft werden. Die ursprüngliche Währung, die den historischen Daten zugrunde lag, muß offengelegt werden. Obwohl Performancezeitreihen auf Basis der unterschiedlichen Währungen der EMU-Mitglieder in eine gemeinsame Euro-Zeitreihe konvergieren können, müssen die individuellen Historien einzeln aufbewahrt werden.*

- *Der Vergleich oder die Aggregation von Portfolio-Performancewerten bedarf besonderer Sorgfalt, falls die zugrunde liegenden Daten auf Basis verschiedener Währungen vorlie-*

[43] *SEC No-Action Letter LEXIS avail. July 24, 1987*

[44] Als wohlhabende Kunden werden solche definiert, bei denen die Kosten einer Einzelpräsentation gerechtfertigt sind. Laut Mendelson schließt dies auch Präsentationen gegenüber Gruppen von Personen (wie beispielsweise einer Gruppe von Ärzten, die eine Gemeinschaftspraxis betreiben) ein. In diesem Zusammenhang siehe auch [AIMR 97, S. 73f.].

[45] *SEC No-ActionLetter LEXIS avail. Sept. 23, 1988*

gen. Nachdem geprüft wurde, daß die Portfolios in der in Betracht stehenden Periode ähnliche Anlageziele hatten, ist es zunächst notwendig, die Performancewerte über den Zeitraum vor dem 01.01.1999 unter Verwendung der historischen Wechselkurse in die Währung eines EMU-Mitgliedsstaates zu konvertieren, bevor sie dann mittels des festen Umtauschkurses in Euro konvertiert werden. Die Darstellung muß die ursprünglichen Währungen und die Währung, in die konvertiert wurde, offenlegen.

Zur Erläuterung der grundlegenden Problematik und der EFFAS-Empfehlungen werden im folgenden beispielhaft zwei Portfolios betrachtet, die beide in italienische Aktien investieren.[46] Portfolio 1 notierte bis zum 31.12.1998 in DM und Portfolio 2 in italienischer Lira. Um die Darstellung so einfach wie möglich zu gestalten, werden beide Portfolios als thesaurierend angenommen. Dadurch wird vermieden, die Anteilwerte bei der Berechnung der Renditewerte um Ausschüttungen bereinigen zu müssen (vgl. Abschnitt 2.4.2). Tabelle 5.18 enthält die für die Konvertierung benötigten offiziellen Umtauschkurse.

Lira	*DM*
1936,27	*1,95583*

Tabelle 5.18: Offizielle Umtauschkurse je Euro für die DM und die Lira.

Die in Betracht stehenden Portfolios wiesen im Zeitraum vom 31.12.1994 bis 31.12.1998 folgende Entwicklung des Anteilwertes auf:

	Anteilwert [Basiswährung]		*Rendite [Basiswährung]*
	31.12.1994	*31.12.1998*	*01.01.1995-31.12.1998*
Portfolio 1	*100,00*	*230,44*	*130,44%*
Portfolio 2	*100.000,00*	*220.500,00*	*120,50%*

Tabelle 5.19: Anteilwertentwicklung von Portfolio 1 und Portfolio 2.

Die Rückwärtsbereinigung mit den Umrechnungskursen zum 31.12.1998 führt auf folgende Anteil- und Renditewerte:

	Anteilwert [„Euro"]		*Rendite [„Euro"]*
	31.12.1994	*31.12.1998*	*01.01.1995-31.12.1998*
Portfolio 1	*51,13*	*117,82*	*130,44%*
Portfolio 2	*51,65*	*113,88*	*120,50%*

Tabelle 5.20: Anteil- und Renditewerte von Portfolio 1 und Portfolio 2 nach Division durch die konstanten Konvertierungsfaktoren (Umrechnungskurse zum 31.12.1998).

Da bei dieser Vorgehensweise sämtliche Anteilwerte vor dem 01.01.1999 mit konstanten Faktoren multipliziert werden, sind die Renditewerte nach der Konvertierung natürlich unverändert gegenüber den Renditewerten in den ursprünglichen Basiswährungen. Die Zeitreihen, die

[46] Die Darstellung basiert auf den Ausführungen in [Fischer/Lilla 99].

sich durch Division mit den Konvertierungsfaktoren ergeben, sind nicht wirkliche Euro-Zeitreihen. Dieser Sachverhalt wird durch die Anführungsstriche in der Bezeichnung „Euro“ zum Ausdruck gebracht.

Allgemein wird die Rendite R eines Portfolios über einen Zeitraum, der den 01.01.1999 einschließt, bei dieser Vorgehensweise mittels folgender Verknüpfung ermittelt:

$$1+R=\left(1+R^{aw}\right)*\left(1+R^{e}\right), \tag{5.4}$$

mit

R^{aw}: Rendite auf der Grundlage der alten Basiswährung bis zum 31.12.1998

R^{e}: Rendite auf Euro-Basis ab dem 31.12.1998.

Bei einer Präsentation wie in Tabelle 5.20, die eine Historie auf „Euro“-Basis suggeriert, bleibt die Entwicklung des Wechselkurses zwischen Lira und DM unberücksichtigt. Die Renditewerte in Tabelle 5.20 geben die Wertentwicklung aus der Sichtweise von Anlegern wieder, die es vor dem 01.01.1999 gewohnt waren, den Erfolg einer Investition auf Lira- bzw. DM-Basis zu beurteilen. Ein sinnvoller Vergleich der Renditewerte in Tabelle 5.20 wird mit dieser Methode somit nicht erzielt.

Beispiel 5.28 (Unvergleichbarkeit von Performancewerten (I)):

Ein französischer institutioneller Investor vergibt ein europäisches Aktienmandat. Um dieses Mandat bewerben sich verschiedene europäische Vermögensverwalter, die Renditeergebnisse auf “Euro”-Basis präsentieren. Falls die Werte entsprechend der auf Formel (5.4) basierenden Vorgehensweise berechnet werden und die jeweiligen “ante-Währungen“ nicht explizit angegeben werden, besteht für den Investor keine Möglichkeit, die “Euro”-Renditewerte in sinnvoller Form miteinander zu vergleichen.

Zur Berücksichtigung der Änderungen der Wechselkurse bei einem Performancevergleich bietet sich, wie in den EFFAS-Empfehlungen ausgeführt, folgende Verfahrensweise an: Die Anteilwertzeitreihen der zu vergleichenden Portfolios werden zunächst in eine gemeinsame Währung konvertiert, bevor sie mit den Umtauschkursen zum 31.12.1998 in „Euro“-Zeitreihen umgewandelt werden. Die daraus resultierenden Renditewerte hängen stark von der im Zwischenschritt verwendeten Währung ab. Im folgenden wird die Konvertierung im Falle des obigen Beispiels mit den „Zwischenwährungen“ DM und Lira durchgeführt. Dabei werden zu den Stichtagen 31.12.1994 und 31.12.1998 als Lira/DM die Wechselkursraten 0,95 DM und 1,01 DM pro 1.000 Lira verwendet. Wählt man als „Zwischenwährung“ die DM, so erhält man:

	Währung	*Anteilwert*		*Rendite*
		31.12.94	*31.12.98*	
Portfolio 1	*DM*	*100,00*	*230,44*	*130,44%*
	DM	*100,00*	*230,44*	
	Euro	*51,13*	*117,82*	
Portfolio 2	*Lira*	*100.000,00*	*220.500,00*	*134,43%*
	DM	*95,00*	*222,71*	
	Euro	*48,57*	*113,87*	

Tabelle 5.21: Konvertierung der originalen Lira/DM-Zeitreihen in „Euro"-Zeitreihen mit dem Zwischenschritt der Umwandlung in DM-Zeitreihen. Der Zwischenschritt ist in der jeweils mittleren Zeile der beiden Blöcke angeführt.

Unter Verwendung der Zwischenwährung Lira ergibt sich

	Währung	*Anteilwert*		*Rendite*
		30.12.94	*31.12.98*	
Portfolio 1	*DM*	*100,00*	*230,44*	*116,76%*
	Lira	*105.263,16*	*228.158,42*	
	Euro	*54,36*	*117,82*	
Portfolio 2	*Lira*	*100.000,00*	*220.500,00*	*120,50%*
	Lira	*100.000,00*	*220.500,00*	
	Euro	*51,65*	*113,88*	

Tabelle 5.22: Konvertierung der originalen Lira/DM-Zeitreihen in „Euro"-Zeitreihen mit dem Zwischenschritt der Umwandlung in Lira-Zeitreihen. Der Zwischenschritt ist in der jeweils mittleren Zeile der beiden Blöcke angeführt.

Das Beispiel verdeutlicht, daß die absoluten Renditewerte in erheblichem Umfang von der Wahl der „Zwischenwährung" abhängen. Der Unterschied der in Tabelle 5.22 ausgewiesenen Renditewerte gegenüber jenen in Tabelle 5.21 resultiert aus der Wertsteigerung der Lira gegenüber der DM, die im Betrachtungszeitraum 6,32% betrug. Als Zwischenwährung kann im Prinzip jede Währung dienen. Insbesondere kann dabei auch eine „synthetische Währung", z.B. ein zurückgerechneter „synthetischer Euro", verwandt werden. Für die Konvertierung wird lediglich eine hinreichend lange Historie der Umtauschkurse gegenüber den Basiswährungen der in Betracht stehenden Portfolios benötigt. Während die absoluten Renditewerte von der speziellen Wahl der Zwischenwährung abhängen, ist die Rangfolge unter den betrachteten Portfolios unabhängig von dieser Wahl. Dies wird auch durch obiges Beispiel verdeutlicht: Portfolio 2 weist in beiden Fällen (Tabelle 5.21 und Tabelle 5.22) eine höhere Rendite als Portfolio 1 aus.

Unter Verwendung einer Zwischenwährung wird die Rendite R eines Portfolios über einen Zeitraum, der den 01.01.1999 einschließt, wie folgt berechnet:

$$1+R=\left(1+R^{aw}\right)*\left(1+c^{zw}\right)*\left(1+R^{e}\right), \tag{5.5}$$

wobei mit c^{zw} die Wertentwicklung der alten Basiswährung gegenüber der „Zwischenwährung“ bis zum 31.12.1998 bezeichnet wird.

Die Wahl der „Zwischenwährung“ zur Konvertierung hängt jeweils von den Rahmenbedingungen einer Präsentation ab. Bei einer Präsentation gegenüber einem Kunden aus einem Land, welches der EU angehört, erscheint es sinnvoll, jene Währung zu wählen, die bis zum 31.12.1998 die Basiswährung für diesen Kunden darstellte. EFFAS empfiehlt generell, bei derartigen Präsentationen sowohl die ursprünglichen Währungen als auch die verwendete Zwischenwährung anzugeben.

Beispiel 5.29 (Unvergleichbarkeit von Performancewerten (II)):

Wenn alle Vermögensverwalter, die sich um das in Beispiel 5.28 beschriebene Mandat bewerben, ihre historischen Zeitreihen zunächst auf eine einheitliche Währung (z.B. französische Francs) umrechnen würden, dann wären die Renditeergebnisse direkt miteinander vergleichbar. Diesen Zwischenschritt könnte der Investor selbst (mittels der Formel (5.5)) für die vorgelegten Ergebnisse ausführen, wenn für jedes Renditeergebnis die “ante-Basiswährung” ausgewiesen würde.

Bei Zeitreihen, Portfolios, Composites etc., deren Basiswährung im Zuge der Euro-Einführung unverändert blieb (z.B. dann, wenn die Basiswährung Dollar, Yen oder Pfund war), entstehen durch die Einführung des Euro keine Zäsuren, da keine Notwendigkeit für eine Konvertierung der Performancehistorie vorliegt.

Die Verfahrensweisen, die im obigen Beispiel für einzelne Portfolios dargestellt wurden, können auch auf Composites übertragen werden. Dabei muß jedoch entsprechend der EFFAS-Empfehlungen sichergestellt werden, daß die zu einem Composite zusammengefaßten Portfolios bzw. die verglichenen Composites ähnliche Anlageziele haben.[47] Diese Anforderung gilt allerdings gemäß der DVFA-PPS ohnehin generell [DVFA 00, 3.5.2].

5.6 Bestimmung der Verwaltungseinheit und Berichterstattung

Bis zur Veröffentlichung der erweiterten Neuauflage des AIMR-Weißbuchs [AIMR 97] war es insbesondere für Vermögensverwalter, die eine große Anzahl an Portfolios in mehreren unterschiedlichen Einheiten verwalteten, mit hohem Aufwand verbunden, „in compliance“ mit den AIMR-PPS zu gelangen, da die Standards nicht zuließen, daß sich einzelne Einheiten einer Gesellschaft „compliant“ erklärten. Die Forderung, daß nur ein gesamtes Unternehmen

[47] Vgl. [Fischer/Lilla 99].

die Einhaltung der Standards für sich beanspruchen kann, wurde von AIMR 1996 und im Anschluß daran auch von den GIPS und den DVFA-PPS modifiziert. Die DVFA-PPS verwenden in diesem Zusammenhang den Begriff „Verwaltungseinheit“ bzw. „Einheit” wie folgt:

Als Einheit wird eine Gesellschaft definiert, die bei den jeweiligen Aufsichtsbehörden registriert ist oder eine eigenständige Anlagegesellschaft, Filiale, Tochtergesellschaft oder andere Organisationseinheit, die der Öffentlichkeit gegenüber zum Zweck der Performancepräsentation als eigenständige Einheit geführt wird. [DVFA 00, 3.1.2]

Die DVFA-PPS räumen einem Unternehmen (z.B. einem großen Finanzkonzern mit vielen Konzerneinheiten) somit erheblichen Spielraum bei der Frage ein, in welcher Form die Standards zu implementieren sind. Dabei ist jedoch Richtlinie 3.1.1 in [DVFA 00] zu beachten: „Eine Einheit muß genau beschreiben, wie sie sich für den Zweck der Einhaltung der Standards definiert.“ Alle Portfolios der Einheit müssen bei der Compositebildung berücksichtigt werden [DVFA 00, 3.5.1].

Beispiel 5.30 enthält verschiedene mögliche Definitionen des Begriffs „Verwaltungseinheit“.

Beispiel 5.30 (Definition einer Verwaltungseinheit):

a) Filiale als selbständige Verwaltungseinheit

Die Frankfurter Filiale der „Bonus-Bank” erklärt die Einhaltung der DVFA-PPS. Die Konzernmutter selbst beansprucht dies nicht für sich. Bei Präsentationen gegenüber (potentiellen) Kunden tritt die „Bonus-Bank Filiale Frankfurt“ als selbständige Einheit auf und stellt auch nur Informationen über das von ihr verwaltete Vermögen dar. Alle Portfolios, die von der Filiale Frankfurt diskretionär verwaltet werden, also auch Advisory-Mandate für andere Filialen, müssen bei der Compositebildung berücksichtigt werden.

b) Institutionelle Vermögensverwaltung als Verwaltungseinheit

Die Konzerneinheiten der Bonus-Bank, die institutionelle Kunden betreuen, werden zur Verwaltungseinheit „Bonus-Bank Institutionelles Asset Management (BBIAM)“ zusammengefaßt. In dieser Form wird der Bereich auch gegenüber (potentiellen) Kunden präsentiert. Bei Präsentationen werden als *Assets under Management* jene Portfolios berücksichtigt, die von BBIAM-Teileinheiten verwaltet werden.

c) Global operierender Konzern

Die asiatischen Konzerntöchter der global operierenden Bonus-Bank werden EDV-technisch in absehbarer Zeit nicht in der Lage sein, die DVFA-PPS (GIPS) umzusetzen. Die Bank definiert folglich für Präsentationszwecke die Verwaltungseinheit „Bonus-Bank ex asiatische Einheiten“ und nimmt für diese Einheit die Bildung von Composites vor. Die *Assets under Management* der asiatischen Konzerntöchter dürfen bei Präsentationen dieser Verwaltungseinheit allerdings nicht berücksichtigt werden.

Die DVFA-PPS lassen ferner die Zusammenfassung verschiedener Einheiten („Teileinheiten") zu einer übergeordneten Einheit zu [DVFA 00, 3.1.3], die für sich die Einhaltung der DVFA-PPS beansprucht.[48] Dafür müssen folgende Voraussetzungen erfüllt sein [DVFA 00, 7.1]:

- *Jede einzelne Teileinheit muß die Richtlinien der Standards einhalten;*
- *die zusammengefaßte Einheit muß die Richtlinien ebenfalls einhalten;*
- *ein Portfolio darf nur den Composites der entsprechenden Einheit zugeordnet werden;*
- *alle Composites der Einheiten sind darzustellen;*
- *Composites, die nach gleichen Regeln konzipiert wurden, sind zu jeweils einem Composite zusammenzufassen.*

Die DVFA-PPS legen großen Wert darauf, daß die vorgenommene Definition der präsentierten Verwaltungseinheit transparent gemacht wird. Bei der Darstellung einer Verwaltungseinheit müssen laut DVFA-PPS folgende Punkte berücksichtigt werden [DVFA 00, 7.1]:

- *Die Einheit muß der Öffentlichkeit gegenüber als eigenständige Einheit geführt werden;*
- *die Definition der Einheit muß in den Präsentationsunterlagen enthalten sein;*
- *die gegebene Definition muß im Zeitablauf konsistent eingehalten werden;*
- *auf eine komplette Zusammenstellung und Beschreibung aller Composites der Einheit muß hingewiesen werden;*
- *das insgesamt unter Verwaltung stehende Vermögen muß – auch im Zeitablauf – ausgewiesen werden;*
- *Darstellungen zusammengefaßter Einheiten sind nur als Zusatzinformationen und unter den beschriebenen Voraussetzungen möglich.*

5.7 Musterpräsentationen

Eine Liste mit allen Composites einer Vewaltungseinheit muß verfügbar sein [DVFA 00 3.3.3]. Anhand der fiktiven Bonus Investmentgesellschaft wird in Abbildung 5.12 ein Beispiel für eine derartige Liste gegeben. Für jedes Composite dieser Liste müssen die von den DVFA-PPS geforderten Daten und Informationen ebenfalls verfügbar sein. Abbildung 5.13 enthält eine Musterpräsentation für das Composite „Aktien Deutsche Standardwerte".

Bei einer Präsentation einzelner Composites sind auch übergreifende Angaben zu machen. Zunächst muß die Einheit „genau beschreiben, wie sie sich für den Zweck der Einhaltung der Standards definiert" [DVFA 00, 3.1.1 i.V.m. 3.3.1]. Ferner muß der Umfang der Einhaltung der Standards dargelegt werden. Dabei sind auch Angaben darüber zu machen, in welchem Umfang Empfehlungen der Standards eingehalten werden [DVFA 00, 3.3.2].

---

[48] Eine solche Zusammenfassung von Einheiten ist in den GIPS nicht vorgesehen.

Darüber hinaus muß auf die Verfügbarkeit einer kompletten Liste aller Composites der Einheit hingewiesen und eine Aufstellung des insgesamt unter Verwaltung der Einheit stehenden Vermögens zum Ende eines jeden dargestellten Kalenderjahres ausgewiesen werden [DVFA 00, 3.3.3, 3.3.4].

Es wird außerdem empfohlen, wesentliche Ereignisse innerhalb einer Gesellschaft zu beschreiben, die Auswirkungen auf die Verwaltung der Anlagen haben [DVFA 00, 3.4.1] (vgl. Abschnitt 6.6).

Bonus Investmentgesellschaft
Liste der Composites

Aktien

- Deutsche Standardwerte
- Deutsche Small Caps
- Europäische Standardwerte
- Aktien Global

Renten

- Renten Deutschland
- Renten Deutschland (kurze Laufzeiten)
- Renten Europa

Gemischte Portfolios

- Renten Deutschland/Aktien Deutschland (100/00-80/20)
- Renten Deutschland/Aktien Deutschland (80/20-60/40)*
- Renten Deutschland/Aktien Deutschland (60/40-40/60)
- Renten Deutschland/Aktien Deutschland (40/60-20/80)
- Renten Europa/Aktien Europa (40/60-20/80)
- Renten Europa/Aktien Europa (20/80-40/60)

Geldmarktfonds

- Geldmarktfonds Deutschland
- Geldmarktfonds Europa

* Zur Notation: Rentenquote beträgt bis zu 80% und liegt strikt oberhalb von 60%.

Abbildung 5.12: Übersicht über die verschiedenen Composites der Bonus Investmentgesellschaft.

Bonus Investmentgesellschaft

Composite Aktien Deutsche Standardwerte

Jahr	*Anzahl der Portfolios*	*Inventarwert [Mio. DM]*	*Anteil am verwalteten Vermögen*	*Dispersion*[49]	*Composite-rendite*	*Benchmark-rendite (DAX 100)*
1998	*16*	*2,56*	*14,3%*	*3,70*	*16,73%*	*16,81%*
1997	*14*	*1,72*	*15,9%*	*4,30*	*45,90%*	*43,78%*
1996	*9*	*1,23*	*12,3%*	*20,11/26,20*	*24,35%*	*24,23%*
1995	*8*	*0,82*	*10,8%*	*6,81/10,04*	*8,31%*	*7,25%*
1994	*6*	*0,52*	*10,3%*	*-5,81/7,30*	*-5,23%*	*-4,89%*

Beschreibung des Composites: Portfolios dieses Composites investieren ausschließlich in Aktien, die im DAX 100 enthalten sind. Es gibt keine Restriktionen hinsichtlich der Titelauswahl, die auf einem fundamentalen „Bottom-up-approach“ basiert. Die Portfolios sind stets fast vollständig investiert. Das Composite wurde am 01.01.1999 konzipiert.

Berechnungsmethode: Die Berechnung der Renditewerte basiert auf der BVI-Methode. Die dargestellten Renditewerte sind Bruttorenditewerte, also vor Abzug der Verwaltungsgebühren (Verwaltungsvergütung und Depotgebühren).

Rückforderbare Steuern: Körperschaft- und Zinsabschlagsteuer sowie der Solidaritätsbeitrag werden als rückforderbare Steuern angesehen.

Dispersion: Volumengewichtete Standardabweichung der Renditewerte der Portfolios auf Monatsbasis, falls mehr als 10 Portfolios während des gesamten Zeitraums im Composite enthalten waren; ansonsten wird die minimale und die maximale Rendite ausgewiesen.

Kumulierte Werte 1994-1998

	Kumulierte Rendite	*Annualisierte Rendite*	*Volatilität**	*Tracking Error* gegen DAX 100*
Composite	*117,38%*	*16,80%*	*20,42%*	*3,8%*
DAX 100	*112,83%*	*16,31%*	*18,96%*	-

*Der *Tracking Error* und die *Volatilität* wurden auf Basis von Monatsdaten ermittelt.

Abbildung 5.13: Musterpräsentation des Composites „Composite Aktien Deutsche Standardwerte“ der Bonus Investmentgesellschaft.

[49] Vgl. Abschnitt 6.5.

Anhang zu Kapitel 5

Wichtige Bestimmungen des Gesetzes über Kapitalanlagegesellschaften (KAGG)

Laut dem Gesetz über Kapitalanlagegesellschaften (KAGG) [KAGG 98] sind Kapitalanlagegesellschaften „Kreditinstitute, deren Geschäftsbereich darauf gerichtet ist, bei ihnen eingelegtes Geld [...] nach dem Grundsatz der Risikomischung [...] gesondert vom eigenen Vermögen in Form von Geldmarkt-, Wertpapier-, Beteiligungs-, Investmentfondsanteil-, Grundstücks-, Gemischten Wertpapier- und Grundstücks- oder Altersvorsorge-Sondervermögen anzulegen und über die hieraus sich ergebenden Rechte der Anteilinhaber Urkunden (Anteilscheine) auszustellen" (§1 KAGG). Neben der Bezeichnung „Kapitalanlagegesellschaft" dürfen auch die Begriffe „Investment" und vergleichbare Bezeichnungen in der Firma nur von Kapitalanlagegesellschaften und ausländischen Investmentgesellschaften (im Sinne des Auslandinvestment-Gesetzes) geführt werden (§7 KAGG).

Spezialfonds sind Sondervermögen, „deren Anteilscheine auf Grund schriftlicher Vereinbarung mit der Kapitalanlagegesellschaft jeweils von nicht mehr als zehn Anteilinhabern, die nicht natürliche Personen sind, gehalten werden" (§1, Abs. 2 KAGG). Spezialfonds-Inhaber sind insbesondere Versicherungen, gesetzlich-staatliche Sozialversicherungsträger, Pensions- und Unterstützungskassen, kirchliche Stiftungen, etc.[50] Gerade dieser Bereich hat sich in den letzten Jahren durch außerordentliche Wachstumsraten ausgezeichnet (vgl. Abbildung 1.2 in Kapitel 1), so daß dieses Segment laut [BVI 99] „zur eindeutig stärksten Säule des Fondsgeschäfts avanciert" ist.

Die von der Kapitalanlagegesellschaft verwalteten Vermögenswerte bilden laut §6 KAGG ein Sondervermögen, das von dem eigenen Vermögen der Kapitalanlagegesellschaft getrennt zu halten ist. Sie sind somit vor Rechten Dritter im Rahmen von Verpflichtungsgeschäften mit der Kapitalanlagegesellschaft geschützt.

Verschiedene der im KAGG aufgeführten Richtlinien und Begriffe sind für die Ausführungen in Kapitel 5 von grundlegender Bedeutung. Daher werden in diesem Anhang einige der Richtlinien kurz dargestellt.

- Laut § 8a, Abs. 1 KAGG darf eine Kapitalanlagegesellschaft für die von ihr aufgelegten Sondervermögen „in Wertpapieren und Schuldscheindarlehen desselben Ausstellers (Schuldners) nur bis zu 5 vom Hundert des Wertes des Sondervermögens anlegen; in diesen Werten dürfen jedoch bis zu 10 vom Hundert des Wertes des Sondervermögens angelegt werden, wenn dies in den Vertragsbedingungen vorgesehen ist und der Gesamtwert der Wertpapiere und Schuldscheindarlehen dieser Aussteller (Schuldner) 40 vom Hundert des Wertes des Sondervermögens nicht übersteigt."[51] Verschiedene Rentenpapiere, die vom Gesetzgeber als besonders sicher angesehen werden (Anleihen, Pfandbriefe, usw., „die vom Bund, einem Bundesland, den Europäischen Gemeinschaften, einem Mitgliedsstaat der Europäischen Union, einem anderen Vertragsstaat des Abkommens über den Eu-

[50] Siehe [Kandlbinder 99] für eine umfassende Übersicht.

[51] Diese Restriktionen sind auch hinsichtlich der Klassifizierung von Portfolios in Composites im Rahmen der DVFA-PPS (vgl. Abschnitt 5.3.1) von Relevanz.

ropäischen Wirtschaftsraum oder einem anderen Staat, der Mitglied der Organisation für wirtschaftliche Zusammenarbeit und Entwicklung ist", ausgegeben worden sind), gehen bei dieser Berechnung allerdings nur zur Hälfte ein.

- „Die Kapitalanlagegesellschaft darf für alle von ihr verwalteten Wertpapier-Sondervermögen Aktien desselben Ausstellers nur insoweit erwerben, als die Stimmrechte, die der Kapitalanlagegesellschaft aus Aktien desselben Ausstellers zustehen, 10 vom Hundert der gesamten Stimmrechte aus Aktien desselben Ausstellers nicht übersteigen" (§ 8a, Abs. 3 KAGG).

Diese (und die weiteren) Richtlinien haben vor allem zum Ziel, einen entsprechend hohen Grad an Sicherheit und Diversifikation der Investitionen für den Anleger zu gewährleisten. Die Tätigkeit der Kapitalanlagegesellschaft steht unter der Aufsicht des Bundesaufsichtsamtes für das Kreditwesen (BAKred) in Berlin, das auch auf die Einhaltung der gesetzlichen Restriktionen achtet (§2 KAGG).

„Der Wert eines Sondervermögens ist auf Grund der jeweiligen Kurswerte der zu ihm gehörenden Wertpapiere [...] von der Depotbank unter Mitwirkung der Kapitalanlagegesellschaft börsentäglich zu ermitteln" (§21 KAGG). Bei Spezialfonds kann eine andere Vereinbarung getroffen werden. Der Wert eines Anteils ergibt sich aus der Division des Wertes des Sondervermögens durch die Zahl der in den Verkehr gelangten Anteile. Bei Publikumsfonds müssen der Ausgabe-[52] und der Rücknahmewert bei jeder Rücknahme oder Ausgabe, mindestens jedoch zweimal im Monat, „in einer angesehenen Wirtschafts- oder Tageszeitung" (§21 KAGG) veröffentlicht werden. Bei einer „Investition in einen Fonds" erwirbt ein Anleger Anteilscheine zum Ausgabepreis, der am Tag der Investition von der Fondsgesellschaft ermittelt wurde. Dies hat zur Folge, daß sich die Zahl der Anteile um die neu ausgegebenen Anteile erhöht. Der Anteilwert erfährt durch einen Kauf (oder Verkauf) keine Veränderung.

Das starke Wachstum der Mittelaufkommen in der Investmentfondsbranche (vgl. Abschnitt 1.1) wurde durch die Entwicklung neuer Investmentkonzepte, wie etwa Fonds, die vornehmlich in speziellen Industriebranchen investieren, oder die Garantien hinsichtlich des Kapitalerhalts abgeben, begleitet. Eine richtungsweisende Entwicklung bestand insbesondere in der Einführung der „Altersvorsorge-Sondervermögen" (kurz: „AS-Fonds") im Rahmen des Dritten Finanzmarktförderungsgesetzes. Mit der Einführung dieser Fonds fördert der Gesetzgeber den Aufbau eines Kapitalstocks zur Ergänzung der bestehenden Altersvorsorge. AS-Fonds können nicht vollständig in einem Investitionssegment investiert sein. Durch die Festlegung der Bandbreite[53] für die Investitionssegmente der AS-Fonds soll erreicht werden, daß diese Produkte besonders für das langfristige „Investmentsparen" geeignet sind. Das KAGG verpflichtet daher auch die Kapitalanlagegesellschaften, die AS-Fonds anbieten, dazu, Sparpläne für „Anteilschein-Sparer" mit einer Laufzeit „von mindestens 18 Jahren oder mit einer Laufzeit bis mindestens zur Vollendung des 60. Lebensjahres des Anteilschein-Sparers" (§37m KAGG) anzubieten.

---

[52] Bei der Ausgabe von Anteilen kann ein Aufschlag zur Deckung der Vertriebskosten verlangt werden, dessen Höhe in den Vertragsbedingungen festgelegt wird.

[53] AS-Fonds dürfen zu höchstens 49% bzw. 30% in Renten bzw. Immobilien investiert sein. Die Gewichtung des Aktiensegments muß mindestens 21% und darf höchstens 75% betragen. Für einen guten Überblick über die AS-Fonds siehe [Passow 99].

Die ersten AS-Fonds wurden im Oktober 1998 aufgelegt. Ende September 1999 betrug das in AS-Fonds angelegte Vermögen bereits ca. 1,9 Mrd. DM.[54] Angesichts der Tatsache, daß die Mittelzuflüsse in diese Fonds überwiegend „durch kleinere oder mittlere Beträge“ [BVI 99] zustande kommen, ist dieses Mittelaufkommen bemerkenswert.

54 Quelle: Bundesverband Deutscher Investment-Gesellschaften e.V. BVI (www.bvi.de).

Übungen zu Kapitel 5

Übung 5.1 (Compositerendite):

Periode	*Portfolio A*			*Portfolio B*			*Portfolio C*		
	Rendite	*Inventarwert*	*Mittelbew.*	*Rendite*	*Inventarwert*	*Mittelbew.*	*Rendite*	*Inventarwert*	*Mittelbew.*
Jan.-Juni	*20%*	*100*	*0*	*10%*	*200*	*0*	*12%*	*200*	*0*
Juli	*10%*	*120*	*100/ 10.07.*	*10%*	*220*	*0*	*25%*	*224*	*0*
Aug.-Dez.	*8%*	*230*	*0*	*5%*	*242*	*0*	*-4%*	*280*	*0*

Tabelle 5.23: Daten für ein Composite, das aus drei Portfolios gebildet wird.

Obige Tabelle enthält die Renditewerte von drei Aktienportfolios über den Zeitraum eines Jahres, die Inventarwerte der Portfolios zu ausgewählten Zeitpunkten sowie Angaben über die erfolgten exogenen Mittelbewegungen (Mittelbewegung/Zeitpunkt).

Ermitteln Sie die Rendite des Composites über die gesamte Periode von Januar bis Dezember. Führen Sie die Rechnung auf zwei Arten aus, indem Sie auf zwei der in Abschnitt 5.5.1 dargestellten drei Methoden zurückgreifen.

Gehen Sie davon aus, daß außer den dargestellten exogenen Mittelbewegungen keine anderen Zu- oder Abflüsse erfolgt sind. Überzeugen Sie sich davon, daß die bereitgestellten Informationen unter diesen Voraussetzungen ausreichen, um die Rendite des Composites zu ermitteln.

Die Benchmark des Composites hat in diesem Zeitabschnitt eine Rendite von 34,00% erzielt. Wie beurteilen Sie die Leistung des Vermögensverwalters?

Übung 5.2 (Euro-Konvertierung):

a) Ein Investor, dessen globales Aktienportfolio bis zum 31.12.1998 in der Basiswährung Lira geführt wurde, entschließt sich, dieses Portfolio ab dem 01.01.1999 auf die Basiswährung Euro umzustellen. Dies führt zu Veränderungen beim periodischen Reporting. Für den Vermögensverwalter stellt sich insbesondere die Frage, ob es sinnvoll ist, die historischen Renditewerte mit jenen zu verknüpfen, die nach dem 01.01.1999 ermittelt werden.

Welchen Vorschlag für das Reporting würden Sie dem Kunden unterbreiten, wenn Sie diese Entscheidung zu treffen hätten?

b) Ein amerikanischer Investor, der seit vielen Jahren ein europäisches Blue-Chip-Portfolio von einem Portfoliomanager verwalten läßt, stellt sich die Frage, welche Konsequenzen die Euro-Einführung auf das Reporting für sein Portfolio hat. Welche Auffassung vertreten Sie?

Übung 5.3 (Rendite eines Carve-Out-Portfolios):

	Gewichtung 01.06.1998	*Rendite Juni 1998*	*Gewichtung 01.07.1998*	*Rendite Juli 1998*	*Gewichtung 01.08.1998*	*Rendite August 1998*
Renten	*40%*	*-1,5%*	*50%*	*-2,0%*	*50%*	*0,3%*
Aktien	*40%*	*-1,8%*	*30%*	*-18,8%*	*40%*	*-5,3%*
Kasse	*20%*	*0,3%*	*20%*	*0,3%*	*20%*	*0,3%*

Tabelle 5.24: Daten eines globalen gemischten Portfolios während des "Crashs" im Sommer 1998.

Bilden Sie ausgehend von den Daten in Tabelle 5.24 das Carve-Out-Portfolio „Aktien Welt". Verwenden Sie dabei nacheinander die in Abschnitt 5.3.4 dargestellten „mathematischen Verfahren" für die Zuordnung der Kassebeiträge. Berechnen Sie die Rendite über die Periode Juni-August 1998 und vergleichen Sie die Ergebnisse, die Sie entsprechend der unterschiedlichen Arten der Aufteilung der Kassebeiträge erhalten.

Lassen sich aus den gewonnenen Ergebnissen mit Bestimmtheit Aussagen über die Managementleistung ableiten? Können Sie nachvollziehen, warum die GIPS-Kommission die Bildung von Carve-Outs ab 2005 nur noch dann zuläßt, wenn jedes der Segmente über eine getrennte Kasse verfügt?

Übung 5.4 (Darstellung der Compositeperformance nach DVFA-PPS):

Die Fondsgesellschaft „Malus-Invest" stellt ihre Performanceergebnisse wie folgt dar und behauptet, damit „in compliance" mit den DVFA-PPS zu sein. Teilen Sie diese Ansicht?

Malus-Invest

Composite Aktien Deutsche Standardwerte

Jahr	*Anzahl der Portfolios*	*Inventarwert [Mio. DM]*	*Dispersion*	*Composite-rendite*	*Benchmark-rendite (REXP)*
1998	*16*	*2,56*	*3,7%*	*16,73%*	*11,24%*
1994-1997	*6*	*0,52*		*75,80%*	*30,37%*

Beschreibung des Composites: Portfolios dieses Composites investieren ausschließlich in deutsche Aktien. Es gibt keine Restriktionen hinsichtlich der Titelauswahl, die auf einem fundamentalen „Bottom-up-approach" basiert. Die Portfolios sind stets fast vollständig investiert. Das Composite wurde am 01.01.1999 konzipiert.

Berechnungsmethode: Die Berechnung der Renditewerte basiert auf der BVI-Methode. Die dargestellten Renditewerte sind Nettorenditewerte, also nach Abzug der Verwaltungsgebühren (Verwaltungsvergütung und Depotgebühren).

Abbildung 5.14: Composite „Aktien Deutsche Standardwerte" der Malus-Invest.

6 Darstellung der Risiken des Investmentprozesses und Performancemaße

6.1 Risiken des Investmentprozesses

6.1.1 Klassifizierung der Risiken des Investmentprozesses

Eine angemessene Darstellung des Anlageerfolges beinhaltet eine umfassende Darstellung der eingegangenen Risiken. Obwohl die Definition und die Beschreibung der Risiken eine ungleich schwierigere Aufgabe darstellt als die Formulierung von Regeln zur Berechnung von Renditeergebnissen, hat die DVFA-Kommission eine Reihe grundsätzlicher Empfehlungen und Richtlinien für diesen Bereich erarbeitet. Dabei wurde das Augenmerk nicht nur auf die sich aus der Analyse der Kurs- bzw. Anteilwertzeitreihen ergebenden vergangenheitsorientierten Risiken gelegt, sondern auf alle Bereiche wie Unternehmensführung, Handel, Research etc., die für den *zukünftigen* Anlageerfolg von Bedeutung sind und von denen Risiken ausgehen.

Als Risiken werden somit alle möglichen Ereignisse aufgefaßt, die das Erreichen von Anlagezielen gefährden können.

Im Sinne der Standards sind Composites als „übergeordnete" Portfolios zu interpretieren. Somit ergeben sich Parallelen zwischen der Beschreibung von Risiken bei Composites und bei Portfolios.

Die für ein Composite ermittelten Performancewerte spiegeln die Managementleistung innerhalb des abgedeckten Anlagesegments in der Vergangenheit wider. Das sich für einen (potentiellen) Investor/Kunden hinsichtlich des Erreichens zukünftiger Anlageziele ergebende Gesamtrisiko läßt sich in einzelne Teilrisiken zergliedern:[1]

1. Absolutes Risiko

Wie groß ist das Risiko, daß die zukünftige Wertentwicklung des Composites von der historisch im Mittel erzielten Rendite abweicht?

2. Abweichungsrisiko, Relatives Risiko

Wie hoch ist die Wahrscheinlichkeit, die Benchmarkrendite in der Zukunft zu verfehlen, falls der Anlageerfolg relativ zu einer Benchmark gemessen wird?

3. Dispersion der Renditeergebnisse innerhalb eines Composites

Die historischen Renditeergebnisse für ein Composite stellen den gewichteten Durchschnitt der Renditen der im Composite enthaltenen Portfolios dar. Wie groß war das Risiko, daß

[1] Vgl. hierzu die Erörterungen in Abschnitt 5.1.

ein Anleger, der in ein dem Composite zugeordnete Portfolio investiert hatte, dieses Durchschnittsergebnis verfehlte?

4. Allgemeine Risiken

Gibt es neben den marktspezifischen Risiken zusätzliche Risiken (beispielsweise die Möglichkeit einer Änderung der Inhaberstruktur der Vermögensverwaltung oder des Management-/Analystenteams), die die Relevanz historischer Anlageergebnisse für die zukünftige Wertentwicklung der Composites in Frage stellen?

Die unter Punkt 1, 2 und 3 formulierten Fragen gehen von der Annahme aus, daß die in der Vergangenheit erzielten Performanceergebnisse auch für die zukünftige Managementleistung eines Vermögensverwalters statistisch aussagefähig sind.

6.1.2 Systematische und unsystematische Risiken

Die bei einer Kapitalanlage auftretenden Risiken werden häufig in *systematische* und *unsystematische Risiken* unterteilt.[2] Als systematische Risiken werden dabei jene Risiken aufgefaßt, die nicht nur einzelne Titel, sondern die Gesamtheit aller vergleichbaren Titel (z.B. alle Titel eines bestimmten Marktsegments) betreffen. So sind beispielsweise die Anleihen eines Kapitalmarkts von der Änderung des Marktzinses betroffen. Als systematische Risiken für Investitionen in Aktien können ebenfalls die Änderung von Marktzinsen sowie politische und wirtschaftliche Ereignisse wie Steuerreformen oder politische Unruhen angeführt werden [Steiner/Bruns 98, Abschnitt 2.1.2.1.2]. Ein wichtiger Aspekt dabei ist, daß beim Eintreten dieses Ereignisses alle Titel (mehr oder weniger) simultan betroffen sind.

Unsystematische Risiken werden durch mögliche Ereignisse hervorgerufen, die zwar im Prinzip bei allen oder einer Mehrzahl der in Betracht stehenden Titel eintreffen können, deren Realisierung auf Einzeltitelebene in der Regel jedoch nur einen oder wenige Titel gleichzeitig betrifft. Zwischen dem Eintreten solcher Ereignisse bei unterschiedlichen Titeln besteht in der Regel kein direkter Zusammenhang. In der quantitativen Beschreibung unsystematischer Risiken geht man daher häufig davon aus, daß die Funktionen, die diese Risiken für unterschiedliche Titel modellieren, untereinander unkorreliert sind (vgl. Abschnitt 6.3.2).

Ein Beispiel für unsystematische Risiken bei Aktienanlagen ist die Gefahr, daß Mängel bei den von einer Aktiengesellschaft hergestellten Produkten auftreten. Beim Eintreffen eines solchen Ereignisses kann damit gerechnet werden, daß der Wert der Aktie fällt, ohne daß davon die anderen Titel des Segments betroffen werden. Bei Rentenanlagen ist vor allem das Bonitätsrisiko (das Risiko der Nichterfüllung von Zahlungsverpflichtungen) als Beispiel für unsystematische Risiken zu nennen.

In den folgenden Abschnitten werden verschiedene Maße vorgestellt, die in der Praxis zur Beschreibung von Risiken benutzt werden. Im Anschluß daran (Abschnitt 6.4) werden verschie-

---

[2] Vgl. [Copeland/Weston 92, Abschnitt 7. D; Farrell 97, S. 29f.].

dene Performancemaße vorgestellt. Auf eine Darstellung der historischen Entwicklung der kapitalmarktorientierten Performancemessung wird dabei verzichtet.[3]

6.2 Messung des absoluten Risikos

6.2.1 Volatilität

Die Volatilität wird in der Praxis häufig zur Messung des absoluten Risikos eines Portfolios oder Composites verwendet.

Volatilität eines Portfolios[4]

Wenn $R_1,\dots, R_n$ die Renditewerte eines Portfolios für n Perioden darstellen und μ den Mittelwert dieser Renditewerte bezeichnet,

$$\mu := \frac{1}{n} * \sum_{i=1}^{n} R_i ,$$

dann ist

$$S := \sqrt{\frac{1}{n-1} * \sum_{i=1}^{n} (R_i - \mu)^2} \qquad (6.1)$$

die *empirische Standardabweichung* der Renditewerte [Bosch 94, 3.1]. Somit müssen mindestens zwei Renditewerte vorliegen.[5] S^2 nennt man die *empirische Varianz* der Renditewerte.

Die *Volatilität* σ ist die empirische Standardabweichung der auf den Zeitraum von einem Jahr bezogenen Renditewerte.

Um für die Berechnung der Volatilität eine größere Stichprobenzahl zu erhalten, werden in der Praxis häufig Renditewerte verwendet, die auf kleinere Zeitintervalle bezogen sind. Die damit ermittelte Standardabweichung wird anschließend durch Multiplikation mit einem geeigneten Skalierungsfaktor annualisiert. Dabei greift man häufig auf Renditen zurück, die auf Monats- bzw. Wochenbasis ausgewiesen werden. In diesen Fällen läßt sich die Volatilität bei einem Stichprobenumfang von n Werten wie folgt approximieren:[6]

---

[3] Der interessierte Leser sei auf [Zimmermann et al. 96, Abschnitt 3.1] oder [Wittrock 95] verwiesen. In diesem Zusammenhang sei auch auf die sehr lesbar geschriebenen Artikel [Wilkens/Scholz 99a, Wilkens/Scholz 99b] hingewiesen. In ihnen werden insbesondere die Performancemaße in Relation zueinander gesetzt.

[4] Da ein Composite auch als Portfolio aufgefaßt werden kann, ist es prinzipiell möglich, alle Risikomaße für Portfolios auf Composites zu übertragen.

[5] Die Ermittlung dieser Größe ist natürlich nur bei einer umfangreicheren „Stichprobe" sinnvoll (vgl. Abschnitt 6.2.2).

[6] Siehe z.B. [Dubofsky 92, S. 185]. Diese Vorgehensweise läßt sich allerdings nur unter bestimmten Voraussetzungen mathematisch rechtfertigen (vgl. Abschnitt 6.2.2 und Übung 6.8).

$$\sigma \approx \begin{cases} \sqrt{12} * \sqrt{\dfrac{1}{n-1} * \sum_{i=1}^{n} (R_i - \mu)^2} & (R_i \textit{ liegen auf Monatsbasis vor}) \\ \sqrt{52} * \sqrt{\dfrac{1}{n-1} * \sum_{i=1}^{n} (R_i - \mu)^2} & (R_i \textit{ liegen auf Wochenbasis vor}). \end{cases} \tag{6.2}$$

In diesem Kapitel werden des öfteren statistische Aussagen unter der Annahme der Normalverteilung der Renditen abgeleitet. Dazu werden eine Reihe numerischer Informationen über die Normalverteilung bzw. über ihre Verteilungsfunktion benötigt.

Bezeichnen μ und σ den Mittelwert und die Standardabweichung, dann wird die Dichte der (Gaußschen) Normalverteilung durch folgende Funktion (vgl. Abbildung 6.1) beschrieben:

$$N(R) = \frac{1}{\sqrt{2\pi}\sigma} * e^{-\frac{(R-\mu)^2}{2\sigma^2}}. \tag{6.3}$$

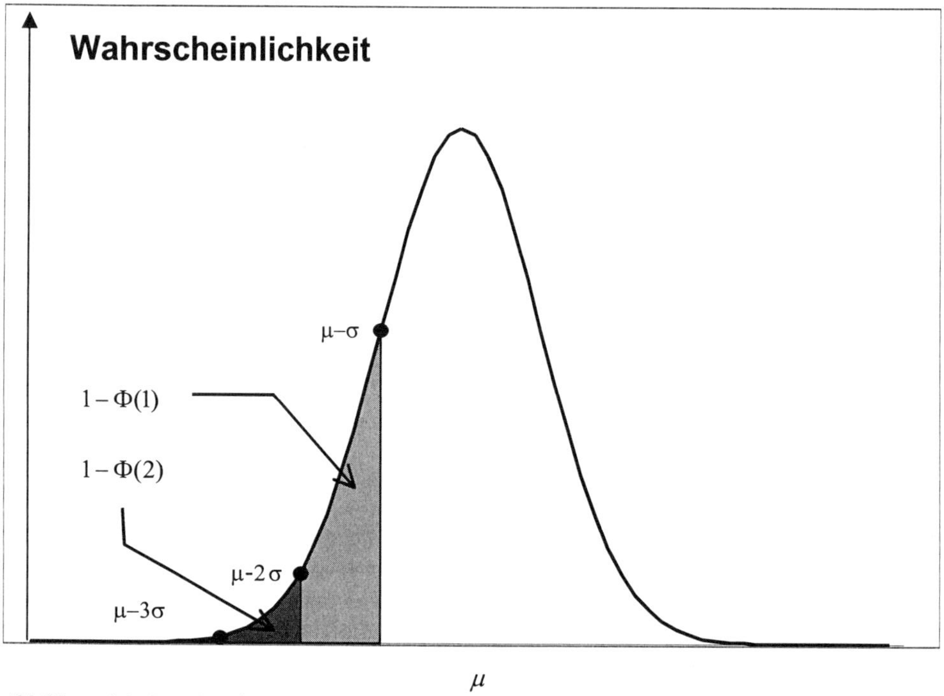

Abbildung 6.1: Der Graph stellt die Dichte einer Normalverteilung dar. Die gesamte Fläche unterhalb der Kurve ergibt den Wert 1. Die Wahrscheinlichkeit, einen Renditewert unterhalb eines vorgegebenen Schwellenwerts zu erzielen, kann mittels der Standardnormalverteilung Φ *ermittelt werden. Beispielsweise beträgt die Wahrscheinlichkeit, eine Rendite unterhalb* $\mu - \sigma$ *zu erzielen,* $1 - \Phi(1) = 0{,}1587 \cong 15{,}87\%$. *Die Wahrscheinlichkeit, eine Rendite unterhalb von* $\mu - 2\sigma$ *zu erzielen, beträgt* $1 - \Phi(2) = 0{,}0228 \cong 2{,}28\%$.

Falls z eine positive Zahl ist, dann gilt allgemein, daß die Wahrscheinlichkeit für das Eintreffen eines Ereignisses im Bereich von $\mu - z\sigma$ bis $\mu + z\sigma$ (sog. Konfidenzintervall)

$2*(\Phi(z)-1)$ beträgt, wobei Φ die Verteilungsfunktion der Standardnormalverteilung (Normalverteilung mit $\mu=0$ und $\sigma=1$) darstellt (vgl. Abbildung 6.1): $\Phi(z)$ ist der Flächeninhalt der Normalverteilung im Bereich $-\infty$ bis z. Somit ist $\Phi(z)$ die Wahrscheinlichkeit dafür, einen Wert unterhalb von $\mu+z\sigma$, und $1-\Phi(z)$ die Wahrscheinlichkeit dafür, einen Wert unterhalb von $\mu-z\sigma$ zu erzielen. Da die Funktionswerte der Verteilungsfunktion Φ in tabellierter Form vorliegen (vgl. [Bamberg/Baur 98, S. 319]), braucht in der Praxis mit dieser Funktion nicht gearbeitet zu werden.

z	$\Phi(z)$	$2*(\Phi(z)-1)$	$1-\Phi(z)$
0,40	*65,54%*	*31,08%*	*34,46%*
0,43	*67,00%*	*34,01%*	*33,00%*
0,50	*69,15%*	*38,29%*	*30,85%*
0,61	*72,91%*	*45,81%*	*27,09%*
1,00	*84,13%*	*68,27%*	*15,87%*
1,50	*93,32%*	*86,64%*	*6,68%*
1,65	*95,05%*	*90,10%*	*4,95%*
2,00	*97,73%*	*95,45%*	*2,28%*
2,05	*97,98%*	*95,96%*	*2,02%*
2,33	*99,01%*	*98,02%*	*0,99%*
2,50	*99,38%*	*98,76%*	*0,62%*
3,00	*99,87%*	*99,73%*	*0,13%*
3,50	*99,98%*	*99,95%*	*0,02%*
4,00	*100,00%*	*99,99%*	*0,00%*

Tabelle 6.1: Spezielle Werte der Verteilungsfunktion der Standardnormalverteilung Φ (nach [Bamberg/Baur 98, S. 319]).

Beispiel 6.1 (Volatilität des DAX):

Im Zeitraum vom 01.01.1993 bis 31.12.1997 betrug die durchschnittliche Rendite des DAX per annum $\mu=22{,}5\%$ und die Volatilität berechnet auf Monatsbasis $\sigma=17{,}7\%$.

Unter der Annahme der Normalverteilung der Renditewerte läßt sich unter Verwendung obiger Schätzwerte folgende Interpretation ableiten: Mit einer Wahrscheinlichkeit von ca. 68,27% fällt ein auf ein Jahr bezogener DAX-Renditewert in das Konfidenzintervall[7]

$$[\mu-\sigma,\mu+\sigma]=[4{,}8\%,40{,}2\%].$$

Anders formuliert: Mit einer Wahrscheinlichkeit von ca. 31,73% liegt der DAX-Renditewert *außerhalb* des obigen Intervalls. Insbesondere beträgt die Wahrscheinlichkeit, eine Rendite unterhalb von 4,8% zu erzielen, ca. 15,87% (vgl. Abbildung 6.1 und Abbildung 6.2).

[7] Die Annahme der Normalverteilung der Renditen ist für diese Vorgehensweise wesentlich. Siehe dazu auch den nachfolgenden Abschnitt.

Durch die Erweiterung des Zielintervalls läßt sich die Möglichkeit des „Ausreißens“ weiter begrenzen. So liegt beispielsweise bei einer einjährigen Investition die Rendite mit einer Wahrscheinlichkeit von ca. 95,45% im Konfidenzintervall

$$[\mu - 2\sigma, \mu + 2\sigma] = [-12{,}9\%, 57{,}9\%].$$

Folglich beträgt die Wahrscheinlichkeit, eine geringere Rendite als -12,9% zu erzielen, ca. 2,28% (vgl. Abbildung 6.1 und Abbildung 6.2).

Schließlich beträgt die Wahrscheinlichkeit dafür, über einen Zeitraum von zwölf Monaten eine Rendite zu erzielen, die in das Konfidenzintervall

$$[\mu - 3\sigma, \mu + 3\sigma] = [-30{,}6\%, 75{,}6\%]$$

fällt, ca. 99,73%. Die Wahrscheinlichkeit dafür, in einem Zeitraum von zwölf Monaten mehr als 30,6% einer Investition in den DAX zu verlieren, beträgt somit weniger als ca. 0,13% (vgl. Abbildung 6.1 und Abbildung 6.2).

Die Volatilität ist als Maß für das Verlust- und Gewinnpotential und somit für das „absolute Risiko“ einer Investition interpretierbar.

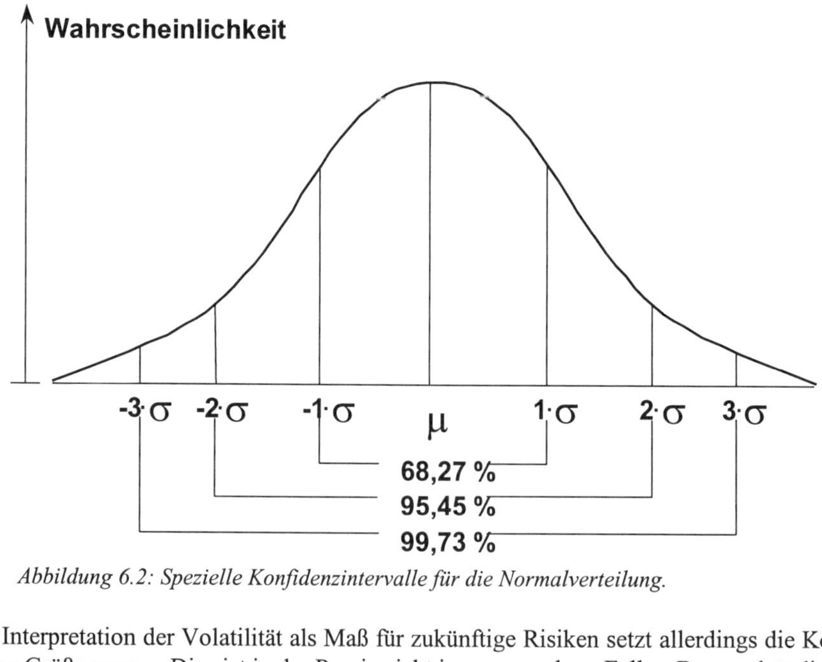

Abbildung 6.2: Spezielle Konfidenzintervalle für die Normalverteilung.

Die Interpretation der Volatilität als Maß für zukünftige Risiken setzt allerdings die Konstanz dieser Größe voraus. Dies ist in der Praxis nicht immer gegeben. Falls z.B. grundsätzliche Änderungen des Managementansatzes für ein bestimmtes Composite vorgenommen wurden und somit zu erwarten ist, daß eine Interpretation der Standardabweichung, wie sie oben erfolgte, nur bedingt sinnvoll ist, so sollte dies bei einer Präsentation dargestellt werden.

Die Volatilität sollte von einem Investor zur Messung des Risikos eines Portfolios verwendet werden, wenn er sein Vermögen einzig (oder vornehmlich) in dieses Portfolio investiert hat, da in diesem Fall keine oder nur geringe Diversifikationseffekte (vgl. Abschnitt 6.3.2) mittels anderer Portfolios erzielt werden können und somit das Gesamtrisiko ausschlaggebend ist.

Eine Alternative zur Verwendung historischer Renditewerte bei der Berechnung der Volatilität stellt die Verwendung von retrograd berechneten Renditewerten ausgehend von der aktuellen Struktur des Portfolios dar. Mittels dieser simulierten Renditewerte errechnet sich dann die Volatilität gemäß Formel (6.1). Diese Kennzahl kann als zusätzliche Information angegeben werden, wobei die Berechnungsmethode beschrieben werden sollte. Dabei empfiehlt es sich, folgende Punkte zu erläutern:[8]

- Wie werden Kassepositionen bei der Simulation berücksichtigt (falls dies geschieht)?

- Wie wird mit Kurszeitreihen verfahren, deren Historien nicht den vollen Berechnungszeitraum einschließen?

Beispiel 6.2 (Berücksichtigung der Liquidität):

Aufgrund der Euro-Einführung wird zwischen einem Vermögensverwalter und seinem Kunden für ein Portfolio, das zuvor nur in deutsche Aktien investiert sein durfte, ein neuer Managementansatz vereinbart. Zukünftig darf der Manager zusätzlich in Aktien von Unternehmen investieren, die im Euro-Raum ansässig sind. Da der Anleger bei der Verwaltung des Portfolios auf einer sehr hohen Liquiditätsposition besteht, die zwischen 5% und 10% des Portfoliovolumens ausmachen soll, berücksichtigt der Vermögensverwalter bei der retrograden Ermittlung der Risikoparameter für den neuen Ansatz eine Liquiditätsposition von 7,5%. Aufgrund dieser Annahme ermittelt er im Vergleich zu den Werten für seinen gewöhnlichen Managementansatz niedrigere Risikoparameter. Bei der Darstellung des neuen Konzeptes gegenüber dem Kunden weist der Vermögensverwalter jedoch auf die Vorgehensweise bei der Ermittlung der Parameter hin.

Beispiel 6.3 (Zeitreihen mit einer begrenzten Historie: West Japan Railways):

In Einzelfällen kann es sinnvoll sein, Titel, die eine nicht ausreichende Historie aufweisen, durch Titel zu ersetzen, deren Historie hinreichend lang ist und bei denen anzunehmen ist, daß sie einen ähnlichen Beitrag zum Risiko des Portfolios leisten.

Die Historie der Aktie des japanischen Unternehmens West Japan Railways beginnt erst am 08.10.1996. Die Kursentwicklung von „West Japan Railways“ war jedoch seitdem stark mit der Kursentwicklung der Aktie des Unternehmens East Japan Railways korreliert (vgl. Abbildung 6.3). Da diese Aktie bereits seit dem 26.10.1993 notiert wird, kann es bei der Berechnung der simulierten Volatilität als sinnvoll erachtet werden, im Zeitraum vom 26.10.1993 bis 08.10.1996 „West Japan Railways“ durch „East Japan Railways“ zu substituieren.

[8] Diese Empfehlungen sind nicht expliziter Bestandteil der DVFA-PPS.

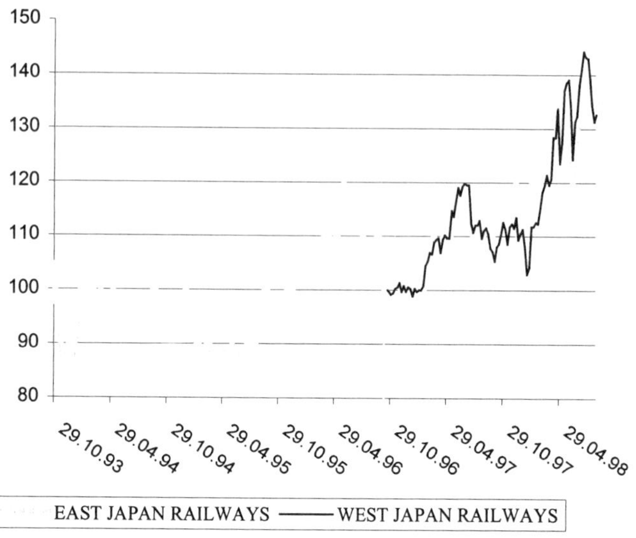

Abbildung 6.3: Entwicklung der Aktien „East Japan Railways" und „West Japan Railways" vom 29.10.1993 bis 28.8.1998 auf Wochenbasis. Die Aktie „West Japan Railways" wird erst seit dem 08.10.1996 gelistet. Die Zeitreihen sind zum 11.10.1996 normiert (11.10.1996 = 100).

Obige Beispiele illustrieren nur einige der Hindernisse, die einer Standardisierung der Berechnung von Risikowerten gegenüberstehen. Eine weitere Schwierigkeit besteht in der Abhängigkeit der Risikomessung von dem zugrunde liegenden Zeitraum. Hätte der Berechnung in Beispiel 6.1 z.B. der Zeitraum vom 01.01.1988 bis 31.12.1997 (anstelle vom 01.01.1993 bis 31.12.1997) zugrunde gelegen, dann hätte sich für die Volatilität ein Wert von 18,95% bei einer mittleren jährlichen Rendite von 15,48% ergeben. Die Schlußfolgerungen in Beispiel 6.1 müßten entsprechend modifiziert werden.

Die Frage nach einem optimalen Schätzer für Risikomaße ist ein komplexes Problem, für dessen Lösung in der Praxis unterschiedliche Ansätze Verwendung finden. Zwei Ansätze zur Berechnung der Volatilität wurden bereits in diesem Abschnitt erörtert. Im nachfolgenden Abschnitt wird die Standardabweichung unter statistischen Aspekten behandelt. Dabei werden auch alternative Schätzverfahren erörtert.[9]

6.2.2 Standardabweichung als statistische Größe

Allgemein ist die Varianz einer Zufallsvariablen $\tilde{X}$ (wie etwa die monatliche Rendite) als der Erwartungswert von $\left(\tilde{X} - E\left(\tilde{X}\right)\right)^2$ definiert, wobei $E\left(\tilde{X}\right)$ den Erwartungswert der Größe $\tilde{X}$ bezeichnet. Statistisch gesehen werden der Mittelwert und die Varianz der Verteilungsfunktion lediglich geschätzt, sofern man, wie im vorangegangenen Abschnitt, von einer spezifi-

[9] Siehe hierzu auch Abschnitt 6.2.4.1.

schen Stichprobe ausgeht. Die Standardabweichung einer Zufallsvariablen ist als Quadratwurzel der Varianz dieser Zufallsvariablen definiert.

Faßt man die beobachteten Renditewerte über einzelne Monate als Ausprägungen spezifischer Zufallsvariablen $\widetilde{R}_i$ (*i* steht für den *i*-ten Monat) auf, die unabhängig voneinander sind und die alle dem gleichen Verteilungsgesetz unterliegen, dann zeichnen sich die *Schätzfunktionen* $\widetilde{\mu}$ und $\widetilde{S}^2$ für den Mittelwert und die Varianz,

$$\widetilde{\mu} := \frac{1}{n} * \sum_{i=1}^{n} \widetilde{R}_i , \qquad \widetilde{S}^2 := \frac{1}{n-1} * \sum_{i=1}^{n} \left(\widetilde{R}_i - \widetilde{\mu}\right)^2 ,$$

dadurch aus, daß sie *erwartungstreu* sind. Schätzfunktionen sind erwartungstreu, wenn sie „im Mittel“ den „korrekten“ Wert liefern [Hartung 99, Kapitel 3]. Für die Funktionen $\widetilde{\mu}$ und $\widetilde{S}^2$ bedeutet dies

Erwartungswert von $\widetilde{\mu}$	=	Mittelwert der zugrunde liegenden Verteilungsfunktion
Erwartungswert von $\widetilde{S}^2$	=	Varianz der zugrunde liegenden Verteilungsfunktion

Aus der Forderung nach der Erwartungstreue der Schätzer resultiert insbesondere die Verwendung des Faktors $\frac{1}{n-1}$ anstatt des „intuitiveren“ Faktors $\frac{1}{n}$ bei der Definition der Standardabweichung. Der Unterschied zwischen den Faktoren ist jedoch nur dann relevant, wenn die zugrunde liegende Stichprobe einen geringen Umfang hat.

Falls der Mittelwert μ der Verteilungsfunktion als *bekannt* angenommen werden kann, ist die Schätzfunktion für die Varianz

$$\widetilde{S}^2 := \frac{1}{n} * \sum_{i=1}^{n} \left(\widetilde{R}_i - \mu\right)^2 \tag{6.4}$$

erwartungstreu.[10] Dieses Maß eignet sich besonders gut zur Beschreibung abgeschlossener Prozesse, bei denen der Mittelwert der Verteilungsfunktion mit dem empirisch beobachtbaren identifiziert werden kann.

Darüber hinaus gibt es noch eine Reihe anderer Schätzfunktionen. Beispielsweise wird die Schätzfunktion $\widetilde{S}^2_{ml}$

$$\widetilde{S}^2_{2ml} := \frac{1}{n} * \sum_{i=1}^{n} \left(\widetilde{R}_i - \widetilde{\mu}\right)^2 \text{ mit } \widetilde{\mu} := \frac{1}{n} * \sum_{i=1}^{n} \widetilde{R}_i$$

[10] Falls der Mittelwert nicht als bekannt angenommen werden kann, ist die Schätzfunktion (6.4) nur asymptotisch erwartungstreu [Bamberg/Baur 98, Kapitel 12.1].

als „Maximum-Likelihood-Schätzer“ für die Varianz bezeichnet [Hartung 99, Kapitel 3]. Sie ist nicht erwartungstreu.

Damit S und S_{ml} statistisch aussagekräftige Größen sind, muß n hinreichend groß sein. Der benötigte Umfang der Stichprobe hängt von der Anlageklasse[11] und dem gewünschten Genauigkeitsgrad ab. In [Hartung 99, Abschnitt IV.1.4] werden eine Reihe von Verfahren angegeben, mit denen der benötigte Stichprobenumfang abschätzbar ist. Können die Renditewerte innerhalb einzelner Teilintervalle zwar als identisch verteilt und unabhängig voneinander, nicht jedoch als normalverteilt angenommen werden, dann folgt aus dem zentralen Grenzwertsatz, daß ab einem bestimmten Stichprobenumfang das arithmetische Mittel der $\widetilde{R}_i$ als normalverteilt angesehen werden kann [Bamberg/Baur 98, Abschnitt 10.2]. Unter Berufung auf diese Folgerung aus dem zentralen Grenzwertsatz lassen sich somit auch solche Zufallsvariablen als normalverteilt annehmen.[12]

Das „Skalieren“ der Subperioden-Renditewerte in Abschnitt 6.2.1 ist nur unter der Annahme gerechtfertigt, daß die Verteilungen der Renditewerte innerhalb der einzelnen Teilperioden identisch und unabhängig voneinander sind. Unter diesen Voraussetzungen ergibt sich folgender Zusammenhang zwischen der Volatilität und den Varianzen σ_T^2 innerhalb eines der n Teilintervalle, in die der Zeitraum eines Jahres unterteilt wird:

$$\sigma^2 = \left(\left(1 + \mu_T^2\right)^2 + \sigma_T^2\right)^n - \left(1 + \mu_T\right)^{2n}, \tag{6.5}$$

wobei μ_T die mittlere Rendite innerhalb einer Teilperiode darstellt. Diese Berechnungsweise unterscheidet sich von der in Formel (6.2). Formel (6.5) gilt unter der Annahme, daß die diskreten Renditen normalverteilt sind. Für kleine Werte von μ_T und σ_T geht das Skalierungsgesetz (6.5) näherungsweise in Formel (6.2) über. Im strikten Sinne gilt Formel (6.2) für normalverteilte logarithmierte Renditen (vgl. Übung 6.8).[13]

Eine Darstellung von Risikokennzahlen, die auf der empirischen Standardabweichung basiert, sollte auch Angaben über die Länge des Zeitraums, auf der die Berechnung basiert, und die Form der Daten (z.B. Monatsdaten) enthalten. Insbesondere sollte darauf hingewiesen werden, ob der Berechnungszeitraum für die Standardabweichung mit dem Zeitraum übereinstimmt, über den die in der Präsentation dargestellten Renditewerte ermittelt worden sind.

6.2.3 Duration als Risikomaß für Rentenportfolios

Ein wichtiges Maß zur Bestimmung des Risikos von Rentenportfolios gegenüber Zinsänderungen stellt die Duration dar, die im folgenden skizziert wird.[14]

---

[11] Beispielsweise werden für Portfolios, deren Entwicklung sehr volatil verläuft, mehr Stichproben benötigt als für Portfolios mit einer geringen Volatilität.

[12] Als Faustregel wird in [Bleymüller/Gehlert/Gülicher 98, S. 78] angegeben, daß das arithmetische Mittel der Stichprobe ab 30 Stichproben normalverteilt ist.

[13] Die Berechnung von mehrperiodigen Renditen und Varianzen für Daten, die in der Praxis ermittelt werden, ist Gegenstand der wissenschaftlichen Forschung (vgl. [Diebold et al. 96, Geyer 98]).

[14] Für eine tiefergehende Darstellung sei auf [Uhlir/Steiner 94, Abschnitt 2.6] verwiesen.

Zur Interpretation der Duration einer Anleihe wird zunächst der Barwert des mit einer Anleihe verbundenen Zahlungsstroms $Z(t)$ betrachtet. In jährlicher Abfolge erhalte der Besitzer der Anleihe die Zahlungen (Kupon, Nominalwert) $Z(1)$, $Z(2)$ etc. Bei T (jährlichen) Zahlungen gilt für den Barwert K:

$$K := \frac{Z(1)}{1+i} + \frac{Z(2)}{(1+i)^2} + \cdots + \frac{Z(n)}{(1+i)^T} = \sum_{j=1}^{T} \frac{Z(j)}{(1+i)^j}. \tag{6.6}$$

Zur Vereinfachung der Darstellung wurde angenommen, daß zum Betrachtungszeitpunkt keine Stückzinsen aufgelaufen sind, die ansonsten dem Barwert hinzuaddiert werden müßten. $Z(T)$ beinhaltet den Tilgungsbetrag der Anleihe.

Anhand des verwendeten Diskontierungszinssatzes i wird bereits die wichtige (Standard-)Annahme deutlich, die der Herleitung der Formel für die Duration zugrunde liegt: Die Zinsstrukturkurve wird als flach angenommen, d.h. sämtliche „Spot Rates" sind über die Laufzeit identisch.[15]

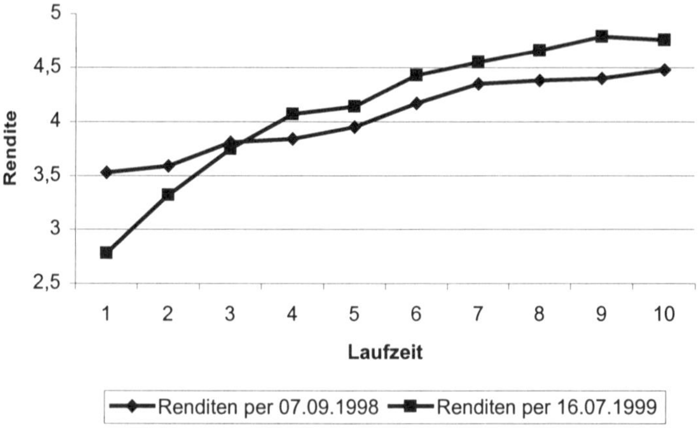

Abbildung 6.4: Die Abbildung veranschaulicht die Renditen von Bundesanleihen zum 07.09.1998 und zum 16.07.1999. Die resultierende Zinsstrukturkurve ist in diesem Zeitraum deutlich steiler geworden.

---

15 Diese Voraussetzung ist in der Praxis in der Regel nicht gegeben (vgl. Abbildung 6.4).

Duration[16]

Die Duration D ist ein Maß für die Rendite δR, die sich aus einer unerwarteten Verschiebung[17] der Zinsstrukturkurve ergibt. Es gilt:

$$\delta R = \frac{dK}{K} = -D * \Delta\, i, \text{ mit } \Delta\, i := \frac{d(1+i)}{1+i}. \tag{6.7}$$

Die mathematische Maßeinheit der Duration ist Jahre.[18]

Beispiel 6.4 (Zinssensitivität einer Nullkuponanleihe):

In diesem Beispiel wird eine Nullkuponanleihe betrachtet, bei der in fünf Jahren eine Zahlung von 150 DM fällig wird. Der Diskontierungszinssatz i betrage 5%. Der Kurs K der Nullkuponanleihe (= Barwert) errechnet sich dann zu

$$K = \frac{150}{1{,}05^5} = 117{,}53.$$

Wie reagiert der Kurs dieser Anleihe auf Zinsänderungen? Dazu werden zwei Szenarien beispielhaft betrachtet:

Szenario 1 (Steigende Zinsen): Unter der Annahme, daß die flache Zinsstrukturkurve parallel um einen Prozentpunkt nach oben verschoben wird (i = 6%), erhält man:

$$K = \frac{150}{1{,}06^5} = 112{,}09.$$

Der Wert der Anleihe fällt somit um 5,44 DM oder um 4,63%. Näherungsweise gilt $\Delta\, i \approx 0{,}01/1{,}05$ und somit $D \approx 4{,}63 * 1{,}05 = 4{,}86$.

Szenario 2 (Fallende Zinsen): Unter der Annahme, daß die flache Zinsstrukturkurve parallel um einen Prozentpunkt nach unten verschoben wird (i = 4%), erhält man:

$$K = \frac{150}{1{,}04^5} = 123{,}29.$$

16 Vgl. [Elton/Gruber 95, Kapitel 21]. Dieses Maß wird häufig nach seinem Entwickler auch als Macauley-Duration bezeichnet.

17 Aus der Definition geht hervor, daß im strikten Sinn Kursänderungen nur für infinitesimale Verschiebungen der flachen Zinsstrukturkurve mittels der Duration dargestellt werden können.

18 In der deutschsprachigen Fachliteratur wird die Duration auch als „mittlere Kapitalbindungsdauer“, „mittlere Fristigkeit“ oder „mittlere Selbstliquidierungsperiode“ [Loistl 90, S. 268ff.] bezeichnet. Diese Sichtweise wird im Rahmen der vorliegenden Abhandlung jedoch nicht ausgeführt.

Der Wert der Anleihe steigt somit um 5,76 DM oder um 4,90%. Es gilt $\Delta\, i \approx -0{,}01/1{,}05$ und somit $D \approx 4{,}90 * 1{,}05 = 5{,}15$.

Eine unerwartete Zinsänderung in der Größenordnung von $\pm 1\%$ führt somit zu einer Änderung des Kurses der Anleihe um ca. $\mp 5 * \Delta\, i\%$.

Der exakte Wert der Duration beträgt tatsächlich $D = 5$. Dies wird durch nachfolgende Betrachtung bestätigt. Es gilt:

$$K = 150 * (1+i)^{-5}.$$

Unter Anwendung der Kettenregel der Differentialrechnung ergibt sich daraus:

$$\frac{dK}{d(1+i)} = \frac{dK}{di} = -5 * 150 * (1+i)^{-6},$$

und somit

$$dK = -5 * 150 * (1+i)^{-5} * \frac{di}{1+i} = -5 * K * \Delta i.$$

Der Vergleich mit der Definitionsgleichung (6.7) ergibt $D = 5$.

Obige Rechnung läßt sich leicht auf den Fall einer beliebigen Nullkuponanleihe verallgemeinern:

Bei einer Nullkuponanleihe ist die Duration identisch mit der Restlaufzeit.

Im folgenden wird der allgemeinere Fall einer Anleihe mit einer Restlaufzeit von T und jährlichen Kuponzahlungen betrachtet. Um die Betrachtung so einfach wie möglich zu gestalten, wird der Betrachtungszeitpunkt so gewählt, daß keine Stückzinsen angefallen sind. Somit gilt:

$$K = \sum_{j=1}^{T} Z(j) * (1+i)^{-j}.$$

Daraus folgt wieder mit der Kettenregel:

$$\frac{dK}{di} = \sum_{j=1}^{T} -j * Z(j) * (1+i)^{-j-1},$$

und somit

$$dK = \sum_{j=1}^{T} -j * Z(j) * (1+i)^{-j} * \frac{d(1+i)}{1+i}.$$

Nach Division durch K führt dies zu

$$\delta R = \frac{dK}{K} = -\frac{\sum_{j=1}^{T} j * Z(j) * (1+i)^{-j}}{\sum_{j=1}^{T} Z(j) * (1+i)^{-j}} * \Delta i.$$

Dieser Gleichung entnimmt man die bekannte Formel für die Duration [Elton/Gruber 95, Kapitel 21]:

$$D = \frac{\sum_{j=1}^{T} j * Z(j) * (1+i)^{-j}}{\sum_{j=1}^{T} Z(j) * (1+i)^{-j}}. \qquad (6.8)$$

Beispiel 6.5 (Duration einer Bundesanleihe):

Der Kurswert der Bundesanleihe 98/08 mit einem Kupon von 4,75% notierte am 07.09.1998 zu 104,05 mit einer Rendite von 4,234%. Der Barwert dieser Anleihe errechnet sich näherungsweise[19] zu

$$4{,}75 * (1{,}04234)^{-1} + 4{,}75 * (1{,}04234)^{-2} + \cdots + 104{,}75 * (1{,}04234)^{-10} = 104{,}14,$$

in guter Übereinstimmung mit dem tatsächlichen Kurs. Ferner gilt:

$$4{,}75 * (1{,}04234)^{-1} + 2 * 4{,}75 * (1{,}04234)^{-2} + \cdots + 10 * 104{,}75 * (1{,}04234)^{-10} = 857{,}01.$$

Mittels Formel (6.8) errechnet sich die Duration somit näherungsweise zu D = 857,01/104,14 Jahre = 8,23 Jahre.

[19] Die aufgelaufenen Stückzinsen werden vernachlässigt, und die Perioden sind in Wirklichkeit etwas kürzer als ganze Jahre. In der Praxis wählt man i häufig als den internen Zinssatz. Dies ist der Wert für den gilt: Barwert = Kurs der Anleihe + aufgelaufene Stückzinsen.

Folgende Faktoren haben Einfluß auf die Duration:[20]

1. Eine Erhöhung der Kuponzahlungen zu Lasten des Tilgungsbetrags (bei konstantem Diskontierungszinssatz und konstanter Restlaufzeit) erniedrigt die Duration.
2. Eine Erhöhung des Tilgungsbetrags zu Lasten der Kuponzahlungen (bei konstantem Diskontierungszinssatz und konstanter Restlaufzeit) erhöht die Duration.
3. Eine Erhöhung des Diskontierungszinssatzes i (bei konstanten Kuponzahlungen, konstantem Tilgungsbetrag und konstanter Restlaufzeit) erniedrigt die Duration.
4. Eine Erhöhung der Restlaufzeit T (bei konstanten Kuponzahlungen, konstantem Tilgungsbetrag und konstantem Diskontierungszinssatz) erhöht die Duration.

Im folgenden wird das Risikomaß Duration von einzelnen Renten auf Rentenportfolios übertragen.

Duration eines Rentenportfolios[21]

Die Duration D_P eines Rentenportfolios ist der gewichtete Durchschnitt der Duration der im Portfolio enthaltenen Anleihen:

$$D_P = \sum_{i=1}^{M} g_i * D_i,$$

mit

g_i : Gewicht der i-ten Anleihe im Portfolio

D_i : Duration der i-ten Anleihe im Portfolio.

Die Duration eines Portfolios ist ein absolutes Risikomaß, da es die Sensitivität des Inventarwerts des Portfolios gegenüber (unerwarteten) Zinsänderungen mißt. In der Praxis des Portfoliomanagements nimmt man jedoch häufig einen relativen Blickwinkel ein, wenn die Managementleistung im Vergleich zu einer Benchmark beurteilt wird.

Beispiel 6.6 (Duration-Differenz als relatives Risikomaß):

Ein Portfoliomanager erniedrigt am 10.09.1998 die Duration eines aus deutschen Staatsanleihen bestehenden Portfolios auf 5,0 Jahre, indem er verschiedene Anleihen mit hoher Restlaufzeit verkauft. Im Vergleich zu seiner Benchmark, dem *Datastream Government Bond Index Germany*, positioniert er sich damit vom Standpunkt der Duration aus betrachtet „neutral". Die mittlere Duration der Benchmark betrug am 10.09.1998 4,997 Jahre. Dies bedeutet allerdings nicht, daß das Portfolio von diesem Zeitpunkt an identisch mit der Benchmark

[20] Vgl. [Uhlir/Steiner 94, Abschnitt 2.6.6].

[21] Vgl. [Elton/Gruber 95, Kapitel 21]. In ähnlicher Form kann auch die Duration eines Composites definiert werden (vgl. Fußnote 4 in Kapitel 6).

performen wird, sofern nicht auch die Struktur des Portfolios (z.B. die Gewichtung einzelner Durationsklassen) der Benchmarkstruktur angepaßt wird.

Es gibt eine ganze Reihe weiterer Durationsmaße, von denen hier insbesondere die *Modified Duration* D_M erwähnt werden muß. Die Modified Duration [Elton/Gruber 95, Kapitel 21] ergibt sich aus der Macauley-Duration nach Division durch $1+i$:

$$D_M = \frac{D}{1+i}.$$

Mit dieser Definition errechnet sich die Rendite durch eine (unerwartete Zinsänderung) gemäß

$$\delta P = -D_M * di.$$

Diese Definition hat den Vorteil, daß die Duration direkt mit der (infinitesimalen) Zinsänderung di anstatt mit dem Faktor $\Delta\, i := \frac{d(1+i)}{1+i}$ multipliziert werden kann.

Ferner wurden verschiedene komplexere Durationsmaße entwickelt, um die restriktiven Annahmen der Macauley-Duration (flache Zinsstrukturkurve, nur Parallelverschiebung der Kurve möglich, Gültigkeit nur für infinitesimal kleine Zinsänderungen) zu überwinden. In diesem Zusammenhang soll vor allem auf die „Effective Duration“, bei der die Abdiskontierung mit den periodenadäquaten Spot Rates erfolgt, und die „Key-Rate-Duration“, bei der die Reaktion der Kurse von Anleihen auf die Änderung von Zinssätzen bestimmter Laufzeiten untersucht wird, hingewiesen werden. Da diese Maße in der Praxis der Vermögensverwaltung nur selten verwendet werden, wird hier von einer näheren Darstellung abgesehen. Dem interessierten Leser wird der anschauliche Artikel von Bühler und Hies [Bühler/Hies 95] empfohlen.

Der Übergang zur zweiten Ordnung in Gleichung (6.7) führt zu einer exakteren Beschreibung der Kursänderungen von Anleihen bei Zinsänderungen. Dies führt zur Einführung einer Größe, die als „Konvexität“ bezeichnet wird. Übung 6.7 enthält eine kurze Darstellung dieser Größe.

6.2.4 Value-at-Risk, Ausfallwahrscheinlichkeit und asymmetrische Risikomaße

6.2.4.1 Value-at-Risk

Value-at-Risk-Konzepte haben im Asset Management zwar nicht die Bedeutung, die sie in anderen Bereichen der Finanzindustrie haben;[22] die Häufigkeit der Verwendung solcher Konzepte nimmt jedoch auch in diesem Bereich zu. Was hat man unter dem Value-at-Risk zu verstehen?

---

[22] Für den Handelsbereich von Banken gibt es seit 1996 vom Basler „Committee on Banking Supervision“ erarbeitete Standards ([Basel 96]), die auf Value-at-Risk-Methoden zurückgreifen. Die Berechnungsmethode für den VAR wurde in diesen Standards jedoch nicht im Detail festgelegt.

Value-at-Risk [Simons 96]

Der Value-at-Risk (VAR) eines Portfolios ist der Betrag, der mit einer vorgegebenen Wahrscheinlichkeit die Obergrenze für einen absoluten Verlust über einen Zeitraum einer vorab bestimmten Länge darstellt.

Abbildung 6.5 veranschaulicht die generelle Vorgehensweise zur Ermittlung des VAR.

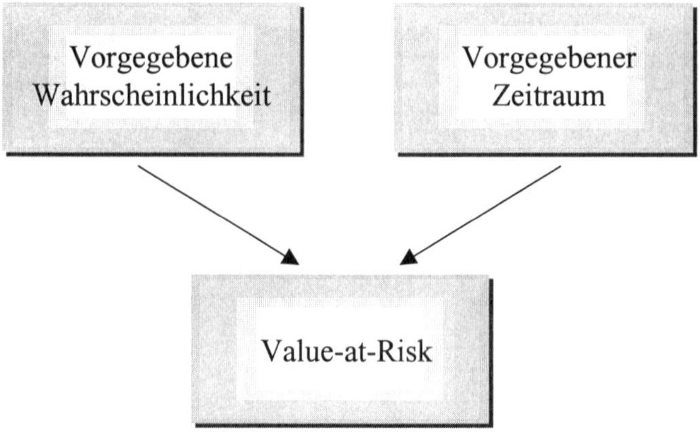

Abbildung 6.5: Vorgehensweise bei der Bestimmung des Value-at-Risk.

Beispiel 6.7 (VAR bei einem europäischen Aktienportfolio):

Die Volatilität eines europäischen Aktienportfolios betrage 20% bei einer durchschnittlichen annualisierten Rendite von 8%. Der Inventarwert des Portfolios betrage 100 Mio. DM. Entsprechend den Berechnungen in Beispiel 6.1 erhält man:

a) Die Wahrscheinlichkeit, innerhalb eines Jahres mehr als 12% des Inventarwerts zu verlieren, beträgt ca. 15,87%;

b) die Wahrscheinlichkeit, innerhalb eines Jahres mehr als 32% des Inventarwerts zu verlieren, beträgt ca. 2,28%.

In die VAR-Terminologie übersetzt lauten diese Aussagen:

a) Der Ein-Jahr 84,13%-VAR des Portfolios beträgt 12 Mio. DM (vgl. Abbildung 6.6.);

b) der Ein-Jahr 97,73%-VAR des Portfolios beträgt 32 Mio. DM.

Können die Renditen als normalverteilt angesehen werden, dann gilt allgemein:

$$VAR_z = X * (\sigma * z - \mu), \text{ wenn } \sigma * z - \mu \geq 0 \qquad (6.9)$$

mit

VAR_z: Value-at-Risk mit einer Wahrscheinlichkeit von $1-\Phi(z)$ über einen Zeitraum einer vorab bestimmten Länge, in bezug auf den die Größen μ und σ ermittelt wurden; mit μ und σ werden wieder der Mittelwert bzw. die Standardabweichung der zugrunde liegenden Dichte der Normalverteilung bezeichnet (vgl. Abschnitt 6.2.1)

X: Inventarwert des Portfolios

z: beliebige positive Zahl.

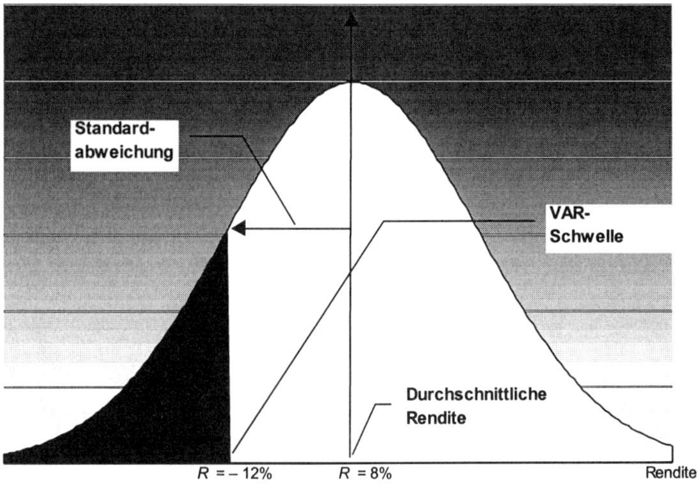

Abbildung 6.6: Veranschaulichung des VAR-Konzepts mit den Parametern aus Fall a).

An dieser Stelle soll noch betont werden, daß es sich bei dem Value-at-Risk *nicht* um den maximalen Verlust, den ein Portfolio erleiden kann, handelt. Der VAR gibt lediglich einen Verlustbetrag an, der mit einer bestimmten Wahrscheinlichkeit (Abbildung 6.6) erreicht oder überschritten wird. Um Mißverständnisse zu vermeiden, erscheint es sinnvoll, bei Präsentationen von VAR-Angaben auf diesen Sachverhalt hinzuweisen.

Beispiel 6.8 (Value-at-Risk beim DAX):

Der DAX hat im Zeitraum vom 01.08.1993 bis 31.07.1998 eine durchschnittliche monatliche Rendite von ca. 2,0% mit einer (monatlichen) Standardabweichung[23] von 5,17% erzielt. Auf Basis dieser Parameter beträgt somit der „Ein-Monat 97,73% VAR" eines DAX-Portfolios, welches am 01.08.1998 über 100 Mio. DM verfügte, 8,34 Mio. DM (= (2,00 – 2 * 5,17) % von 100 Mio. DM). Der DAX wies im August 1998 eine Rendite von –16,86% auf. Dies führte zu einem Verlust von 16,86 Mio. DM! Obwohl die Obergrenze bei einer Wahrscheinlichkeit von 97,73% zu 8,34 Mio. DM berechnet wurde, stellte sich somit im August 1998 ein wesentlich höherer Verlust ein.

[23] Die Standardabweichung wurde auf Basis von monatlichen Renditewerten ermittelt.

Die wichtigsten Methoden zur Ermittlung des VAR folgen entweder einem „parametrischen Ansatz", einem Ansatz über „historische Simulationen" oder einem Ansatz, der auf „stochastischen Simulationen" („Monte-Carlo-Methoden") beruht. Der parametrische Ansatz wurde bereits (in elementarer Form) in Beispiel 6.7 dargestellt. Der wohl bekannteste „parametrische Ansatz" ist der RiskMetrics-Ansatz von JP Morgan [JP Morgan/Reuters 96]. Bei dieser Methode wird der VAR über die Kovarianzmatrix (Korrelationsmatrix) der in einem Portfolio enthaltenen Anlagen oder Anlageklassen berechnet. Mittels der Kovarianzmatrix (Korrelationsmatrix) läßt sich die Gesamtvolatilität eines Portfolios als gewichtete Summe der Volatilitäten der einzelnen Anlageklassen darstellen:

$$\sigma^2 = \sum_{i,j=1}^{n} Kov_{ij} * g_i * g_j = \sum_{i,j=1}^{n} Kor_{ij} * \sigma_i * \sigma_j * g_i * g_j , \tag{6.10}$$

mit

σ_i: Volatilität der i-ten Anlage bzw. Anlageklasse

g_i: Gewicht der i-ten Anlage bzw. Anlageklasse

Kov_{ij}: Kovarianz zwischen der i-ten und j-ten Anlage bzw. Anlageklasse

Kor_{ij}: Korrelation zwischen der i-ten und j-ten Anlage bzw. Anlageklasse ($Kor_{ij} = \frac{Kov_{ij}}{\sigma_i * \sigma_j}$).

Nach [Bosch 92, Kapitel 10.2] ist die Kovarianz zwischen zwei Zufallsvariablen $\tilde{X}$ und $\tilde{Y}$ als der Erwartungswert der Größe $(\tilde{X} - E(\tilde{X}))*(\tilde{Y} - E(\tilde{Y}))$ definiert. Bezeichnen R_i^k und R_j^k ($k = 1, \cdots, n$) eine Stichprobe der Renditen der i-ten und der j-ten Anlage bzw. Anlageklasse, dann stellt folgender Ausdruck[24] einen geeigneten Schätzer für die Kovarianz zwischen den Segmenten dar:

$$Kov_{ij} = \frac{1}{n-1} * \sum_{k=1}^{n} (R_i^k - \mu_{R_i}) * (R_j^k - \mu_{R_j}) ,$$

wobei

$$\mu_{R_i} = \frac{1}{n} * \sum_{k=1}^{n} R_i^k \text{ und } \mu_{R_j} = \frac{1}{n} * \sum_{k=1}^{n} R_j^k .$$

Die Kombination der Ausdrücke in Formel (6.9) und Formel (6.10) ergibt:

[24] Eine erwartungstreue Schätzfunktion für die Kovarianz $Kov(\tilde{X}, \tilde{Y})$ einer zweidimensionalen Zufallsvariablen $(\tilde{X}, \tilde{Y})$ ist laut [Bosch 92, Satz 10.6] durch $\frac{1}{n-1} * \sum_{i=1}^{n} (\tilde{X}_i - \tilde{\mu}_X) * (\tilde{Y}_i - \tilde{\mu}_Y)$ gegeben, sofern die Paare $(\tilde{X}_i, \tilde{Y}_i)_{i=1,2,\cdots,n}$ (stochastisch) unabhängig und identisch (so wie $(\tilde{X}, \tilde{Y})$) verteilt sind, wobei $\tilde{\mu}_X := \frac{1}{n} * \sum_{i=1}^{n} \tilde{X}_i$ und $\tilde{\mu}_Y := \frac{1}{n} * \sum_{i=1}^{n} \tilde{Y}_i$ (vgl. Abschnitt 6.2.2).

$$\begin{aligned} VAR_z &= X * (z * \sigma - \mu) \\ &= X * \left(z * \sqrt{\sum_{i,j=1}^{n} Kor_{ij} * \sigma_i * \sigma_j * g_i * g_j} - \mu \right) \\ &= \sqrt{X^2 * z^2 * \sum_{i,j=1}^{n} Kor_{ij} * \sigma_i * \sigma_j * g_i * g_j} - X * \mu \\ &= \sqrt{\sum_{i,j=1}^{n} Kor_{ij} * (X * g_i * z * \sigma_i) * (X * g_j * z * \sigma_j)} - X * \mu \end{aligned}$$

Geht man vereinfachend von einer mittleren Rendite von Null für alle Anlageklassen aus, dann kann die Formel unter Verwendung der Werte des Value-at-Risk VAR_z^i für die einzelnen Anlageklassen,

$$VAR_z^i = (X * g_i) * z * \sigma_i ,$$

in folgende einprägsame Form gebracht werden:

$$VAR_z = \sqrt{\sum_{i,j=1}^{n} Kor_{ij} * VAR_z^i * VAR_z^j} .^{25} \tag{6.11}$$

Beispiel 6.9 (VAR eines internationalen gemischten Portfolios):

Mittels Formel (6.11) wird der Ein-Monat 95%-Value-at-Risk eines internationalen gemischten Portfolios ermittelt, das zu 50% aus den Titeln des *MSCI-World-Indexes* und zu 50% aus den Anleihen des *JP Morgan-World-Indexes* besteht und regelmäßig rebasiert wird. Der Inventarwert des Portfolios beträgt 100 Mio. US$. Dabei werden die nachfolgenden Daten verwendet:

	MSCI World (TR)	*JP Morgan World*
Durchschnittliche monatliche Rendite	*2,28%*	*0,68%*
Monatliche Volatilität	*4,85%*	*0,80%*

Tabelle 6.2: Durchschnittswerte für die Indizes MSCI World (TR) *und* JP Morgan World. *Die Berechnungsgrundlage bildeten monatliche Renditewerte im Zeitraum vom 31.12.1988 bis 31.12.1998.*

Die Korrelation zwischen den Indizes errechnet sich zu 0,659. Es gilt

$$VAR_{1,65}^1 = 100 * 0{,}5 * 1{,}65 * 0{,}0485 = 4{,}00$$

und

[25] Diese Formel wird in der Praxis häufig verwendet, wenn kurze Zeiträume betrachtet werden, über welche die zu erwartende Rendite sehr viel geringer ausfällt als die zu erwartende Volatilität (vgl. [Schlenger 97]).

$$VAR^2_{1,65} = 100 * 0,5 * 1,65 * 0,00228 = 1,88\,.$$

Damit folgt:

$$VAR_{1,65} = \sqrt{1,88^2 + 4,00^2 + 2 * 0,659 * 1,88 * 4,00} = 5,43$$

Der Ein-Monat 95%-Value-at-Risk errechnet sich somit zu 5,43 Mio. US$ und liegt daher unterhalb der Summe der Value-at-Risk-Werte für die einzelnen Segmente, die 5,88 Mio. US$ beträgt.

Darstellungen über die verschiedenen Methoden zur Bestimmung des VAR finden sich in [Wittrock/Jansen 96], [Simons 96], [Stocks/Ito 97], [Uhlir/Aussenegg 96] und [Rolfes 99].

6.2.4.2 Ausfallwahrscheinlichkeit

Als Ausfallwahrscheinlichkeit wird die Wahrscheinlichkeit bezeichnet, mit der ein Portfolio über einen vorgegebenen Zeitraum einen Wertverlust erleidet. Dieses Risikomaß erfreut sich aufgrund seiner Anschaulichkeit insbesondere bei risikoaversen Investoren großer Beliebtheit und liegt häufig Wertsicherungskonzepten (vgl. [Schmidt-von-Rhein 98b]) zugrunde. Die generelle Vorgehensweise wird in Abbildung 6.7 wiedergegeben.

Die Bestimmung der Ausfallwahrscheinlichkeit für ein Portfolio hängt stets von den Annahmen über die zugrunde liegende Verteilungsfunktion für die Renditewerte in bezug auf den gewählten Zeitraum ab (vgl. Abbildung 6.8). Sofern Derivate wie Call- und Put-Optionen etc. nur in begrenztem Maße zum Einsatz kommen, wird in der Praxis häufig bei Portfolios, die vorwiegend aus Aktien und/oder Renten bestehen, davon ausgegangen, daß die Renditewerte normalverteilt sind.

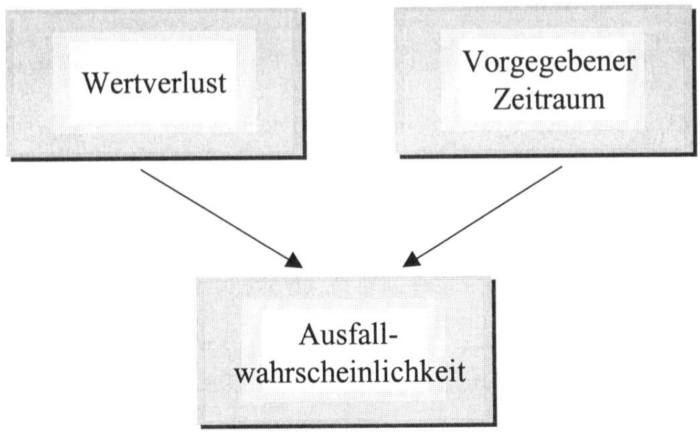

Abbildung 6.7: Vorgehensweise bei der Bestimmung der Ausfallwahrscheinlichkeit.

Beispiel 6.10 (Ausfallwahrscheinlichkeit bei einem europäischen Aktienportfolio):

Diesem Beispiel liegen die gleichen Parameter wie in Beispiel 6.7 zugrunde: Die mittlere Rendite beträgt somit $\mu = 8\%$ und die Volatilität $\sigma = 20\%$. Unter der Annahme, daß die Renditewerte normalverteilt sind (vgl. Formel (6.3)), errechnet sich unter Verwendung der Funktion Φ folgender Wert für die Ausfallwahrscheinlichkeit AW:

$$AW = \Phi\left(\frac{-8}{20}\right) = \Phi(-0{,}4) = 1 - \Phi(0{,}4) = 1 - 0{,}6554 = 0{,}3446 \cong 34{,}46\%.$$ [26]

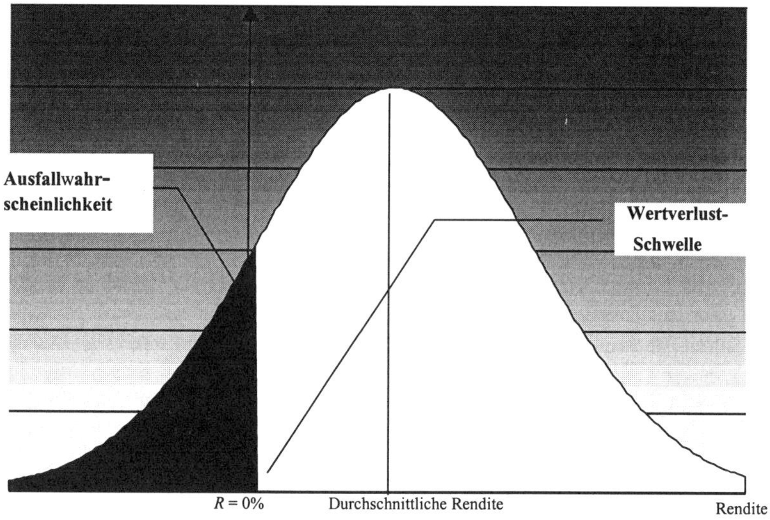

Abbildung 6.8: Veranschaulichung des Begriffs der Ausfallwahrscheinlichkeit.

Zur Bestimmung der Ausfallwahrscheinlichkeit finden in der Praxis insbesondere diejenigen Methoden Anwendung, die auch bei der Bestimmung des VAR eine Rolle spielen.[27]

6.2.4.3 Asymmetrische Risikomaße

In der Praxis werden in zunehmendem Maße auch alternative Risikomaße diskutiert, die eine Normalverteilung der Renditen nicht zur Voraussetzung haben. Insbesondere die bereits von [Markowitz 91] erläuterte Semivarianz sowie Lower-Partial-Moments-Ansätze bedingen allerdings die Vorgabe von Mindestrenditen, da das Risiko in diesem Fall als Abweichung un-

[26] Es gilt folgender Zusammenhang zwischen einer Normalverteilung F und der zugehörigen Standardnormalverteilung Φ: $F(x) = \Phi\left(\frac{x-\mu}{\sigma}\right)$. Insbesondere gilt $\Phi(-x) = 1 - \Phi(x)$ (vgl. [Bamberg/Baur 98, S. 110]). Für spezielle Werte der Funktion Φ siehe Tabelle 6.1.

[27] Vgl. den vorangegangenen Abschnitt.

terhalb der Mindestrendite definiert wird. Dem Vorteil der Anwendbarkeit dieser Maße auch im Falle nicht symmetrischer Renditeverteilungen, bei denen die Aussagekraft der Standardabweichung eingeschränkt ist, steht bei diesen Risikomaßen allerdings die subjektive Vorgabe der Mindestrendite gegenüber.[28]

Die *Lower Partial Moments* leiten sich aus den zentralen Momenten ZM_i der Verteilung einer Zufallsvariablen $\tilde{R}$ ab, die für $i = 0, 1, 2, \cdots$ wie folgt definiert sind:

$$ZM_i := E\left(\left(\tilde{R} - E(\tilde{R})\right)^i\right).$$

Das zweite zentrale Moment ist die in Abschnitt 6.2.2 bereits eingehend diskutierte Varianz. Bei einer Normalverteilung sind alle ungeraden zentralen Momente für $i > 2$ gleich Null. Die Verwendung der Lower-Partial-Moment-Maße ist daher insbesondere bei Wahrscheinlichkeitsverteilungen sinnvoll, die sich wesentlich von der Normalverteilung unterscheiden, wie beispielsweise stark asymmetrische Verteilungen.

Beispiel 6.11 (Lognormalverteilung):

Als Beispiel für eine asymmetrische Wahrscheinlichkeitsverteilung wird die Lognormalverteilung betrachtet (vgl. hierzu auch Abschnitt 2.6.7.1). Die Wahrscheinlichkeitsverteilungen von Wertpapierrenditen werden in vielen Fällen durch die Lognormalverteilung genauer beschrieben als durch die Normalverteilung.[29] Eine Zufallsvariable $\tilde{X}$ ist logarithmisch normalverteilt (oder kurz: lognormalverteilt), wenn $\ln \tilde{X}$ normalverteilt ist.[30] Wird der Mittelwert der Verteilungsdichte für $\ln \tilde{X}$ mit μ und die Standardabweichung mit σ bezeichnet (vgl. Formel (6.3)), dann ist laut [Hartung 99, S. 151, Loistl 94, S. 188f.] die Dichte der Lognormalverteilung *Lnv* wie folgt gegeben:

$$Lnv(x) = \begin{cases} \frac{1}{\sqrt{2\pi}\sigma} * \frac{1}{x} * e^{-(\ln x - \mu)^2 / 2\sigma^2} & , falls\ x > 0 \\ 0 & , sonst. \end{cases}$$

---

[28] Vgl. zu diesen Maßen auch [Harlow/Rao 89], [Harlow 91] sowie [Schmidt-von Rhein 98a].

[29] Vgl. hierzu [Dubofsky 92, Abschnitt IV. A].

[30] Im Falle der Rendite $\tilde{R}$ eines Wertpapierportfolios gilt $\tilde{X} = 1 + \tilde{R}$.

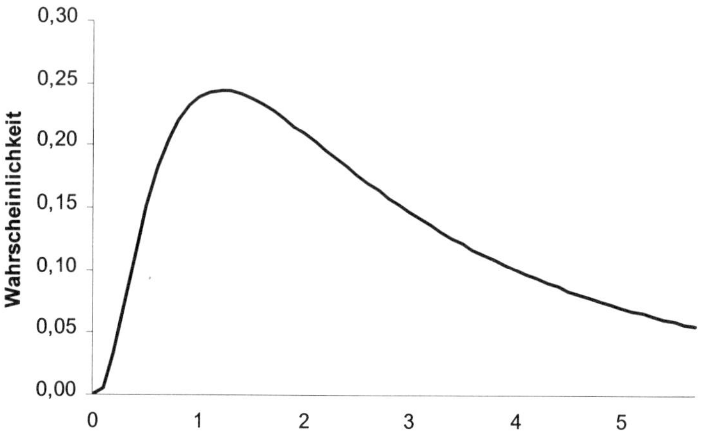

Abbildung 6.9: Dichtefunktion der Lognormalverteilung mit $\mu = 1$ *und* $\sigma = 0{,}9$.

Laut [Hartung 99, S.151f.] errechnet sich der Erwartungswert der Zufallsvariablen $\tilde{R}$ zu $E(\tilde{R}) = e^{\mu+\sigma^2/2}$. Für das zweite Moment (Varianz) gilt:

$$Var(\tilde{R}) = e^{2*\mu+\sigma^2} * \left(e^{\sigma^2} - 1\right).$$

Das dritte Moment ist ein Maß für die Schiefe einer Wahrscheinlichkeitsverteilung. Im allgemeinen wird die Schiefe S als normierte Größe definiert (vgl. [Hartung 99, S. 118]):

$$S := \frac{E\left(\left(\tilde{R} - E(\tilde{R})\right)^3\right)}{Var(\tilde{R})^{\frac{3}{2}}} = \frac{ZM_3}{(ZM_2)^{\frac{3}{2}}}.$$

Im Fall der Lognormalverteilung erhält man nach [Hartung 99, S. 152]:

$$S = \sqrt{e^{\sigma^2} - 1} * \left(e^{\sigma^2} + 2\right).$$

Da $S > 0$ gilt, bezeichnet man die Verteilung als „rechtsschief“.

Werden bei der Bildung des Erwartungswerts nur die Beiträge berücksichtigt, die unterhalb einer vorgegebenen Mindestrendite $R_{\min}$ liegen, dann ergeben sich daraus die sogenannten „Lower-Partial-Moment-Maße“ LPM_i, die für $i > 0$ wie folgt definiert sind:

$$LPM_i := E\left(\left(\max\left(0, R_{\min} - \tilde{R}\right)\right)^i\right).$$

LPM_0 wird als Wahrscheinlichkeit definiert, eine Rendite unterhalb der vorgegebenen Mindestrendite $R_{\min}$ zu erzielen. Bei Verwendung dieses Maßes ist der Investor indifferent gegenüber der Ausfallhöhe (vgl. [Wittrock 95, S. 43]). Dieses Maß wird daher in der Praxis kaum benutzt.

Geeignete Schätzwerte werden für den Fall $i > 0$ – ausgehend von N Meßwerten R_j – wie folgt ermittelt:

$$LPM_i = \frac{1}{N} * \sum_{j=1}^{N} \left(\max\left(0, R_{\min} - R_j\right)\right)^i.$$

Im Fall $i = 1$ gilt

$$LPM_1 = \frac{N_<}{N} * \frac{1}{N_<} * \sum_{j:R_j<R_{\min}} R_{\min} - R_j,$$

wobei sich die Summe nur über die $N_<$ gemessenen Renditewerte erstreckt, die unterhalb der Mindestrendite lagen. Anhand dieser Darstellung wird ersichtlich, daß LPM_1 als Produkt der Wahrscheinlichkeit dafür, einen Renditewert unterhalb von $R_{\min}$ zu erzielen ($= LPM_0$), und der – im Falle, daß die Mindestrendite verfehlt wird – durchschnittlichen negativen Differenzrendite interpretiert werden kann.

Bei Verwendung des Maßes LPM_2 gewichtet der Investor hohe Abweichungen von der Mindestrendite stärker als geringe. Damit wird eine größere Risikoaversion unterstellt als beim LPM_1-Maß. Diese Risikoaversion ist um so ausgeprägter, je höher die Ordnung des gewählten (partiellen) Moments ist.

Stimmt die Mindestrendite mit der erwarteten Rendite $E(\widetilde{R})$ überein, dann wird das Maß LPM_2 in diesem Fall auch als Semivarianz bezeichnet (vgl. [Markowitz 91]). Entsprechend wird $\sqrt{LPM_2}$ als Semistandardabweichung bezeichnet. Bei symmetrischen Renditeverteilungen ist die Semivarianz identisch mit der halben Varianz.

Das Maß LPM_3 wird als Ausfallschiefe bezeichnet. Ebenso wie die übrigen Partial Moments mit ungeradem Exponenten ist es nicht als alleiniges Risikomaß geeignet (vgl. [Schmidt-von Rhein 98a]). LPM_4 wird als Ausfallwölbung bezeichnet.

Beispiel 6.12 (Ermittlung der Lower Partial Moments):

Tabelle 6.3 enthält 60 annualisierte Renditewerte für ein Portfolio mit einem Wertsicherungskonzept, welches ein Eintreten negativer Renditen verhindert. Die Verteilung dieser Renditen wird in Abbildung 6.10 graphisch veranschaulicht.

1	*0,20*	*13*	*1,10*	*25*	*2,10*	*37*	*3,00*	*49*	*4,20*
2	*0,40*	*14*	*1,20*	*26*	*2,20*	*38*	*3,10*	*50*	*4,30*
3	*0,60*	*15*	*1,30*	*27*	*2,20*	*39*	*3,20*	*51*	*4,40*
4	*0,70*	*16*	*1,40*	*28*	*2,30*	*40*	*3,30*	*52*	*4,50*
5	*0,70*	*17*	*1,40*	*29*	*2,40*	*41*	*3,30*	*53*	*4,80*
6	*0,80*	*18*	*1,40*	*30*	*2,40*	*42*	*3,40*	*54*	*4,90*
7	*0,80*	*19*	*1,50*	*31*	*2,60*	*43*	*3,40*	*55*	*5,00*
8	*0,90*	*20*	*1,70*	*32*	*2,70*	*44*	*3,70*	*56*	*5,00*
9	*1,00*	*21*	*1,80*	*33*	*2,80*	*45*	*3,70*	*57*	*5,30*
10	*1,00*	*22*	*1,90*	*34*	*2,80*	*46*	*3,80*	*58*	*5,50*
11	*1,00*	*23*	*2,00*	*35*	*2,90*	*47*	*3,90*	*59*	*5,80*
12	*1,10*	*24*	*2,10*	*36*	*3,00*	*48*	*4,00*	*60*	*6,00*

Tabelle 6.3: Annualisierte Renditewerte (in Prozent) für ein Portfolio mit einem Wertsicherungskonzept.

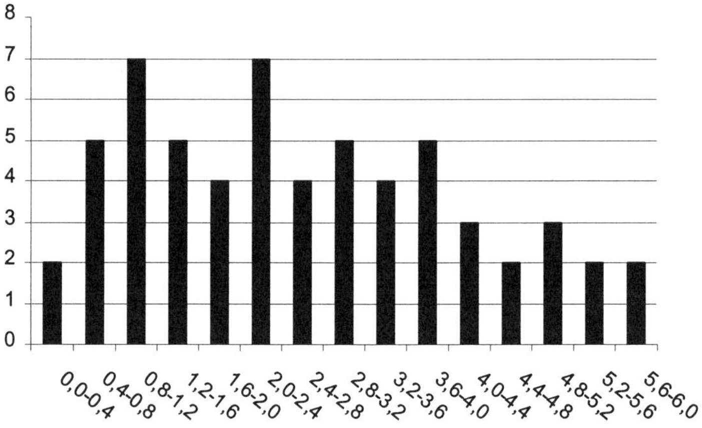

Abbildung 6.10: Verteilung der Renditen in Tabelle 6.3.

Der Mittelwert der Renditen beträgt 2,67% und die Standardabweichung 1,52%. Die Semistandardabweichung errechnet sich zu:

$$\sqrt{\frac{1}{60} * \left((0{,}0267 - 0{,}002)^2 + (0{,}0267 - 0{,}004)^2 + \cdots + (0{,}0267 - 0{,}026)^2 \right)} \cong 1{,}01\%.$$

Aufgrund der offensichtlichen asymmetrischen Form der Verteilungsfunktion weicht dieser Wert deutlich von der halben Standardabweichung ab.

Wählt der Investor beispielsweise anstatt des Erwartungswerts der Rendite den Wert 2% für die Mindestrendite, dann errechnet sich $\sqrt{LPM_2}$ zu 0,61%:

$$\sqrt{\frac{1}{60} * \left((0{,}02 - 0{,}002)^2 + (0{,}02 - 0{,}004)^2 + \cdots + (0{,}02 - 0{,}019)^2 \right)} \cong 0{,}61\%.$$

$\sqrt{LPM_2}$ fällt natürlich *ceteris paribus* um so geringer aus, je niedriger die Mindestrendite gesetzt wird.

Als Schätzwert für das nullte Moment erhält man:

$$LPM_0 = \frac{22}{60} \cong 36{,}7\%.$$

Es gilt ferner $\sqrt[3]{LPM_3} = 1{,}22\%$ und $\sqrt[4]{LPM_4} = 1{,}35\%$.

6.3 Messung des Abweichungsrisikos gegenüber einer Benchmark

6.3.1 Tracking Error

Wird der Erfolg einer Investition mit der Wertentwicklung einer Benchmark verglichen, dann tritt der Gesichtspunkt der absoluten Performance häufig in den Hintergrund. Die Managementleistung wird in diesen Fällen mittels der „relativen Performance" gegenüber der Benchmark beurteilt (vgl. hierzu die Ausführungen in Abschnitt 5.1).

Beispiel 6.13 („Relative Betrachtungsweise"):

Ein institutioneller Investor entschließt sich, im Rahmen seiner globalen Investment-Strategie einen Spezialfonds mit Anlageschwerpunkt in japanischen Aktien aufzulegen. Die Korrelation zwischen dem DAX und dem Tokyo Stock Exchange Index (TOPIX) beträgt lediglich ca. 0,3.[31] Im Rahmen des Asset-Allocation-Ansatzes trägt dieser Fonds zur Diversifikation der Anlagen bei. Die zu erwartende absolute Rendite dieses „Bausteins" ist somit nicht das einzige Kriterium, das zu dieser Investition geführt hat. Die Managementleistung der mit diesem Mandat betrauten KAG wird ausschließlich anhand der relativ zum TOPIX erzielten Differenzrendite beurteilt. Die KAG beschränkt ihr Risiko durch Restriktionen, die sie mittels des Tracking Errors formuliert.

Der Tracking Error ist die (empirische) Standardabweichung der Renditedifferenzen. Die Berechnung basiert daher auf der Annahme, daß die Renditedifferenzen normalverteilt sind. Da der Mittelwert der Renditedifferenzen geschätzt wird, empfiehlt es sich, die Formel für die Schätzfunktion der Standardabweichungen zu verwenden, in die dieser Mittelwert als Schätzgröße eingeht (vgl. Abschnitt 6.2.2). Der annualisierte Tracking Error ist die analoge Größe zur Volatilität.[32]

[31] Berechnet auf Monatsbasis über den Zeitraum vom 01.01.1988 bis 31.12.1997.

[32] Wählt man als Benchmark die „Nullverzinsung" ($R_i^{bm} = 0$ für alle Perioden), dann ist der Tracking Error identisch mit der Volatilität.

Tracking Error

Wenn $R_1,..., R_n$ und $R_1^{bm},..., R_n^{bm}$ die Renditewerte eines Portfolios bzw. einer Benchmark über n Perioden und

$$\mu := \frac{1}{n} * \sum_{i=1}^{n} R_i \text{ bzw. } \mu^{bm} := \frac{1}{n} * \sum_{i=1}^{n} R_i^{bm}$$

den Mittelwert der Portfolio- bzw. der Benchmarkrenditewerte darstellen, dann ist

$$TE := \sqrt{\frac{1}{n-1} * \sum_{i=1}^{n} \left[\left(R_i - R_i^{bm}\right) - \left(\mu - \mu^{bm}\right)\right]^2} \tag{6.12}$$

der empirische Tracking Error des Portfolios gegenüber der Benchmark in bezug auf die Periodenlänge. Somit müssen mindestens zwei Renditewerte vorliegen.[33]

Häufig wird der Tracking Error auf annualisierter Basis angegeben (vgl. hierzu die Ausführungen in Abschnitt 6.2.1).

Der Tracking Error wird häufig als Maß für die Abweichung der Portfoliorendite im Vergleich zur Benchmarkrendite interpretiert. Diese Interpretation ist allerdings inkorrekt, da der Tracking Error vielmehr ein Maß für die Schwankung der Differenzrenditewerte $R_i - R_i^{bm}$ im Vergleich zur mittleren Differenzrendite $\mu - \mu^{bm}$ darstellt.[34]

Beispiel 6.14 (Tracking Error eines Aktienportfolios gegenüber dem DAX):

In diesem Beispiel wird ein Aktienportfolio betrachtet, das hauptsächlich in deutsche Aktien investiert ist. Die monatlichen Differenzrenditen zwischen dem Portfolio und dem DAX, der als Benchmark für das Portfolio vereinbart wurde, werden in Tabelle 6.4 dargestellt.

Der Tracking Error berechnet sich zu 2,05% auf Monatsbasis. Der annualisierte Tracking Error berechnet sich unter Verwendung des in Abschnitt 6.2.1 beschriebenen Skalierungsverfahrens (Formel 6.2) näherungsweise zu

$$TE = \sqrt{12} * 2{,}05\% = 7{,}10\%.$$

[33] Wie bei der Volatilität ist die Berechnung dieser Größe nur bei einer wesentlich höheren Stichprobenzahl sinnvoll (vgl. Abschnitt 6.2.2).

[34] Die Standardabweichung ist auch ein Maß für die Schwankung von Renditewerten um einen Mittelwert.

Monat	Rendite		Monat	Rendite	
	DAX	Portfolio		DAX	Portfolio
Sep 96	4,13	3,73	Sep 97	7,17	7,70
Okt 96	0,77	-1,95	Okt 97	-9,74	-8,57
Nov 96	7,51	4,44	Nov 97	4,92	3,51
Dez 96	0,83	4,51	Dez 97	7,32	5,90
Jan 96	5,77	5,07	Jan 98	4,74	1,28
Feb 97	7,74	7,37	Feb 98	7,24	5,71
Mrz 97	5,71	7,78	Mrz 98	8,01	7,24
Apr 97	-0,15	2,11	Apr 98	0,44	2,14
Mai 97	3,79	5,02	Mai 98	8,79	7,73
Jun 97	7,81	7,71	Jun 98	5,75	4,30
Jul 97	17,83	17,07	Jul 98	1,33	-1,91
Aug 97	-12,57	-10,01	Aug 98	-17,05	-13,74

Tabelle 6.4: Renditewerte eines Portfolios und seiner Benchmark im Zeitraum vom 01.09.1996 bis 31.08.1998.

Die mittlere monatliche Rendite des Portfolios betrug 3,09% und die der Benchmark 3,25%.

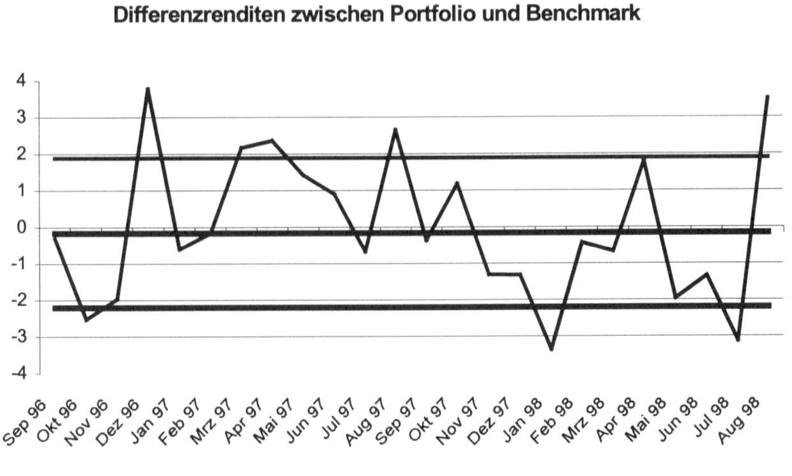

Abbildung 6.11: Veranschaulichung des Tracking Errors des Portfolios in Tabelle 6.4 gegenüber dem DAX. Die mittlere fette Linie liegt auf der Höhe der mittleren Differenzrendite von –0,16%, die äußeren auf der Höhe Mittlere Differenzrendite – Tracking Error bzw. Mittlere Differenzrendite + Tracking Error. Statistisch gesehen liegen ca. 68% der (monatlichen) Renditedifferenzen innerhalb des durch diese Linien definierten Sektors.

Wie bei der Volatilität stellt die Berechnung des Tracking Errors auf Basis von retrograd ermittelten Renditewerten ausgehend von der aktuellen Struktur des Portfolios (und der Benchmark) eine weitere Form dar, das Abweichungsrisiko abzuschätzen. Dabei sind die gleichen Punkte zu beachten wie bei der Vorgehensweise hinsichtlich der Volatilität.[35]

Mittels des Tracking Errors abgeleitete statistische Aussagen spiegeln zukünftige Abweichungsrisiken häufig nicht adäquat wider. Portfolios, die *ex ante* („*in the sample*") einen geringen Tracking Error aufweisen, weichen *ex post* („*out of the sample*") häufig sehr stark von ihrer Benchmark ab. Bei Benchmarks mit einer großen Titelanzahl (S&P 500, TOPIX, etc.) kann man in der Regel über Portfolios, die eine geringe Titelanzahl aufweisen, keine signifikanten statistischen Aussagen ableiten. Durch zusätzliche Anforderungen an die Portfoliostruktur kann die Signifikanz solcher Aussagen jedoch erhöht werden:[36]

- Restriktionen bei der Abweichung einzelner Titel von der Benchmarkvorgabe;
- ähnliche Branchen- oder Durationsklassen;
- geringe Abweichungen zur Länderstruktur der Benchmark;
- ähnliche Gewichtung in den „Size-Klassen" (Marktkapitalisierung).

Somit empfiehlt es sich, bei der Angabe eines Tracking Errors oder bei der Bildung von Composites auf Basis dieser statistischen Größe Zusatzinformationen hinsichtlich der Portfoliostruktur anzugeben. Insbesondere sollte darauf eingegangen werden, ob versucht wird, durch geeignete Maßnahmen die prognostische Aussagekraft der mittels des Tracking Errors abgeleiteten Aussagen zu erhöhen.

Die Wahl der Bewertungsquellen hat wichtige Auswirkungen auf die relativen Portfolioparameter:

Auswirkung der Wahl der Bewertungsquellen auf den Tracking Error

Wird ein Portfolio relativ zu einer Benchmark verwaltet, dann kann eine unzulängliche Bewertung des Portfolios zu einer verzerrten Darstellung der Abweichung der Portfolioperformance von der Benchmarkperformance (relative Abweichung) führen. Der Tracking Error eines Portfolios wird in der Regel künstlich hoch ausfallen, wenn bei der Bewertung eines Portfolios nicht die gleichen Kursquellen zugrunde gelegt werden wie bei der Benchmark. Auch die verspätete Berücksichtigung (oder Nichtberücksichtigung) von Ansprüchen auf Dividenden- und Zinszahlungen sowie auf Ausschüttungen von Investmentfonds kann zu einem erhöhten Tracking Error führen. Beim „Tracken" eines Indexes („Tracking Portfolio") können die sich daraus ergebenden Abweichungen besonders deutlich hervortreten.[37]

Beispiel 6.15 (Einfluß der Bewertungsquellen auf den Tracking Error):

Abbildung 6.12 zeigt den Graph des DAX auf Basis der Schlußkurse relativ zum DAX auf Basis der Kassakurse. Der Tracking Error errechnet sich zu ca. 1,50% p.a.![38]

---

[35] Für eine Darstellung mittels der Kovarianzmatrix siehe Übung 6.5.
[36] Vgl. hierzu auch [Wagner 98].
[37] Vgl. hierzu auch die Ausführungen in Abschnitt 5.4.
[38] Berechnet auf Monatsbasis über den Zeitraum vom 01.08.1994 bis 31.07.1998.

Ein deutsches Aktienportfolio, welches auf Basis der Kassakurse bewertet wird, weist somit gegenüber einer identisch strukturierten Benchmark, die auf Basis der Schlußkurse bewertet wird, einen (künstlich) erhöhten Tracking Error aus.

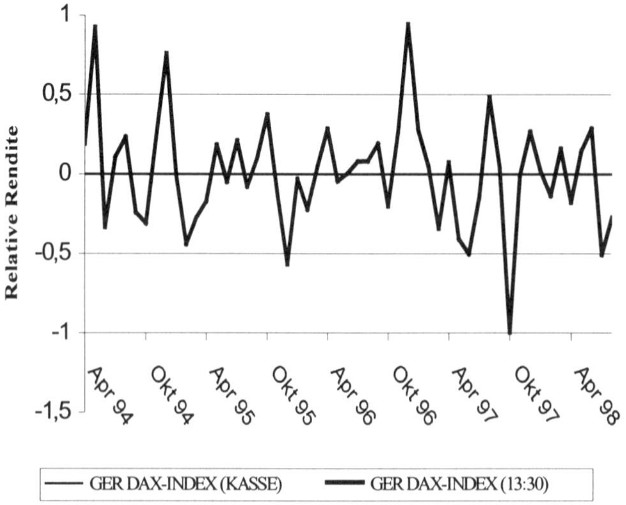

Abbildung 6.12: Relative Rendite des DAX auf Schlußkurs-Basis gegenüber dem DAX auf Basis der Kassakurse. Der Tracking Error beträgt ca. 1,50% p.a.

6.3.2 Beta als Risikomaß für Aktienportfolios

Ein häufig verwendetes Maß zur Bestimmung des systematischen Risikos (vgl. Abschnitt 6.1.2) eines Aktienportfolios[39] im Vergleich zum „Markt" (abgebildet durch eine Benchmark) ist das Portfoliobeta. Häufig wird das Portfoliobeta β_P durch folgende Kennzahl charakterisiert:

$$\beta_P = \frac{Kov(\widetilde{R}, \widetilde{R}_{bm})}{\sigma_{bm}^2}, \tag{6.13}$$

mit

$\widetilde{R}$: Rendite des Portfolios

$\widetilde{R}^{bm}$: Rendite der Benchmark

σ_{bm}^2: Varianz der Benchmarkrendite.

Dieser Ausdruck wird auch im Rahmen des CAPM als Risikomaß theoretisch fundiert.[40]

[39] Ein solches Aktienportfolio kann auch durch ein Composite gegeben sein, das mehrere Portfolios umfaßt.

[40] Vgl. [Steiner/Bruns 98, Kapitel 1.3.1, Copeland/Weston 92, Kapitel 7].

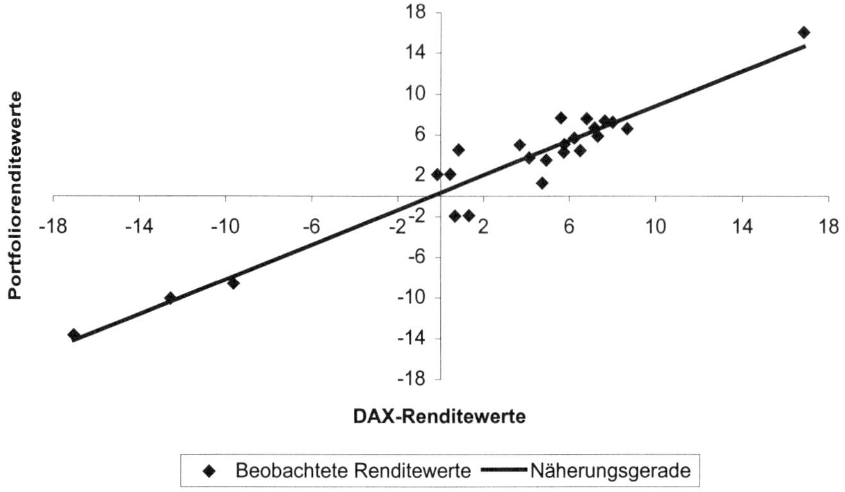

Abbildung 6.13: Veranschaulichung der linearen Regression. Die zugrunde liegenden Renditewerte stammen aus Tabelle 6.5.

Dieser Definition liegt die Beobachtung zugrunde, daß die Renditen einzelner Wertpapiere und somit die Renditen der Portfolios, die aus den einzelnen Wertpapieren gebildet werden, sehr stark mit der Entwicklung des Gesamtmarkts korreliert sind. Abbildung 6.13 veranschaulicht diese Beziehung. Beta mißt die Sensitivität der Portfoliorendite gegenüber der Entwicklung des Marktes. Ein hoher Betawert eines Portfolios deutet darauf hin, daß das Portfolio größeren Renditeschwankungen und somit einem höheren (systematischen) Risiko unterworfen ist als der Markt. In der Praxis wird β_P meist nach der *Methode der Kleinsten Quadrate*[41] („Lineare Regression") ermittelt (vgl. Abbildung 6.13).

[41] Zu diesem und alternativen Verfahren zur Ermittlung von Betawerten vgl. [Rudolph/Zimmermann 98, Bamberg/Baur 98, Abschnitt 12.3].

Lineare Regression

Sind R_i^{bm} (etwa auf Jahres-, Monats- oder Wochenbasis ermittelte) n Renditewerte einer Benchmark und R_i die entsprechenden n Renditewerte eines Portfolios über einen spezifizierten Zeitraum, dann ergeben sich die Schätzwerte für β_P und α_P im Rahmen einer linearen Regression zu:[42]

$$\beta_P = \frac{\sum_{i=1}^{n} \left(R_i^{bm} - \mu^{bm}\right) * \left(R_i - \mu\right)}{\sum_{i=1}^{n} \left(R_i^{bm} - \mu^{bm}\right)^2} \tag{6.14}$$

$$\alpha_P = \mu - \beta_P * \mu^{bm},$$

mit

μ : Mittelwert der Portfoliorenditewerte

μ^{bm} : Mittelwert der Benchmarkrenditewerte.

Als Maß für die Güte der Anpassung, die durch die Regression erzielt wird (und somit für die Güte von β_P), dient der Bestimmtheitskoeffizient R^2, der wie folgt definiert ist (vgl. [Bamberg/Baur 98, Kapitel 4.3.1]):[43]

$$R^2 = \frac{\sum_{i=1}^{n} \left(R_i' - \mu\right)^2}{\sum_{i=1}^{n} \left(R_i - \mu\right)^2}, \tag{6.15}$$

wobei R_i' die mittels α_P und β_P ermittelten „theoretischen" Renditewerte des Portfolios darstellen: $R_i' := \alpha_P + \beta_P * R_i^{bm}$. R^2 mißt somit den Anteil der Varianz der Portfoliorenditen, der auf die Varianz der Benchmarkrenditen zurückzuführen ist. R^2 nimmt Werte zwischen 0 und 1 an. Je näher R^2 bei 1 liegt, desto stärker werden die empirischen Renditewerte durch die theoretischen Renditewerte bestimmt. Bei einem Wert von Null sind die Benchmark- und Portfoliorenditen vollständig unkorreliert.

---

[42] Vgl. [Bamberg/Baur 98, Kapitel 4.3.1]. Basierend auf der ex post-Version des CAPM wird häufig auch die Überschußrendite des Portfolios (= Differenzrendite des Portfolios relativ zur risikolosen Anlage) auf die Überschußrendite der Benchmark regressiert (vgl. [Zimmermann et al. 96, S. 69f.]). Die Unterschiede zwischen den in dieser Form ermittelten Betaschätzern und denen, die ohne Berücksichtigung des risikolosen Zinssatzes ermittelt werden, sind in der Regel jedoch gering (vgl. [Rudolph/Zimmermann 98; Wittrock 95, S. 84]).

[43] Das Bestimmtheitsmaß ist identisch mit dem Quadrat der Korrelation zwischen der Portfolio- und der Benchmarkrendite [Hartung 99, S. 579].

Beispiel 6.16 (Bestimmung von β_P für ein Aktienportfolio relativ zum DAX):

In diesem Beispiel wird das Portfolio betrachtet, dessen Renditewerte bereits in Abbildung 6.13 graphisch veranschaulicht wurden. Dem Portfolio wurde der DAX als Benchmark zugewiesen. Tabelle 6.5 enthält die Werte, die zur Berechnung der Größen α_P, β_P und R^2 benötigt werden.

R_i	R_i^{bm}	$(R_i^{bm} - \mu^{bm}) * (R_i - \mu)$	$(R_i^{bm} - \mu^{bm})$	R_i'	$(R_i' - \mu)^2$	$(R_i - \mu)^2$
-13,64	-17,05	333,9	404,8	-14,17	293,29	275,49
-10,01	-12,56	202,7	244,3	-10,35	176,97	168,17
-8,56	-9,64	146,3	161,5	-7,86	117,04	132,54
2,11	-0,15	2,7	10,4	0,21	7,53	0,72
2,14	0,44	2,1	6,9	0,71	5,03	0,66
-1,95	0,67	11,8	5,7	0,92	4,16	24,09
4,51	0,83	-3,5	5,0	1,05	3,63	2,41
-1,91	1,33	8,5	3,0	1,47	2,20	23,64
5,02	3,69	1,3	0,4	3,48	0,28	4,26
3,73	4,13	0,8	1,1	3,86	0,82	0,60
1,28	4,74	-2,8	2,8	4,38	2,02	2,80
3,51	4,92	1,0	3,4	4,53	2,47	0,31
7,68	5,61	12,0	6,5	5,12	4,67	22,35
4,30	5,75	3,6	7,2	5,23	5,19	1,82
5,07	5,77	5,7	7,3	5,25	5,27	4,45
5,71	6,24	8,7	10,0	5,65	7,27	7,59
4,44	6,51	5,1	11,8	5,88	8,56	2,20
7,61	6,81	17,4	14,0	6,14	10,11	21,64
6,70	7,17	15,3	16,8	6,44	12,16	14,04
5,90	7,32	12,5	18,0	6,57	13,07	8,66
7,37	7,64	20,2	20,9	6,85	15,14	19,47
7,24	8,01	21,2	24,4	7,16	17,70	18,39
6,63	8,69	20,6	31,6	7,74	22,87	13,46
16,06	16,83	180,4	189,4	14,67	137,25	171,75
2,96	**3,07**	**1027,6**	**1207,3**	**2,96**	**874,71**	**941,51**

Tabelle 6.5: Renditewerte eines Portfolios und des DAX auf Monatsbasis über einen Zeitraum von 24 Monaten. Ferner werden die zur Berechnung der Größen α_P, β_P und R^2 benötigten Größen (vgl. Formel (6.14) und (6.15)) angegeben. Die letzte Zeile enthält die Durchschnittswerte (1. und 2. Spalte) bzw. die Summe der in der Spalte enthaltenen Werte.

Damit erhält man:

$$\beta_P = \frac{1027,6}{1207,3} = 0,85$$

und

$$\alpha_P = 3,07 - 0,85 * 2,96 = 0,35.$$

Das Bestimmtheitsmaß errechnet sich zu

$$R^2 = \frac{874,71}{941,51} = 0,93 .$$

Das Portfolio ist somit risikoärmer als die Benchmark bei einer hohen spezifischen Renditekomponente von $\alpha_P = 0{,}35$. Es besteht eine hohe Korrelation zwischen den Renditewerten des Portfolios und der Benchmark. Dieser Zusammenhang wird durch Abbildung 6.13 veranschaulicht.

Um verschiedene Aspekte der Diversifikation eines Portfolios genauer beschreiben zu können, wird im folgenden das unsystematische und das systematische Risiko auf Basis des Indexmodells (vgl. [Elton/Gruber 95, Kapitel 7]) quantifiziert. Obwohl dieses Modell sehr elementar ist, lassen sich daran wesentliche Grundzüge aufzeigen. Die grundsätzliche Beobachtung, daß die Renditen einzelner Aktien mit der durchschnittlichen Entwicklung der Renditen („Markt") korreliert sind (vgl. Abbildung 6.13), wird im Rahmen des Indexmodells mittels folgender Gleichung ausgedrückt:

$$\widetilde{R}_i = \beta_i * \widetilde{R}^{bm} + \widetilde{a}_i ,$$

mit

$\widetilde{R}_i$: Rendite einer einzelnen Aktie *i*

$\widetilde{R}^{bm}$: Rendite der Benchmark

$\widetilde{a}_i$: Spezifische Rendite der Aktie *i*.

Die Größen $\widetilde{R}_i$, $\widetilde{R}^{bm}$ und $\widetilde{a}_i$ werden dabei als normalverteilte Zufallsvariablen aufgefaßt.

Setzt man

$$\alpha_i = Erwartungswert(\widetilde{a}_i) \equiv E(\widetilde{a}_i)$$

und definiert die Zufallsvariable $\widetilde{Z}_i$ mittels $\widetilde{Z}_i = \widetilde{a}_i - \alpha_i$, dann gilt

$$\widetilde{R}_i = \beta_i * \widetilde{R}^{bm} + \alpha_i + \widetilde{Z}_i .$$

Der Erwartungswert der Zufallsvariablen $\widetilde{Z}_i$ liegt bei Null: $E(\widetilde{Z}_i) = 0$.

Das Indexmodell basiert auf der Annahme, daß die Variablen der spezifischen Renditen sowohl untereinander als auch mit der Marktentwicklung unkorreliert[44] sind [Elton/Gruber 95, Kapitel 7]:

[44] Im Rahmen des „Marktmodells" ([Elton/Gruber 95, Kapitel 7]), das sehr ähnlich zum Indexmodell ist, wird die Annahme $E(\widetilde{Z}_i\widetilde{Z}_j) = 0$ für alle spezifischen Renditen fallengelassen (vgl. Übung 6.6).

$$E(\widetilde{Z}_i\widetilde{Z}_j) = E(\widetilde{Z}_i\widetilde{R}_{bm}) = 0. \tag{6.16}$$

Unter diesen Annahmen gilt für die Standardabweichung S_i von $\widetilde{R}_i$:

$$S_i^2 = \beta_i^2 * S_{bm}^2 + S_{\widetilde{Z}_i}^2,$$

mit

S_{bm}^2 : Benchmark-Varianz

$S_{\widetilde{Z}_i}^2$: Varianz der Zufallsvariablen $\widetilde{Z}_i$.

Es gilt somit:

Gesamtrisiko² = Systematisches Risiko² + Unsystematisches Risiko². [45]

Mittels dieser Gleichung läßt sich unter Kenntnis der empirischen Varianz der Aktie *i* und der empirischen Benchmark-Varianz ein Schätzwert für die Standardabweichung der Zufallsvariablen $\widetilde{Z}_i$ ermitteln:

$$S_{\widetilde{Z}_i} = \sqrt{S_i^{\ 2} - \beta_i^2 * S_{bm}^{\ 2}}\,. \tag{6.17}$$

Tabelle 6.6 enthält diese Parameter für verschiedene DAX-Titel.

Aktie	β	*Volatilität*	$\sigma_{\widetilde{Z}_i}$
Bayer	*0,93*	*20,72%*	*11,96%*
BASF	*0,87*	*20,18%*	*12,52%*
Daimler	*1,22*	*25,83%*	*13,22%*
Dresdner Bank	*1,16*	*27,57%*	*17,74%*
Schering	*0,86*	*22,00%*	*15,47%*
Siemens	*1,01*	*21,70%*	*11,55%*
Thyssen	*0,81*	*22,59%*	*17,12%*
Deutsche Bank	*1,05*	*22,75%*	*12,36%*
Metro St.	*1,02*	*29,64%*	*23,11%*
Allianz	*1,07*	*23,60%*	*13,35%*

Tabelle 6.6: Empirische Volatilitäts- und β-Werte für ausgewählte deutsche Aktientitel. Zudem wird die empirische Volatilität $\sigma_{\widetilde{Z}_i}$ der Variablen $\widetilde{Z}_i$ angegeben. Die Berechnung erfolgte mittels einer linearen Regression und basierte auf Monatsdaten aus dem Zeitraum vom 01.01.1993 bis 31.12.1997.

[45] Diese Gleichung wird häufig in folgender suggestiver Form geschrieben: Gesamtrisiko = Systematisches Risiko + Unsystematisches Risiko (vgl. [Copeland/Weston 92, S. 198; Steiner/Bruns 98, S. 55]). Sie gilt auch im Falle des Marktmodells.

Beta und Alpha für ein Aktienportfolio sind als die gewichtete Summe der jeweiligen Größen für die einzelnen Titel definiert:[46]

$$\beta_P := \sum_{i=1}^{N} g_i * \beta_i , \quad \alpha_P := \sum_{i=1}^{N} g_i * \alpha_i .$$

Die g_i sind die Gewichte der im Portfolio enthaltenen N Aktien. Entsprechend definiert man

$$\widetilde{Z}_P := \sum_{i=1}^{N} g_i * \widetilde{Z}_i$$

als die spezifische Zufallskomponente des Portfolios. Wird mit $\widetilde{R}$ die Zufallsvariable der Rendite des gesamten Portfolios über einen Zeitraum bezeichnet, dann gilt:

$$\widetilde{R} = \sum_{i=1}^{N} g_i * \widetilde{R}_i ,$$

und somit

$$\widetilde{R} = \sum_{i=1}^{N} g_i * \left(\alpha_i + \beta_i * \widetilde{R}^{bm} + \widetilde{Z}_i\right) = \beta_P * \widetilde{R}^{bm} + \alpha_P + \widetilde{Z}_P \qquad (6.18)$$

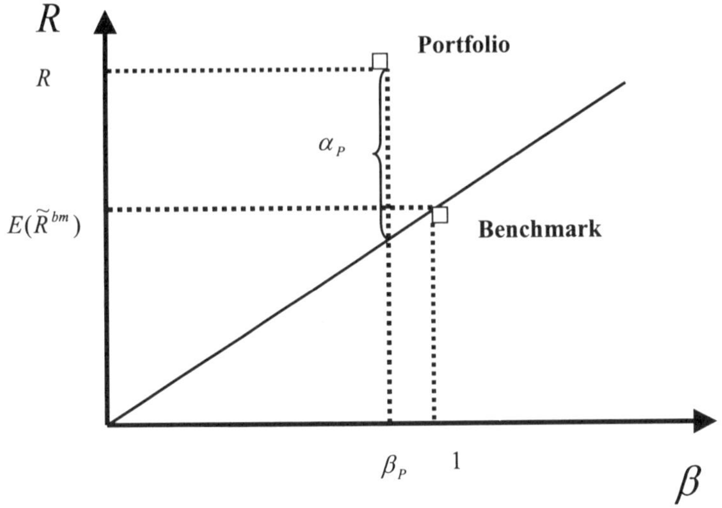

Abbildung 6.14: α_P ist der Abstand des Punktes, der das Portfolio im (β, R)-Diagramm repräsentiert, zur Geraden, die den Koordinatenursprung mit dem Punkt verbindet, der die Benchmark (Index) repräsentiert. R stellt die gemessene Rendite des Portfolios dar und β_P seinen Betawert.

---

46 Diese Definition kann auch auf den Fall eines Composites übertragen werden (vgl. Fußnote 4 in Kapitel 6).

Abbildung 6.14 enthält eine graphische Deutung von α_P. α_P kann bereits als (risikobereinigtes) Performancemaß gedeutet werden, da es jene Komponente der Portfoliorendite darstellt, die nach Abzug der „Risikokomponente" $\beta_P R^{bm}$ verbleibt (vgl. Abschnitt 6.4.3).

Die Volatilität σ_P des Gesamtportfolios errechnet sich zu:[47]

$$\sigma_P^2 = \beta_P^2 * \sigma_{bm}^2 + \sigma_{\tilde{Z}_P}^2 = \beta_P^2 * \sigma_{bm}^2 + \sum_{i=1}^{N} g_i^2 * \sigma_{\tilde{Z}_i}^2 . \tag{6.19}$$

$\beta_P * \sigma_{bm}$ und $\sigma_{\tilde{Z}_P} = \left(\sum_{i=1}^{N} g_i^2 * \sigma_{\tilde{Z}_i}^2\right)^{1/2}$ sind Maße für das systematische Risiko bzw. das unsystematische Risiko eines Portfolios. Dies wird anhand eines Beispiels verdeutlicht:

Beispiel 6.17 (Unsystematisches Risiko):

Aus den in Tabelle 6.6 enthaltenen Titeln werden wie folgt Portfolios mit sukzessive zunehmendem Diversifikationsgrad gebildet:

Portfolio	*Struktur*
1	*100% Bayer*
2	*50% Bayer, 50% BASF*
⋮	⋮
10	*10% Bayer, 10% BASF, ..., 10% Allianz*

Tabelle 6.7: Portfolios basierend auf den Titeln in Tabelle 6.6.

Portfolio	*Struktur*	*Risiko*	
		Unsystematisches $\sigma_{\tilde{Z}_P}$	*Systematisches* $\beta_P * \sigma_{bm}$
1	*100% Bayer*	*11,96%*	*16,92%*
2	*50% Bayer, 50% BASF*	*8,66%*	*16,37%*
3		*7,23%*	*18,13%*
4		*7,02%*	*19,01%*
5		*6,42%*	*18,34%*
6	⋮	*5,67%*	*18,27%*
7		*5,45%*	*17,84%*
8		*5,01%*	*17,99%*
9		*5,14%*	*18,03%*
10	*10% Bayer, 10% BASF, ..., 10% Allianz*	*4,82%*	*18,19%*

Tabelle 6.8: Risikoparameter der Portfolios 1-10 aus Tabelle 6.7.

[47] Vgl. [Elton/Gruber 95, Kapitel 7] und Übung 6.6.

Für diese Portfolios wird sowohl das unsystematische als auch das systematische Risiko mittels Formel (6.19) berechnet (Tabelle 6.8).[48] Es wird deutlich, daß das unsystematische Risiko rapide mit der Anzahl der Titel abnimmt. Dies wird in Abbildung 6.15 graphisch illustriert.

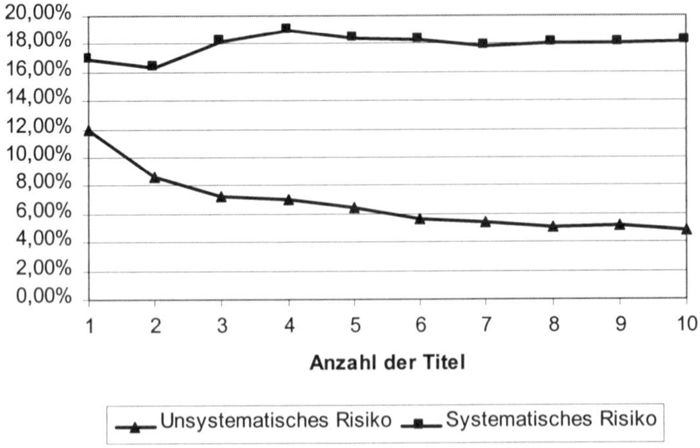

Abbildung 6.15: Unsystematisches und systematisches Risiko der Portfolios in Tabelle 6.8. Die Berechnung basiert auf Formel (6.19) und auf den in Tabelle 6.6 angegebenen Werten.

Das Portfoliobeta sollte von einem Investor benutzt werden, für den das in Betracht stehende Portfolio Bestandteil eines größeren, hinreichend diversifizierten Portfolios ist, so daß das unsystematische Risiko vernachlässigbar ist.

Bei einem Aktienportfolio mit einer hinreichend großen Anzahl an Titeln ist das unsystematische Risiko gering.[49] Aus diesem Grunde wird β_P häufig als Maß für das gesamte relative Portfoliorisiko benutzt. Auch bei den Einzeltiteln wird häufig die unsystematische Komponente des Risikos vernachlässigt, da sie innerhalb eines Portfolios mit vielen unterschiedlichen Titeln nur eine untergeordnete Rolle spielt.

Die Interpretation des Portfoliobetas β_P im Vergleich zum Benchmarkbeta (ex definitione = 1) ist in Tabelle 6.9 enthalten.

[48] Um die Darstellung möglichst einfach zu gestalten, wurde daher der Erörterung des unsystematischen Risikos anstatt des üblichen Marktmodells das Indexmodell zugrunde gelegt. Die Ermittlung der Risikoparameter ist nur im Rahmen des Indexmodells in dieser einfachen Form zulässig. Liegt den Berechnungen das Marktmodell zugrunde, dann müssen zudem die Kovarianzen zwischen den Zufallsvariablen $\widetilde{Z}_i$ berücksichtigt werden (vgl. Übung 6.6).

[49] Das unsystematische Risiko wird daher häufig auch als „diversifizierbares Risiko“ und das systematische Risiko als „nicht diversifizierbares Risiko“ bezeichnet.

$\beta_P > 1$	*Portfolio ist risikoreicher als die Benchmark*
$\beta_P < 1$	*Portfolio ist risikoärmer als die Benchmark*

Tabelle 6.9: Deutung des Portfoliobetas.

Die Bestimmung von β_P ist zwar relativ zu einer vorgegebenen Benchmark („Index") erfolgt, die abgeleitete Aussage bezieht sich jedoch auf das absolute (systematische) Risiko eines Portfolios $\beta_P * \sigma_{bm}$. Als Maß für das relative Risiko kann der absolute Betrag der Differenz zum Marktbeta $| 1 - \beta_P |$ interpretiert werden.

Die spezifische Zufallskomponente eines Portfolios kann auch in Zusammenhang mit dem (*ex ante*) Tracking Error *TE* (vgl. Abschnitt 6.3.1) gebracht werden. Es gilt:

$$\begin{aligned} TE^2 &= Var\left(\widetilde{R} - \widetilde{R}_{bm}\right) \\ &= Var\left((1 - \beta_P) * \widetilde{R}_{bm} + \widetilde{Z}_P\right) \\ &= (1 - \beta_P)^2 * Var\left(\widetilde{R}_{bm}\right) + Var\left(\widetilde{Z}_P\right). \end{aligned}$$

Daraus folgt:[50]

$$TE = \sqrt{(1 - \beta_P)^2 * \sigma_{bm}^2 - \sigma_{\widetilde{Z}_P}^2}.$$

Wie bei der Volatilität und dem Tracking Error besteht bei β_P die Möglichkeit, diesen Wert – ausgehend von der aktuellen Portfoliostruktur – retrograd zu berechnen. Bei der Präsentation solcher Werte sollte man die zur Berechnung gewählte Verfahrensweise angeben. Insbesondere sollte beschrieben werden, wie mit Zeitreihen verfahren wird, deren Historien nicht den gesamten Betrachtungszeitraum abdecken.

Betaschätzer variieren in der Regel sehr stark mit der Veränderung der Länge der Intervalle (sog. Renditeintervalle), in denen die Renditewerte, die der Regression zugrunde liegen, ermittelt werden. Bei einem kleinen Renditeintervall (etwa tägliche Renditen) kann es zu verzerrten Schätzungen der Betawerte kommen. In [Rudolph/Zimmermann 98] wird daher die Verwendung wöchentlicher Renditen bei einer mindestens einjährigen Schätzperiode empfohlen.

Da sich Betawerte aufgrund von Änderungen im Managementstil („Strukturbrüche") im Zeitablauf ändern können, sollte bei der Darstellung von historischen Betawerten auf diesbezügliche Entwicklungen eingegangen werden. Die Schätzperiode sollte so gewählt werden, daß keine Strukturbrüche in diesen Zeitraum fallen.[51]

---

[50] Im Falle von Tracking Portfolios (vgl. Abschnitt 1.1), bei denen β_P nahe bei 1 liegt, gilt in guter Näherung $TE = \sigma_{\widetilde{Z}_P}$. Siehe hierzu [Dubacher/Zimmermann 89]. Diese Arbeit enthält auch eine anschauliche Darstellung der Risikomaße Volatilität und Beta auf Basis einer Analyse schweizerischer Aktien.

[51] Auf Verfahren, mit denen die Fähigkeit eines Managers gemessen werden kann, Marktentwicklungen zu prognostizieren und vor Phasen eines steigenden (fallenden) Marktes ein höheres (niedrigeres) Beta zu reali-

Bei einer Berechnung von β_P auf Basis der Kovarianzmatrix mittels Formel (6.13) sollte beachtet werden, daß dabei eine regelmäßige Rebasierung der Portfoliogewichte unterstellt wird.

6.4 Performancemaße

Die Verwendung des Begriffs „Performance" erfolgt in der Praxis und der Fachliteratur nicht einheitlich. Während er in der Praxis häufig synonym zum Begriff „Rendite" oder Differenzrendite eines Portfolios gegenüber einer Benchmark benutzt wird, wird Performance in der Fachliteratur in der Regel als „risikoadjustierte Rendite" aufgefaßt.[52] Die nachfolgende Darstellung basiert auf der in der Fachliteratur gebräuchlichen Nomenklatur. Die Performancemaße werden in empirischer Form dargestellt.

Die wichtigsten Maße zur (externen) Performancemessung basieren auf kapitalmarkttheoretischen Modellen.[53] Derartige Modelle haben das Ziel, einen systematischen Zusammenhang zwischen dem Risiko und der erwarteten Rendite bei einer Investition herzustellen.

6.4.1 Sharpe-Ratio

Sharpe-Ratio[54]

Die Sharpe-Ratio eines Portfolios ist der Quotient aus der Überschußrendite[55] und dem gesamten (historischen) Risiko:[56]

$$SR := \frac{R - R^{rl}}{\sigma_P}$$

mit

R: Gemessene Rendite des Portfolios

R^{rl}: Rendite der risikolosen Anlage

σ_P: Empirische Standardabweichung der Renditewerte des Portfolios.

---

sieren, soll im Rahmen dieser Darstellung nicht eingegangen werden. Vgl. hierzu [Wittrock 95, S 85ff.] sowie [Zimmermann et al. 96, S. 77ff.].

52 Vgl. [Steiner/Bruns 98, Kapitel 9.1.1].

53 Die bekanntesten Performancemaße – Sharpe- und Treynor-Ratio, Differential Return und Jensen-Alpha – werden im Rahmen des CAPM hergeleitet. Für eine Darstellung von Ansätzen zur Performancemessung, die nicht auf dem CAPM beruhen, siehe [Wittrock/Steiner 95] und [Steiner/Nowak/Wittrock 99].

54 Vgl. [Sharpe 66]. Für einen Signifikanztest für dieses Maß siehe [Jobson/Korkie 81] und [Wittrock 95, S. 77f.].

55 Die Überschußrendite ist die im Vergleich zur risikolosen Anlage erzielte Differenzrendite.

56 Die Sharpe-Ratio ist somit ein Maß für die erzielte Überschußrendite pro übernommener absoluter Risikoeinheit.

Häufig gehen die Größen R, R^{rl} und σ_P auf annualisierter Basis in die Berechnung von SR ein.

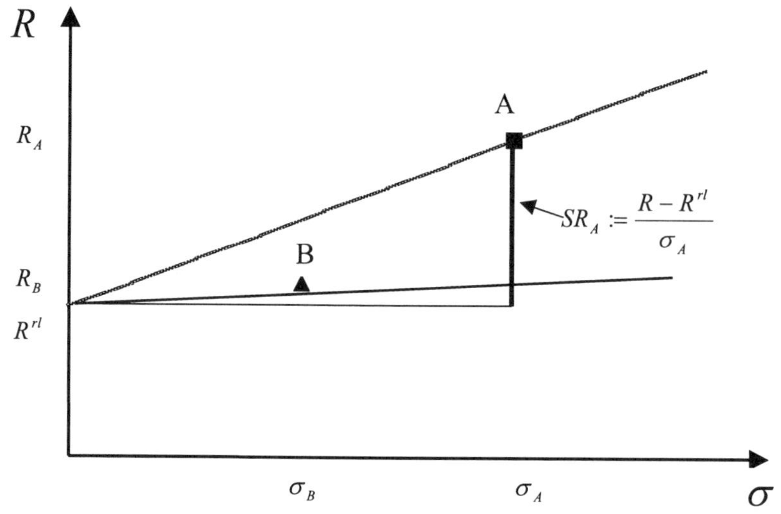

Abbildung 6.16: Veranschaulichung der Sharpe-Ratio in der Risiko(σ)-Rendite-Ebene. Portfolio A wird durch das Wertetupel (σ_A, R_A) und Portfolio B durch (σ_B, R_B) repräsentiert.

Zur geometrischen Veranschaulichung der Sharpe-Ratio wird in Abbildung 6.16 auf der Abszisse das Risiko und auf der Ordinate die Rendite abgetragen. Das Wertetupel

(Risiko des Portfolios, Rendite des Portfolios)

bildet einen Punkt innerhalb der Ebene. In der Abbildung werden die Wertetupel von zwei Portfolios (A und B) veranschaulicht. Die Koordinaten von Portfolio A werden mit σ_A und R_A und die von Portfolio B mit σ_B und R_B bezeichnet.

Es gilt:

- Je weiter rechts ein Punkt in der Risiko-Rendite-Ebene liegt, desto risikoreicher ist das Portfolio.
- Je weiter oben ein Punkt in der Risiko-Rendite-Ebene liegt, desto höher ist die Rendite des Portfolios.

In Abbildung 6.16 ist außerdem der Punkt enthalten, der die risikolose Anlage veranschaulicht ($(0, R^{rl})$ auf der Ordinate). Die Sharpe-Ratio für ein Portfolio ist die Steigung der Geraden zwischen diesem Punkt und dem Punkt des Portfolios. In Abbildung 6.16 wird beispielhaft das „Steigungsdreieck" zur Bestimmung der Sharpe-Ratio SR_A von Portfolio A dargestellt. Bei der Sharpe-Ratio handelt es sich um ein Maß zur „relativen Leistungsmessung". Daher können Portfolios mittels der Sharpe-Ratio in sinnvoller Weise untereinander verglichen werden. ([Wittrock 95, S. 78]).

Wird der Erfolg des Portfoliomanagements mittels der Sharpe-Ratio beurteilt, dann wird ein Portfolio um so positiver bewertet, je höher die Steigung dieser Geraden ist. Von zwei Portfolios wird somit jenes bevorzugt, dessen „Linie" den größeren Winkel mit der Abszisse einschließt und somit die höchste Risikoprämie pro Einheit Risiko erwirtschaftet. In Abbildung 6.16 wäre dies Portfolio A.

Beispiel 6.18 (Sharpe-Ratios verschiedener Benchmark-Portfolios):

Tabelle 6.10 enthält die Rendite- und Risikodaten wichtiger Renten- und Aktienindizes.

Benchmark	*Rendite p.a.*	*Volatilität*	*Sharpe-Ratio*
DAX	*22,50%*	*17,69%*	*0,99*
REXP	*8,37%*	*3,34%*	*1,01*
MSCI Europe	*19,19%*	*13,82%*	*1,03*
MSCI World	*15,91%*	*14,48%*	*0,75*

Tabelle 6.10: Sharpe-Ratios wichtiger Renten- und Aktienindizes (auf DM-Basis). Die Werte basieren auf dem Zeitraum vom 01.01.1993 bis 31.12.1997. Als risikolose Anlage wurde das Dreimonatsgeld (DM) definiert. Dessen annualisierte Rendite betrug in diesem Zeitraum 5,0%.

Unter dem Gesichtspunkt der Sharpe-Ratio sind die Anlagen in deutsche Aktien, deutsche Renten oder europäische Aktien in etwa gleichwertig. Die globale Aktienanlage schneidet über diesen Zeitraum deutlich schlechter ab.

Da bei der Sharpe-Ratio die Überschußrendite mittels der Volatilität der Portfoliorenditen – einem Maß für das gesamte absolute Risiko (vgl. Abschnitt 6.2.1) – relativiert wird, sollte dieses Maß von einem Investor verwendet werden, der sein Vermögen einzig (oder vornehmlich) in *ein* Portfolio investiert, da in diesem Fall das Gesamtrisiko (anstelle des systematischen Risikos) ausschlaggebend ist ([Wittrock 95, S. 78]).

6.4.2 Treynor-Ratio

Die Treynor-Ratio wird völlig analog zur Sharpe-Ratio gebildet, mit dem Unterschied, daß die Relativierung der erzielten Überschußrendite nicht mit der Volatilität, sondern mit dem Portfoliobeta erfolgt. Die erzielte Überschußrendite wird somit mittels des nicht diversifizierbaren Risikos „relativiert" (vgl. Abschnitt 6.3.2). Daher sollte dieses Maß von einem Investor verwendet werden, für den das in Betracht stehende Portfolio Bestandteil eines größeren, hinreichend diversifizierten Portfolios ist, so daß das unsystematische Risiko vernachlässigt werden kann [Wittrock 95, S. 79f.]. Da es sich wie bei der Sharpe-Ratio um ein relatives Risikomaß handelt, kann mit der Treynor-Ratio ein Ranking von unterschiedlichen Portfolios vorgenommen werden, die relativ zu einer gemeinsamen Benchmark verwaltet werden.

Treynor-Ratio[57]

Die Treynor-Ratio eines Portfolios ist der Quotient aus der Überschußrendite und dem nicht diversifizierbaren Risiko:[58]

$$TR := \frac{R - R^{rl}}{\beta_P}$$

mit

R: Gemessene Rendite des Portfolios

R^{rl}: Rendite der risikolosen Anlage

β_P: Geschätztes Beta des Portfolios relativ zur Benchmark

Wie bei der Sharpe-Ratio wird TR in der Regel auf Basis annualisierter Renditewerte ermittelt.

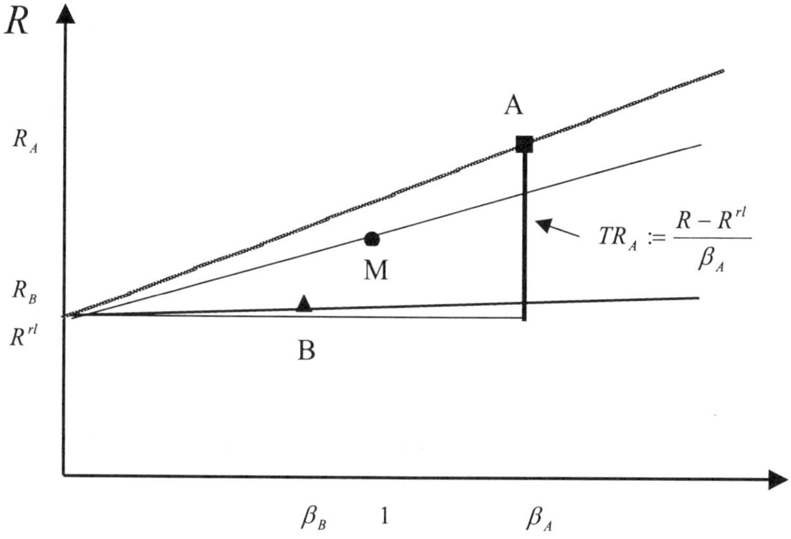

Abbildung 6.17: Veranschaulichung der Treynor-Ratio in der Risiko(β)-Rendite-Ebene. M symbolisiert das Marktportfolio mit β=1. Portfolio A wird durch das Wertetupel (β_A, R_A) und Portfolio B durch (β_B, R_B) repräsentiert.

57 Vgl. [Treynor 65]. Für einen Signifikanztest für dieses Maß siehe [Jobson/Korkie 81].

58 Die Treynor-Ratio ist somit ein Maß für die erzielte Überschußrendite pro übernommener Einheit an nicht diversifizierbarem Risiko.

Beispiel 6.19 (Treynor-Ratio):

Tabelle 6.11 enthält die Rendite- und Risikodaten für vier europäische Aktienportfolios. Verwendet ein Investor die Treynor-Ratio zur Bewertung der Managementleistung, dann bevorzugt er Portfolio C, da dieses Portfolio die höchste Überschußrendite pro Einheit an systematischem Risiko ergibt.

	Rendite p.a.	β_P	*Treynor-Ratio*
Portfolio A	*27,87%*	*1,54*	*14,85*
Portfolio B	*17,64%*	*1,01*	*12,51*
Portfolio C	*21,19%*	*1,02*	*15,87*
Portfolio D	*16,90%*	*0,91*	*13,08*

Tabelle 6.11: Treynor-Ratios europäischer Aktienportfolios (auf DM-Basis): Die Werte basieren auf dem Zeitraum vom 01.01.1993 bis 31.12.1997. Als Benchmark wurde der MSCI Europe *verwendet. Wie bei der Berechnung der Sharpe-Ratio wurde das Dreimonatsgeld als risikolose Anlage interpretiert.*

6.4.3 Jensen-Alpha

Im Rahmen des CAPM wird die erwartete Rendite eines Wertpapierportfolios durch folgende Gleichung dargestellt [Wittrock 95, S. 35]:

$$E(\widetilde{R}) = R^{rl} + \beta_P * \left(E(\widetilde{R}^{bm}) - R^{rl}\right) \text{ mit } \beta_P = \frac{Kov(\widetilde{R}, \widetilde{R}^{bm})}{\sigma_{bm}^2}. \qquad (6.20)$$

Mit σ_{bm} wird hier die Standardabweichung der erwarteten Renditen bezeichnet. Interpretiert man $E(\widetilde{R})$ als Funktion des Portfoliobetas β_P, dann ist der Graph dieser Funktion die sogenannte „Wertpapierlinie" (vgl. Abbildung 6.18). Nach dem CAPM stellt der Wert $E(\widetilde{R})(\beta_P)$ – die Rendite, die sich bei gleichem systematischen Risiko β_P auf Basis öffentlicher Informationen ergeben hätte – die „Meßlatte" zur Bewertung der Leistung eines Portfoliomanagers dar, der ein Portfolio mit dem gleichen systematischen Risiko β_P mit privaten Informationen verwaltet.[59] Bezeichnet R die gemessene Rendite, dann ist

$$j\alpha := R - E(\widetilde{R})(\beta_P)$$

ein Maß für die Fähigkeit des Portfoliomanagers, über- bzw. unterbewertete Titel zu identifizieren („Selektionsfähigkeit") (vgl. [Wittrock 95, S. 80]). Die Größe $j\alpha$ wird als Jensen-Alpha[60] bezeichnet.

---

[59] Vgl. [Wittrock 95, S. 80]. Um den Zugang möglichst direkt zu gestalten, wird hier auf die explizite Darstellung der ex post-Form verzichtet.

[60] Für einen Signifikanztest kann die t-Statistik herangezogen werden (vgl. [Bleymüller/Gehlert/Gülicher 98, Kapitel 21].

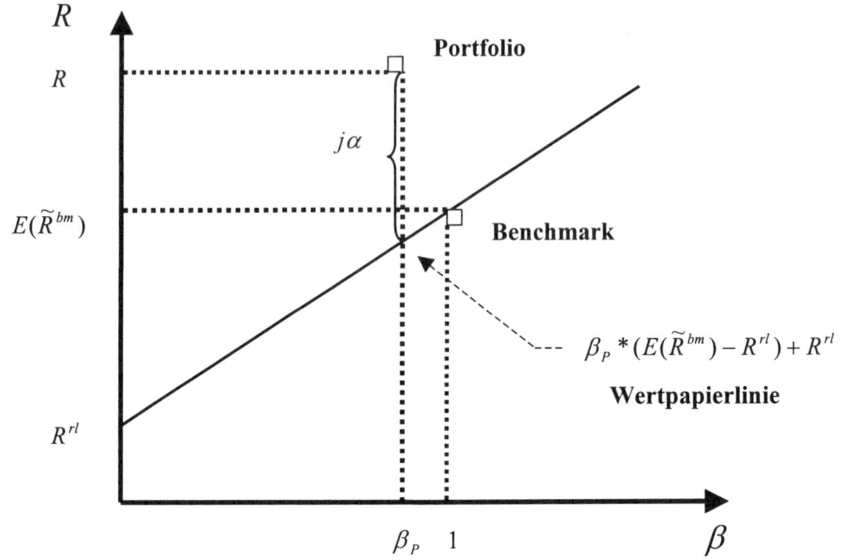

Abbildung 6.18: Graphische Deutung von $j\alpha$: $j\alpha$ ist der Abstand des Punktes, der das Portfolio im (β,R)-Diagramm repräsentiert, zur Geraden („Wertpapierlinie"), die die risikolose Anlage mit dem Marktportfolio verbindet. R repräsentiert die gemessene mittlere Rendite des Portfolios und β_P seinen Betawert im Vergleich zur Benchmark.

Im Rahmen empirischer Untersuchungen werden $j\alpha$ und β_P – analog zur Vorgehensweise bei der Berechnung des Portfoliobetas und Portfolioalphas – mittels einer Regressionsanalyse ermittelt, im Rahmen derer die Überschußrenditen des Portfolios auf die Überschußrenditen der Benchmark regressiert werden (vgl. [Wittrock 95, S. 81]).

Da das Jensen-Alpha (im Gegensatz zu der Sharpe- oder Treynor-Ratio) ein absolutes Risikomaß ist, ist nur ein Vergleich der Performance eines einzelnen Portfolios relativ zum Markt (Benchmark) zulässig. Für ein „Ranking" verschiedener Portfolios ist diese Größe ungeeignet, sofern die in Betracht stehenden Portfolios nicht das gleiche systematische Risiko aufweisen.[61]

Beispiel 6.20 (Jensen-Alpha):

Tabelle 6.12 enthält die Rendite- und Risikodaten für vier europäische Aktienportfolios. Nur dem Manager des Portfolios A ist es gelungen, auf Basis seiner privaten Informationen einen signifikanten Zusatzertrag gegenüber dem neutralen Benchmarkportfolio mit identischem systematischen Risiko zu erwirtschaften.

[61] Vgl. [Wittrock 95, S. 81].

	Rendite p.a.	β	$j\alpha$	α
Portfolio A	*27,87%*	*1,34*	*3,86%*	*2,16%*
Portfolio B	*17,64%*	*1,01*	*-1,69%*	-1,74%
Portfolio C	*21,19%*	*1,10*	*0,58%*	0,08%
Portfolio D	*16,90%*	*0,91*	*-1,01%*	-0,56%

Tabelle 6.12: Jensen-Alpha für vier europäische Aktienportfolios auf DM-Basis. Die Werte basieren auf dem Zeitraum vom 01.01.1993 bis 31.12.1997. Als Benchmark wurde der MSCI Europe *(annualisierte Rendite = 19,19%) und als risikolose Anlage wiederum das Dreimonatsgeld (annualisierte Rendite = 5,0%) verwendet. Es wurde in vereinfachender Weise angenommen, daß der risikolose Zinssatz im Zeitablauf konstant war.*

6.4.4 Treynor/Black-Ratio

Bei der Bildung des Jensen-Alphas wurde der Diversifikationsaspekt vernachlässigt. Zwei Portfolios mit identischem Jensen-Alpha würden bei identischem systematischen Risiko mittels dieses Maßes als gleichwertig eingestuft werden, selbst wenn eines dieser Portfolios ein wesentlich höheres unsystematisches Risiko aufweisen würde. Durch die Division des Jensen-Alphas durch die Volatilität der spezifischen Zufallskomponente des Portfolios[62] wurde in [Treynor/Black 73] versucht, auch das portfoliospezifische Risiko zu berücksichtigen. Das daraus resultierende Performancemaß wird als Treynor/Black- oder als Appraisal-Ratio bezeichnet:

$$TBR := \frac{j\alpha}{\sigma_{\tilde{Z}_P}}. \tag{6.21}$$

Unter Verwendung der Treynor/Black-Ratio wird somit ein Portfolio um so schlechter bewertet, je mehr diversifizierbares Risiko in Kauf genommen wurde. Die Volatilität des spezifischen Risikos kann mittels der im vorherigen Abschnitt erwähnten Regressionsanalyse, im Rahmen derer die Überschußrenditen des Portfolios gegen die Überschußrenditen der Benchmark regressiert werden, ermittelt werden.[63]

Beispiel 6.21 (Treynor/Black-Ratio):

Es werden nochmals die bereits in Beispiel 6.20 betrachteten vier europäischen Aktienportfolios herangezogen.

---

[62] Vgl. Abschnitt 6.3.2. Obwohl dieser Term dort nur im Kontext des einfachen Marktmodells definiert wurde, wird die Notation hier beibehalten.

[63] Vgl. [Wittrock 95, S. 82f.]). Dort wird auch die Frage behandelt, unter welchen Voraussetzungen mittels der Treynor/Black-Ratio ein Ranking unterschiedlicher Portfoliomanager vorgenommen werden kann.

	$j\alpha$	$\sigma_{\tilde{Z}_P}$	TBR
Portfolio A	*3,86%*	*8,65%*	*0,45*
Portfolio B	*-1,69%*	*5,67%*	*-0,30*
Portfolio C	*0,58%*	*2,05%*	*0,28*
Portfolio D	*-1,01%*	*3,56%*	*-0,28*

Tabelle 6.13: Treynor/Black-Ratio für vier europäische Aktienportfolios auf DM-Basis. Für die Berechnungsgrundlage siehe Tabelle 6.12.

Auf Basis der Treynor/Black-Ratio wird Portfolio A zwar höher eingestuft als Portfolio C, aufgrund des hohen unsystematischen Risikos von Portfolio A ist der Abstand jedoch deutlich geringer als dies die Differenz zwischen den absoluten Renditen vermuten ließe.

Das Beispiel verdeutlicht auch einen kritischen Aspekt der sogenannten „zweidimensionalen Performancemaße“: Obwohl Portfolio B im Vergleich zu Portfolio D bei einem höheren unsystematischen Risiko eine niedrigere Rendite erzielt hat, werden beide Portfolios unter Verwendung der Treynor/Black-Ratio als gleichwertig angesehen. Beim Ranking von Portfolios mit negativen Differenzrenditen führt eine Risikonormierung somit nicht zu sinnvollen Ergebnissen (vgl. Übung 6.2).

6.4.5 Differential Return

Der „Differential Return“ *dr* [Elton/Gruber 95, S. 641f.] wird analog zum Jensen-Alpha berechnet, anstelle des Portfoliobetas wird dabei jedoch die Volatilität verwendet. Ausgangspunkt ist die zum Ausdruck (6.20) analoge Gleichung, mittels derer im Rahmen des CAPM die erwartete Rendite eines Wertpapierportfolios beschrieben wird:[64]

$$E(\tilde{R}) = R^{rl} + \frac{E(\tilde{R}^{bm}) - R^{rl}}{\sigma_{bm}} * \sigma_P .$$

Interpretiert man $E(\tilde{R})$ als Funktion von σ_P, dann ist der Graph dieser Funktion die sogenannte „Kapitalmarktlinie“ (vgl. Abbildung 6.18). Nach dem CAPM stellt der Wert $E(\tilde{R})(\sigma_P)$ – die Rendite, die sich bei gleichem absoluten Risiko σ_P auf Basis öffentlicher Informationen ergeben hätte – die „Meßlatte“ zur Bewertung der Leistung eines Portfoliomanagers dar, der ein Portfolio mit dem gleichen absoluten Risiko σ_P mit privaten Informationen verwaltet. Bezeichnet R die gemessene mittlere Rendite, dann ist

$$dr := R - E(\tilde{R})(\sigma_P)$$

ein Maß für die Selektionsfähigkeit des Portfoliomanagers. *dr* ist diejenige Renditekomponente, die zusätzlich zu der mittels einer passiven Strategie bei identischem Gesamtrisiko erzielten Rendite erwirtschaftet wurde (vgl. Abbildung 6.19).

[64] Vgl. [Steiner/Bruns 98, S. 22f.]. Mit σ_{bm} und σ_P wird hier die Standardabweichung der erwarteten Renditen der Benchmark bzw. des Portfolios bezeichnet.

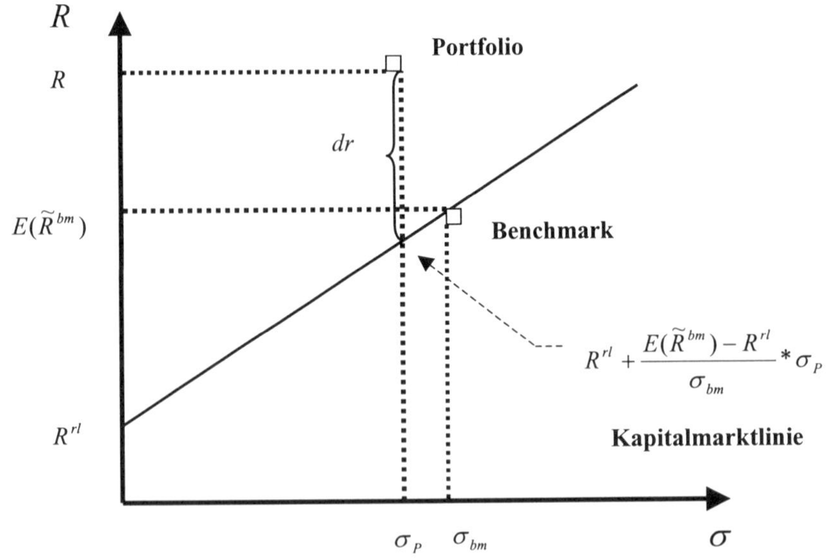

Abbildung 6.19: Der Differential Return dr ist der Abstand des Punktes, der das Portfolio im (σ, R)-Diagramm repräsentiert, zur Geraden („Kapitalmarktlinie"), welche die risikolose Anlage mit dem Marktportfolio verbindet. R repräsentiert die gemessene mittlere Rendite des Portfolios und σ_P die Volatilität der Renditen.

Ebenso wie das Jensen-Alpha ist der Differential Return für das Ranking von Portfolios ungeeignet, sofern die in Betracht stehenden Portfolios nicht das gleiche Gesamtrisiko aufweisen.

Der Differential Return wird in der Praxis mittels der beobachteten mittleren Portfolio- und Benchmarkrendite und den empirischen Schätzwerten für die Standardabweichung der Portfolio- und Benchmarkrenditen ermittelt.

Beispiel 6.22 (Differential Return):

Für die vier europäischen Aktienportfolios wird in Tabelle 6.14 der Differential Return ausgewiesen. Aufgrund der hohen Volatilität von Portfolio C wird dieses Portfolio deutlich schlechter beurteilt als mittels des Jensen-Alphas.

	Rendite p.a.	σ_P	*dr*
Portfolio A	*27,87%*	*19,65%*	*2,69%*
Portfolio B	*17,64%*	*12,40%*	*-0,09%*
Portfolio C	*21,19%*	*16,79%*	*-1,05%*
Portfolio D	*16,90%*	*11,90%*	*-0,32%*

Tabelle 6.14: Differential Return für vier europäische Aktienportfolios auf DM-Basis. Für die Berechnungsgrundlage siehe Tabelle 6.12.

6.4.6 Risk-Adjusted Performance und Market Risk-Adjusted Performance

Mittels der in den vorangegangenen Abschnitten dargestellten Performancemaße konnte entweder ein Ranking von Portfolios mit unterschiedlichen Risikoniveaus (Sharpe-, Treynor-Ratio) *oder* ein Vergleich der absoluten Renditen der Portfolios mit der Rendite eines geeigneten Benchmark-Portfolios (Jensen-Alpha, Differential Return) vorgenommen werden. In [Modigliani/Modigliani 97] wurde ein Performancemaß – die sogenannte Risk-Adjusted Performance (*RAP*) – vorgestellt, mit dem der Versuch unternommen wurde, beide Eigenschaften auf ein Performancemaß zu vereinigen (vgl. Abbildung 6.20).

	Gesamtrisiko	Systematisches Risiko
Risikonormierung (Ranking möglich)	Sharpe-Ratio	Treynor-Ratio
Absolute Differenz-rendite gegenüber "passivem Portfolio" (Ranking nicht möglich)	Differential Return	Jensen-Alpha
"Synthese"	Risk-Adjusted Performance	Market Risk-Adjusted Performance

Abbildung 6.20: Gliederung der unterschiedlichen Performancemaße entsprechend des verwendeten Risikomaßes und des Anwendungsbereichs.

Zur Ermittlung dieses Maßes wird für jedes der in Betracht stehenden Portfolios ein theoretisches Portfolio gebildet, dessen absolute Rendite mit der des Marktportfolios (Benchmark) vergleichbar ist.[65] Die bei einem absoluten Risikowert von σ_P erzielte Rendite wird dabei in geeigneter Weise zu einem kompatiblen Renditewert skaliert. Bei einem Portfolio mit einem geringeren Risiko als das des Marktportfolios wird die Rendite (und das Risiko) „heraufskaliert" („levering"), bei einem Portfolio mit einem höheren Risiko „herunterskaliert" („delevering") (vgl. Abbildung 6.21):

$$\begin{aligned} &\sigma_P \rightarrow \sigma_P * (1 + d_P) = \sigma_{bm} \\ &R \rightarrow R * (1 + d_P) - d_P * R^{rl} =: RAP. \end{aligned} \tag{6.22}$$

Im Falle von $\sigma_P < \sigma_{bm}$ entspricht dies einem (gedanklichen) Kauf, im Falle von $\sigma_P > \sigma_{bm}$ dem (gedanklichen) Verkauf eines durch d_P bestimmten Anteils des Portfolios. Im ersten Fall ($d_P > 0$) wird dieser Kauf durch einen Kredit zum risikolosen Zinssatz finanziert, im zweiten Fall ($d_P < 0$) wird das freigewordene Kapital zum risikolosen Zinssatz angelegt.

[65] Vgl. [Modigliani/Modigliani 97, Wilkens/Scholz 99a].

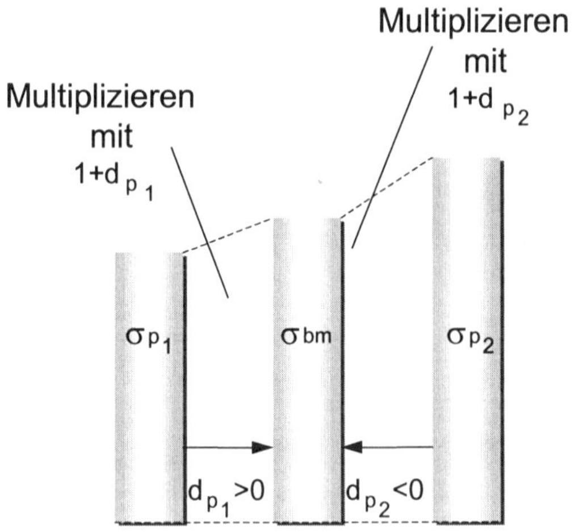

Abbildung 6.21: Skalierung des Portfoliorisikos zur Bildung des theoretischen Portfolios bei der Ermittlung der Risk-Adjusted Performance. Volatilitätswerte, die oberhalb der Volatilität der Benchmark liegen, werden herunterskaliert, Volatilitätswerte, die unterhalb dieser liegen, werden heraufskaliert.

Um zu erkennen, daß das *RAP* eine lineare Transformation der Sharpe-Ratio in eine Renditegröße darstellt, wird zunächst der Anteil d_P mittels der ersten Formel in (6.21) ermittelt:

$$d_P = \frac{\sigma_{bm}}{\sigma_P} - 1.$$

Somit gilt

$$\begin{aligned} RAP &= R * \frac{\sigma_{bm}}{\sigma_P} - \left(\frac{\sigma_{bm}}{\sigma_P} - 1 \right) * R^{rl} \\ &= \sigma_{bm} * \left(\frac{R - R^{rl}}{\sigma_P} \right) + R^{rl} \\ &= \sigma_{bm} * SR + R^{rl}. \end{aligned}$$

Ein Ranking von Portfolios mit unterschiedlichen Risikoniveaus ist somit möglich. Die Rangfolge ist dieselbe, die sich bei Verwendung der Sharpe-Ratio ergibt. Insbesondere ist sie unabhängig von der Wahl der Benchmark.

Da die in dieser Form ermittelten Renditewerte auf ein gemeinsames Risikoniveau bezogen werden, können sie auch untereinander verglichen werden. In diesem Sinne stellt die Risk-Adjusted Performance ein Performancemaß dar, mit dem eine Risikonormierung vorgenommen werden kann, das zugleich jedoch die Möglichkeit eines Vergleichs von (skalierten) absoluten Renditewerten ermöglicht (vgl. Abbildung 6.21).

Beispiel 6.23 (Risk-Adjusted Performance):

Es werden wieder vier europäische Aktienportfolios betrachtet (vgl. Tabelle 6.14). Als Benchmark wird der *MSCI Europe* herangezogen, der im Betrachtungszeitraum eine annualisierte Rendite von 19,19% erzielt hat. Für Portfolio B errechnet man beispielsweise:

$$1+d_P = \frac{19{,}19}{12{,}40} = 1{,}548,$$

und somit

$$RAP = 17{,}64 * 1{,}548\% - 5{,}00 * 0{,}548\% = 24{,}56\%.$$

	Rendite p.a.	σ_P	*RAP*
Portfolio A	*27,87%*	*19,65%*	*27,33%*
Portfolio B	*17,64%*	*12,40%*	*24,56%*
Portfolio C	*21,19%*	*16,79%*	*23,50%*
Portfolio D	*16,90%*	*11,90%*	*24,19%*

Tabelle 6.15: Risk-Adjusted Performance für vier europäische Aktienportfolios auf DM-Basis. Für die Berechnungsgrundlage siehe Tabelle 6.12.

Anstatt der Gesamtrendite kann auch – wie bei der Treynor-Ratio und dem Jensen-Alpha – nur das systematische Risiko zugrunde gelegt werden. Die Vorgehensweise ist völlig analog zur Bildung der Risk-Adjusted Performance. Das daraus abgeleitete Performancemaß wird als Market Risk-Adjusted Performance (*MRAP*) bezeichnet (vgl. [Wilkens/Scholz 99b]). Die zu (6.21) analogen Gleichungen lauten in diesem Fall

$$\begin{aligned} &\beta_P \rightarrow \beta_P * (1+d_P) = 1 \\ &R \rightarrow R * (1+d_P) - d_P * R^{rl} =: MRAP. \end{aligned} \tag{6.23}$$

Daraus ergibt sich

$$d_P = \frac{1}{\beta_P} - 1,$$

woraus sich folgende Beziehung zwischen der Market Risk-Adjusted Performance und der Treynor-Ratio herleiten läßt:

$$MRAP = \frac{R}{\beta_P} - \left(\frac{1}{\beta_P} - 1\right) * R^{rl} = \frac{R - R^{rl}}{\beta_P} + R^{rl} = TR + R^{rl}.$$

Die Market Risk-Adjusted Performance und die Treynor-Ratio führen somit zu einer identischen Rangfolge von Portfolios.

6.4.7 Information-Ratio

Information-Ratio

Die Information-Ratio *IR* eines Portfolios ist der Quotient aus der erzielten Differenzrendite relativ zur Benchmark und dem Tracking Error:

$$IR := \frac{R - R^{bm}}{TE} \tag{6.24}$$

mit

R: Gemessene Rendite des Portfolios

R^{bm}: Gemessene Rendite der Benchmark

TE: Tracking Error des Portfolios im Vergleich zur Benchmark

Dieses Maß „relativiert" die erzielte Differenzrendite mittels des Abweichungsrisikos in Form des Tracking Errors. In der Regel gehen die Größen R, R^{bm} und TE auf annualisierter Basis in die Bildung des Quotienten ein.

Beispiel 6.24 (Information-Ratio):

Tabelle 6.16 enthält die Rendite- und Risikodaten für vier europäische Aktienportfolios.

Benchmark	*Rendite*	*Tracking Error*	*Information Ratio*
Portfolio A	*27,87%*	*5,23%*	*1,66%*
Portfolio B	*17,64%*	*2,05%*	*-0,76%*
Portfolio C	*20,19%*	*4,78%*	*0,21%*
Portfolio D	*16,90%*	*0,80%*	*-2,86%*

Tabelle 6.16: Information-Ratios der Aktienportfolios aus Tabelle 6.11. Als Benchmark diente der MSCI Europe. *Die annualisierte Rendite dieses Indexes betrug im Betrachtungszeitraum 19,19%.*

Verwendet ein Investor die Information-Ratio zur Beurteilung der Managementleistung, dann bevorzugt er Portfolio A, da dieses Portfolio die höchste Differenzrendite pro Einheit Abweichungsrisiko ergibt.

Nach [Grinold 89] ist die *ex ante* Information-Ratio als das Produkt eines Parameters *IC* („Information Coefficient"), der die Güte der getroffenen Prognosen darstellt, und der Wurzel eines Parameters *BR* („Breadth"), der den Umfang der getroffenen Prognosen repräsentiert, darstellbar:

$$IR \approx IC * \sqrt{BR}\,.$$[66]

Die Wahl der Bewertungsquellen für die Portfolios und der Berechnungsmethode hat i. allg. einen erheblichen Einfluß auf die (risikoadjustierten) Performancemaße. In Abschnitt 6.3.1 wurde bereits dargestellt, wie die Berechnung des Tracking Errors von den Bewertungsquellen abhängen kann. Da der Tracking Error eine wesentliche Komponente bei der Ermittlung der Information-Ratio darstellt, gelten die Anmerkungen im Fall des Tracking Errors im gleichen Umfang auch für die Information-Ratio. Das mittels linearer Regression ermittelte Portfoliobeta, und somit die Treynor-Ratio, hängt i. allg. ebenfalls stark von der Wahl der Bewertungsquellen (relativ zur Benchmark) ab.

In Abschnitt 6.2.2 wurden die unterschiedlichen Berechnungsmethoden, die der Schätzung der Volatilität (und damit der Sharpe-Ratio) zugrunde liegen können, dargestellt. Ein weiterer kritischer Punkt stellt die Wahl des Zinssatzes, der als der „risikolose Zinssatz“ angesehen wird, dar. Insbesondere in Anlagesegmenten, die eine geringe Differenzrendite gegenüber solchen Zinssätzen erzielen, können sich dabei erhebliche Unterschiede bei Rankings ergeben.

Aufgrund dieser Einflüsse auf die Darstellung von Performanceergebnissen sollte eine Präsentation Angaben über die getroffenen Hypothesen und die Berechnungsmethodik enthalten.

6.4.8 Sortino-Ratio

Sortino-Ratio[67]

Die Sortino-Ratio *SOR* eines Portfolios ist der Quotient aus der erzielten Differenzrendite relativ zu einer vorgegebenen Mindestrendite $R_{\min}$ und dem Abweichungsrisiko $\sqrt{LPM_2}$:

$$SOR := \frac{R - R_{\min}}{\sqrt{LPM_2}},$$

wobei mit *R* die gemessene Rendite des Portfolios bezeichnet wird.

Beispiel 6.25 (Sortino-Ratio):

In Beispiel 6.12 wurde bei einer vorgegebenen Mindestrendite von 2,0% $\sqrt{LPM_2}$ zu 0,61% berechnet. Bei einer gemessenen Rendite von 3,5 % erhält man:

$$SOR = \frac{3{,}5 - 2{,}0}{0{,}61} = 2{,}45$$

[66] Vgl. hierzu auch [Grinold/Kahn 95, Rehkugler 98, Kleeberg/Schlenger 98]. Für einen Signifikanztest kann die t-Statistik herangezogen werden (vgl. [Goodwin 98]). Zu Aspekten der Portfoliooptimierung unter Berücksichtigung der Risikoaversion im Zusammenhang mit der Information-Ratio siehe [Grinold/Kahn 95, Kap. 5] und [Ebertz/Scherer 98].

[67] Vgl. [Sortino/Price 94] und [Schmidt-von-Rhein 98b].

Beim Vergleich verschiedener Wertsicherungsansätze präferiert ein Investor auf Basis der Sortino-Ratio jenen Ansatz, der die höchste Differenzrendite (relativ zur vorgegebenen Mindestrendite) pro Einheit des Abweichungsrisikos erwirtschaftet.

6.5 Messung der Homogenität der Managementleistung[68]

Die DVFA-PPS fordern ebenso wie die AIMR-PPS und die GIPS die Angabe eines Maßes für die Streuung (*Dispersion*) der Portfoliorenditewerte innerhalb eines Composites für jedes der dargestellten Kalenderjahre. Anhand des Composites in Tabelle 6.17 werden verschiedene Maße erläutert.

Portfolio	*Rendite*	*Inventarwert in Mio. DM*	*Anteil am Composite-volumen*
A	*20%*	*150*	*15%*
B	*18%*	*50*	*5%*
C	*15%*	*200*	*20%*
D	*12%*	*300*	*30%*
E	*11%*	*100*	*10%*
F	*9%*	*200*	*20%*
Gesamt		*1.000*	*100%*

Tabelle 6.17: Composite bestehend aus sechs Portfolios. Die Inventarwerte beziehen sich auf den Beginn einer Periode (Kalenderjahr).

Die Benchmark hat im Betrachtungszeitraum eine Rendite von 11,80% erzielt.

6.5.1 Min-Max

Bei diesem Maß werden die maximale und die minimale Rendite ausgewiesen. Es eignet sich vor allem für Composites mit einer geringen Anzahl an Portfolios.

Für das Composite in Tabelle 6.17 erhält man $R_{\max} = 20\%$ und $R_{\min} = 9\%$.

6.5.2 Standardabweichung

Die (empirische) Standardabweichung S_C ist als Dispersionsmaß für Composites mit einer hohen Anzahl an Portfolios geeignet. Sie berechnet sich gemäß

$$S_C = \sqrt{\sum_{i=1}^{N} \frac{1}{N} * (R_i - \mu)^2} , \qquad (6.25)$$

[68] Die Ausführungen in diesem Abschnitt basieren zum Teil auf [Wittrock/Fischer/Lilla 98b].

wobei R_i die Renditewerte der (während der gesamten Periode) im Composite enthaltenen N Portfolios darstellen. μ ist das arithmetische Mittel dieser Renditewerte. Die gegenüber der Benchmark erzielte Differenzrendite des Composites kann (formal analog zur Vorgehensweise bei der Information-Ratio) in Beziehung zur Dispersion gesetzt werden, indem man definiert:

$$\Delta^{S_C} := \frac{\mu - R^{bm}}{S_C}.$$

Je höher der Wert von Δ^{S_C} ausfällt, desto höher ist die Anzahl an Portfolios, die die Benchmarkrendite übertroffen haben. Beispielsweise bedeutet ein Wert von $\Delta^{S_C} = 1$, daß ca. 84% aller Portfolios des Composites eine höhere Rendite als die Benchmark erzielt haben (vgl. die Darstellung in Abschnitt 6.2.1).

Im Fall des Composites in Tabelle 6.17 erhält man $\mu = 14{,}17\%$ und $S_C = 3{,}89\%$. Somit ergibt sich $\Delta^{S_C} := \frac{14{,}17 - 11{,}80}{3{,}89} = 0{,}61$. Daraus folgt,[69] daß ca. 73% der Portfoliorenditen oberhalb der Benchmarkrendite lagen.[70]

6.5.3 Volumengewichtete Standardabweichung

Bei diesem Maß werden die Quadrate der Renditedifferenzen in Formel (6.25) nicht mit dem konstanten Faktor $1/N$, sondern mit den Inventarwerten gewichtet:

$$S_C^{vg} = \sqrt{\sum_{i=1}^{N} q_i * \left(R_i - \mu^{vg}\right)^2}, \tag{6.26}$$

wobei

$$q_i = \frac{\textit{Inventarwert des Portfolios i}}{\textit{Inventarwert des Composites}} \quad \text{und} \quad \mu^{vg} = \sum_{i=1}^{N} q_i * R_i.$$

Die Berechnung der Gewichtungsfaktoren q_i erfolgt analog zu der Berechnung der Gewichtungsfaktoren bei der Ermittlung der Compositerendite (vgl. Abschnitt 5.5). Dabei kann entweder von den Inventarwerten zu Beginn eines Kalenderjahres (Formel (5.2)) oder von Anfangsinventarwerten plus der zeitgewichteten Mittelbewegungen (Formel (5.3)) ausgegangen werden.

Um die Differenzrendite des Composites gegenüber der Benchmark in Beziehung zur entstandenen Dispersion zu setzen, kann wie im vorangegangenen Abschnitt der Quotient aus diesen Größen gebildet werden:

---

[69] Für die konkrete Berechnung siehe Abschnitt 6.2.4.1 (insbesondere Tabelle 6.1).

[70] Davon kann man sich durch Betrachten von Tabelle 6.17 überzeugen. Ein (potentieller) Kunde hat jedoch i. allg. keinen Einblick in das Renditespektrum eines Composites.

$$\Delta^{S_C^{vg}} := \frac{\mu^{vg} - R^{bm}}{S_C^{vg}}.$$

Je höher der Wert von $\Delta^{S_C^{vg}}$, desto größer war der volumenmäßige Anteil des Composites, der eine höhere Rendite als die Benchmark erzielt hat. Beispielsweise bedeutet ein Wert von $\Delta^{S_C^{vg}} = 1$, daß ca. 84% des Compositevolumens die Benchmarkrendite übertroffen hat.

Für das Composite in Tabelle 6.17 errechnet man $\mu^{vg} = 13{,}40\%$ und $S_C^{vg} = 3{,}62\%$, und folglich $\Delta^{S_C^{vg}} := \frac{13{,}40 - 11{,}80}{3{,}62} = 0{,}442$. Somit wurde für ca. 67 % des Compositevolumens eine höhere Rendite als die Benchmarkrendite erzielt.[71]

6.5.4 Quartildarstellung

Bei dieser Methode werden die Composites entsprechend ihrer Inventar- und Renditewerte in Quartile aufgeteilt, d.h. die Portfolios werden zunächst entsprechend ihrer Renditen in absteigender Ordnung aufgelistet. Anschließend wird das erste Portfolio dem ersten Quartil zugeordnet. Überschreitet der Inventarwert des ersten Portfolios ein Viertel des gesamten Inventarwerts, dann wird nur der maximal zulässige Anteil diesem Quartil zugewiesen. Der Rest wird dann dem zweiten Quartil zugewiesen. Unterschreitet der Inventarwert des ersten Portfolios ein Viertel des gesamten Inventarwerts, dann wird auch das zweite bzw. ein entsprechender Anteil des zweiten Portfolios dem ersten Quartil zugewiesen. In analoger Weise setzt man diesen Prozeß fort, bis sämtliche Portfolios auf die Quartile aufgeteilt sind. Für jedes der Quartile wird die volumengewichtete Rendite dargestellt.[72]

Die Vorgehensweise wird anhand des Composites in Tabelle 6.17 erläutert. Die vier Quartile werden in diesem Fall wie folgt gebildet.

Quartil	*Zusammensetzung des Quartils*
1	*Portfolios A, B und 25% von Portfolio C*
2	*75% von Portfolio C und 33,33% von Portfolio D*
3	*66,66% von Portfolio D und 50% von Portfolio E*
4	*50% von Portfolio E und Portfolio F.*

Tabelle 6.18: Einteilung des Composites in Tabelle 6.17 in Quartile.

Jedes Quartil verfügt somit über einen Inventarwert in Höhe von 250 Mio. DM.

Gemäß dieser Einteilung werden die volumengewichteten Renditewerte berechnet:

[71] Für die konkrete Berechnung siehe Abschnitt 6.2.4.1 (insbesondere Tabelle 6.1).

[72] Alternativ dazu können auch nur die Renditen des ersten und des vierten Quartils dargestellt werden.

$$\text{Quartil 1: } R = \frac{150}{250} * 20\% + \frac{50}{250} * 18\% + \frac{50}{250} * 15\% = 18{,}6\% \text{ etc.}$$

Die Ergebnisse sind in der folgenden Tabelle zusammengefaßt.

Quartil	*Volumengewichtete Rendite*
Quartil 1	*18,6%*
Quartil 2	*13,8%*
Composite	*13,4%*
Quartil 3	*11,8%*
Quartil 4	*9,4%*

Tabelle 6.19: Renditewerte der Quartile in Tabelle 6.18.

Die Frage, welches Dispersionsmaß geeignet ist, die Streuung der Renditewerte innerhalb eines Composites angemessen wiederzugeben, muß von den Vermögensverwaltern für jedes ihrer Composites individuell beantwortet werden. Maße wie die Standardabweichung oder die volumengewichtete Standardabweichung eignen sich beispielsweise nur für Composites mit einer hinreichend großen Anzahl an Portfolios (vgl. Abschnitt 6.2.2). Bei der Berechnung der Dispersion sollen nur die Portfolios berücksichtigt werden, die dem zugrunde liegenden Composite während des gesamten Zeitraums (ein Jahr) zugeordnet waren [DVFA 00, Abschnitt 8]. Der oben benutzte Begriff „Inventarwert des Composites" bezieht sich in diesem Kontext somit auf die Gesamtheit der Portfolios, die im gesamten Zeitraum dem Composite zugeordnet waren.

Beispiel 6.26 (Auswahl des Dispersionsmaßes):

Portfolio	*Rendite*	*Inventarwert in Mio. DM*	*Anteil am Composite-volumen*
A	*-3%*	*10*	*6,25%*
B	*8%*	*30*	*18,75%*
C	*10%*	*30*	*18,75%*
D	*4%*	*20*	*12,50%*
E	*5%*	*40*	*25,00%*
F	*9%*	*20*	*12,50%*
G	*12%*	*10*	*6,25%*
Gesamt		*160*	*100,00%*

Tabelle 6.20: Composite bestehend aus sieben Portfolios. Die Inventarwerte beziehen sich auf den Beginn einer Periode (Kalenderjahr).

Tabelle 6.20 enthält die Daten, die zur Berechnung der Dispersionsmaße benötigt werden. Für dieses Composite werden folgende Kennzahlen ermittelt:

Arithmetischer Durchschnitt		*Volumengewichtet*	
Rendite	Standardabweichung	Rendite	Standardabweichung
6,81%	4,62%	6,43%	3,50%

Tabelle 6.21: Werte für die Standardabweichung und die volumengewichtete Standardabweichung.

Die Einteilung in Quartile ergibt:

	Portfolios	*Volumen*		*Rendite*
		Quartile	*Gesamt*	
Quartil 1	*G, C*	*10/30*	*40*	*10,50%*
Quartil 2	*F, 66,67% von B*	*20/20*	*40*	*8,50%*
Quartil 3	*33,33% von B, 75% von E*	*10/30*	*40*	*5,75%*
Quartil 4	*25% von E, D, A*	*10/20/10*	*40*	*2,50%*

Tabelle 6.22: Einteilung der Portfolios aus Tabelle 6.20 in Quartile.

Es gilt ferner $R_{\min} = -3\%$ und $R_{\max} = 12\%$. Die ausgewiesene Spanne in Höhe von 15% überzeichnet jedoch die Dispersion, da die Portfolios, bei denen diese Ergebnisse realisiert wurden, nur einen geringen Anteil am Gesamtvolumen repräsentieren. Dies zeigt sich auch in dem Wert der volumengewichteten Standardabweichung, der deutlich geringer ausfällt als der Wert für die Standardabweichung. In diesem Fall sind die volumengewichtete Standardabweichung und die Quartilsdarstellung am geeignetsten zur Darstellung der Dispersion der Portfoliorenditen.

Mittels der Werte für die Dispersion der Renditewerte der einem Composite zugeordneten Portfolios lassen sich Rückschlüsse darauf ziehen, inwiefern der Vermögensverwalter einen klar definierten Investmentstil bei der Verwaltung der Portfolios verfolgt. Je geringer die Dispersion ausfällt, desto einheitlicher werden die im Composite zusammengefaßten Portfolios verwaltet. Dabei sind allerdings die Kriterien, die bei der Compositekonstruktion herangezogen wurden, zu beachten. Relativ grob definierte Composites weisen naturgemäß eine breitere Streuung auf.

6.5.5 Kombination verschiedener Dispersionsmaße

Um eine adäquate Darstellung der Dispersion der Compositerenditen zu erhalten, ist oftmals die Kombination verschiedener Dispersionsmaße empfehlenswert. Dies kann insbesondere dann sinnvoll sein, wenn die Anzahl der Portfolios, die bei der Berechnung der Dispersion zu berücksichtigen sind (Portfolios, die im gesamten Kalenderjahr dem Composite zugeordnet waren), stark schwankt.

Beispiel 6.27 (Verwendung unterschiedlicher Dispersionsmaße für ein Composite):

Aufgrund der eingeschränkten Aussagefähigkeit der Standardabweichung bei einer geringen Anzahl an Stichproben stellt ein Vermögensverwalter die Dispersion mittels des Min-Max-Maßes dar, falls weniger als 20 Renditewerte vorliegen:

Composite Globale Aktienportfolios

Jahr	*Anzahl der Portfolios*	*Dispersion**	*Compositerendite*
1998	*26*	*2,8%*	*12,5%*
1997	*22*	*4,0%*	*42,6%*
1996	*17*	*18,5%/24,4%*	*20,5%*
1995	*20*	*2,8%*	*8,3%*
1994	*5*	*-4,9%/0,4%*	*-2,6%*

**Dispersion*: Volumengewichtete Standardabweichung der Renditewerte der Portfolios auf Monatsbasis, falls mehr als 20 Portfolios während des gesamten Zeitraums im Composite enthalten waren; ansonsten wird die minimale und die maximale Rendite ausgewiesen.

Abbildung 6.22: Darstellung der Dispersion des Composites „Globale Aktienportfolios".

In Einzelfällen kann es auch sinnvoll sein, mehrere Dispersionsmaße nebeneinander darzustellen.

Beispiel 6.28 (Verwendung unterschiedlicher Dispersionsmaße nebeneinander):

Um zu dokumentieren, daß die Investmentstrategie im Bereich „Aktien Deutschland" bei allen Aktienportfolios mit entsprechenden Anlagezielen in nahezu identischer Weise umgesetzt wird, entschließt sich ein Vermögensverwalter, außer der Standardabweichung der Renditewerte auch die minimale und maximale Rendite für jedes der dargestellten Kalenderjahre auszuweisen. Durch die geringe Spanne zwischen dem jeweils minimalen und maximalen Renditewert (vgl. nachfolgende Tabelle) wird deutlich, daß es bei der Umsetzung der Strategie keine extremen „Ausreißer" gegeben hat.

Composite Aktien Deutschland

Jahr	*Anteil am verwalteten Vermögen*	*Min/Max-Rendite [%]*	*Standard-abweichung der Portfoliorenditen*	*Composite-rendite*	*Benchmark-rendite (DAX 100)*
1998	*14,3%*	*15,36/18,40*	*1,2%*	*16,73%*	*16,81%*
1997	*15,9%*	*41,60/46,80*	*1,8%*	*44,12%*	*43,78%*
1996	*12,3%*	*22,20/26,26*	*1,4%*	*24,35%*	*24,23%*
1995	*10,8%*	*6,32/8,50*	*0,9%*	*7,45%*	*7,25%*
1994	*10,3%*	*-4,65/-3,76*	*0,4%*	*-4,32%*	*-4,89%*

Abbildung 6.23: Darstellung der Dispersion des Composites „Aktien Deutschland“ unter Verwendung von zwei Dispersionsmaßen.

6.6 Darstellung allgemeiner Risiken

Mittels der in den vorangegangenen Abschnitten erörterten Risikomaße ist es möglich, eine Reihe von Risiken quantitativ zu erfassen. Darüber hinaus gibt es jedoch andere Risiken, die davon unberührt bleiben, die jedoch den zukünftigen Anlageerfolg gleichwohl (in erheblichem Umfang) gefährden können. Die DVFA-PPS empfehlen daher, daß im Rahmen der Definition und der Darstellung der Verwaltungseinheit „jedes wesentliche Ereignis innerhalb der Einheit, das Auswirkungen auf die Verwaltung der Anlagen hat“, beschrieben wird [DVFA 00, 3.4.1]. Dazu einige Beispiele:

Beispiel 6.29 (Personalwechsel):

Investmentgesellschaft XY weist einen hervorragenden Track-Record im Segment „Europäische Aktien“ aus. Der Portfoliomanager, der die Portfolios dieses Segments jahrelang hauptverantwortlich betreute, hat jedoch vor kurzer Zeit die Gesellschaft XY verlassen. Durch diesen Wechsel im Management besteht die Gefahr, daß das zukünftige Managementteam nicht in der Lage ist, ähnliche Leistungen wie das bisherige zu erbringen.

Vergleichbare Risiken ergeben sich bei einer signifikanten Veränderung des Handels- oder Analystenteams einer Investmentgesellschaft.

Entsprechend der Empfehlung der DVFA-PPS sollte die Gesellschaft bei der Präsentation des Composites „Europäische Aktien“ auf die veränderte Personalstruktur hinweisen und darstellen, inwiefern die Kontinuität des Managements gewahrt bleibt.

Beispiel 6.30 (Änderung der Besitzerstruktur):

Für Investoren ergeben sich zusätzliche Risiken, wenn sich die Besitzerstruktur einer Investmentgesellschaft verändert. Wird etwa eine erfolgreiche Investmentgesellschaft von einer größere Gesellschaft übernommen, dann besteht die Gefahr, daß es in Folge der sich daraus ergebenden Umstrukturierung zu wesentlichen Veränderungen bei der Verwaltung der Portfolios kommt. Beispielsweise kann die Umstrukturierung dazu führen, daß erfolgreiche Portfoliomanager, Händler oder Analysten die Gesellschaft verlassen (Beispiel 6.29).

Eine Gesellschaft sollte die Veränderungen, die sich aus der Übernahme ergeben, aufzeigen und darstellen, welche Konsequenzen sich daraus für die Verwaltung eines Composites ergeben.

Abgesehen von den Risiken, die in einem direkten Zusammenhang mit der Gesellschaft stehen, gibt es weitere allgemeine Risiken für Investoren, auf die eine Gesellschaft aufmerksam machen sollte.

Beispiel 6.31 (Änderung der gesetzlichen Rahmenbedingungen):

Wenn die Ausnutzung spezieller Aspekte der gesetzlichen Rahmenbedingungen hinsichtlich der Besteuerung von Kursgewinnen oder Erträgen bei bestimmten Wertpapieren eine wesentliche Komponente des Anlagestils eines Composites darstellt, dann sollte darauf bei der von den DVFA-PPS geforderten Beschreibung des Composites [DVFA 00, 3.3.3] hingewiesen werden. Wenn die Gesellschaft Grund zur Annahme hat, daß sich eine Änderung der Rahmenbedingungen ergeben kann (z.B. wenn ein diesbezüglicher Gesetzentwurf öffentlich diskutiert wird), dann sollte sie bei der Darstellung des Composites darauf aufmerksam machen und den Einfluß, den diese Änderungen auf die Verwaltung des Composites haben würde, darstellen.

Übungen zu Kapitel 6

Übung 6.1 (Tracking Error):

Folgendes Zitat stammt aus dem Buch [Maginn/Tuttle 90, Abschnitt 9-7].

A fund with a tracking error of 20 basis points will earn the index return, plus or minus 20 basis points, 67% of the time (one standard deviation).

Vergleichen Sie diese Aussage mit der Interpretation in Abschnitt 6.3.1. Ist diese Aussage allgemein gültig? In welchen Fällen ist sie richtig?

Übung 6.2 (Treynor- und Sharpe-Ratios):

Berechnen Sie ausgehend von folgenden Rendite- und Risikowerten sowohl die Treynor- als auch die Sharpe-Ratio. Nehmen Sie an, daß die Rendite der risikolosen Anlage 1998 4,20% betrug.

	Rendite 1998	*Volatilität*	β
Portfolio A	*3,20%*	*16,0%*	*0,95*
Portfolio B	*2,80%*	*23,0%*	*1,23*

Tabelle 6.23: Rendite- und Risikowerte zweier Portfolios.

Wie deuten Sie die Ergebnisse? Warum sind die in den Abschnitten 6.4.1 und 6.4.2 dargestellten Bewertungskriterien für die Bewertung der Portfolios relativ zueinander untauglich?

Übung 6.3 (Darstellung der Dispersion):

Portfolio	*Rendite*	*Inventarwert in Mio. DM*	*Anteil am Compositevolumen*
A	*-20%*	*10*	
B	*-11%*	*30*	
C	*-9%*	*30*	
D	*4%*	*20*	
E	*-10%*	*40*	
F	*-7%*	*20*	
G	*-6%*	*10*	
H	*3%*	*10*	
Gesamt			

Tabelle 6.24: Composite bestehend aus sieben Portfolios. Die Inventarwerte beziehen sich auf den Beginn einer Periode (Kalenderjahr).

a) Vervollständigen Sie obige Tabelle.
b) Berechnen Sie die volumengewichtete Rendite des Composites, indem Sie die angegebenen mittleren Inventarwerte verwenden.
c) Teilen Sie das Composite entsprechend der Inventarwerte in Quartile auf und berechnen Sie die volumengewichtete Rendite für jedes der Quartile.
d) Ermitteln Sie die Standardabweichung und die volumengewichtete Standardabweichung.
e) Vergleichen Sie das Ergebnis in b) und c) mit der Min-Max-Darstellung.
f) Welche Dispersionsmaße eignen sich besonders für Composites, die über eine geringe (hohe) Anzahl an Portfolios verfügen? Welche dieser Maße sind „universell", d.h. sowohl auf Composites mit einer hohen Anzahl, als auch auf Composites mit einer niedrigen Anzahl an Portfolios anwendbar?

Übung 6.4 (Definition der Varianz über die Kovarianzmatrix):

$$\sigma^2 = \sum_{i=2}^{n} Kov_{ij} * g_i * g_j = \sum_{i,j=1}^{n} Kor_{ij} * \sigma_i * \sigma_j * g_i * g_j , \qquad (6.10)$$

mit

σ_i: Volatilität der *i*-ten Anlage bzw. Anlageklasse

g_i: Gewicht der *i*-ten Anlage bzw. Anlageklasse

Kov_{ij}: Kovarianz zwischen der *i*-ten und *j*-ten Anlage bzw. Anlageklasse

Kor_{ij}: Korrelation zwischen der *i*-ten und *j*-ten Anlage bzw. Anlageklasse.

Leiten Sie Formel (6.10) ab. Gehen Sie dazu von einem Portfolio aus, dessen Rendite $\widetilde{R}$ sich als gewichtete Summe der *n* Segmentrenditen $\widetilde{R}_i$ ergibt

$$\widetilde{R} = \sum_{i=1}^{n} g_i * \widetilde{R}_i$$

und greifen Sie auf die Definition der Kovarianz zurück, die in Abschnitt 6.2.4 (Fußnote 24) dargestellt wurde.

Übung 6.5 (Darstellung des Tracking Errors über die Kovarianzmatrix):

Der Tracking Error ist die Standardabweichung der Renditedifferenzen eines Portfolios gegenüber seiner Benchmark. Somit kann Fomel (6.10) leicht auf die Darstellung des Tracking Errors übertragen werden. Gehen Sie dazu von einem Portfolio und einer Benchmark aus, deren Renditen $\widetilde{R}$ bzw. $\widetilde{R}^{bm}$ sich als gewichtete Summe der *n* Segmentrenditen $\widetilde{R}_i$ bzw. $\widetilde{R}_i^{bm}$ darstellen lassen: $\widetilde{R} = \sum_{i=1}^{n} g_i * \widetilde{R}_i$ bzw. $\widetilde{R}^{bm} = \sum_{i=1}^{n} g_i^{bm} * \widetilde{R}_i^{bm}$. Überzeugen Sie sich, daß gilt:

$$TE^2 = \sum_{i=2}^{n} Kov(\widetilde{R}_i,\widetilde{R}_j) * (g_i - g_i^{BM}) * (g_j - g_j^{BM})$$
$$= \sum_{i,j=1}^{n} Kor(\widetilde{R}_i,\widetilde{R}_j) * \sigma_i * \sigma_j * (g_i - g_i^{BM}) * (g_j - g_j^{Bm}),$$

wobei σ_i die Standardabweichung der Rendite $\widetilde{R}_i$ des i-ten Segments bezeichnet.

Welche Punkte sind bei dieser Berechnungsmethode hinsichtlich der Rebasierung des Portfolios zu beachten?

Übung 6.6 (Marktmodell, Diversifizierbares Risiko und β_P):

Im Rahmen des Indexmodells (Abschnitt 6.3.2) wurde die Volatilität eines Portfolios σ_P in folgender Form durch die Volatilitäten $\sigma_{\widetilde{Z}_i}$ der spezifischen Rendite der im Portfolio enthaltenen Titel ausgedrückt:

$$\sigma_P^2 = \beta_P^2 * \sigma_{bm}^2 + \sum_{i=1}^{N} g_i^2 * \sigma_{\widetilde{Z}_i}^2 . \tag{6.19}$$

Bei der Ableitung dieser Gleichung ging in entscheidender Weise die Annahme ein, daß die Variablen $\widetilde{Z}_i$ unabhängig voneinander sind: $E(\widetilde{Z}_i\widetilde{Z}_j) = 0$. Verzichten Sie auf diese Annahme und zeigen Sie, daß man in diesem Fall anstatt Gleichung (6.19) folgende Gleichung erhält:

$$\sigma_P^2 = \beta_P^2 * \sigma_{bm}^2 + \sum_{i,j=1}^{N} g_i * g_j * Kov(\widetilde{Z}_i,\widetilde{Z}_j).$$

Welcher Art müßten Ihrer Meinung nach die in der Praxis beobachtbaren Terme außerhalb der Diagonalen der Kovarianzmatrix sein, damit die Argumentation in Abschnitt 6.3.2 über die Diversifikation des Portfolios durch eine erhöhte Titelanzahl (und damit die Interpretation von β_P) auch in diesem Fall Gültigkeit hat?

Zeigen Sie ferner, daß Gleichung (6.19) auch unter den Annahmen des Marktmodells Gültigkeit hat.

Übung 6.7 (Konvexität[73]):

Für das Differential einer hinreichend differenzierbaren Funktion f in einer Variablen x gilt:

$$df = \frac{\partial f}{\partial x} * dx + \frac{1}{2} * \frac{\partial^2 f}{\partial x^2} * dx^2 + Terme\ höherer\ Ordnung. \tag{6.27}$$

Interpretieren Sie den Kurs einer Anleihe (Formel 6.6)

[73] Für eine umfangreichere Darstellung siehe [Fabozzi 96, S. 65f.]

$$K = \sum_{j=1}^{T} Z(j) * (1+i)^{-j} \tag{6.6}$$

als Funktion von 1+*i* und leiten Sie (analog zur Vorgehensweise in Abschnitt 6.2.3) unter Verwendung von Formel (6.21) folgende Darstellung ab:[74]

$$\frac{dK}{K} = -\frac{\sum_{j=1}^{T} j * Z(j) * (1+i)^{-j}}{\sum_{j=1}^{T} Z(j) * (1+i)^{-j}} * \Delta i + \frac{1}{2} * \frac{\sum_{j=1}^{T} j * (j+1) * Z(j) * (1+i)^{-j}}{\sum_{j=1}^{T} Z(j) * (1+i)^{-j}} * \Delta i^2 + O(3). \tag{6.28}$$

Die Größe

$$Konv := \frac{\sum_{j=1}^{T} j * (j+1) * Z(j) * (1+i)^{-j}}{\sum_{j=1}^{T} Z(j) * (1+i)^{-j}}$$

wird als Konvexität bezeichnet. Sie stellt ein Maß für die Krümmung der Kurs-Rendite-Kurve dar.

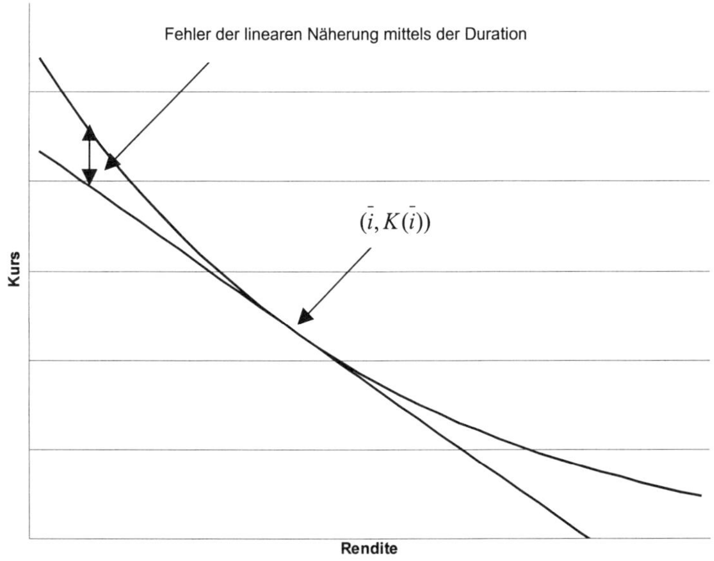

Abbildung 6.24: Verdeutlichung des Fehlers der linearen Näherung.

[74] Gehen Sie wieder von der Annahme aus, daß zum Betrachtungszeitpunkt keine Stückzinsen aufgelaufen sind.

Mittels der Duration und der Konvexität können Kursveränderungen von Anleihen genauer beschrieben werden als mittels der Duration alleine. In Beispiel 6.4 wurden zwei Zinsänderungs-Szenarien für eine Nullkuponanleihe erörtert. Ermitteln Sie die Konvexität dieser Nullkuponanleihe und zeigen Sie, daß die approximative Berechnung der Kursveränderung der Anleihe mittels der ersten beiden Terme in der Darstellung (6.28) in beiden Szenarien sehr genau die exakte Kursveränderung liefert. Approximieren Sie dazu Δi so wie in Beispiel 6.4.

Die konvexe Kurve in Abbildung 6.24 stellt den Kurs einer Anleihe in Abhängigkeit vom Zinsniveau dar (vgl. Gleichung (6.6)). Die Gerade beschreibt den Kursverlauf unter der Annahme, daß die Reaktion des Kurses auf eine unerwartete Zinsänderung (ausgehend vom Zinsniveau $\bar{i}$) gemäß Gleichung (6.7) ausgedrückt werden kann. Dabei handelt es sich um eine Näherung, die den tatsächlichen Kursverlauf nur bei geringfügigen Zinsänderungen adäquat widerspiegelt. Verdeutlichen Sie sich (ausgehend von Gleichung (6.28)), daß die Steigung dieser Geraden durch $-D * K(\bar{i}) * (1+\bar{i})^{-1} = -D_M * K(\bar{i})$ gegeben ist, wobei $K(\bar{i})$ den Kurs der Anleihe beim Ausgangszinssatz $\bar{i}$ darstellt.

Wie bereits anhand obiger Beispiele demonstriert, verbessert sich die Güte der Näherung an die Kurs-Rendite-Kurve erheblich, wenn man außer dem linearen Term in Gleichung (6.28) auch den quadratischen Ausdruck berücksichtigt.

Betrachten Sie eine Nullkuponanleihe mit einem Tilgungsbetrag von 300 und einer Restlaufzeit von 20 Jahren. Leiten Sie sowohl die Gleichung für die lineare Näherung als auch für die Näherung, die sich unter Berücksichtigung des quadratischen Ausdrucks in (6.27) im Punkt $\bar{i} = 0{,}05$ ergibt, ab, und stellen Sie die erhaltenen Funktionen graphisch dar.

Stellen Sie anschließend die Funktion, die diese quadratische Näherung allgemein beschreibt, in expliziter Form dar.

Übung 6.8 (Skalierung von Varianzen):

Im Rahmen dieser Übung soll das Skalierungsgesetz (6.5) in Abschnitt 6.2.2 für die Varianzen plausibel gemacht werden. Dazu wird der Zeitraum eines Jahres in *n* gleich lange Teilperioden untergliedert. Die Renditen $\widetilde{R}_i$ $(i = 1, \cdots, n)$ innerhalb dieser Teilperioden seien identisch und unabhängig voneinander. Es wird ferner davon ausgegangen, daß sie normalverteilt sind. Es gelte:

$$E(\widetilde{R}_i) = \mu_T, \; Volatilität(\widetilde{R}_i) \equiv \sigma_{R_i} = \sigma_T \text{ und } E(\widetilde{R}_i \widetilde{R}_j) = 0.$$

Die Rendite über die gesamte Periode ergibt sich dann wie folgt:

$$1 + \widetilde{R} = \prod_{i=1}^{n} (1 + \widetilde{R}_i).$$

a) Zeigen Sie, daß unter diesen Annahmen gilt:

$$\sigma_R^2 = \left((1+\mu_T)^2 + \sigma_T^2\right)^n - (1+\mu_T)^{2n}. \tag{6.5}$$

b) Eine beliebig oft differenzierbare Funktion f von zwei Variablen läßt sich in eine Taylor-Reihe um einen Punkt (a,b) entwickeln:

$$f(x,y) = f(a,b) + \frac{\partial f}{\partial x}(a,b)*(x-a) + \frac{\partial f}{\partial y}(a,b)*(y-b) + \frac{1}{2}*\frac{\partial^2 f}{\partial x^2}(a,b)*(x-a)^2$$
$$+\frac{1}{2}*\frac{\partial^2 f}{\partial y^2}(a,b)*(y-b)^2 + \frac{1}{2}*\frac{\partial^2 f}{\partial x \partial y}(a,b)*(x-a)*(y-b) + O(3),$$

wobei unter $O(3)$ die Terme höherer Ordnung zusammengefaßt werden. Interpretieren Sie σ_R^2 als Funktion der Variablen μ_T und σ_T und zeigen Sie, daß gilt:

$$\sigma_R^2 = n*\sigma_T^2 + O(3).$$

c) Verdeutlichen Sie sich durch Einsetzen verschiedener Werte für μ_T und σ_T, daß σ_R bei hinreichend kleinen Werten von μ_T und σ_T durch $n*\sigma_T^2$ gut approximiert wird.

d) In Übung (2.8) wurden einige der Vorteile bei der Verwendung logarithmierter Renditen dargestellt. In diesem Teil der Übung sollen Sie einen weiteren Vorteil ableiten. Gehen Sie in Teil a) anstatt von den diskreten von logarithmierten Renditen $r_i = \ln(1+R_i)$ aus und zeigen Sie, daß unter den oben getroffenen Annahmen (bezogen auf die logarithmierten Renditen) gilt:

$$\sigma_r^2 = n*\sigma_T^2,$$

mit

σ_r^2: Varianz der logarithmierten Renditen bezogen auf die gesamte Periode

σ_T^2: Varianz der logarithmierten Renditen über eine Teilperiode.

LITERATURVERZEICHNIS

[AIMR 96]: Association for Investment Management and Research (Hrsg.): Standards of Practice Handbook: The Code of Ethics and the Standards of Professional Conduct, Seventh Edition, Charlottesville (1996)

[AIMR 97]: Association for Investment Management and Research (Hrsg.): AIMR Performance Presentation Standards Handbook, Second Edition, Charlottesville (1997); Hier sind auch die Ergänzungen zu berücksichtigen. Siehe dazu: www.aimr.com/standards.

[AIMR 99]: Association for Investment Management and Research (Hrsg.): Global Investment Performance Standards, www.aimr.com/standards, Charlottesville (1999)

[Ankrim 92]: Ankrim, E.: Risk-Adjusted Performance Attribution, Financial Analysts Journal, March-April 1992, S. 75-82

[Ankrim/Hensel 94]: Ankrim E.; Hensel, C.: Multicurrency Performance Attribution, Financial Analysts Journal, Vol. 50, March-April 1994, S. 29-35

[Bagot 95]: Bagot, G.: Problems and Issues in Global Attribution Analysis, in: Performance Evaluation, Benchmark, and Attribution Analysis, Association for Investment Management and Research (Hrsg.), Charlottesville, S. 91-96 (1995)

[Bamberg/Baur 98]: Bamberg, G.; Baur, F.: Statistik, 10. Auflage, München, Wien (1998)

[Bank-Verlag 95]: Bank-Verlag (Hrsg.): Basic Information on Investment Securities, Köln (1995)

[Basel 96]: Basle Committee on Banking Supervision (Hrsg.): Amendment to the Capital Accord to Incorporate Market Risks, Basle (1996)

[Bastida 84]: Bastida, J. R.: Field Extensions and Galois Theory, in: Encyclopedia of Mathematics and Its Applications, Vol 22, Reading u. a. (1984)

[Bendheim/Fischer 99]: Bendheim, R.; Fischer, B.: GIPS gives an edge, Investment&Pensions Europe, July/August 1999, S. 38

[Black/Scholes 73]: Black, F.; Scholes, M.: The pricing of options and corporate liabilities, Journal of Political Economy, Vol. 81 (May-June 1973), S. 637-659

[Bleymüller/Gehlert/Gülicher 98]: Bleymüller, J.; Gehlert, G.; Gülicher, H.: Statistik für Wirtschaftswissenschaftler, 11. Auflage, München (1998)

[Bosch 92]: Bosch, K.: Elementare Einführung in die angewandte Statistik, 4. Auflage, Braunschweig/Wiesbaden (1992)

[Brealey/Myers 91]: Brealey, R. A.; Myers, S. C.: Principles of Corporate Finance, Fourth Edition, New York u. a. (1991)

[Brinson/Fachler 85]: Measuring Non-U.S. Equity Portfolio Performance, Journal of Portfolio Management, Vol. 12, Spring 1985, S. 73-76

[Brinson/Hood/Beebower 86]: Brinson, G. P.; Hood, L. R.; Beebower, G. L.: Determinants of Portfolio Performance, Financial Analysts Journal, July-August 1986, S. 39-44

[Brinson/Singer/Beebower 91]: Brinson, G. P.; Singer B. D.; Beebower, G. L.: Determinants of Portfolio Performance II: An Update, Financial Analysts Journal, May-June 1991, S. 40-48

[Brown 94]: Brown, P. J.: Constructing and Calculating Bond Indices; A Guide to the Effas Standard Rules, Chicago, Il. (1994)

[Bruns/Meyer-Bullerdiek 96]: Bruns, C.; Meyer-Bullerdieck, F.: Professionelles Portfoliomanagement, Stuttgart (1996)

[Bühler/Hies 95]: Bühler, A; Hies, M.: Zinsrisiken und Key-Rate-Duration, Die Bank, 2/95, S. 112-118

[BVI 99]: BVI Bundesverband Deutscher Investment-Gesellschaften e.V. (Hrsg.): Investment 99, Daten, Fakten, Entwicklungen (1999)

[Caccese 97]: Caccese, M.: The Journal Interview, The Journal of Performance Measurement, Vol. 1, No. 3, Spring 1997, S. 38-42

[C&L 95]: C&L Deutsche Revision (Hrsg.): Die Investmentfondsbranche in Deutschland (1995)

[Commerzbank 99]: Commerzbank (Hrsg.): Rentenindizes (1999)

[Copeland/Weston 92]: Copeland, T. E.; Weston, J. F.: Financial Theory and Corporate Policy, Third Edition, Reading u. a. (1992)

[Datastream 98]: Datastream/ICV (Hrsg.): Datastream Government Bond Indices, user guide (1998)

[DB 97]: Deutsche Börse AG (Hrsg.): Leitfaden zu den Rentenindizes der Deutschen Börse, Version 3.0 (www.exchange.de) (1997)

[DB 99a]: Deutsche Börse AG (Hrsg.): Leitfaden zu den Aktienindizes der Deutschen Börse, Version 3.3 (1999)

[DB 99b]: Deutsche Börse AG (Hrsg.): SMAX Small Caps-High Standards (1999)

[DB 99c]: Deutsche Börse AG (Hrsg.): Neuer Markt Regelwerk (1999)

[DB 99d]: Deutsche Börse AG (Hrsg.): Leitfaden zu den europäischen Rentenindizes der Deutschen Börse BOX/€-BOX, Version 1.0 (1999)

[Diebold et al. 96]: Diebold, F. X.; Hickman, A.; Inoue, A.; Schuerman, T.: Converting 1-Day Volatility to h-Day Volatility: Scaling by $\sqrt{h}$ is Worse than You Think, University of Pennsylvania (www.ssc.upenn.edu/~diebold/)

[Dietz/Kirschman 90]: Dietz, P. O.; Kirschman, J. R.: Evaluating Portfolio Performance, in: Managing Investment Portfolios, Association for Investment Management and Research (Hrsg.), Charlottesville, S. V.6.5-V.6.69 (1990)

[Dow Jones 99a]: Dow Jones Company (Hrsg.): Dow Jones Global Indexes, (www. dowjones.com/indexes) (1999)

[Dow Jones 99b]: Internet Page der Dow Jones Company, (http://averages.dowjones.com) (1999)

[Dubacher/Zimmermann 89]: Dubacher, R.; Zimmermann, H.: Risikoanalyse schweizerischer Aktien: Grundkonzepte und Berechnungen, Finanzmarkt und Portfolio Management, 3. Jg., 1989, S. 66-85

[Dubofsky 92]: Dubofsky, D. A.: Options and Financial Futures, New York (1992)

[DVFA 00]: Deutsche Vereinigung für Finanzanalyse und Asset Management (Hrsg.): DVFA-Performance Presentation Standards, 2. Auflage, Dreieich (2000)

[Eadie 73]: Eadie, D. M: A Practical Approach to the Measurement and Analysis of Investment Performance, The Investment Analyst, No. 37 (1973), S. 12-18

[Ebertz/Scherer 98]: Ebertz, Th.; Scherer, B.: Das Rahmenwerk des aktiven Portfoliomanagements, in: Handbuch Portfoliomanagement, Kleeberg, J. M.; Rehkugler, H. (Hrsg.), Bad Soden/Ts., S. 191-213 (1998)

[EFFAS 98]: European Federation of Financial Analysts' Societies (EFFAS) (Hrsg.): Guidelines in Respect of the Impact of Euro Conversion, (www.aimr.com/standards) (1998)

[Elton/Gruber 95]: Elton, E. J.; Gruber, M. J.: Modern Portfolio Theory and Investment Analysis, Fifth Edition, New York u. a. (1995)

[EURONM 99]: EURO.NM (Hrsg.): Leitfaden zu den EURO.NM Aktienindizes, Version 1.4 (www.euronm.com) (1999)

[Fabozzi 96]: Fabozzi, F. J.: Bond Markets, Analysis and Strategies, Third Edition, Upper Saddle River, NJ (1996)

[FAF 87]: Committee for Performance Presentation Standards of the Financial Analysts Federation: A Report on Setting Performance Presentation Standards, Financial Analysts Journal, September-October 1987, S. 8-11

[Fama 72]: Fama, E. F.: Components of Investment Performance, The Journal of Finance, Vol. XXVII, 1972, S. 551-567

[Farrell 97]: Farrell, J. L. Jr.: Portfolio Management, Theory and Applications, Second Edition, New York u. a. (1997)

[Fischer 98]: Fischer, B. R.: PPS ermöglichen transparenteren Wettbewerb, in: Sonderbeilage Investmentfonds, Börsen-Zeitung, 14.11.1998

[Fischer/Lilla 99]: Fischer, B.; Lilla, J.: Die Präsentation von Performanceergebnissen nach der Euro-Einführung, Die Bank, 3/1999, S. 540-542

[Fischer/Telöken 99]: Fischer, B. R.; Telöken, K.: Näherungsverfahren zur Berechnung der Time-Weighted Rate of Return, FINANZ BETRIEB 7/1999, S. 123-131

[Forster 83]: Forster, O.: Analysis 1, Braunschweig (1983)

[FTSE 99a]: FTSE International (Hrsg.): Ground Rules for the Management of the FTSE EUROTOP 100 Index, Version 2.6 (www.ftse.com) (1999)

[FTSE 99b]: FTSE International (Hrsg.): Ground Rules for the Management of the FTSE Ebloc 100, FTSE Eurotop 300, FTSE EuroMid Indices, Version 6.7 (1999)

[FTSE 99c]: FTSE International (Hrsg.): Ground Rules for the Construction and Maintenance of the FT/S&P Actuaries World Indices, Version 2.4 (1999)

[Geyer 98]: Geyer, A.: Berechnung und Eigenschaften von mehrperiodigen Renditen, Finanzmarkt und Portfolio Management, 4-1998, S. 441-451

[Goodwin 98]: Goodwin, Th., H.: The Information Ratio, Financial Analysts Journal, July/August 1998, S. 34-43

[Grinold 89]: Grinold, R. C.: The fundamental law of active management, The Journal of Portfolio Management, Spring 1989, S. 30-37

[Grinold/Kahn 95]: Grinold, R. C.; Kahn, R. N.: Active Portfolio Management, Quantitative Theory and Applications, Chicago u.a. (1995)

[Harlow 91]: Harlow, W. V.: Asset Allocation in a Downside-Risk Framework, Financial Analysts Journal, September/October 1991, S. 28-40

[Harlow/Rao 89]: Harlow, W. V.; Rao, K. S.: Asset Pricing in a Generalized Mean-Lower Partial Moment Framework: Theory and Evidence, Journal of Financial and Quantitative Analysis, Vol. 24, No. 3, September 1989, S. 285-311

[Hartung 99]: Hartung, J.: Statistik, Lehr- und Handbuch der angewandten Statistik, 12. Auflage, München, Wien (1999)

[Jobson/Korkie 81]: Jobson, J. D.; Korkie, B.: Performance Hypothesis Testing with the Sharpe and the Treynor Measures, Journal of Finance, Vol. 36, 1981, S. 889-908

[JP Morgan/Reuters 96]: JP Morgan, Reuters (Hrsg.): RiskMetrics™-Technical Document, Fourth Edition (1996)

[KAGG 98]: Gesetz über Kapitalanlagegesellschaften (KAGG), Bundesgesetzblatt Jahrgang 1998, Teil I, Nr. 62

[Kahn/Rudd 95]: Kahn, R. N.; Rudd, A.: Does Historical Performance Predict Future Performance?, Financial Analysts Journal, November/December 1995, S. 43-52

[Kandlbicher 99]: Kandlbicher, H. K.: Der Spezialfonds im Zenit und vor einem neuen Lebenszyklus, Zeitschrift für das gesamte Kreditwesen 16-99, S. 822-838

[Kleeberg/Schlenger 98]: Kleeberg, J. M.; Schlenger C.: Verfeinerung von Alpha- und Timingprognosen für die relative Portfoliooptimierung, in: Handbuch Portfoliomanagement, Kleeberg, J. M.; Rehkugler, H. (Hrsg.), Bad Soden/Ts., S. 567-589 (1998)

[Kleeberg/Schlenger 99]: Kleeberg, J. M.; Schlenger C.: Bestimmungsfaktoren des Anlageerfolges von Spezialfonds, Zeitschrift für das gesamte Kreditwesen, 16-99, S. 856-860

[Krengel 88]: Krengel, U.: Einführung in die Wahrscheinlichkeitstheorie und Statistik, Braunschweig/Wiesbaden (1988)

[Leser 99]: Leser, H.: Gibt es sinnvolle Kriterien für die Auswahl von Spezialfonds?, Zeitschrift für das gesamte Kreditwesen, 16-99, S. 847-849

[LIFFE 94]: The London International Financial Futures and Options Exchange (Hrsg.): The reporting and performance measurement of financial futures and options (1994)

[Loistl 90]: Loistl, O., unter Mitarbeit von Löderbusch, B.; Weßels, Th.; Schepers, N.: Computergestütztes Wertpapiermanagement, 3., völlig neu bearbeitete und erweiterte Auflage, München, Wien (1990)

[Loistl 94]: Loistl, O.: Kapitalmarkttheorie, 3. Auflage, München, Wien (1994)

[Loistl/Kobinger 93]: Loistl, O.: Kobinger, M.: Aktienindizes, Terminkontrakte auf Aktienindizes, Index-Arbitrage, Empirische Untersuchung, DVFA-Beiträge zur Wertpapieranalyse Nr. 28, 2. Auflage (1993)

[Maginn/Tuttle 90]: Maginn, J. L.: Tuttle, D. L.: Managing Investment Portfolios: A Dynamic Process, Boston (1990)

[Markowitz 91]: Markowitz, H. M.: Portfolio Selection: Efficient Diversification of Investments, Second Edition, New York (1991)

[Mendelson 97]: Mendelson, B. A.: Where the Regulators Stand on Advertising Performance, Vortrag auf dem AIMR-Seminar „Understanding the AIMR-PPS™ Standards", Chicago, 30.9.1997

[Merrill 97]: Merrill Lynch (Hrsg.): Merrill Lynch Indices, Rules and Definitions (www.research.ml.com/Marketing) (1997)

[Modigliani/Modigliani 97]: Modigliani F.; Modigliani, L.: Risk-Adjusted Performance, How to measure it and why, The Journal of Portfolio Management, Winter 1997, S. 45-54

[MSCI 97]: Morgan Stanley Capital International (Hrsg.): MSCI Value and Growth Indices: Methodology & Product Description (1997)

[MSCI 98a]: Morgan Stanley Capital International (Hrsg.): Methodology & Index Policy (www.ms.com/msci.html) (1998)

[MSCI 98b]: Morgan Stanley Capital International (Hrsg.): MSCI Small Cap Indices and MSCI Extended Indices: Methodology & Product Description (1998)

[NAPF 96]: National Association of Pension Funds (Hrsg.): Pension Fund Investments Performance Codes (1996)

[Passow 99]: Passow, R.: AS-Fonds, Walhalla Verlag, Regensburg, Bonn (1999)

[Pieper 98]: Pieper, H. G.: Sachgerechte Attribution der Performance, in: Handbuch Portfoliomanagement, Kleeberg, J. M.; Rehkugler, H. (Hrsg.), Bad Soden/Ts., S. 973-992 (1998)

[Plum 99]: Plum, W., Anlageergebnisse müssen transparenter gemacht werden, wobei individuelle Kundenbedürfnisse zu berücksichtigen sind, Zeitschrift für das gesamte Kreditwesen, 16-99, S. 840-841

[Price/Fischer 98]: Price, L.; Fischer, B.: The measure of all things, European Pensions News 19.10.1998

[PWC 98]: PriceWaterhouseCoopers (Hrsg.): Trends in Performance Measurement: A Survey of Compliance with the AIMR-PPS™ Standards (1998)

[PWC 99]: PriceWaterhouseCoopers (Hrsg.): Trends in Performance Measurement: A European Survey of Compliance with Performance Presentation Standards (1999)

[Rehkugler 98]: Rehkugler, H.: Grundlagen des Portfoliomanagements, in: Handbuch Portfoliomanagement, Kleeberg, J. M.; Rehkugler, H. (Hrsg.), Bad Soden/Ts., S. 3-31 (1998)

[Reinhart 99]: Reinhart, H.-J.: Managerauswahl als Prozeß, Zeitschrift für das gesamte Kreditwesen, 16-99, S. 852-855

[Rolfes 92]: Rolfes, B.: Moderne Investitionsrechnung, München, Wien (1992)

[Rolfes 99]: Rolfes, B.: Gesamtbanksteuerung, Stuttgart (1999)

[Rottmann 60]: Rottmann, K.: Mathematische Formelsammlung, 2. Auflage, Mannheim, Wien, Zürich (1960)

[Rudolph/Zimmermann 98]: Rudolph, B.; Zimmermann, P.: Alternative Verfahren zur Ermittlung und zum Einsatz von Betafaktoren, in: Handbuch Portfoliomanagement, Kleeberg, J. M.; Rehkugler, H. (Hrsg.), Bad Soden/Ts., S. 435-458 (1998)

[Scheid 79]: Scheid, F.: Numerische Analysis, Schaum's Outline, Düsseldorf (1979)

[Schlenger 97]: Schlenger, C.: Value-Added at Risk, Die Bank 12/97, S. 726-729

[Schmidt-von-Rhein 98a]: Schmidt-von-Rhein, A.: Analyse der Ziele privater Kapitalanleger, in: Handbuch Portfoliomanagement, Kleeberg, J. M.; Rehkugler, H. (Hrsg.), Bad Soden/Ts., S. 35-69 (1998)

[Schmidt-von-Rhein 98b]: Schmidt-von-Rhein, A.: Portfoliooptimierung mit der Ausfallvarianz, in: Handbuch Portfoliomanagement, Kleeberg, J. M.; Rehkugler, H. (Hrsg.), Bad Soden/Ts., S. 591-625 (1998)

[SFF 98]: Sveriges Finansanalytikers Förening (Hrsg.): Rekommendation om redovisnig av investmentportföljer (1998)

[Sharpe 66]: Sharpe, W. F.: Mutual Fund Performance, The Journal of Business, Vol. 39, 1966, S. 119-138

[Simons 96]: Simons, K.: Value at Risk – New Approaches to Risk Management, New England Economic Review, September/October 1996, S. 256-266

[Singer/Karnosky 95]: Singer, B. D.; Karnosky, D. S.: The General Framework for Global Investment Management and Performance Attribution, The Journal of Portfolio Management, Vol. 21, No. 2 (Winter) (1995), S. 84-92

[Sortino/Price 94]: Sortino, F. A.; Price, L. N.: Performance Measurement in a Downside Risk Framework, Journal of Investing, Vol. 3, 1994, S. 59-64

[Spaulding 97]: Spaulding, D.: Measuring Investment Performance, New York (1997)

[Steiner/Bruns 98]: Steiner, M.; Bruns, C.: Wertpapiermanagement, 6. Auflage, Stuttgart (1998)

[Steiner/Nowak/Wittrock 99]: Steiner, M.; Nowak, Th.; Wittrock, C.: Measuring Portfolio Performance and the Empirical Content of the APT, in: Empirical Research on the German Capital Market, Bühler, W.; Hax, H.; Schmidt, R. (Hrsg.), Heidelberg/New York S. 207-230 (1999)

[Steiner/Wittrock 94]: Steiner, M.; Wittrock, C.: Timing-Aktivitäten von Aktieninvestmentfonds und ihre Identifikation im Rahmen der externen Performance-Messung, Eine theoretische und empirische Untersuchung der Leistung von Investmentfonds, Zeitschrift für Betriebswirtschaft, 64. Jg. (1994), S. 593-618

[Stocks/Ito 97]: Stocks, M. E.; Ito, C.: Value at Risk for the Asset Manager, The Journal of Performance Measurement, Summer 1997, S. 267-275

[STOXX 99]: STOXX Limited (Hrsg.): Guide to the Dow Jones STOXX^{SM} Indexes, Version 4.0 (1999)

[Stucki 88]: Stucki, E.: Beschreibende Methoden zur Messung der Performance von Aktienportfolios, Diss. St. Gallen (1988)

[Swiss PPS 96]: Schweizerische Bankiervereinigung (Hrsg.): Swiss Performance Presentation Standards, Basel (1996)

[Treynor 65]: Treynor, J. L.: How to Rate Management of Investment Funds, Harvard Business Review, Vol. 43 (1965), S. 63-75

[Treynor/Black 73]: Treynor, J. L., Black, F.: How to Use Security Analysis to Improve Portfolio Selection, Journal of Business, Vol. 46, 1973, S. 66-86

[Uhlir/Aussenegg 96]: Uhlir, H.; Aussenegg, W.: Value-at-Risk (VaR), Einführung und Methodenüberblick, Österreichisches Bankarchiv, 11/96, S. 831-836

[Uhlir/Steiner 94]: Uhlir, H.; Steiner, P.: Wertpapieranalyse, 3. Aufl., Heidelberg (1994)

[Wagner 98]: Wagner, N. F.: Methoden zum Tracking von Marktindizes, in: Handbuch Portfoliomanagement, Kleeberg, J. M.; Rehkugler, H. (Hrsg.), Bad Soden/Ts., S. 543-566 (1998)

[Wilkens/Scholz 99a]: Wilkens, M.; Scholz, H.: Systematik grundlegender Performancemaße, FINANZ BETRIEB 9/1999, S. 250-254

[Wilkens/Scholz 99b]: Wilkens, M.; Scholz, H.: Von der Treynor-Ratio zur Market Risk-Adjusted Performance, FINANZ BETRIEB 10/1999, S. 308-315

[Wittrock 95]: Wittrock, C.: Messung und Analyse der Performance von Wertpapierportfolios, Bad Soden/Ts. (1995)

[Wittrock 98]: Wittrock, C.: Moderne Verfahren der Performancemessung, in: Handbuch Portfoliomanagement, Kleeberg, J. M.; Rehkugler, H. (Hrsg.), Bad Soden/Ts., S. 934-971 (1998)

[Wittrock/Fischer/Lilla 98a]: Wittrock, C.; Fischer, B.; Lilla, J.: Neue DVFA Performance Standards (I), Die Bank, 9/1998, S. 540-542

[Wittrock/Fischer/Lilla 98b]: Wittrock, C.; Fischer, B.; Lilla, J.: Neue DVFA Performance Standards (II), Die Bank, 10/1998, S. 606-611

[Wittrock/Fischer/Lilla 99]: Wittrock, C.; Fischer, B. R.; Lilla, J.: Die neuen DVFA-Performance Presentation Standards, Zeitschrift für das gesamte Kreditwesen, 16-99, S. 861-864

[Wittrock/Jansen 96]: Wittrock, C.; Jansen, S.: Gesamtbankrisikosteuerung auf Basis von Value at Risk-Ansätzen, Zeitschrift für das Gesamte Bank- und Börsenwesen, 12/96, S. 909-918

[Wittrock/Steiner 95]: Performance-Messung ohne Rückgriff auf kapitalmarkttheoretische Renditeerwartungsmodelle – Eine Analyse des Anlageerfolgs deutscher Aktieninvestmentfonds, Kredit und Kapital, 28. Jg., 1995, S. 1-45

[Zamagna 99]: Zamagna, P., Verbesserungen der aktuellen Intransparenz und Betreuung von Spezialfondsmandaten sollten deutlich gefördert werden, Zeitschrift für das gesamte Kreditwesen, 16-99, S. 841-842

[Zimmermann et al. 96]: Zimmermann, H.; Rudolf, M.; Jaeger, St.; Zogg-Wetter, C.: Moderne Performance-Messung, Ein Handbuch für die Praxis, Bern, Stuttgart, Wien (1996)

STICHWORTVERZEICHNIS

C

D

T

U

V